HÉRITAGES DE ROSENZWEIG

La « Bibliothèque des Fondations »
est publiée sous les auspices de
la Fondation du Judaïsme français
avec le soutien de
la Fondation pour la Mémoire de la Shoah

TITRES PARUS

Héritages de Rachi
coordonné par René Samuel Sirat

Réceptions de la cabale
coordonné par Lucie Kaennel et Pierre Gisel

Zadoc Kahn.
Un grand rabbin entre culture juive, affaire Dreyfus et laïcité
coordonné par J.-P. Chaumont et J.-C. Kuperminc

Entre Orient et Occident. Juifs et Musulmans en Tunisie
coordonné par Denis Cohen-Tannoudji

Juifs et anarchistes. Histoire d'une rencontre
coordonné par Amedeo Bertolo

De Tunis à Paris. Mélanges à la mémoire de Paul Sebag
coordonné par Claude Nataf

Rire, Mémoire, Shoah
coordonné par Andréa Lauterwein,
avec la collaboration de Colette Strauss-Hiva

Retours. Mélanges à la mémoire de Stéphane Mosès
coordonné par Patricia Farazzi et Michel Valensi

Expériences croisées
Les Juifs en France et en Allemagne aux XIXe et XXe siècles
coordonné par Heidi Knörzer

Terre d'exil, terre d'asile
Migrations juives en France aux XIXe et XXe siècles
coordonné par Colette Zytnicki

Destins de la "banalité du mal"
coordonné par Michelle-Irène Brudny et Jean-Marie Winkler

Héritages de Rosenzweig
« Nous et les Autres »

*Contributions
de*

Myriam Bienenstock • Bernhard Casper • Emilia D'Antuono
Donatella Di Cesare • Robert Gibbs • Sonia Goldblum
Heinz-Jürgen Görtz • Jean Greisch • Irene Kajon • Steven Katz
Jean-François Marquet • Florian Nicodème
Irene Abigail Piccinini • Wolfdietrich Schmied-Kowarzik
Michael Zank

*suivis d'un inédit
de*
Franz Rosenzweig

sous la direction de
Myriam Bienenstock

Éditions de l'éclat

© – Éditions de l'éclat, Paris, 2011

www.lyber-eclat.net

Sartre, ou Rosenzweig ?
À propos de la réception de Franz Rosenzweig en France

Myriam Bienenstock

Le nom de Franz Rosenzweig est bien connu en France, depuis longtemps : c'est dans notre pays qu'eut lieu, dans les années 1960-1970, la réception la plus significative de sa pensée, tout particulièrement sur le plan philosophique. Nous devons cette réception à Emmanuel Levinas qui, dès les premières pages de *Totalité et infini* (1961), se réclamait de Rosenzweig, « trop souvent présent dans ce livre pour être cité [1] ». Nous la devons aussi à Stéphane Mosès, dont l'un des ouvrages les plus importants : *Système et Révélation. La philosophie de Franz Rosenzweig*, fut publié en 1982[2], l'année même de la première parution en traduction française de *L'Étoile de la Rédemption*. Dès cette époque, les publications – et aussi, précédant et préparant celles-ci, des cours et colloques, et des programmes de recherche consacrés à Rosenzweig – se multiplièrent dans notre pays. De l'intérêt suscité par ces recherches témoignent tout particulièrement les activités développées, elles aussi avec un enthousiasme grandissant, dans le cadre prestigieux de l'Ecole Normale supérieure de la rue d'Ulm : aux Archives Husserl, dirigées par Jean-François Courtine. Le point culminant de ces activités fut l'organisation à Paris en 2009, sous l'égide des Archives Husserl elles-mêmes et aussi de la « Société Rosenzweig internationale », du plus important Congrès international jamais consacré à Rosenzweig, en France comme à l'étranger : « Nous et les Autres. » Parmi les philoso-

---

1. Emmanuel Levinas, *Totalité et Infini. Essai sur l'extériorité*, La Haye, Martinus Nijhoff, 1961 (désormais : Levinas, TI), Préface, p. XVI. Cf. déjà la conférence prononcée par Levinas en 1959, au deuxième Colloque des intellectuels juifs de langue française, sur « Entre deux mondes (La voie de Franz Rosenzweig) », aujourd'hui accessible dans Emmanuel Levinas, *Difficile liberté. Essais sur le judaïsme* (1963 : désormais : Levinas, DL), éd. revue et corrigée et multiples rééditions au Livre de poche, p. 253-281.
2. Franz Rosenzweig, *L'Étoile de la Rédemption* (désormais : *Étoile*), trad. Alexandre Derczanski et Jean-Louis Schlegel, Paris, Seuil, 1982, 2ᵉ éd., 2003. Stéphane Mosès, *Système et Révélation. La philosophie de Franz Rosenzweig*, Paris, Seuil, 1982, IIᵉ éd. revue et corrigée, Paris, Bayard, 2003.

phes, Franz Rosenzweig est déjà devenu un Classique, tout particulièrement en France. Et pourtant ce n'est pas lui, ni même Emmanuel Levinas, qui dans beaucoup de milieux en France, et singulièrement à nouveau dans les milieux philosophiques, fixe les termes de la discussion, que ce soit sur le judaïsme et sur les Juifs, ou également sur l'Autre : sur cette pensée de l'Autre que Rosenzweig, philosophe du dialogue, avait pourtant été l'un des tout premiers à inaugurer. Sur ces deux questions, le philosophe que l'on entend surtout en France, aujourd'hui comme hier, est plutôt Jean-Paul Sartre : le Sartre qui disait du Juif en 1945-1946, dans ses *Réflexions sur la question juive*, que c'est « un homme que les autres hommes tiennent pour Juif » ; et aussi ce Sartre qui vers 1943 et au début de 1944 faisait dire à l'un des personnages de *Huis Clos* la phrase fameuse « l'enfer, c'est les Autres[3] ». – Mais lorsque Sartre écrivit ces phrases, savait-il ce que Franz Rosenzweig avait écrit sur les Juifs, et sur l'Autre ? Avait-il jamais entendu le nom de Rosenzweig ?

Il est permis d'en douter. En 1933-1934 Sartre avait fait, certes, un séjour d'un an à Berlin, et pendant ce séjour, il aurait pu entendre le nom de Rosenzweig, ou mettre la main sur certains de ses travaux : par exemple sur la thèse de Rosenzweig consacrée à *Hegel et l'État*[4], donc à la philosophie politique de Hegel et à sa philosophie de l'histoire. Sartre, en effet, s'intéressait beaucoup à la philosophie de Hegel, comme l'avait d'ailleurs fait Rosenzweig avant lui. Longtemps, ce sera aussi Hegel, et la philosophie de l'histoire de Hegel, que Sartre invoquera dans ses propres œuvres – ou plutôt, qu'il conjurera : à nouveau, comme l'avait fait Rosenzweig avant lui. « S'il y a une Histoire c'est celle de Hegel. Il ne peut pas y en avoir d'autre. Mais s'il n'y a qu'une pseudo-histoire : alors caricature. À cause de l'unité introuvable » : voilà ce qu'écrit Sartre en 1947-1948, dans ses *Cahiers pour une morale*[5]. Beaucoup plus tard encore, en 1980, Levinas relève des mots, que Sartre aurait dits à Benny Lévy : « Si l'histoire juive existe, Hegel a tort. Or l'histoire juive existe[6]. » De tels mots, s'ils sont authentiques, attestent l'importance considérable sur Sartre, et aussi sur Levinas, de Hegel : de Hegel et de la philosophie hégélienne de l'histoire, mais non pas de la pensée de Rosenzweig ; et la conclusion à en tirer est claire : ce n'est

---

3. Les œuvres de Sartre sont publiées aujourd'hui aux Editions Gallimard, et dans de nombreuses éditions de poche.
4. Franz Rosenzweig, *Hegel und der Staat*, 2 vol., 1920, rééd. Berlin, Suhrkamp, 2010 ; trad. fr. Gérard Bensussan, *Hegel et l'État*, Paris, PUF, 1991.
5. J.-P. Sartre, *Cahiers pour une morale*, Paris Gallimard, 1983, ici p. 31.
6. J.-P. Sartre, « L'Espoir maintenant. Entretien avec Benny Lévy », *Le Nouvel Observateur*, n° 802, lundi 24 mars 1980, p. 103-139.

pas de Rosenzweig que Sartre s'est inspiré, même s'il fut parfois proche de lui, par ses idées.

« Jamais nous n'avons été plus libres que sous l'occupation allemande », écrira Sartre quelques années après la guerre, en 1949 :

> « Nous avions perdu tous nos droits et d'abord celui de parler ; on nous insultait en face chaque jour et il fallait nous taire ; on nous déportait en masse, comme travailleurs, comme Juifs, comme prisonniers politiques...[7] »

Qui, « nous » ? À qui donc se réfère ce 'nous' ? Quel est son sens ?

Cette question, posée par le texte de Sartre, est d'abord d'ordre historique et politique ; et la réponse à lui apporter ne devrait pas être contestée, car elle est univoque : en incluant les Juifs dans la communauté nationale française, en les mentionnant explicitement, Sartre voulait faire un geste politique qui, à l'époque, n'allait pas de soi. Le geste fut bien compris comme tel, et apprécié [8]. Pourtant, avec et par-delà ce geste, l'usage du « nous », récurrent dans tout son texte, interpelle. Il nous interpelle tout particulièrement aujourd'hui – comme l'avait bien fait ressortir Stéphane Mosès lui-même, lors de la préparation du Congrès Rosenzweig de Paris : « Mais les philosophes », demandait-il, « qu'ont-ils à dire, sur la question du Nous ? Qu'ont-ils à dire aujourd'hui sur cette question, tout particulièrement en France ? » La question qu'il posait là était d'ordre politique et historique, mais c'était aussi une question authentiquement philosophique ; et c'est le connaisseur de Rosenzweig, qui la posait : Rosenzweig, en effet, avait beaucoup réfléchi, longtemps avant Sartre, sur cette question ; et il l'avait fait en philosophe. Pour trouver une réponse adéquate à cette question du « Nous », il nous faut nous tourner vers Sartre, certes – mais aussi, sans aucun doute, vers Rosenzweig.

La question du « Nous » avait été centrale pour Rosenzweig, et pourtant elle fut très peu examinée jusqu'à présent par les spécialistes, et par les connaisseurs de son œuvre. La partie centrale de ce volume est donc consacrée à son examen. En ouverture, le lecteur trouvera aussi, après la présentation de la réception de Rosenzweig en France par l'auteur de ces lignes, Myriam Bienenstock (depuis 2007 Présidente de la « Société Rosenzweig internationale »), un essai introductif de portée plus générale, dans lequel Steven Katz (Chaire Elie Wiesel, Boston) pose clairement et avec beaucoup de lucidité quatre questions fondamentales, qui animent une bonne part des recherches contemporaines sur Rosenzweig :

---

7. J.-P. Sartre, *Situations, III. Lendemains de guerre*, Paris, Gallimard, 1949 (multiples rééditions), p. 11 sq.
8. Cf. *Sartre et les juifs*, éd. Ingrid Galster, Paris, La Découverte, 2005, tout particulièrement l'intervention de Pierre Vidal-Naquet, « Sartre et la question juive. Réflexions d'un lecteur de 1946 », p. 49-62.

(1) quel sens et quelle portée accorder à la méthode de « théologie négative », défendue dans *L'Étoile* ?

(2) Comment comprendre et comment évaluer la conception de la Révélation de Rosenzweig comme « commandement » plutôt que comme « loi », ainsi que le rapport de cette conception au judaïsme ?

(3) Rosenzweig est-il un penseur juif examinant des idées éminemment juives, ou plutôt un philosophe qui s'interrogerait sur des questions universelles, lesquelles ont évidemment aussi, comme telles, des implications pour le judaïsme ?

(4) Que dire, enfin, de l'opposition de Rosenzweig à l'historicisme, l'école historique dominante en Allemagne du temps de Rosenzweig ?

C'est le plus souvent sur ce dernier plan, le plan historique et politique, que la question du « Nous » est posée : elle est alors comprise comme une question sur la « communauté », voire sur ce que l'on appelle, d'un terme très péjoratif, « communautarisme ». Mais n'est-ce pas d'abord sur d'autres plans, plus fondamentaux, que se pose la question du « Nous » ? Dans ce volume, ces dimensions de fond ont été identifiées et analysées avec le plus grand soin. Irene Kajon (Rome) et Wolfdietrich Schmied-Kowarzik (Kassel) ont d'abord retracé l'histoire du problème, sur le plan des idées philosophiques. Dans «*Societas in exteriore homine*. Le problème de la construction du *Nous* chez Rosenzweig », Irene Kajon a aussi marqué très clairement l'originalité de Rosenzweig par rapport à une grande partie de la tradition philosophique ; une originalité due à la façon qu'eut Rosenzweig de comprendre l'éthique et la transcendance, mais aussi à son enracinement dans des sources juives, qui le conduisirent à mettre l'accent sur l'extériorité – ce fut ce point que Levinas choisit de relever, dans des ouvrages de philosophie générale comme *Totalité et Infini* – sous-titré « Essai sur l'extériorité » – aussi bien que dans ses textes consacrés à la pensée juive.

Dans « Différenciations du *Nous* chez Rosenzweig et dans la tradition philosophique », Wolfdietrich Schmied-Kowarzik souligne le rôle joué en cette matière par l'ami de Rosenzweig, Eugen Rosenstock-Huessy, et sa philosophie du langage. « On me donne un nom, donc je suis » : voilà ce qu'avait écrit, longtemps avant Sartre, Eugen Rosenstock-Huessy. Rosenstock semble même avoir beaucoup insisté sur cette affirmation : plutôt que de dire avec Descartes « Je pense, donc je suis », il faut dire : « On me donne un nom, donc je suis[9]. » Rosenzweig avait marqué son accord : il avait lui aussi souligné que le « Je authentique » (*das eigentliche Ich*) ne va pas de soi, qu'il n'existe que

---

9. « *Man gibt mir einen eigenen Namen, darum bin ich.* » Eugen Rosenstock-Huessy, *Die Sprache des Menschengeschlechts. Eine leibhaftige Grammatik in vier Teilen*, Heidelberg, Lambert Schneider, 1963, p. 766.

dans la réponse à un « appel », l'appel de son nom. Mais l'« autre », celui qui pour Rosenzweig donne un nom, celui qui donne son nom au Juif, ce ne fut pas comme chez Sartre l'antisémite, ou encore le nazi. Il faudrait plutôt dire que c'est *tout autre* : 'tout' étant d'abord pris ici au sens universaliste, et très positif, de 'chacun' : chaque autre dans la mesure où il est autre, et en ce sens tous les autres ; mais 'tout' étant également pris, en tout cas chez Rosenzweig et aussi après lui chez Levinas, au sens de celui qui est Tout Autre, de Dieu. Que l'autre me définisse, que ce soit l'autre qui me donne un nom, donc comme on le dit aujourd'hui une « identité », ce ne fut pas pour Rosenzweig un enfer, comme l'écrivit Sartre. Ce fut – et c'est – un appel : un appel que l'autre m'adresse, à le reconnaître, le reconnaître comme être humain ; et ainsi un appel à la responsabilité. On voit bien ici combien Sartre fut proche de Rosenzweig : très proche de lui, mais aussi si éloigné ! Sartre – le Sartre de l'après-guerre – semble bien avoir été sur ces points, par sa pensée de l'Autre et donc aussi par sa pensée sur les Juifs, diamétralement opposé à Rosenzweig. Ceci ne veut-il pas dire que pour tout ce qui concerne les Juifs et le judaïsme, mais également pour ce qui concerne la pensée de l'Autre et du dialogue avec l'Autre, il faut aujourd'hui impérativement tenir compte de Rosenzweig – de Rosenzweig, qu'il ne devrait plus être permis d'ignorer, tout particulièrement en France ?

Dans ce volume, c'est aussi à la dimension proprement *théologique* de la question de l'Autre – non envisagée par Sartre, mais fondamentale pour Rosenzweig – que plusieurs articles de haute tenue rendent droit. Je mentionnerai ici en tout premier lieu l'exposé de Bernhard Casper (Freiburg), qui dans « La temporalisation des *Nous* » souligne dès l'abord combien devient pressant aujourd'hui le problème

> qui est là, sous nos yeux, dans le caractère exclusif de la relation religieuse en tant que telle – et par là également dans le caractère exclusif des religions réellement existantes. N'est-il pas vrai que dans les religions, les hommes se distinguent toujours d'autres hommes ? Et que, de fait, ils se séparent nécessairement de ces autres ? Et n'est-ce pas là la raison pour laquelle les religions qui existent de fait ont été, toujours de nouveau, non pas seulement l'occasion, mais la raison essentielle de la guerre ? (ci-dessous, p. 68)

Au lecteur de découvrir, avec l'aide précieuse de Bernhard Casper, quelle réponse Rosenzweig crut pouvoir apporter à ce défi toujours vivace, voire plus intense encore à notre époque.

Le lecteur français appréciera aussi tout particulièrement l'approche choisie par Heinz-Jürgen Görtz (Hanovre) qui se tourne d'abord vers Levinas, pour demander où, dans le « Nous » du judaïsme moderne, Levinas situait Rosenzweig ; et pour en venir ensuite à *L'Étoile*, ainsi qu'à

« l'événement de langage », dans ce livre. « Quand quelqu'un dit *nous*», écrivait Rosenzweig dans L'*Étoile*[10],

> je ne sais pas, même quand je le vois, qui est visé : est-ce lui et moi, lui et moi et quelques autres, lui et d'autres mais sans moi, et enfin, lesquels, parmi les autres ?

C'est aussi la conception du langage de Rosenzweig qui retient l'attention de Jean-François Marquet (Tours), dans un très bel article consacré à « L'articulation des personnes dans la pensée de Franz Rosenzweig », et de Donatella Di Cesare (Rome), dans « Le caractère dialogique de la Rédemption » : l'étude comparée du rapport de Rosenzweig à Humboldt, sur la question de savoir comment comprendre la forme linguistique de la dualité, ou encore du « duel », méritait assurément d'être faite, tout comme méritait d'être étudiée la « Généalogie de l'intersubjectivité » chez Rosenzweig, du « paganisme » à la « révélation », ainsi que le fait Emilia D'Antuono (Naples) sur la base d'une magnifique analyse du *Cantique des Cantiques*, inspirée par Rosenzweig.

Dans « Assimilation – dissimilation. Rosenzweig sur l'école », Myriam Bienenstock (Tours) étudie la question du *Nous* telle qu'elle se pose dans l'éducation, et ce que disait Rosenzweig, comme éducateur : il s'était voulu non pas tant philosophe que plutôt, d'abord et avant tout, éducateur ; et pourtant la dimension de son œuvre qui concerne sa conception de l'éducation – juive, mais aussi générale – fut singulièrement négligée par beaucoup de ses lecteurs et interprètes, tout particulièrement en France. Dans son article, Myriam Bienenstock voudrait donc attirer l'attention sur les principes qui selon Rosenzweig devraient diriger l'éducation : Rosenzweig l'aurait voulue juive, mais aussi nationale, et unitaire.

Les articles rassemblés dans la seconde partie de ce volume, « Politiques de l'histoire », portent également sur « Nous et les Autres », mais dans une perspective plus directement politique, au sens large de ce terme qui comprend aussi l'histoire, et le droit. La question de l'identité juive est abordée par Irene Abigail Piccinini (Turin), à partir d'une perspective empruntée à Leo Strauss, et par Florian Nicodème (Bordeaux), qui dans « L'événement historique : une matrice de communauté élargie ? » examine avec beaucoup d'acuité le concept même d'« événement », tel que le comprit Rosenzweig. Dans « La grammaire des lois », Robert Gibbs (Toronto) analyse avec brio, à partir des traductions de la Bible réalisées par Rosenzweig en commun avec Martin Buber, un *nous* dont Rosenzweig lui-même n'avait pas approfondi l'étude alors même pourtant

---

10. *Étoile*, p. 279.

que, comme le dit Gibbs avec justesse, il se trouve au fondement de toute communauté : le *nous* du droit, de la jurisprudence, qui dépend lui aussi des relations dialogiques unissant le *je* et le *tu*, non moins que le *nous* chantant sur lequel Rosenzweig s'était longuement penché.

Dans « Les idées politiques de Rosenzweig », Michael Zank (Boston) tente d'identifier la perspective appropriée pour juger de textes de philosophie de l'histoire et de philosophie politique qu'avait rédigés un tout jeune Franz Rosenzweig dès 1910, pour une conférence qui eut lieu à Baden-Baden en 1910. Certains de ces textes, désormais publiés, furent très mal accueillis lors de leur présentation : si mal que Rosenzweig lui-même avoue avoir ressassé des années durant les critiques destructrices – mais, dit-il lui-même, justifiées – qui l'avaient personnellement visé[11]. Même s'il n'est pas certain qu'il aurait lui-même souhaité la publication de ces textes de jeunesse, nous ne sommes pas tenus, comme chercheurs, de nous conformer à ses souhaits, ou même à ses évaluations : Rosenzweig ne va-t-il pas jusqu'à écrire lui-même, en 1923, que « la différence entre ce que l'on apprend d'essentiel sur Hegel dans mon livre et ce que l'on peut déjà lire chez Haym n'est vraiment pas si grande[12] » ? Mais ce n'est pas l'ouvrage de Haym[13], c'est bien plutôt celui de Rosenzweig, *Hegel et l'État*, qui fut, tout récemment encore, réédité en édition de poche, et qui est traduit en bien des langues : entre le livre de Haym et le travail de Rosenzweig, les spécialistes de Hegel voient bien, même au XXIe siècle, une grande différence, qui demeure tout à l'avantage de Rosenzweig.

Mais c'est à un tout autre héritage de Rosenzweig qu'est consacrée la troisième et dernière partie de ce volume : elle porte sur « La parole de l'amour » (*Das Wort der Liebe*), cette méditation sur l'expérience de l'amour qui, comme le dit fort bien Jean Greisch (Paris), se trouve au principe même de la rédaction de *L'Étoile de la rédemption*[14]. Jean

11. Cf., dans le *Rosenzweig-Jahrbuch* n° 3 (2008), W.D. Herzfeld, « Franz Rosenzweig und Siegfried Kaehler : Stationen einer deutsch-jüdischen Beziehung ; Briefe », ediert von W.D. Herzfeld ; ainsi que « Die Leitsätze des Baden-Badener Kreises und das Referat von Franz Rosenzweig auf der Tagung vom 9. Januar 1910 mit dem Titel "Das 18. Jahrhundert in seinem Verhältnis zum 19ten und zum 20ten" », p. 167-254. Cf. ici tout particulièrement p. 180-187.
12. Cf. ici *Rosenzweig-Jahrbuch* n° 3 (2008), p. 228 sq.
13. R. Haym, *Hegel und seine Zeit. Vorlesungen über Entstehung und Entwickelung, Wesen und Werth der Hegel'schen Philosophie*, Berlin 1857, repr. Darmstadt, Wiss. Buchges., 1974.
14. L'expression « parole de l'amour » fut utilisée par Rosenzweig lui-même dans une lettre à son ami Eugen Rosenstock-Huessy. Lettre en date du 22 août 1918, aujourd'hui publiée dans Franz Rosenzweig, *Die « Gritli »-Briefe. Briefe an Margrit Rosenstock-Huessy*, Inken Rühle et Reinhold Mayer éds., préface de Rafael Rosenzweig, Tübingen, Bilam Verlag, 2002, ici p. 126.

Greisch, ainsi que Sonia Goldblum (Strasbourg), s'attachent là à l'étude du rapport entre la genèse de *L'Étoile de la Rédemption* et ces relations que Franz Rosenzweig eut avec Eugen Rosenstock-Huessy, mais aussi avec l'épouse de ce dernier Margrit, dite « Gritli ». Avec « Gritli », Franz Rosenzweig entretint une remarquable correspondance, récemment publiée en allemand[15], qui élucide bien des points restés énigmatiques sur la composition de *L'Étoile* : par exemple celui de savoir quelle signification il convient d'accorder à cette figure de l'étoile de David que Rosenzweig retint dans le titre de son chef d'œuvre. Au traitement éclairant de ces questions dans son propre article, Jean Greisch ajoute ici la traduction française inédite d'un magnifique texte de Rosenzweig, le « Gritlianum » : point culminant et achèvement de ce volume.

Nos remerciements vont aux Archives Husserl et à leur Directeur Jean-François Courtine qui a rendu possible, avec l'aide de Marc Crépon, l'organisation à Paris, par la Société Rosenzweig Internationale, du Congrès Rosenzweig. Nous voudrions également exprimer notre gratitude à la Fondation pour la Mémoire de la Shoah et la Fondation du judaïsme français qui, par leur soutien généreux, ont permis non seulement la tenue du Congrès, mais aussi la traduction de nombreuses contributions en langue française – par la suite revues par Myriam Bienenstock – puis la publication du volume aux Editions de l'éclat.

Nous tenons aussi à remercier Nelly Hansson, initiatrice de la « Bibliothèque des Fondations », ainsi que les Editions de l'éclat et leur directeur Michel Valensi, pour avoir accueilli ce volume dans leur collection.

---

15. Cf. note 14 ci-dessus.

Quelques réflexions sur Franz Rosenzweig*

Steven T. Katz

I

Même si l'œuvre de Rosenzweig m'a constamment accompagné depuis près de cinquante ans, c'est dans la « crainte et le tremblement » que je prends la parole sur lui, car je sais que beaucoup de ceux qui ont écrit sur lui des articles et des livres importants le lisent tout autrement que moi, soit en partie, soit dans sa totalité. Mais sur presque chacun des points avancés dans ce débat, je suis prêt à engager la conversation.

Plutôt que d'explorer une question spécifique de ce corpus, qui est extraordinairement riche et suggestif, j'essaierai ici d'identifier et de décoder brièvement dans les trois parties de L'Étoile de la Rédemption quatre questions-clé, dont je pense qu'elles sont encore actuelles et qu'elles ont un sens pour notre génération, et les générations successives de nos étudiants. En procédant ainsi je présupposerai comme principe de base que le système de Rosenzweig est, comme *système*, intellectuellement indéfendable – je me réfère ici à Rosenzweig lui-même, qui disait que L'Étoile de la Rédemption « présente seulement un système philosophique[1] », car je ne doute pas de la sincérité de cette remarque, quelles qu'aient été par ailleurs les intentions de Rosenzweig ; et ce que je veux dire, c'est que comme système, ce système-ci ne fonctionne pas, il n'est pas cohérent. Donc tout comme Rosenzweig dit vrai sur les faiblesses dans la pensée d'autres auteurs, par exemple Hegel et Hermann Cohen, nous serrerons au plus près son véritable esprit lorsque nous reconnaîtrons ouvertement les points sur lesquels L'Étoile et les réflexions qui lui furent associées sont inadéquats.

Mes remarques porteront donc sur certains aspects cruciaux du système de Rosenzweig, mais compte tenu du jugement porté ci-dessus je procéderai moi-même de manière non systématique.

* *Traduction Nina Bodenheimer.*
1. Franz Rosenzweig, *Der Mensch und sein Werk. Gesammelte Schriften* (désormais GS), La Haye, Martinus Nijhoff, vol. III : *Zweistromland. Kleinere Schriften zu Glauben und Denken*, éd. par R. et A. Mayer, 1984, ici p. 140 ; trad. fr. « La Pensée nouvelle », in F. Rosenzweig, *Foi et savoir. Autour de « L'Étoile de la Rédemption »* (désormais : *Foi et savoir*), introd., trad. et notes Gérard Bensussan, Marc Crépon et Marc de Launay, Paris, Vrin, 2001, p. 144-170, ici p. 146.

II
Théologie négative

Je voudrais partir de ce par quoi Rosenzweig lui-même part dans *L'Étoile de la Rédemption*, à savoir de ce qui est connu comme la méthode de la *théologie négative*. Il me faut commencer ici par une fin de non-recevoir. Ayant été formé, en partie, par la philosophie analytique, je trouve l'argument de Rosenzweig – et je me permets de souligner ici le terme technique d'*argument* – peu convaincant dans l'ensemble, pour ce qui concerne « Dieu et son être ou métaphysique », dans le Livre I de *L'Étoile*.

Le point que Rosenzweig fait valoir par sa théologie négative n'en est pas moins profond. Il affirme que ce que nous connaissons, quoi qu'il soit, ne peut pas être Dieu. C'est tout ce que nous connaissons réellement de Dieu – ou pour le dire peut-être un peu mieux, *presque* tout ce que nous connaissons, et pouvons connaître. Par conséquent, comme Rosenzweig l'affirme dans sa discussion de la « Liberté divine », dans *L'Étoile* : « La liberté de Dieu est [tout simplement] un Non plein de force[2] ».

De cette conclusion de Rosenzweig découlent cinq thèses, ou idées, importantes :

(A) Compte tenu de la « nature » inconnaissable de Dieu, il est requis de nous de préserver la modestie épistémologique appropriée. Les thèses sur ce que nous connaissons, qui sont inévitablement liées à la question de savoir comment nous connaissons, doivent être examinées avec beaucoup de soin et en fin de compte présentées modestement, de manière très circonscrite.

(B) Compte tenu de la « nature » inconnaissable de Dieu, il est requis de nous d'être économes et rigoureux dans nos affirmations métaphysiques. (Rosenzweig lui-même enfreint parfois cette règle.)

(C) Compte tenu de la « nature » inconnaissable de Dieu, il est requis de nous de respecter le fait que ce que nous *connaissons*, quoi qu'il soit, *n'est pas* Dieu. Pour formuler ceci logiquement et de manière rigoureuse, ce que ceci veut dire, c'est que « Pour tout Q (Q étant un attribut divin) Dieu n'est pas Q »

(D) Compte tenu de la « nature » inconnaissable de Dieu, il est requis de nous d'insister sur les limites du langage, vis-à-vis de Dieu. L'*apophasis*[3] et l'ineffabilité sont les moyens linguistiques appropriés pour tenter de « décrire » ce qui est, ou celui qui est, au-delà de tout langage descriptif.

2. F. Rosenzweig, *L'Étoile de la rédemption* [désormais : *Étoile*], trad. fr. Alexandre Derczanski et Jean-Louis Schlegel, Paris, Seuil, 1982, section « Liberté divine », p. 40-42, ici p. 41.

3. [*N d.t.* – La pratique consistant à mentionner Dieu en disant qu'il ne sera pas mentionné.]

(E) Compte tenu de la « nature » inconnaissable de Dieu, il est requis de nous de reconnaître que nous ne pouvons pas prouver Dieu dans son existence, ou Le *connaître* par des preuves logiques, ou des théories métaphysiques. La relation à Dieu n'est pas un processus de cognition, du connaître, mais plutôt un processus d'investigation, de recherche. C'est une affaire d'amour, non pas une façon d'apprendre une connaissance qui pourrait être mise sous une forme propositionnelle.

Je rappellerai ici l'accent placé par Rosenzweig sur le Cantique des Cantiques, et la recherche passionnée, dans le Cantique, de l'être aimé. Dans sa déconstruction du sens du Cantique – cette réflexion sur la relation entre le Divin et l'humain – Rosenzweig cite les mots de l'un des amants : « tire-moi à ta suite, ouvre-moi, viens, lève-toi, hâte-toi » (Cantique des Cantiques 2:10 ; [*Étoile*, p. 239]). Puis il ajoute :

> Elle est sienne, et elle peut dire aussi de lui : il est mien [...] il ne faut pas que son amour soit un cas de l'amour, un cas dans le pluriel des cas, que d'autres par conséquent pourraient reconnaître et déterminer ; ce doit être son amour à elle, non réveillé du dehors, uniquement é-veillé en son sein. Et il en fut ainsi. Désormais elle est à lui. (*Étoile*, p. 240)

Cette relation d'amour est réelle, elle est vraie et impérative, mais elle ne peut pas être universalisée, formulée en propositions, transformée en une preuve. Et je voudrais vous rappeler que, comme Rosenzweig le savait, le Deutéronome 4:29 anticipait déjà cet accent : « C'est alors que tu auras recours à l'Eternel, ton Dieu, et tu le retrouveras, si tu le cherches de tout ton cœur et de toute ton âme. » Formulant ceci en un idiome plus théologique, Rosenzweig, traitant dans *L'Étoile* de la vérité (*Étoile*, p. 350 s.), nous dit :

> La vérité divine se dérobe à celui qui voudrait ne la saisir que d'une main, et peu importe que cette main tendue soit celle du réalisme philosophique, qui s'imagine libre de tout présupposé, planant souverainement au-dessus des choses, ou celle de l'aveuglement théologique, qui, fort de son expérience vécue, se ferme au monde. Elle veut être implorée des deux mains. (*Étoile*, p. 350 s.)

C'est en cherchant, en s'efforçant, en sollicitant, en suppliant, en implorant, que nous en venons à la *Vérité*. Ce n'est pas par le raisonnement.

À la fin de *L'Étoile*, dans la première partie du Livre 3, plus précisément dans la sous-section intitulée « Théologie », Rosenzweig conclut : « Nous faisons l'expérience que Dieu aime, mais non que Dieu est amour. Dans l'amour, il est trop proche de nous pour que nous puissions encore dire : il est ceci ou cela. Dans son amour, nous faisons tout

simplement l'expérience qu'il est Dieu, mais non de ce qu'il est. Le
« quoi », l'essence, demeure caché. » (*Étoile*, p. 449) Jusqu'à la fin, donc,
Rosenzweig respecte la réalité de l'inconnaissabilité de Dieu, même
lorsque Dieu a révélé Son amour, parce que la nature essentielle de
Dieu se trouve toujours et nécessairement au-delà de toute prédication,
de toute description, de toute compréhension. Il enseigne donc « que
la question : "Qu'est-ce que Dieu" est impossible » (*Étoile*, p. 460). De
plus, toute logique humaine – ou les présuppositions métaphysiques –
qui pourraient limiter les actions de Dieu sont *de facto* impuissantes.
Cette remarque de la fin de *L'Étoile* est cohérente avec l'insistance du
début, que « Nous sommes à la recherche d'un définitif (*wir suchen nach
Immerwährendem*) qui n'ait pas besoin de la pensée pour être » (*Étoile*, p.
30), et aussi avec sa compréhension de ce qu'établir l'existence de Dieu
doit venir « avant toute identité de l'être à la pensée » (*Étoile*, p. 28).

Comme Rosenzweig nous le rappelle dans sa critique de ses prédécesseurs kantiens et hégéliens – et aussi de la célèbre preuve ontologique de l'existence de Dieu, par Anselme – Dieu ne peut être approché, et classé, comme s'il était un « objet de théologie rationnelle », mais plutôt comme un objet « irrationnel » (*Étoile*, p. 30). Dieu n'est pas un concept, mais un *donné*, qui existe avant toute pensée, et qui existe indépendamment de toute pensée. Car, conclut-il, « il faut que Dieu ait de l'existence avant toute identité de l'être et de la pensée » (*Étoile*, p. 28). Ceci veut encore dire, comme Rosenzweig l'observe correctement, que « Dieu est notre problème » (*Étoile*, p. 37).

Tout ceci nous oblige donc à être intellectuellement modestes. La philosophie et la théologie ne sont jamais que des signes indicateurs, des approximations, peut-être même seulement des façons de deviner en nous aidant de ce que nous savons, et d'espérer. En conséquence, user de coercition pour des raisons de conviction ou d'engagement religieux, ou encore insister, ou avoir l'esprit fermé, ou persécuter, est indigne, et injuste. De plus – et c'est là l'essentiel – cette prémisse négative est ce qui ouvre le chemin à – et ce qui justifie – l'affirmation méthodologique première, selon laquelle ce qui, épistémologiquement, est l'essentiel, c'est l'*expérience*, non pas la pensée. Dieu est trouvé dans la rencontre, Il est présent à nous dans l'expérience, plutôt que prouvé par la pensée et confirmé dans son existence par un argument conceptuel. C'est cela que Rosenzweig entend nous enseigner, lorsqu'il insiste que Dieu doit avoir l'existence (*Dasein*) plutôt que l'Etre, comme l'avaient dit les Grecs, les premiers à enseigner cette doctrine qui dès lors devint celle de la tradition occidentale (e.g., *Étoile*, p. 27 *sq.*).

C'est, pour le dire encore une fois, ce que Rosenzweig comprend, fondamentalement, quand il dit que ce que nous enseigne la *donation*

(*Gegebenheit, givenness*) des choses – et en premier lieu la *donation* de Dieu – c'est que des *realia* – et ici Rosenzweig entend se référer au « monde » et à l'« homme » – ne sont pas susceptibles d'être captés, ou épuisés, par une connaissance propositionnelle ; et donc que dans la mesure où des êtres humains sont concernés, hommes et femmes transcendent eux aussi, dans leur *Dasein*, la réduction de l'être humain à l'être. Telle est la raison pour laquelle, lorsqu'il traite de ce que cela veut dire que d'être humain, il met l'accent sur l'importance de la mort – i.e., « seul l'individuel peut mourir… » (*Sterben kann nur das Einzelne* : *Étoile*, p. 12). La particularité de la mort, à laquelle on ne peut échapper et face à laquelle chacun de nous est seul, donne ce que Rosenzweig décrit comme « un élément subsistant du Tout [qui] repose en soi-même, indissoluble et définitif »" (*Étoile*, p. 31).

Telle est aussi sa justification, pour sa « Pensée nouvelle ». (*Neues Denken*). La « Pensée Nouvelle » est, comme pensée vraie, dans le temps ; et si on la compare à la « Pensée ancienne » qui, à la suite de Platon, cherchait la vérité dans un monde intemporel de Formes, cette Pensée reconnaît la fluidité, i.e., le mouvement, des *realia*. Tel est également le fondement épistémique de sa thèse, selon laquelle son œuvre devrait être comprise comme un « empirisme absolu[4] » et pour l'affirmation qu'il est à la recherche d'une « absolue facticité » (*absolute Tatsächlichkeit* : *Étoile*, p. 278). C'est aussi pourquoi Rosenzweig s'intéresse à la *méta*physique, à la *méta*éthique, et au *méta*logique, dans l'usage qu'il fait du terme *méta*, qui est redéfini. Chacun place la *donation* (*givenness*: le caractère donné de la chose), avant l'« Idée ».

La théologie négative telle que l'utilise Rosenzweig, c'est-à-dire le principe que la raison ne peut pas expliquer la nature de Dieu, implique par extension qu'il faut faire une place à l'expérience plutôt qu'à la raison et à la logique, comme arbitre de la vérité. Ce premier principe a aussi des implications importantes, et des répercussions, pour beaucoup d'éléments de son « système » envisagé dans son ensemble. Je mentionnerais ici, d'abord, la conception des « miracles » de Rosenzweig (par « miraculeux » il faut entendre ce qui est au-delà de la raison ou de la loi) dans la Deuxième partie de *L'Étoile*, intitulée « De la possibilité de faire l'expérience du miracle ». En second lieu, je citerai les affirmations de Rosenzweig dans son plaidoyer pour la Révélation – l'interruption de l'histoire et des lois naturelles, Dieu intervenant dans le temps – qui serait la seule source susceptible de donner un sens à la vie. La révélation ne peut pas être « prouvée » par un argument, par des preuves philosophiques ou ontologiques, elle ne peut l'être que par notre témoignage d'êtres

---

4. Cf. « La pensée nouvelle », in F. Rosenzweig, *Confluences. Politique, histoire, judaïsme*, Paris, Vrin, 2003, p. 169 *sq*.

humains, qui est toujours incertain, et qui comprend de grands risques (même s'il est vrai que selon Rosenzweig c'est la révélation qui interrompt et met en miettes le caractère absolu de la théologie négative.) Troisièmement, je rappellerai les idées de Rosenzweig sur le messianisme : il souligne que le « messianique » n'est pas une perfection d'un processus historique interne, mais plutôt l'interruption irrationnelle de l'histoire ou l'intervention, dans l'histoire, d'une Puissance divine qui est absolument imprévisible, et incontrôlable. De plus, toutes les grandes théories de l'histoire, comme celle de Hegel, sont brisées par le fait que le Dieu qui est inconnaissable et qui n'est pas restreint par des règles, qu'elles soient métaphysiques, logiques ou éthiques, appelle à l'existence un Peuple d'Israël distinct et particulariste, et dote son histoire d'une qualité unique qui se trouve hors du temps et de toute loi historique possible.

Cette méthode négative a des implications épistémologiques, comme l'exigence de ne pas chercher à vérifier des prétentions religieuses à la vérité au moyen d'un argument logique, mais en tenant plutôt compte de la signification que peut avoir le martyre dans une tradition religieuse, et de la valeur pour elle des martyrs. Faisant le lien avec sa discussion des martyrs et des miracles, Rosenzweig explique :

> aussi la référence aux martyrs est-elle la preuve la plus forte du miracle [...] le témoignage par serment et le témoignage par le sang [...] se confondent et finissent, après quelques siècles, par devenir une seule dans le célèbre recours d'Augustin : il part de toutes les raisons singulières pour aboutir au phénomène collectif, actuel et historique, à l'*auctoritas ecclesiae*, sans laquelle il n'accorderait aucune créance au témoignage de l'Ecriture. (*Étoile*, p. 119).

Finalement, la théologie négative de Rosenzweig ouvre aussi un chemin vers la notion clé de Révélation, ainsi que, plus spécialement encore, vers sa propre réinterprétation de la Révélation, comme non – propositionnelle : c'est le sujet vers lequel je me tourne maintenant.

III
Révélation

Ce sur quoi Rosenzweig insista, comme le savent tous les spécialistes de cet auteur, c'est sur le fait que la Révélation serait non pas la transmission de règles obligatoires, mais plutôt la façon vivante dont Dieu s'adresse à des hommes et des femmes, et de façon prééminente au peuple juif. Pour Rosenzweig, la Révélation est toujours commandement (*mitzvah*) dans un présent immédiat, non pas une Loi. Ainsi, écrit-il :

> L'impératif du commandement ne fait aucune prévision pour l'avenir ; il ne peut imaginer que l'immédiateté de l'obéissance. S'il allait penser

à un avenir ou à un « toujours », il ne serait point commandement, ce ne serait pas un ordre, mais une loi. La loi compte sur des périodes, sur un avenir, sur une durée. Le commandement ne connaît que l'instant ; il attend l'issue pour l'instant de son apparition sonore, et quand il possède le sortilège du véritable ton du commandement, il ne sera jamais déçu dans cette attente. (*Étoile*, p. 210)

La révélation a aussi comme contenu, toujours et seulement, le « Tu aimeras l'Eternel ton Dieu » (Deut. 6:5 : cf. aussi *Étoile*, p. 210 sq.) En guise d'explication, Rosenzweig nous dit :

> L'amour n'est donc pas attribut, mais événement, et il n'y a pas place pour un attribut chez lui. « Dieu aime » ne signifie pas que l'amour lui soit propre comme un attribut, comme la puissance de créer par exemple ; l'amour n'est pas la forme fondamentale, la forme solide et inébranlable de son visage, ce n'est pas le masque, figé par le moule, recueilli sur le visage du mort, mais le jeu de mimiques évanescent, jamais épuisé, la lumière toujours vivace qui brille sur les traits éternels. L'amour n'aime pas faire un portrait de l'amant ; le portrait fixerait le visage vivant jusqu'à le figer en un visage mort. « Dieu aime » : c'est le présent le plus pur – s'il va aimer ou même s'il a aimé, qu'en sait l'amour lui-même ? Il lui suffit de savoir une chose : qu'il aime. (*Étoile*, p. 195 sq.).

De plus,

> la Révélation ne connaît pas de père qui soit universel amour ; l'amour de Dieu est toujours totalement dans l'instant et au point où il aime ; et c'est seulement dans l'infinitude du temps, pas à pas, qu'il atteint chaque point après l'autre et remplit d'être la totalité. L'amour de Dieu aime celui qu'il aime et là où il aime ; nulle question ne peut l'effleurer, car toute question aura un jour sa réponse, dans la mesure où Dieu l'aime même lui, le questionneur qui se croit délaissé par l'amour de Dieu. Dieu n'aime jamais que celui et ce qu'il aime ; mais ce qui sépare son amour d'un « tout-amour », c'est uniquement un « pas-encore » ; c'est uniquement « pas-encore » que Dieu aime tout, en dehors de ce qu'il aime déjà. (*Étoile*, p. 196).

Rosenzweig nous assure ici, de cette voix d'oracle qui lui fut propre, que l'amour – le commandement divin « aime-moi » – est le « contenu » de la Révélation, comme expérience. Dans la Révélation, l'« essence éternelle » de Dieu « s'inverse en... amour à chaque instant éveillé, toujours jeune, toujours premier. » (*Étoile*, p. 191). Mais c'est, au sens le plus authentique, un « amour libre », sans pré-conditions, sans causes, sans restrictions ni obligations. C'est le seul commandement qui ne pourra jamais devenir une obligation, une loi, parce que s'il devenait une *loi* il serait aussi devenu quelque chose d'autre que ce qu'il est. En ce sens, se référer à l'amour de Dieu, parler de Dieu dans ce contexte unique de l'expérience, c'est parler d'une façon qui doit se transcender elle-même. C'est bien, en d'autres termes, une façon tout à fait valable de se référer à cet événement qu'est le fait d'entendre la voix de Dieu, en tout cas quand on comprend qu'un langage de ce genre est toujours inadéquat. Ce que Rosenzweig veut nous enseigner, c'est que nous devons reconnaître l'appel de Dieu à aimer et lui répondre, et ne pas tenter de l'ossifier en prétentions à la connaissance. Ceci apparaît de façon évidente dans la réflexion de Rosenzweig sur « Le nom propre » (*Étoile*, p. 221 s.), dans son rapport à la Révélation. Il nous presse de reconnaître que :

> Considérés dans leur objectivité, le Je ou le Tu sont tout simplement individus, et non pas individus par le biais d'une multiplicité ; ce n'est pas "le" parce qu'il serait "un": non, il est individu sans avoir un genre. À la place des articles, apparaît la détermination immédiate du nom propre. Avec l'appel du nom propre, la parole de la Révélation entre dans le véritable dialogue ; dans le nom propre, c'est une brèche qui est ouverte dans le mur figé de la choséité. Ce qui possède un nom propre ne peut plus être chose ni la chose de tout le monde ; il est incapable de se dissoudre complètement dans le genre, car il n'y a pas de genre auquel il puisse appartenir ; il est à lui-même son propre genre. Il n'a pas davantage son lieu dans le monde, ou son moment dans le devenir ; au contraire, son « ici » et son « maintenant », il les transporte avec lui ; l'endroit où il se tient est un centre, et le moment où il ouvre la bouche est un commencement. (*Étoile*, p. 221)

Le « nom propre » marque un individu qui transcende toute description par une catégorie, et qui est donc un « singulier », dont la vraie nature est ineffable.

Ce qui est crucial pour Rosenzweig, qui répond là implicitement aux accusations de Kant contre la pratique des *mitzvot* dans le judaïsme, et aux vues négatives de Hegel sur le judaïsme – aussi bien qu'à l'approche historico-analytique de la révélation et des *mitzvot* qu'on trouve dans la *Wissenschaft des Judentums*, et à l'explication extrêmement réductionniste de ces phénomènes qu'en avait donnée le judaïsme réformé – c'est l'affirmation selon laquelle la réponse à la Révélation, spécialement celle du juif, n'est pas un acte hétéronome imposé à des hommes et des femmes par Dieu, mais au contraire une réponse humaine libre, volontaire, à l'amour de Dieu ; réponse que le terme kantien d'hétéronomie ne caractérise pas correctement – ni non plus le terme alternatif, lui aussi kantien, d'*autonomie*.

Pour ce qui concerne plus spécifiquement le sens de cette affirmation dans le contexte juif, c'est-à-dire vis-à-vis de la *Halacha* en sa nature propre, Rosenzweig avance deux thèses, qui sont essentielles :

(1) en premier lieu, le judaïsme n'est pas coextensif avec la *Halacha*, il n'est pas non plus épuisé par elle. Comme Rosenzweig l'écrivit dans

une lettre en date du 27 mars 1922 à Rudolf Hallo : « Le judaïsme n'est pas la *Halacha*, il crée la *Halacha*. »

(2) garder les *mitzvot*, suivre la *Halacha*, c'est aussi faire ce que chacun sent qu'il ou elle doit faire. Il ne s'agit pas d'un système d'obligations imposé de l'extérieur ; ou pour le dire autrement, l'individu sent que le fait de garder les *mitzvot*, la *Halacha*, le ou la lie à Dieu. Ainsi que Rosenzweig l'écrivit à Martin Buber : « La Loi (*Gesetz*) doit de nouveau redevenir commandement (*Gebot*) qui cherche à se transformer en action au moment même où il est perçu [...] L'action [*mitzvah*] apparaît à la frontière de ce qui est simplement faisable, là où la voix du commandement fait jaillir l'étincelle qui transforme le "je dois" en un "je peux". La Loi est construite sur de tels commandements et seulement sur eux [5]. »

Ces deux principes sont tout à la fois compréhensibles intuitivement – et provocateurs. Ils exigeraient une analyse plus complète de la position de Rosenzweig, telle que je ne peux pas la développer ici. Mais je voudrais à ce sujet mettre l'accent sur un point qui est presque toujours ou bien ignoré, ou bien non compris : Rosenzweig ne réduit pas totalement les *mitzvot* ou la *Halacha* à notre choix de ce qu'il s'agit de faire ou de ne pas faire. Même s'il souligne, en accord avec sa démarche post-kantienne, théologique, que nous n'avons à garder que les *mitzvot*, les réquisits de la *Halacha* qui s'adressent à nous personnellement ici et maintenant, il reconnaît que le régime des *mitzvot* et de la *Halacha* doit aussi être compris comme « éternel ». Selon la compréhension qu'il en donne dans *L'Étoile* :

> Coutumes et lois, passé et futur, deviennent deux masses immuables ; et en le devenant, ils cessent d'être passé et futur ; ainsi pétrifiés, ils deviennent pareillement un présent immuable. Lois et coutumes, qui cessent de s'accumuler et de se transformer, s'écoulent dans l'unique bassin de la réalité valable pour le présent et pour l'éternité ; une forme de vie unique, réunissant d'un seul tenant coutume et loi, remplit l'instant présent et le rend éternel. Mais d'évidence, l'instant est alors retiré au fleuve du temps, et, dans la mesure où la vie est sanctifiée, elle cesse d'être vivante. Alors que le mythe des peuples ne cesse de se transformer, alors que sans arrêt des bribes du passé sont oubliées et que d'autres sont gardées dans la mémoire pour se transformer en mythe, ici le mythe prend une dimension d'éternité et il a cessé de se transformer ; alors que les peuples vivent dans des révolutions où la loi fait sans cesse peau neuve, ici règne la loi que nulle révolution ne saurait abroger, à laquelle on peut sans doute se soustraire mais qu'on ne saurait changer. (*Étoile*, p. 358 *sq.*)

Même si Rosenzweig ne parle de la révélation que comme d'un commandement, lui-même, contrairement à Buber, respecte la Loi. Il en apprécie aussi la profondeur. Il peut donc affirmer que :

5. Trad. fr. in *Confluences*, op. cit., p. 222 *sq.*

> Le monde, ce monde-ci, est créé et pourtant il a besoin de la Rédemption à venir : or, l'inquiétude de cette double pensée s'apaise dans l'unité de la Loi. La Loi : en effet, vue comme monde, elle est loi, et non pas ce qu'elle est comme contenu de la Révélation et exigence posée à l'individu : commandement ; dans sa diversité et sa force qui ordonnent toute chose, qui saisissent toute vie « extérieure », c'est-à-dire toute la vie ici-bas, tout ce qu'un droit mondain peut d'une manière ou d'une autre englober, la Loi ne permet plus de distinguer ce monde-ci du monde à venir. Dieu lui-même « apprend » dans la Loi, si l'on en croit la légende rabbinique. Autrement dit, dans la Loi, tout l'en deçà, tout ce qui est inséré en lui, toute existence créée, est déjà immédiatement habité de vie et d'âme pour devenir contenu du monde à venir. Que la loi n'est que loi juive, que ce monde achevé et délivré n'est qu'un monde juif et que Dieu qui est le maître du monde a encore bien autre chose à faire qu'à apprendre seulement dans la Loi, voilà ce qu'oublie ce sentiment juif, et peu importe qu'il entende par là la Loi au sens de la tradition ou qu'il ait rempli d'une nouvelle vie la notion ancienne. Car, dans ce cas aussi, il considère seulement ce monde comme inachevé, mais la Loi, que le juif se met en devoir d'imposer au monde pour qu'il passe de ce monde-ci au monde futur, il la tient pour achevée et immuable. (*Étoile*, p. 478 *sq.*)

Par conséquent, « Son sentiment réunit ensemble le monde entier, celui qui est créé pour être là comme celui qu'il s'agit de remplir d'âme et celui qui s'accroît jusqu'à la Rédemption, et il le fait entrer dans l'espace cher de sa maison, situé entre la Loi et son peuple, le peuple de la Loi. » (*Étoile*, p. 479).

Ce qu'indique ce passage, malgré le langage difficile qui est utilisé, c'est que Rosenzweig est conscient du fait que les *mitzvot* préservent et transforment l'élection d'Israël en une réalité vivante, contemporaine. Cette réalité force ceux des Juifs qui vivent aujourd'hui, dans un temps et un espace réels, à être des Juifs qui ont connaissance de leurs obligations en tant que juifs, et en tant qu'êtres humains. Ce qu'elles exigent surtout, c'est non pas une connaissance théorique mais plutôt la reconnaissance de l'Autre – de la veuve, de l'orphelin, du pauvre, de « l'étranger qui vient séjourner avec toi, dans votre pays » (Lev. 19, 33) – de ceux aussi qui vivent côte à côte avec nous dans la réalité du temps et de l'espace, et que nous rencontrons dans notre chemin à travers la vie, précisément lorsque nous vivons de manière juive. En ce sens élémentaire, les *mitzvot* ont une signification éthique et anthropologique, et aussi théologique, très élevée.

De plus, la pratique des *mitzvot* qui ont la préoccupation de l'Autre anticipe et édifie déjà ce futur messianique qui n'est pas encore là, et dans lequel nous ferons l'expérience de l'intégration complète de notre orientation vers l'autre. En accomplissant le commandement « Aime ton prochain » (Cf. la section sur « L'amour du prochain » dans *L'Étoile*, p. 252 *sq.*), nous agissons pour faire advenir le Royaume.

J'attire l'attention sur cet aspect trop peu reconnu de l'enseignement de Rosenzweig, parce que je crois qu'il témoigne de son caractère sophistiqué, voire profond. Pour le dire en d'autres termes, Rosenzweig reconnaît que sa lecture existentielle de la réalité et plus spécifiquement du judaïsme n'épuise pas le sens de cette réalité, ou du judaïsme. Il sait que Dieu existe dans Son « Néant », avant la création ; que la Révélation existe avant et au-delà de – et qu'elle est ultimement plus que – la révélation de l'amour de Dieu pour l'homme ; qu'il y a une Torah et une Halacha « ontique » – c'est ce à quoi Rosenzweig, qui dans une lettre à Martin Buber cite les Kabbalistes, se réfère comme à une Torah, « écrite sur un fond de feu brillant en lettres de flammes sombres[6] ». Rosenzweig sait qu'il n'est en fin de compte pas possible de réduire la Torah et la *Halacha* aux expériences humaines que nous en avons, et que la question du statut de la *Halacha* est une question entièrement séparée de celle de notre capacité à garder la *Halacha*. Rosenzweig, écrivant à Buber, remarque – et l'observation est profonde et évocatrice :

> Quel était-il [le chemin] dans l'Etude ? C'était un chemin qui menait à travers le royaume entier du connaissable, mais réellement *à travers lui*, un chemin qui ne se contentait pas d'effleurer quelques auteurs d'où l'on avait une belle vue, mais qui continuait avec peine là où les époques précédentes n'avaient même pas jugé utile d'ouvrir une piste, et n'eût cependant pas donné à celui qui l'aurait parcouru sur toute sa longueur le droit d'affirmer qu'il avait dès lors atteint son but. Un tel homme même devait se contenter de dire qu'il avait parcouru tout le chemin, mais que même pour lui le but se trouvait un pas au-delà – dans l'inaccessible. Alors pourquoi l'appeler chemin ? Est-ce qu'un chemin mène à l'inaccessible ? N'importe quel chemin ? Quel avantage a-t-il, celui qui a parcouru le chemin, sur celui qui dès le début tenta le saut qui doit venir finalement dans tous les cas ? Un très mince avantage, que beaucoup jugeront ne pas valoir tant de peine, mais qui selon nous justifie la plus grande. Car ce détour laborieux et sans but à travers le Judaïsme connaissable nous donne la certitude que le saut ultime de ce que nous connaissons jusqu'à ce que nous avons besoin de connaître à tout prix, le saut dans l'Etude, nous a mené à l'Etude *juive*[7].

Il écrit encore que « c'est à condition qu'il apprenne ce qui est connaissable que ce peuple pourra apprendre ce qui est inconnu. Ses vastes connaissances doivent d'abord devenir siennes avant d'être créatrices[8] ».
Dans une lettre à Buber, envoyée le 3 juin 1925, Rosenzweig lui dit :

> Moi non plus je ne sais pas si la loi *est* loi de Dieu [...] La Révélation n'est donc certainement pas législation [*Gesetzgebung* : donation de la loi] ; elle

---

6. « Les Bâtisseurs », in *Confluences, op. cit.*, p. 217.
7. *Ibid.*, p. 218 *sq.*
8. *Ibid.*, p. 219.

n'est surtout que – révélation. Elle n'a immédiatement qu'elle-même comme contenu, en fait elle est déjà achevée avec וירד (« il descendit » [du Sinaï]) – l'interprétation commence déjà avec וידבר (« Il parla »), sans mentionner le אנכי (« Je [suis]). Mais où cette « interprétation » arrête-t-elle d'être légitime ? [...] Ou bien serait-ce le cas, que la Révélation ne soit jamais en droit de devenir législation ? Parce que là, l'auto-interprétation originelle cède nécessairement à l'interprétation humaine, donc à l'interprétation sans guillemets. J'accorderais cela, tout comme je suis en quelque sorte convaincu que la Révélation ne peut pas non plus se transformer en une liaison à une personne. Mais de même que, malgré cette conviction que j'ai, je concède néanmoins à un Chrétien qu'historiquement et personnellement il peut être *fair play* pour démontrer qu'il fait exception, la Loi réclame elle aussi pour elle-même cette possibilité d'affirmer son caractère d'exception, face à toute autre loi [9].

Ici, je noterai aussi l'enseignement de Rosenzweig, qu'il y a une différence entre l'« œuvre » des hommes et des femmes dans la direction de la rédemption, et la rédemption considérée comme l'œuvre finale de Dieu. Seul Dieu, nous dit-il, amène la rédemption. Sa description de l'expérience qu'il fit, et qui changea sa vie, dans une synagogue de Berlin le jour de Kippour, le 11 octobre 1913, est en rapport à ce point. Il dit d'elle : « C'est un grand acte de grâce, que Dieu m'ait une fois dans la vie arraché de la vie[10]. » Ici, à nouveau, il faut noter l'un des derniers enseignements de *L'Étoile*, en rapport à la notion d'éternité. Dans une sous-section intitulée « La vérité de l'éternité » Rosenzweig, commentant le Psaume 90, interprète comme suit son contenu :

> Dieu est véritablement le Seigneur. Comme tel, il s'est révélé dans la puissance de sa Création. Si nous l'invoquons ainsi à la lumière de son éternelle vérité – c'est le Créateur au commencement, celui qui a dit le premier « Que la lumière soit », c'est lui que nous invoquons alors. Le cœur de la nuit se met à briller devant nos yeux éblouis, avec une éternelle clarté d'étoiles, derrière la réalité de la Création : c'est ce minuit dont l'existence nocturne emplissait le sein de Dieu avant qu'il existe quoi que ce soit. Il est vraiment le Premier et le Dernier. Avant que les montagnes fussent créées et que la terre se mette à tourner dans les douleurs de l'enfantement – tu étais Dieu, d'éternité en éternité. (*Étoile*, p. 492)

Dieu est tout à la fois révélé, et caché. Il est là avant la création, et après elle. Dieu est plus que ce dont nous faisons l'expérience ; plus que ce que nous savons ; plus que ce qu'Il révèle.

On pourrait bien affirmer – et ce serait correct – que ces enseigne-

---

9. Rosenzweig, GS, I.2, p. 1040 (*notre traduction*).

10. «*Es ist eine grosse Tat der Gnade, dass Gott mich einmal im Leben aus dem Leben herausgerissen hat*» : lettre à Margrit Rosenstock-Hüssy, 15.6.20, in Rosenzweig, GS, I.2, p. 675.

ments que j'ai cités, et l'interprétation que j'en ai donnée, indiquent – ou même créent – des tensions, ou du moins de sérieuses ambiguïtés dans les doctrines de Rosenzweig. Une telle lecture serait correcte. Mais il faut porter au crédit de Rosenzweig en tant que « Nouveau Penseur » qu'il reconnaît à ses *realia* un poids d'évidence allant à l'encontre de sa pratique théorique.

Pour dire ceci en d'autres termes, la façon dont Rosenzweig interrogea la Révélation fut plus perspicace et recéla plus de capacités que celle de Buber, parce que, contrairement à toute simplicité réductionniste, elle faisait droit à la complexité dont on avait besoin. Elle était aussi plus sophistiquée que celle des penseurs libéraux associés à la *Wissenschaft des Judentums* et au judaïsme réformé, aussi bien parce qu'elle reconnaissait la relation que l'on peut dire parasitique – à savoir la dépendance de la tradition et de demandes faites dans le passé – qui existait (et aussi qui devait exister) dans une tradition religieuse comme celle du Judaïsme (et du Christianisme), que parce qu'elle n'essaya pas de décider par avance de la question de savoir quelles *mitzvot* seraient obligatoires, et quelles autres ne le seraient pas, compte tenu de critères éthiques de jugement dus à un système kantien de valeurs, ou à un système hégélien. De plus, Rosenzweig comprit bien un point crucial : la Révélation est la volonté de Dieu, et comme telle elle doit avoir indépendamment sa propre valeur et son autorité, quelle que soit la façon dont cette dernière est médiatisée par ceux auxquels s'adresse la parole de Dieu, ou qui entendent sa Parole. Ainsi, comme dans le cas des enseignements de Rosenzweig sur la rédemption, on pourrait dire qu'il y a la Torah, et qu'il y a l'expérience humaine de la Torah. Et les deux doivent exister ensemble, pour permettre la subsistance du judaïsme, de la tradition juive et du peuple juif.

Il y a et il doit y avoir la Torah, comme préexistante, avant que nous nous appropriions le texte, pour en faire le nôtre. On rappellera ici que Rosenzweig commença la troisième partie du Livre I de *L'Étoile* par la *bracha* (bénédiction) traditionnelle, que l'on dit lorsqu'on commence l'étude de la Torah : « Béni soit celui qui a planté la vie éternelle au milieu de nous. » (*Étoile*, p. 352). Assurément, nous devons, comme Rosenzweig le dit avec insistance, faire vivre ce texte de la Torah par notre propre témoignage. En conséquence, Rosenzweig et Buber insistent sur la nécessité de lire le texte de la Torah à voix haute, et de l'entendre comme si c'est maintenant qu'il nous est adressé. Mais ce qui reste encore à comprendre – comme Rosenzweig sut l'apprécier, plus complètement que Buber – c'est que c'est un texte bien spécifique de la Torah, que nous lisons. De plus, et ce point-ci est important : même si la Torah peut vivre aujourd'hui seulement si nous la faisons vivre, cet acte n'est possible qu'en raison de la présupposition théologique essentielle et absolue que le texte de la Torah en possession duquel nous sommes était déjà vivant auparavant. En répondant à la Torah nous témoignons de quelque chose qui est à l'extérieur de nous, au-delà de nous, avant et au-dessus de nous-mêmes. Comme le dit la description de la Torah dans le même paragraphe de *L'Étoile*: « Au cœur de l'Étoile brûle le feu. C'est seulement du feu dont brûle le centre que jaillissent les rayons [...] Le foyer incandescent doit brûler sans jamais s'arrêter. Sa flamme doit éternellement se nourrir d'elle-même. »

Rosenzweig ajoute aussi, et c'est crucial: « Elle ne veut s'approvisionner nulle part ailleurs. Le temps doit passer à côté..." (*Étoile*, p. 352). Rosenzweig n'oublia jamais que la Torah n'est pas la parole de l'homme sur Dieu, mais plutôt la parole de Dieu à l'homme. « Nous sommes à la recherche d'un définitif qui n'ait pas besoin de la pensée pour être », a-t-il écrit quelque part ailleurs dans *L'Étoile*[11].

Il devrait également être ajouté que Rosenzweig, tout en rappelant la discussion rabbinique dans T.B. *Sanhedrin* 98a, souligne la nécessité de faire venir le Messie aujourd'hui – selon l'idée de l'avenir qu'il enseigne : « le Royaume est au milieu de vous, [qu']il vient "aujourd'hui", cette éternisation de l'instant est une conception de l'avenir qui rend l'instant éternel [12] » · on doit donc comprendre que le Messie qui doit venir *aujourd'hui* existe déjà, et attend que nous le fassions venir. Dans l'accomplissement messianique, il y a plus que nos actions.

Le même point pourrait être fait à propos de la liturgie du Shabbat et de celle de Kippour, dont Rosenzweig donne de si brillantes exégèses, et qui lui furent si importantes, aussi bien comme Juif que comme philosophe. Nous entrons dans l'esprit du Shabbat et de Yom Kippour mais nous ne les créons pas *ab initio*. Ils ne sont pas juste notre expérience. De façon similaire, lorsque nous témoignons de la révélation nous inférons de l'expérience antérieure du peuple juif, qui nous est préexistante. Telle est la fondation « empirique absolue » de la croyance dans la possibilité de la révélation.

Rosenzweig se détourna de l'Université, pour se consacrer à l'éducation juive dans le *Lehrhaus* qu'il créa à Francfort. Il savait que la spontanéité ne suffit pas, quel que soit le degré de son authenticité. Il avait bien compris, comme l'explique Nahum Glatzer[13], que les choses les plus importantes ne peuvent pas être planifiées: que tout « plan » quel

---

11. *Étoile*, p. 30.
12. *Étoile*, p. 267.
13. Nahum N. Glatzer, *Franz Rosenzweig. His Life and Thought*, New York, Schocken, 1961, p. 214-227, ici p. 222.

qu'il soit est faux, d'abord simplement parce que c'est un plan, et que ce qui compte, c'est d'être prêt. « Etre prêt », cela veut dire étudier, cela veut dire avoir une réelle connaissance de l'hébreu (quelque chose qui pour Rosenzweig fut *très, très* important[14]); cela veut dire être compétent dans les textes. Cela veut dire une éducation juive. Rosenzweig ne se fait pas l'avocat d'une « illumination dans l'instant », qui serait anarchique, mais d'une préparation soigneuse de ce qui peut advenir.

IV
Le peuple d'Israël

Face à l'œuvre de Rosenzweig il faut poser une question de base, et y répondre : Rosenzweig est-il en premier lieu un penseur juif, qui examine des idées éminemment juives, ou est-il plus généralement un philosophe s'interrogeant sur des questions universelles, des questions qui auraient aussi des implications pour le judaïsme ? Cette question a récemment été soulevée une fois de plus, dans la discussion contemporaine parmi les spécialistes de Rosenzweig. Dans une étude récente, fort bien accueillie, sur Rosenzweig et Heidegger, Peter Gordon a par exemple affirmé que :

> Rosenzweig se considéra d'abord et avant tout comme l'architecte d'une philosophie authentiquement moderniste ; pour lui L'Étoile de la Rédemption était simplement une contribution à un mouvement œcuménique, la constellation post-métaphysique de la Pensée nouvelle à l'époque de Weimar. Il est donc quelque peu trompeur, et certainement imprécis, de ranger la pensée de Rosenzweig dans la catégorie de pensée « juive ». On sait combien il insista sur le fait que sa philosophie n'était juive qu'incidemment. Le langage du judaïsme, disait-il, n'était que le *medium* dans lequel il sentait qu'il pourrait le plus pleinement exprimer ses idées, de façon à être le plus en accord avec sa propre biographie, et ainsi sans avoir besoin de recourir à des artifices poétiques. Mais il admit que d'autres penseurs pourraient trouver de plus grandes ressources dans le Christianisme et dans le paganisme, car ces traditions aussi en recéleraient de telles, pour explorer ce qu'il dénomma la « voie terrestre de la révélation [15]».

---

14. « The holiness of the peoples' own language has an effect similar to that of the holiness of its own land : it does not allow their feeling to be lavished on everyday life. It prevents the eternal people from ever being quite in harmony with the times. » (*Ibid.*)
15. Cf. Peter Eli Gordon, *Rosenzweig and Heidegger: between Judaism and German philosophy*, Berkeley, University of California Press, 2003, p. 307 (notre traduction).

Ces toutes dernières années, Eric L. Santner a adopté une position similaire[16]. Je crois, contrairement à Gordon, Santner, et d'autres, qu'une telle lecture est mal informée : elle repose, me semble-t-il, sur une lecture extrêmement sélective de Rosenzweig, qui ignore ou minimise à tort des aspects centraux de son corpus, et qui restreint intentionnellement, ou interprète à tort, tous les éléments en elle qui sont uniquement juifs : des éléments qui réclament une interprétation et ne peuvent être ignorés, mais peuvent et sont régulièrement interprétés de manière erronée.

Je ne souhaite pas m'engager ici dans uns longue analyse et critique du travail de Gordon et de Santner, qui n'est pas sans valeur, à de nombreux autres égards. J'utiliserai plutôt leur travail comme une sorte de « faire-valoir », pour centrer l'analyse sur la profondeur de l'engagement juif de Rosenzweig, tel qu'il apparaît dans ses écrits pendant et après la première guerre mondiale. Rejetant une nomination universitaire, Rosenzweig écrivit à son mentor académique, le professeur Friedrich Meinecke : « Ma vie est tombée sous un 'dunklen Drang' [une 'poussée obscure'[17]]. » Si son centre d'intérêt principal avait encore été la philosophie, ou plus largement la pensée moderne, il n'aurait jamais rejeté l'offre généreuse de Meinecke. Pourtant, il la rejeta, et s'il le fit ce fut en raison de sa « conversion » de 1913, qui l'avait ramené à un judaïsme vivant, et à ses conséquences postérieures à 1913. Comme l'indique après sa « conversion » sa correspondance avec son cousin Hans Ehrenberg, et avec Eugen Rosenstock-Huessy, le judaïsme était désormais devenu le centre de gravité de son univers intellectuel et personnel. Ce qui confirme ce fait, par-dessus tout, ce sont quatre choses. D'abord, son travail passionné au *Lehrhaus*. En second lieu, sa nouvelle amitié et collaboration avec Martin Buber sur la traduction de la Bible. En troisième, son travail indépendant sur Yehudah Halevi, qui débuta en 1916. Et le quatrième point, qui est extrêmement significatif, est son style de vie de plus en plus « halakhique », qui ne fut pas chose accessoire mais un corollaire direct et logique de sa « Nouvelle Pensée » existentialiste.

Quant à son œuvre et plus spécialement *L'Étoile*, ce serait une distortion que de ne pas reconnaître, malgré les commentaires contraires, mais ambigus, de Rosenzweig lui-même, que le projet entier est mû par des préoccupations et des intérêts juifs. La liturgie du Shabbat, le contenu des trois fêtes de pèlerinage, l'importance écrasante des questions liées à la Torah, aux mitzvoth, à la halacha, à la Création, l'exil, la rédemption et le messianisme, l'affirmation selon laquelle la Torah est le « feu » au cœur de *L'Étoile*, la préoccupation spécifique avec la rela-

16. Cf. Eric L. Santner, *On the psychotheology of everyday life : reflections on Freud and Rosenzweig*, Chicago, University of Chicago Press, 2001, p. 123-124.
17. GS I, *Briefe und Tagebücher* vol. 2, p. 681.

tion du judaïsme au Christianisme et aussi – contrairement à des opinions communes – la primauté du judaïsme, qui est déjà à la « fin » du voyage avec Dieu, par opposition au Christianisme qui est encore « en chemin » : ce ne sont pas là des catégories, des réalités et des formes d'expérience personnelle et communautaire auxquelles on pourrait substituer d'autres catégories, réalités ou formes d'expérience. Ce qui est plus spécifique encore, et qui a une importance transcendant tout le reste, c'est son affirmation radicale de la signification du Peuple d'Israël et de son élection.

Cet accent sur les éléments spécifiquement, étroitement juifs dans la pensée de Rosenzweig n'est pas sans poser des problèmes. Mais quoi qu'il en soit de ceux-ci, ce serait ne pas être honnête envers Rosenzweig en cette occasion – en vérité, justement en une occasion comme celle-ci – que de ne pas attirer l'attention sur ce fait. Rosenzweig fut sensible à une *réalité* qui n'est pas aisément expliquée, ou dont il n'est pas facile de rendre compte : celle de ce que l'on a traditionnellement dénommé le « mystère d'Israël ». Par « Israël », il ne pensait pas à un Israël métaphorique ou symbolique, mais à l'Israël physique, Israël *kata sarka*, l'« Israël de la chair ».

Je ne suis pas d'accord avec tout ce que Rosenzweig a écrit en rapport à cette question, mais son intuition de base en cette matière m'intrigue : à savoir, qu'il y aurait quelque chose – le sang, l'ethnicité, le destin – qui singulariserait le peuple juif, pour une histoire singulière. Rosenzweig a certainement raison, même si on le considère dans la perspective historique la plus séculière, de voir dans l'expérience juive deux caractéristiques, qui la définissent :

(A) Son histoire et l'impact de celle-ci même aujourd'hui, avec le grand changement suscité par la création de l'État d'Israël, a été extraordinaire. Pour reprendre ici le terme descriptif utilisé par Rosenzweig, le peuple juif a été *unheimlich* – ils ont en réalité été « déracinés depuis l'appel de Dieu à Abraham, «*Lech Lecha*», éloigne-toi de ton pays, de ton lieu natal et de la maison paternelle et va au pays que je t'indiquerai » (Gen. 12 : 1). Depuis le début de leur voie à travers le temps, ils ont été des étrangers au monde quotidien de l'histoire ordinaire. Je laisserai à d'autres circonstances la question de savoir si c'était nécessaire, comme Rosenzweig le crut, ou si ce fut plutôt une circonstance contingente, qui s'achève au mieux avec la création d'un État. Mais il est difficile de nier le *fait* même, de cette réalité.

(B) Indépendamment de leurs croyances et de leurs actions, les Juifs sont comme peuple, dans leur être physique et dans la continuation de leur existence, un « puzzle », qui semble défier toute explication. « La foi juive », nous dit Rosenzweig dans *L'Étoile*, « suit la vie éternelle du people comme un produit engendré[18]». Rosenzweig affirma que toutes les généralisations historiques et philosophiques, lorsqu'elles sont confrontées à l'histoire juive, se trouvent en quelque sorte « réfutées ».

Il se peut bien que Steven Schwarzschild ait eu raison, lorsqu'il affirma, contre Rosenzweig, que « Dieu, et 'le Bien', sont correctement compris non pas en tant que concrétisés dans des peuples ou dans d'autres réalités en ce bas monde, quelles qu'elles soient, mais comme des tâches intelligibles, quoique toujours non accomplies[19]. » Et il se peut bien qu'Emmanuel Levinas ait eu raison de dire que ce serait une bonne chose de pouvoir interpréter Rosenzweig essentiellement dans des termes éthiques. Mais malheureusement, il est aussi juste d'insister sur le fait que les textes que nous avons de Rosenzweig parlent pour une position opposée à celle de Schwarzschild (et par extension, de Hermann Cohen) et qu'ils parlent aussi contre Levinas, même si dans ce dernier cas c'est moins dramatique. Rosenzweig, même s'il ne fut ni un nationaliste juif au sens moderne du terme, ni un sioniste, et s'il ne fut pas un raciste lorsqu'on utilise et comprend ce terme en le chargeant de connotations extrêmement négatives, maintint pourtant que le « sang » juif est un donné qui a une signification première, indépendamment de toute considération et de tout impératif éthique. Il écrit :

> Il n'existe qu'une seule communauté qui connaisse une telle continuité de la vie éternelle, allant du grand-père au petit-fils, une seule qui ne puisse exprimer le « Nous » de son unité sans entendre simultanément dans son cœur le « sommes éternels » qui est son complément. Il faut qu'il s'agisse d'une communauté de sang, car seul le sang donne à l'espérance en l'avenir une garantie dans le présent. [...] Alors que toute autre communauté qui prétend à une éternité doit prendre des dispositions pour transmettre le flambeau du présent à l'avenir, la communauté de sang seule peut se passer de tels dispositifs de transmission ; elle n'a pas besoin de se torturer l'esprit ; dans le corps qui se perpétue naturellement, elle possède l'assurance de son éternité. (*Étoile*, p. 353).

Par-delà la formulation particulière, ce que Rosenzweig fait ici, c'est de prendre le risque de mettre à l'épreuve les déclarations trouvées dans la parole de Dieu, dans le témoignage biblique, contre les formules et dogmes philosophiques et théologiques modernes, qui sont politiquement corrects. Rosenzweig est conscient du fait que la « descendance de la semence d'Abraham » constitue une doctrine bibli-

---

18. *Étoile*, p. 405.
19. « Franz Rosenzweig and Martin Heidegger : The German and the Jewish Turn to Ethnicism », in Wolfdietrich Schmied-Kowarzik (éd.), *Der Philosoph Franz Rosenzweig (1886-1926)*, Friburg/Munich, 1988, vol. 2, p. 889.

que et judaïque étrange, mais essentielle, qui fait d'Israël une famille, et de Dieu son Père. Il est nécessaire de noter que cet accent placé sur le sang (et la famille) contredit les accents autonomes de l'approche plus généralement existentialiste, anti-essentialiste, « volontariste » du judaïsme, que l'on trouve également chez Rosenzweig. En même temps, elle témoigne de son ouverture à tous les aspects du judaïsme, et de son effort d'essayer de faire droit à la largeur et à la complexité – plus vastes que celles que nous rapporterions à l'éthique – que l'on peut trouver dans la tradition juive.

L'Eglise est une communauté théologique créée et liée ensemble par sa croyance dans l'œuvre salvatrice du Christ. Le judaïsme est une communauté biologique-spirituelle, liée ensemble par son origine historique-familiale commune. Et par opposition avec le christianisme, qui pour Rosenzweig est toujours « en chemin », le judaïsme est, en raison de son enracinement biologique dans le people juif, le seul marqueur « éternel », qui ne change pas, de la présence et de la révélation de Dieu dans l'histoire. Israël, nous dit-il, est « plus qu'une idée [...] Nous sommes éternels [...] si nous le sommes, nous le sommes avec une réalité plénière[20]. »

De tout ce que Rosenzweig a à dire sur ce « peuple d'Israël », je ne sais pas vraiment combien je peux comprendre, ou assimiler et intégrer en un tout plus vaste. Je trouve que la lecture néokantienne et les objections de feu mon ami Steven Schwarzschild, et les suggestions de Levinas (qui fut l'examinateur externe de ma thèse de doctorat à Cambridge) peu convaincantes. La même chose doit être dite à mon avis de la lecture suggérée par Leora Batnitzky, qui dit que « dans *L'Étoile de la Rédemption*, la notion d'une communauté de sang marque la limite de la philosophie moderne[21] ». Tout ceci pour avouer que je suis perplexe, sur la question de savoir comment exactement on peut déchiffrer les observations de Rosenzweig sur la signification biologique de la nature du peuple juif. Mais en même temps sa thèse – cet engagement rosenzweigien, qui fut si ardent – est un aspect tellement central et exigeant de sa pensée qu'il serait négligent de ma part de ne pas l'évoquer ici, pour le soumettre à la réflexion de chacun d'entre vous.

En même temps, et c'est complémentaire, il faut voir et interpréter ce curieux principe rosenzweigien dans le contexte et les contours plus vastes de son « système ». Ce qui veut dire que Rosenzweig maintient que par le choix inattendu, « inexplicable », arbitraire d'Abraham et d'Israël, et en faisant une alliance avec un homme et ses enfants plutôt qu'avec

---

20. *Étoile*, p. 489.
21. Leora Batnitzky, *Idolatry and Representation : The Philosophy of Franz Rosenzweig reconsidered*, Princeton, Princeton University Press, 2000, p. 75.

toute l'humanité ou « les justes » parmi les nations, Dieu montre son absolue liberté. Il n'est pas contrôlé ou restreint par les lois de la nature ou de la méta-nature, l'histoire ou l'éthique. L'insistance de Rosenzweig sur le sang renforce donc le corollaire de la théologie négative dont il était parti. Quand Hegel affirme comprendre comment Dieu œuvre, et même comprendre Sa vie spirituelle intérieure, Rosenzweig, en soulignant une alliance inexpliquée et injustifiée avec un homme, Abraham, sans donner de raisons, une alliance signée par une circoncision physique sur le corps du Juif (ce qui rend toute appartenance juive après Abraham non volontaire et sans relation à ce que l'on croit personnellement ou à la façon dont on se comporte), réprimande et rejette la *chutzpah*, l'insolence extraordinaire de Hegel – et de la philosophie.

Aussi particulière et inexplicable qu'elle soit, cette élection n'est pour Rosenzweig pas seulement limitée en son sens pour Israël. Car alors même que Rosenzweig insiste sur le fait que : « L'amour de Dieu aime celui qu'il aime et là où il aime ; nulle question ne peut l'effleurer [...] Dieu n'aime jamais que celui et ce qu'il aime », il nous enseigne en même temps que "ce qui sépare son amour d'un "tout-amour, c'est uniquement un "pas-encore"; c'est uniquement "pas encore" que Dieu aime tout, en dehors de ce qu'il aime déjà[22]. » Dans la façon dont Rosenzweig comprend la nature et le but de l'étreinte divine, l'amour de Dieu pour toutes Ses créatures et Son amour pour Israël se rejoindront, et montreront la voie vers l'avenir eschatologique du Royaume de Dieu.

V
Anti-Historicisme

L'espace me manque pour engager ici une exploration détaillée de l'anti-historicisme de Rosenzweig. De plus, ce sujet a été intelligemment discuté par de nombreux érudits, de Leo Strauss et Alexander Altmann à Paul Mendes-Flohr, David Myers, et Myriam Bienenstock, plus récemment. Pourtant, il est si essentiel à la vision de Rosenzweig que je voudrais faire un bref commentaire, ou plutôt une série de très brefs commentaires à ce sujet.
(1) Rosenzweig, qui avait subi le pilonnage intellectuel et émotionnel d'Eugen Rosenstock-Huessy sur la question de l'historicisme, reconnut les sérieuses implications relativistes de l'historicisme.
(2) En cohérence avec les principes de sa théologie négative exposés dans la 1ère partie de *L'Étoile*, Rosenzweig reconnaît que Dieu ne peut pas être assujetti aux lois et contraintes de la temporalité.

22. *Étoile*, p. 196.

(3) Comme corollaire à ce principe, donc à l'insistance que Dieu est « au-delà du temps », il y a la *possibilité* que d'autres *realia* soient aussi « au-delà du temps ». L'un d'entre eux, et non des moindres, est le Peuple juif (et son cycle rituel de l'année).
(4) Il y a deux choses à faire, lorsqu'on formule des jugements sur des phénomènes historiques : premièrement, nous devons mesurer le passé par le présent. Deuxièmement, nous devons mesurer le présent par le passé. C'est pourquoi nous prenons la Bible au sérieux.
(5) La Révélation interrompt l'histoire, et transcende les contraintes de cette dernière. Elle est *en rapport* à elle, dans la mesure où elle diffère du quotidien historique, et le remet en question. De plus, son *autorité* réside à l'extérieur de l'historique.
(6) La logique interne et la stature ontologique de la loi et pratique juives (la Halacha) ne sont pas simplement explicables, ou révisables, ou assujettis aux exigences des modes historicistes d'explication et de justification.
(7) Même si les promesses de Dieu sont faites dans l'histoire, elles sont méta-historiques, au sens où elles sont certaines. C'est là la garantie de l'avenir pout le peuple juif en *Galut* (exil) et pour le « pas-encore » messianique dont Rosenzweig se fait l'avocat, essentiellement.

C'est là un agenda intellectuel très provocateur, qui requiert de continuer à y réfléchir.

VI
En résumé

Le génie de Rosenzweig était fait de nombreux dons. Ce que je voudrais souligner dans cette conclusion, c'est d'abord et avant tout la profondeur et l'ampleur de son érudition, et l'envergure véritablement œcuménique, ainsi que la sensibilité, de sa compréhension. Même si une bonne partie de *L'Étoile* et des autres écrits de Rosenzweig expriment encore l'écriture confiante et trop assurée des philosophes allemands des XIXe et XXe siècles, Rosenzweig fut en réalité trop sage, au bout du compte, pour trop affirmer. Il possédait plutôt :
(a) un sens profond et durable pour le mystère de l'existence, ce mystère qui ne s'en va jamais. Rosenzweig savait que la condition humaine est ensevelie sous un nuage impénétrable d'ignorance. Ce que la Genèse nous raconte d'Abraham lorsque lui fut offerte la *berit bein ha-betarim* (« l'Alliance entre les morceaux », Gen. 15 :12 : « Le soleil étant sur son déclin [...] une angoisse sombre, profonde, pesait sur lui ») pourrait aussi être dit de Rosenzweig, de l'époque de sa conversion de Yom Kippour en 1913 jusqu'à sa mort en 1929.

(b) Rosenzweig possédait aussi une conscience vive et irréductible des limitations de la connaissance humaine et du caractère incomplet de la vie humaine. Ce n'est pas un hasard si dans L'*Étoile* Rosenzweig commence par réfléchir sur la mort, ce point ultime de la vie humaine que nous ne pouvons connaître, ou s'il continue ensuite en mettant l'accent, en relation avec la révélation, sur une «pensée du langage» qui requiert la réponse de l'Autre, réponse qu'elle ne peut jamais connaître à l'avance[23]. Ses réflexions longues et complexes s'achèvent sur une vision messianique qui n'est «pas encore».
(c) Rosenzweig eut un sens de la tradition juive très riche et de plus en plus ample. C'est ce qui le libéra, et aussi le protégea de la tentation d'adopter une description réductrice et simpliste de la tradition, ainsi que de la réalité. C'est aussi ce qui l'encouragea à tenter d'élaborer une apologie, en insistant, dans l'esprit de Yehuda Halevi, sur le fait que le judaïsme ne pourrait remplir son rôle crucial dans l'histoire que s'il était fidèle à lui-même.
(d) Rosenzweig fut intuitivement mais aussi rationnellement conscient du rôle que remplissent dans la vie religieuse d'un peuple une communauté, une tradition, le passé, le fait d'être un peuple. C'est ce sens, et c'est cette compréhension, qui lui évitèrent de déformer et de mal comprendre ce qu'il cherchait à expliquer.
(e) Rosenzweig sut que la subjectivité, l'identification personnelle, l'engagement existentiel sont certes absolument essentiels dans les questions qui comptent ultimement, mais insuffisants et par eux-mêmes infidèles à la vérité. Il souligna donc la différence qu'il y a entre X (quel que soit ce X) et notre appropriation de X; entre le fait d'enseigner X (quel que soit X) et notre appréciation de X; entre la nature absolue de X (quel que soit X) et notre compréhension de X; entre X (et quel que soit X) en tant que vrai, et le fait qu'il soit vrai pour nous; et entre notre travail pour X (quel que soit X) et la finalité, l'accomplissement de X.
(f) Enfin, il saisit que nous ne pouvons pas expliquer nos vies soit par une approche complètement anhistorique, soit par une herméneutique entièrement historiciste. L'éternel est connu dans l'histoire, mais l'histoire n'épuise pas l'éternel.

En raison de ces vertus, qui sont considérables, nous pouvons encore, sans ignorer les problèmes épineux et les questions provocatrices engendrés par les enseignements de Rosenzweig, étudier ses écrits, qui demeurent une source d'authentique compréhension de la nature humaine.

---

23. E.g., «La pensée nouvelle», in *Confluences, op. cit.*, p. 158.

Première partie: Nous et les Autres

Societas in exteriore homine
Le problème de la construction du « Nous » chez Rosenzweig*

Irene Kajon

Cette contribution a pour objet d'exposer la solution que propose Franz Rosenzweig afin de résoudre le problème de la construction du « Nous ». Qu'est-ce qui permet à une société – qui peut être formée de deux, ou de trois, ou de plusieurs personnes, ou encore par l'humanité – d'exister en tant que société ? Tout comme la science ou l'art, le « Nous » exige d'être pris en considération s'il nous faut déterminer la condition sur laquelle il est fondé et sans laquelle il ne pourrait exister. Cette considération, qui a pour but de comprendre l'élément principal permettant à un être humain d'entrer en relation avec un autre être humain ou avec d'autres êtres humains, a d'abord et avant tout une valeur théorique, parce qu'elle représente l'une des voies par lesquelles l'homme peut prendre conscience de son être propre. Mais elle devient aussi, nécessairement, un guide pour l'action, lorsque le « Nous » se dissout, car elle indique alors ce qui doit être ré-établi en premier pour que le « Nous » existe à nouveau.

La solution que propose Rosenzweig pour résoudre le problème de la construction du « Nous » met l'accent sur l'extériorité. Comme nous le verrons, il fait tout à la fois référence à la transcendance de l'éthique, et à « Nous » comme formé par deux ou plusieurs individus, qui ne deviennent des « Je » que lorsqu'ils se rencontrent les uns les autres dans le monde. La seconde partie de ma contribution illustrera ces deux points. La première partie abordera certaines théories qui attribuent l'essor de la société à la vie intérieure de l'homme – alors même que, comme nous le verrons, cette vie intérieure est déterminée de différentes manières. En conclusion, je souhaiterais soulever le problème de la prémisse qui sous-tend la pensée du « Nous » par Rosenzweig, et partant le problème de la vérité de sa théorie de la société.

* *Traduction Anne Chalard-Fillaudeau.*

I. L'*HOMO INTERIOR* COMME SOURCE DU «NOUS»: TROIS MODÈLES THÉORIQUES

On trouve en histoire de la philosophie diverses formes de l'idée selon laquelle l'origine de la société se situerait dans l'homme, pris comme un «Je» qui ne change jamais, même lorsqu'il entre en contact avec le monde extérieur, parce qu'il est essentiellement orienté vers la reproduction de sa propre existence physique et spirituelle. Nous pouvons distinguer trois formes différentes d'un tel modèle : les idéalistes hégéliens reprennent de l'Evangile selon Jean le concept d'amour, compris comme un instrument d'unité sociale ; les philosophes matérialistes voient l'homme comme un être en quête de bonheur, qui utiliserait la raison comme le meilleur moyen pour parvenir à cette fin, et qui en conséquence accepterait les limitations qui brident son égoïsme dans la société civile ; d'autres philosophes allèguent que l'homme, pris comme un être naturel et historique, a des sentiments qui le lient empiriquement à la société. J'aimerais illustrer brièvement ces trois positions, selon la peinture qu'en font Giovanni Gentile pour la première, Hobbes pour la seconde, Hume pour la troisième.

*a) Giovanni Gentile : l'*alter *dans le «Je»*

Ce fut pendant une période tragique de sa vie et de l'histoire italienne, entre août et début septembre 1943, que Gentile rédigea l'ouvrage intitulé *Genèse et structure de la société*[1]. Dans la préface de ce livre, Gentile explique que le chapitre IV, intitulé «La société transcendantale ou la société dans l'*interiore homine*», en constitue le chapitre central. Ce chapitre montre comment une société empiriquement donnée, si elle a été lacérée par les événements, ne pourrait être recréée que sur la base idéale d'une société transcendantale, dont le principe serait de considérer l'*alter* comme un moment tout à la fois intérieur à l'*ipse* et nécessaire à la formation même de celui-ci. Ce principe serait l'*a priori* de toute société donnée :

> L'individu humain n'est pas un atome. Immanent au concept de l'individu, il y a le concept de société. Parce qu'il n'est pas de Je, en lequel l'individu se réalise, qui n'est pas – non pas avec, mais en soi-même – un *alter*, un

---

1. G. Gentile, *Genesi e struttura della società. Saggio di filosofia pratica*, Milano, Mondadori, IIe éd. 1954 (Ière édition, Firenze, Sansoni, 1946). Le 25 juillet 1943, le «Gran Consiglio del fascismo» (Grand Conseil du Fascisme) démit Mussolini de la direction du gouvernement italien. Le 8 septembre 1943 fut signé un armistice entre l'armée italienne et les Alliés. En 1944, Gentile, grand sympathisant du fascisme, fut tué par un partisan à Florence.

autre, qui en constitue son *socius* essentiel : c'est-à-dire un objet qui n'est pas juste un objet (une chose) faisant face au sujet, mais qui est, comme lui, aussi sujet[2]. »

Comme l'*alter* pris en tant que sujet devient identique au « Je » qui assimile l'*alter* à lui-même en le dépouillant de l'externalité qu'il ressentait auparavant, le « Nous » constitue une synthèse dans laquelle les individus sont réconciliés les uns les autres en perdant leur différence. Gentile conçoit la formation du « Nous » par le moyen d'une logique bien particulière, d'une dialectique qui ne considère jamais le « non » comme étant en opposition réelle au « oui », mais comme un moyen d'amplifier ou d'approfondir le « oui ». « Le concret », écrit-il, « se situe dans la médiation de la synthèse[3] ». Cette « synthèse » n'est possible qu'en vertu de l'« identité », présupposée dès le début du processus de médiation : « Seule l'identité explique la relation nécessaire et intrinsèque des deux termes de la synthèse[4] ». La « réalité spirituelle » se produit comme un « Même » résolvant en soi tous les conflits : un *sensus sui* dans lequel le « Je » et ce qui est « autre » que le « Je » coïncident dans l'*ipse*[5].

L'exposition par Gentile, dans le chapitre IV, du concept de société transcendantale se poursuit avec l'idée selon laquelle toute douleur dérivant de la séparation contiendrait déjà en elle-même le ferment de la joie, tout sérieux se dissolvant dans la légèreté sereine de l'harmonie. La philosophie se déclare en accord avec la perception d'un enfant ou d'un homme naïf et inexpérimenté, qui s'approprient ce qui est en dehors d'eux sans le considérer comme différent de ce qu'ils sont eux-mêmes : l'énergie de la « vie » accomplit son œuvre et croît, tout en demeurant close en soi, alors même qu'elle semble être confrontée à quelque chose d'hostile[6].

Tous les sujets débattus dans *Genèse et structure de la société* rejoignent ces questions du chapitre IV. Il est impossible d'illustrer ici tous les arguments développés là, mais il est important de souligner les origines religieuses et philosophiques de la vision de Gentile. Sur différentes pages il en appelle, à travers Hegel (notamment le Hegel de la dialectique du maître et du valet exposée dans la *Phénoménologie de l'Esprit*), au concept

2. « L'individuo umano non è atomo. Immanente al concetto di individuo è il concetto di società. Perché non c'è Io, in cui si realizzi individuo, che non abbia, non seco, ma in se medesimo, un *alter*, che è il suo essenziale *socius* : ossia un oggetto, che non è semplice oggetto (cosa) opposto al soggetto, ma è pure soggetto, come lui » : *Genesi e struttura della società, op. cit.*, p. 62-3. Notre traduction.
3. *Ibid.*, p. 63.
4. *Ibid.*, p. 64.
5. *Ibid.*, p. 64, note 1.
6. *Ibid.*, p. 65-66.

chrétien d'amour : le « Nous » est fondé sur l'amour, et le « Nous » est atteint non pas en sortant de soi-même, mais en revenant en soi-même, là où se trouve Dieu [7]. Dieu réside dans le cœur de l'homme : *nosce te ipsum* conduit l'homme à son soi véritable, et ainsi à l'« autre ». Dans le « Tout » de l'amour, Dieu, « Je » et l'« Autre » ne sont plus trois, mais un. Gentile a surtout tiré son inspiration d'Augustin, mais aussi de Thomas d'Aquin, qui considéra la vertu d'amour comme la vertu parfaite, la racine de toutes les autres vertus, leur forme et leur fin [8].

Dans cette interprétation de la formation du « Nous » que partagent les philosophes influencés par la tradition chrétienne on trouve, par-delà le spiritualisme proclamé, une reprise du concept d'assimilation : si, au sens physique du terme, un organisme se maintient et se développe en rendant intérieur ce qui est extérieur par le moyen de son appareillage d'organes – alors au sens moral du terme c'est un « Je » qui identifie l'« autre » à soi-même, dans un processus culminant en une conscience de soi, en un Soi qui a Dieu ou l'Absolu en soi-même. Ici, l'amour recèle une attitude violente : par cette sorte d'amour, l'individu est privé de ses particularités et il est annulé en une totalité abstraite, laquelle coïncide avec un Dieu transformé en principe immanent de l'histoire. De cette façon, la force devient droit.

b) Hobbes : l'homme naturel en tant que condition de la société civile

Dans « De l'homme », la première partie du *Leviathan* de Hobbes (1651), les chapitres XIII-XV formulent une théorie selon laquelle les lois naturelles, qui tirent leur origine de la raison, ont pour objectif de prévenir la mort violente ; et ces lois deviennent contraignantes à partir du moment où un pouvoir public a été établi, parce que leur transgression a des conséquences que l'on redoute. Ainsi tant les lois naturelles que le respect de lois naturelles devenues publiques renvoient à l'homme naturel qui a des passions, et à une raison à même de comprendre ce qui est utile pour se maintenir en vie en présence des dangers qui la menacent.

Dans ces chapitres, Hobbes commence par décrire l'homme à l'état de nature, ou dans un état dans lequel il n'existe nul « pouvoir commun » qui le contraigne à obéir à des règles partagées. C'est là un état de guerre de chacun contre chacun, car l'homme tend naturellement à rivaliser avec ses pairs. Hobbes brosse un tableau fort sombre de cet état : l'incertitude et l'insécurité dans lesquelles vivent les hommes font

---

7. G. Gentile, *Genesi e struttura della società*, op. cit., p. 211.
8. Augustin, *Confessionum libri XIII*, *liber* X, III-IV ; Thomas D'Aquin, *Summa theologica*, liber XV, Quae. 23, Art. 6.

que l'industrie, le commerce, la science, les lettres et les arts sont impossibles. Ici, il n'est pas de « Nous » qui permette un bénéfice réciproque, seulement des « Je » sans rien qui les lie les uns aux autres : « et ce qui est le pire de tout, la crainte et le risque continuels d'une mort violente ; la vie de l'homme est alors solitaire, besogneuse, pénible, quasi-animale, et brève [9]. »

Hobbes montre ensuite comment la transition d'un état de nature à un état civil est due, pour une part, aux passions mêmes qui poussent l'homme à faire la guerre et, pour une autre part, à l'usage de la raison qui dicte des moyens de satisfaire ces passions qui diffèrent de la coercition ou de la force, ouverte ou masquée ; puis il montre comment ces moyens sont identifiés aux « lois naturelles ». Tandis que le *jus naturale* coïncide avec la liberté qu'a chaque homme d'utiliser son propre pouvoir comme il l'entend, sans rien qui entrave la préservation de sa vie et de son bien, le *lex naturalis* est une mesure inventée par la raison pour prévenir la destruction des hommes, ou la perte des moyens de subsistance, ou l'omission de ces moyens. Ainsi Hobbes écrit-il :

> Les passions qui inclinent les hommes à la paix sont la crainte de la mort, le désir des choses nécessaires à une vie agréable, l'espoir de les obtenir par leur industrie. Et la raison suggère des clauses appropriées d'accord pacifique, sur lesquelles on peut amener les hommes à s'entendre. Ces clauses sont ce qu'on appelle en d'autres termes les lois naturelles [10].

Selon Hobbes, il existe deux lois naturelles principales : la première, qui est fondamentale, affirme que tout homme doit s'efforcer à la paix aussi longtemps qu'il a un espoir de l'obtenir ; la seconde, qui est fondée sur la première, dit que, pour que la paix soit possible et réalisable, on doit se dessaisir du droit qu'on a sur toute chose et restreindre sa liberté, dans la mesure où les autres font de même. D'après Hobbes, cette seconde loi correspond à la loi de l'Évangile – qui est de même une loi humaine universelle – et qui donne pour commandement de ne pas faire aux autres ce que l'on ne voudrait pas que l'on nous fasse : *quod tibi fieri non vis, alteri ne feceris*. C'est ainsi que tout un chacun devrait jouir de ses droits aussi pleinement que possible tant que cette jouissance ne nuit pas aux droits égaux des autres : la limite qui circonscrit les droits de chacun, et qui est établie de manière conjointe, doit permettre à chacun de préserver sa vie et son bien dans un état de paix et de sécurité. C'est seulement sur cette base, dit Hobbes, que sont pos-

---

9. Thomas Hobbes, *Leviathan*, éd. par C. B. Macpherson, Harmondsworth, Middlesex, Penguin Books, 1968, p. 186 ; trad. fr. F. Tricaud, *Léviathan*, Paris, éd. Sirey, 1971, p. 124 *sq*.
10. *Ibid.*, p. 188 ; trad. fr. p. 127.

sibles ces contrats et accords qui régulent les droits réciproques et, pour cette raison précise, impliquent des obligations réciproques.

> Enfin, le motif et la fin qui donnent lieu au fait de renoncer à un droit et de le transmettre n'est rien d'autre que la sécurité de la personne du bailleur, tant pour ce qui regarde sa vie que pour ce qui est des moyens de la conserver dans des conditions qui ne la rendent pas pénible à supporter [11].

Les penchants de l'homme naturel le poussent à faire usage de sa raison, mais aussi à manifester des intentions, à émettre des signes, des promesses, des actions et des déclarations de loyauté. C'est sur la base de ces penchants que des relations civiles sont établies : dans ce cas, la raison, qui implique le vouloir et le sentir, se révèle être au service des passions. Toutes les autres lois de la nature, qui sont également des lois rationnelles (non parce qu'elles découlent immédiatement de la seule raison, mais parce qu'elles sont fondées sur son usage pragmatique) sont conditionnées par ces deux lois initiales. Hobbes en dénombre dix-sept autres : le fait d'accomplir ce qui a été convenu ; la gratitude envers ceux qui vous ont accordé une faveur ; la complaisance, ou la volonté de l'individu de s'adapter à la société qui est sienne ; la propension au pardon ; le fait de garder à l'esprit le bien futur plutôt que le mal passé afin de se venger ; le fait d'éviter le mépris ; le fait de traiter tous les hommes comme étant égaux par nature ; la modestie ; l'équité ; le fait de garder à l'esprit les droits de tout un chacun lorsqu'un conflit porte sur ce qui peut être partagé ou apprécié en commun ; lorsque cela n'est pas possible, le droit du premier possesseur ou de la primogéniture ; le sauf-conduit pour ceux qui négocient la paix ; l'instauration de juges ; le fait qu'aucun homme ne puisse être juge de sa propre cause ; l'impartialité des juges ; l'audition de témoins et l'évaluation de leur crédibilité. Les lois de la nature coïncident avec ces règles morales simples qui sont en vigueur dans la société civile.

À la fin du chapitre XV, Hobbes explique que les lois naturelles ne sont pas des « vertus morales » si elles ne proviennent pas de la parole de celui qui de droit détient l'autorité sur ceux qui se soumettent à elles ; dans la mesure où elles sont de simples moyens en vue d'une meilleure protection des différents « Je », elles ne sont que des « théorèmes » ou « conclusions », au même titre que ceux de la science naturelle.

Ainsi la nature demeure-t-elle la condition de la culture : le « Nous » n'est qu'une série d'individus enserrés par des liens qui sont nécessaires à la lumière de la raison afin d'assurer la survie et le bien être de tous. Le « Nous » prend la forme d'une série d'« egos » refermés sur

---

11. *Ibid.*, p. 192 ; trad. fr. p. 132.

eux-mêmes ; en guise d'élément commun externe ils disposent de lois dont la fonction consiste uniquement à permettre l'évolution régulière et paisible de leurs conflits. C'est un « Nous » sans liens moraux : l'équilibre qui s'instaure en lui est de nature précaire, et la guerre n'est pas désavouée, mais seulement dissimulée par l'apparence de la paix.

Hobbes exprime de façon très précise la position typique du libéralisme moderne et contemporain qui fait dériver la vie sociale, la culture et tout ce qui est spécifiquement humain de l'individu isolé – qui ne se projette vers l'extérieur que dans le but de se préserver et d'étendre sa personne, ses droits et ses possessions. L'humanité n'est formée ici que d'une série d'individus empiriques qui sont unis par une loi formelle.

c) Hume : le « sens interne » en tant que source du « Nous »

Dans son *Enquête sur les principes de la morale* (1751), Hume fait remarquer que dans un débat sur la question de savoir si c'est la raison ou le sentiment qui est le fondement de la morale, on peut suivre une voie médiane. Chaque fois que nous formulons des jugements sur des actions évaluées à la lumière des effets qu'elles produisent, c'est bien sûr la raison qui entre en jeu : elle fait en sorte que les moyens soient adaptés à la fin. Cependant, la raison ne peut pas déterminer la fin de l'action elle-même, elle ne peut donc pas être la faculté qui préside à l'éthique. Hume formule ceci de la façon suivante :

> La décision finale, est-il probable, qui prononce que les caractères et les actions sont aimables ou haïssables, louables ou blâmables ; celle qui les estampille de la marque de l'honneur ou de l'infamie, de l'approbation ou de la censure ; celle qui fait de la morale un principe actif et qui établit la vertu comme notre bonheur et le vice comme notre malheur ; il est probable, dis-je, que cette décision finale dépend d'un sens interne ou d'un sentiment dont la nature a universellement doté l'espèce tout entière [12].

Le sentiment détermine l'action : le « sens interne », qui est orienté vers le bonheur humain, nous conduit à choisir des fins telles que l'existence de la société dans l'ordre et la paix, le bien-être de la majorité et la satisfaction des besoins d'autrui. Et ce « sens interne », qui vient motiver l'action, procure du bonheur non pas seulement à ceux vers lesquels il est orienté, mais aussi à ceux qui en sont dotés. La moralité est déterminée par le sentiment, et le sentiment approuve immédia-

---

12. David Hume, *Enquiries Concerning Human Understanding and Concerning the Principles of Morals*, réimprimé à partir de l'édition de 1777, éd. L. A. Selby-Bigge, Oxford, Clarendon Press, 1975, p. 172-3 ; trad. fr. par André Leroy, *Enquête sur les principes de la morale*, Paris, Aubier, 1947, p. 27

tement avec plaisir, ou rejette avec douleur, une action déterminée, ou une qualité humaine déterminée – tandis que la correspondance entre moyens et fin est jugée par la raison avec détachement et relève du domaine de ce qui est constaté, ou de la description des liens entre les choses ou les événements.

> Il faut qu'il y ait quelque chose de désirable en soi, pour son accord immédiat et son harmonie avec les inclinations et les sentiments humains. Maintenant, comme la vertu est une fin et qu'elle est désirable pour elle-même, sans rémunération ni récompense, uniquement pour la satisfaction qu'elle apporte, il est nécessaire qu'il y ait quelque sentiment qu'elle touche, quelque goût ou quelque tact interne, quel que soit le nom qu'il vous plaise de lui donner, qui distingue, en morale, le bien du mal et qui choisisse l'un et rejette l'autre. Ainsi établit-on aisément les frontières et la diversité de fonction de la *raison* et du *goût*. La première introduit la connaissance du vrai et du faux ; le second donne le sentiment de la beauté et de la laideur, du vice et de la vertu [13].

Le sentiment qui nous pousse vers le bien, comme celui qui se délecte du beau, peut être décrit comme de la « bienveillance », de la « sympathie » ou de l'« amour » naturel envers le genre humain. C'est une disposition immédiate en l'homme qui vient jouxter l'« amour de soi », celui-ci tendant vers la préservation de soi, et l'affirmation de soi : le premier, concède Hume, n'est peut-être pas aussi puissant que le second du point de vue de la force avec laquelle il stimule l'action, mais il n'en demeure pas moins actif dans la société, permettant ce faisant que s'instaurent des relations d'amitié, de générosité et de gratitude. Un certain optimisme se trouve ainsi justifié quand on considère l'espèce humaine :

> Il suffit [...] qu'on accorde, ce qu'on ne peut discuter sans tomber dans l'absurdité la plus grande, qu'il y a une certaine bienveillance, aussi petite qu'elle soit, infuse dans notre âme ; une étincelle d'amitié pour le genre humain ; une parcelle de colombe incluse dans notre constitution en association avec des éléments de loup et de serpent [14].

---

13. *Ibid.*, p. 293-294 : « Something must be desirable on its own account, and because of its immediate accord or agreement with sentiment and affection. Now as virtue is an end, and is desirable on its own account, without fee or reward, merely for the immediate satisfaction which it conveys ; it is requisite that there should be some sentiment which it touches, some internal taste or feeling, or whatever you please to call it, which distinguishes moral good and evil, and which embraces the one and rejects the other. Thus the distinct boundaries and offices of reason and of taste are easily ascertained. The former conveys the knowledge of truth and falsehood ; the latter gives the sentiment of beauty and deformity, vice and virtue. » Trad. fr. p. 154 *sq*.

14. *Ibid.*, p. 271 : «It is sufficient [...] if it be allowed, what surely: without

Bien sûr, il peut parfois arriver que ces « vertus sociales » produisent des effets préjudiciables quand, par exemple, la charité encourage l'oisiveté chez ses bénéficiaires ; mais, dans la plupart des cas, elles ont des effets positifs qui bénéficient à la société. En revanche, la justice pour Hume n'est pas une vertu pour le genre humain au même titre que la sympathie : la justice implique une réflexion étant entendu que la raison saisit sa nécessité dès lors qu'il s'agit d'assurer la stabilité de la société et d'empêcher les hommes de s'infliger de la violence les uns aux autres ; la justice tire alors son origine de l'amour de l'homme couplé à la conscience du fait qu'il convient de trouver des instruments plus adaptés pour garantir la survie de la société. Le sentiment de justice, qui est, selon Hume, la qualité morale la plus hautement estimée, se développe alors à partir de la raison en conjonction avec la bienveillance envers le genre humain. Et finalement, l'appréciation des « vertus sociales » est également conditionnée par le fait qu'elles sont utiles pour la conduite de la justice.

Donc, pour Hume, les qualités qui manifestent l'existence d'un sentiment de sympathie entre les êtres humains sont caractéristiques de la nature empirique de l'homme et sont présentes dans son histoire et son expérience. Par identification, nous nous délectons de la joie d'autrui et sommes tristes au vu de la souffrance d'autrui. Hume cite l'adage d'Horace dans l'*Art poétique* : *Uti ridentibus arrident, ita flentibus adflent humani vultus.* Du fait que l'expression de l'un convoque tout de suite la même expression chez l'autre, les êtres humains s'attachent les uns aux autres dans un état d'esprit commun, ils peuvent former un « Nous ». Par bienveillance naturelle, innée en l'homme, ils vivent en société d'une façon telle qu'ils puissent se rendre utiles les uns aux autres : toutes les autres vertus, telles que la loyauté, la sincérité, la diligence et la prudence dérivent de cette vertu-là. L'homme vertueux, étant bien doté par la nature et digne d'éloges, est également heureux : s'abandonnant à la spontanéité de son sentiment d'amour pour les autres, qui limite le sentiment d'amour pour soi-même, il se procure aussi un bénéfice pour lui-même. La nature conduit l'homme à la moralité.

Ainsi la théorie de Hume anticipe-t-elle toutes les autres doctrines qui considèrent le « Nous » comme le résultat de facteurs empiriques, que ceux-ci soient inhérents à la constitution psycho-physique de l'homme ou à son expérience historique. Toutefois, Kant avait déjà noté, dans ses *Observations sur le sentiment du beau et du sublime,* de quelle façon les vertus morales comportent un caractère intrinsèquement

the greatest absurdity cannot be disputed, that there is some benevolence, however small, infused into our bosom ; some spark of friendship for human kind ; some particle of the dove kneaded into our frame, along with the elements of the wolf and serpent. » Trad. fr. p. 130.

obligatoire : l'obligation implique des facultés qui conduisent l'homme au-delà du monde des sens et du temps, vers une dimension différente, non phénoménale [15]. Chez Hume, l'humanité est envisagée comme une série d'individus liés par des éléments empiriques qui – précisément parce qu'ils sont empiriques – ne sont ni universels ni obligatoires. L'humanité émerge, comme pétrie de nature ou d'histoire : dans ce cas, l'éthique dépend d'éléments naturels ou culturels, quand bien même ces éléments sont tout à fait susceptibles de prendre l'apparence de vertus morales. Mais l'éthique ne peut ni être confondue avec le naturel ou l'historique, ni être déduite d'eux.

II. «Nous» partant de l'extérieur : *L'Étoile de la Rédemption*

En histoire de la philosophie, la ligne de pensée qui fait dériver la société du «Je» est très répandue. Comme nous l'avons vu, le «Je» prend alors diverses formes : l'Évangile selon Jean et l'idéalisme hégélien voient en lui l'individu qui identifie autrui comme un pan de sa propre personne par le moyen terme de l'amour, destructeur de toutes les différences véritables. Chez Hobbes, le «Je» est l'individu qui, sans pour autant abandonner sa tendance à l'auto-préservation, reconnaît la nécessité d'un pouvoir public qui puisse assurer la sécurité et la paix. Chez Hume, le «Je» est l'individu venant naturellement à la rencontre de son prochain, par la sympathie. Ces trois points de vue se retrouvent aussi dans d'autres courants, jusqu'à l'époque contemporaine.

Plus rare est la recherche d'une fondation du «Nous» qui en appelle non pas à ce qu'il y a à l'intérieur de l'homme – Dieu comme amour, *conatus essendi*, sociabilité naturelle – comme au concept principal, mais à ce qui est en dehors de lui. C'est cela qu'entreprit Rosenzweig, pour une part par le biais de sa réflexion sur Dieu en tant qu'être transcendant, mais non pas inconnu à l'homme, et pour une autre part par le biais de l'idée selon laquelle un être humain ne devient un «Je» que par un «Tu». Le «Nous» a pour conditions et fondements Dieu, et «Tu».

a) *Dieu en tant que «Je aimant».*

Dans *L'Étoile de la Rédemption* [16], Rosenzweig décrit Dieu comme une

15. I. Kant, *Beobachtungen über das Gefühl des Schönen und Erhabenen* (1763), in *Kant's gesammelte Schriften*, Berlin, Akademie-Ausgabe, 1912, vol. II, p. 205-56.
16. F. Rosenzweig, *Der Stern der Erlösung* (1921), in F. Rosenzweig, *Der Mensch und sein Werk. Gesammelte Schriften*, La Haye, Martinus Nijhoff, 1976, vol. II. trad. fr. par A. Derczanski et J.-L. Schlegel, *L'Étoile de la Rédemption*, Paris, Seuil, 1982.

réalité qui est extérieure à l'homme, et qui entre en contact avec l'homme.

Dans la première partie de son œuvre, l'«être» (*Dasein*) divin est posé en raison de deux moments, l'un de nature historico-philosophique, l'autre de nature historico-culturelle. Pour ce qui est du premier moment, Dieu se dégage en tant qu'être de la dissolution de l'idéalisme – après que celui-ci a achevé sa trajectoire de l'Ionie à Iéna, des Présocratiques à Hegel – en se posant Lui-même comme une réalité distincte du monde et de l'homme, comme une «chose en soi», ce qui s'était déjà produit chez Kant, critique de la métaphysique dogmatique au nom de l'existence. Pour ce qui concerne le second moment, Dieu apparaît comme le Dieu des origines de la civilisation, le Dieu mythique des païens, tout à la fois nature infinie et liberté infinie. Outre Dieu, les autres «êtres» qui dérivent de la crise de l'idéalisme et qui sont aussi présents dans le monde païen sont l'homme, pris comme un être contenant en lui l'existence finie et la liberté finie, ou le héros tragique, et le monde, qui contient en lui-même des particuliers infinis et des formes universelles finies, ou, en d'autres termes, le cosmos plastique.

Dans le deuxième chapitre de la deuxième partie, intitulé «Révélation», qui constitue le cœur de *L'Étoile de la Rédemption*, Rosenzweig montre comment le *Dasein* infini divin et le *Dasein* fini humain, qui existent séparément dans la pensée mythique, entrent en relation l'un avec l'autre. Toutefois, la Révélation n'est pas qu'un fait historique, l'événement qui conduit au-delà du paganisme et inaugure la civilisation judéo-chrétienne; elle fait également partie de la vie quotidienne dès lors qu'elle se produit toujours chaque fois que l'être humain est conscient de soi-même comme un être recevant avec amour – c'est-à-dire librement – des commandements moraux qui, étant inconditionnels et ne pouvant être reçus que dans la liberté, viennent à lui d'un «Je aimant». Correspondant à l'amour actif d'un Dieu exigeant, il y a d'abord une réception passive de cet amour par l'âme, avec une humilité qui se transforme par la suite en amour actif envers Celui qui l'aime. Ainsi le «Je» divin s'adresse-t-il à un «Tu» qui devient un «Je»; et ce «Je», aimé de Dieu, répond à Dieu sous la forme du «Tu». L'âme vit dans le monde. En même temps que l'amour envers Dieu, ou l'humilité, surgit la fidélité envers Dieu: tous deux, amour et fidélité, sont des transformations de la liberté finie de l'homme dans la civilisation païenne. Si l'amour de Dieu est une transformation de la *moira* infinie, l'essence infinie, du Dieu païen, la transcendance de Dieu, l'être divin caché, est une transformation de la liberté infinie du Dieu païen. La façon juive et chrétienne d'exprimer la Révélation montre de quelle manière radicale la Révélation change la nature et l'activité de l'homme, et de Dieu. Désormais, ils s'ouvrent l'un à l'autre : ils entrent en contact, mais une distance, une profonde différence demeure entre eux. L'amour, venant d'un Dieu distant, n'est rien d'autre que le commandement donné à l'homme d'aimer, c'est-à-dire d'observer les commandements divins de justice et de grâce de tout son cœur, de toute son âme, de tout son pouvoir : Dieu est le « Je » qui parle sans qu'il soit possible pour l'homme de se cacher, d'échapper à ses obligations qui impliquent des sentiments et actions dont il a reçu le commandement.

> L'amour [...] qu'on le commande ? [...] Non certes, on ne peut commander l'amour ; nul tiers ne peut le commander ni l'obtenir par force. Nul tiers ne le peut, mais un seul le peut. Le commandement de l'amour ne peut venir que de la bouche de l'amant. Seul celui qui aime, mais lui réellement, peut dire et dit en effet : Aime-moi. Dans sa bouche, le commandement de l'amour n'est pas un commandement étranger, il n'est rien d'autre que la voix de l'amour lui-même. L'amour de celui qui aime n'a pas d'autre mot pour s'exprimer que le commandement [17].

> Ce « moi l'Eternel » crée, pour la Révélation qui a lieu dans le prophète, un instrument et un style propres. Le prophète n'est pas médiateur entre Dieu et l'homme, il n'accueille pas la Révélation pour la transmettre plus loin, mais de lui sort immédiatement la voix de Dieu, à partir de lui Dieu parle immédiatement en disant « Je »[18].

L'externalité de Dieu par rapport à l'homme, et celle de l'homme par rapport à Dieu, n'est pas annulée par l'amour qui les relie. L'homme sait que Dieu l'aime au moment où Dieu lui enjoint d'adhérer par amour à des commandements spécifiques, dans une situation spécifique : Dieu demeure au-delà de l'homme même lorsque Sa voix vient du cœur humain, parce que cette voix exprime Ses commandements. Et l'homme devient indépendant de Dieu au moment où il affirme sa liberté d'agir ou de ne pas agir selon ces commandements. « Dieu n'a pas à la purifier [à purifier l'âme] de sa faute », écrit-il : « Face à son amour, elle se purifie elle-même[19]. » L'âme vit dans l'espace et le temps, où elle a le soutien de l'amour divin, mais ne dépend pas de lui : « L'âme peut se produire dans le monde, les yeux ouverts et sans rêver ; désormais, elle reste constamment dans la proximité de Dieu[20]. » La proximité exclut l'identité : même lorsque l'âme observe les commandements de Dieu elle ne perd jamais ses limites, elle ne devient jamais parfaite. Pourtant, elle demeure proche de Lui à tout instant si

---

17. *Ibid.*, p. 196-7 ; trad. fr., p. 210.
18. *Ibid*, p. 198 ; trad. fr., p. 211 *sq*.
19. *Ibid.*, p. 201 ; trad. fr., p. 214.
20. *Ibid.*, p. 205 ; trad. fr., p. 218.

elle aime fidèlement Dieu : elle peut alors toucher à l'éternité sans abandonner sa finitude, son vécu dans le temps.

Dans le troisième chapitre de la deuxième partie, qui porte sur la « Rédemption », Rosenzweig décrit l'amour de l'homme pour son prochain comme un amour présupposant l'amour de l'âme envers Dieu, un amour animé de la même énergie que l'amour divin. Néanmoins, l'amour de l'homme pour son prochain est chaque fois choisi à nouveau, il ne dérive pas du tout spontanément d'une essence, comme c'est le cas avec l'amour divin. Ce *daimon*, qui, dans la tragédie grecque, refermait le protagoniste sur lui-même, en l'isolant du monde et en le livrant à son destin, projette maintenant l'homme hors de lui-même et, de force destructrice qu'il était, se mue en une force constructrice. De même qu'il l'a fait à propos de la relation homme-Dieu, de même Rosenzweig souligne-t-il à propos de la relation homme-homme non seulement l'unification des deux termes dans l'amour, mais également, comme nous allons le voir, leur externalité mutuelle.

b) Le « Tu » comme origine de la dualité, de la société et de l'humanité

Lorsque dans son ouvrage Rosenzweig réfléchit à la question de la formation du « Nous », il met en relief deux éléments, qui ne sont pas tant inspirés par des sources juives que de ce qui donna naissance d'abord et avant tout à ces sources, à savoir la pensée d'un Dieu transcendant agissant dans l'histoire d'après des mesures de justice et de grâce, instaurant un modèle et un exemple pour les êtres humains. Le premier élément concerne la nécessité d'une transition, de la relation entre deux hommes aux relations sociales, et des relations sociales à l'humanité, dans la recherche de ce qui est le moment unificateur entre les êtres humains. Le second élément concerne la connexion entre cette transition et la référence à Dieu, caractérisé comme Celui qui prescrit à l'homme une conduite éthique. L'identité de l'homme, son « Je », se forme, comme nous l'avons vu, tout à la fois dans la connaissance d'un Dieu aimant et dans l'amour envers Lui ; et cela se produit au moment même où l'homme vit en société et prend part à elle. L'individu est un être social avant qu'il n'acquière la connaissance de lui-même.

Dans son *Étoile de la Rédemption*, Rosenzweig opère la transition de l'amour qu'a l'homme pour Dieu à son amour pour l'homme, et du duel (*Dual*) aux États, ainsi que des États à l'humanité, lorsque dans la deuxième partie du troisième livre il soulève le problème de la rédemption.

L'amour qu'a l'homme pour Dieu et son amour pour l'homme ne peuvent être séparés : en fait, sans l'amour qu'a l'homme pour l'homme, l'amour que l'homme a pour Dieu aurait pour résultat d'isoler le « Je » de la société, en le privant de sa substance face à la réalité divine ; et sans l'amour de l'homme pour Dieu, l'amour de l'homme pour l'homme dépendrait de l'inconstance d'une âme inspirée par un sentiment empirique plutôt que par une force profonde et constante, il dépendrait de conditions empiriques, ce ne serait pas tant un commandement éthique que plutôt une règle de prudence, un principe pragmatique. Bien sûr, cet amour qu'éprouve l'homme pour l'homme ne produit pas toujours des actions qui ont des résultats positifs : les déceptions inévitables ressenties par l'homme dépendent de choses dont le cours lui est nécessairement incompréhensible dans sa totalité. Mais de telles déceptions ne dépouillent pas l'amour de l'homme pour l'homme de sa valeur, et de son sens. L'amour de l'homme pour l'homme devrait imiter l'amour de Dieu pour l'homme, parce que lui aussi devrait être complètement désintéressé et non-égoïste ; mais, comme on l'a rappelé plus haut, ce qui dans une action éthique dérive de l'essence divine est, pour l'homme, le fruit d'un choix libre et chaque fois nouveau, bien que relevant du plus profond de sa nature, de ce qui est inhérent à son *daimon* ou caractère.

L'amour de l'homme pour l'homme est selon Rosenzweig une obligation, un commandement émanant de l'amour divin : il s'adresse d'emblée à son prochain, à celui qui est proche de lui mais représente l'humanité, et n'est pas simplement pris dans son individualité. Il y a un moment de rédemption lorsque le « Je », qui par l'amour pour son prochain se forme comme un être dans le monde, considère cet « autre » comme un « Tu » et reconnaît le « Tu » comme un autre « Je ». Le « Nous » qui surgit de la sorte implique d'abord, bien sûr, la perception de l'« autre » en tant que *re'a* (le terme hébreu employé dans la Bible pour indiquer le semblable, ou *Mitmensch*) par un « Je » qui acquiert une identité précisément du fait de cette perception : mais la force qui permet la création du « Je » exprime une activité venant de l'intériorité humaine, de la conscience humaine. La dualité est la forme première du « Nous ». Ainsi Rosenzweig écrit-il :

> L'amour envers Dieu doit s'extérioriser dans l'amour pour le prochain. Aussi l'amour du prochain peut-il être commandé et doit-il être commandé. [...] Les lois morales ne cherchent pas seulement à s'enraciner dans la liberté – l'amour envers le prochain le veut aussi – , en réalité elles ne veulent pas reconnaître d'autre présupposé que la liberté. C'est la célèbre exigence de l'« autonomie ». [...] À l'inverse de la loi morale, purement formelle par nécessité, et donc pas seulement ambivalente, mais équivoque à l'infini quant au contenu, le commandement de l'amour est clair et univoque dans son contenu ; et pour cet amour qui

jaillit de la liberté orientée du caractère, il a besoin d'un présupposé situé au-delà de la liberté [21].

Dans le contexte des relations sociales, « Je » et « Tu » sont les premiers pronoms qui apparaissent. Mais la forme du duel n'a jamais perduré dans les langues, que ce soit comme nom ou comme forme verbale : cette forme fut rapidement assimilée au « Nous » pluriel. Et selon Rosenzweig le langage dans lequel le « Nous » pluriel est exprimé n'est ni le langage lyrique utilisé par le « Je » et le « Tu », ni le langage épique qu'on emploie lorsqu'on décrit objectivement un état de choses qui advient, sans considérer les êtres humains comme des agents. C'est bien plutôt le langage d'un hymne ou d'une célébration, qui exhorte un grand nombre d'individus à s'unir dans leurs sentiments communs ou à chanter leur joie ou leur chagrin face à un événement particulier. Cette sorte de langage unit le lyrique et l'épique en ce qu'il est le langage dans lequel on exprime des affections et décrit des événements, dans lequel on en réfère tout à la fois aux personnes et au monde. Les personnes et le monde trouvent leur point commun, un point distant mais proche, en Dieu, qui préside à la fois à l'unité des êtres humains, en tant qu'Il est celui qui se révèle dans Son amour envers eux, et à l'unité du monde, en tant qu'Il est celui qui le crée et le laisse exister. Parce qu'il aime les être humains et parce qu'il est l'origine du monde, le Dieu qui rachète unifie Ses actions en un acte rédempteur. Ainsi Dieu, en sa qualité de Rédempteur, permet-il la rencontre entre les actions de l'homme – qui sont d'abord gouvernées par un amour qui se porte vers le « Tu » proche, puis vers les autres « Tu » –, et la réalité d'un monde qui aspire à accomplir son entière potentialité. Le fondement du « Nous » est l'amour divin et humain opérant dans le temps.

S'appuyant à nouveau tout particulièrement sur les Psaumes et sur les Prophètes, Rosenzweig explique comment le « Nous », qui concerne d'abord une pluralité de personnes, s'étend graduellement à l'humanité dans son entier au cours du processus de rédemption. Ce processus a Dieu pour ancre et garant, mais les êtres humains doivent sans relâche travailler à réaliser les fins de Dieu.

> La nécessaire croissance du Royaume n'est pas simplement homogène à la croissance de la vie. Car la vie cherche à durer, certes, mais elle livre un combat à l'issue incertaine ; certes ce n'est point une nécessité que toute vie doive mourir, mais c'est une très large expérience. Aussi, bien que la croissance du Royaume soit bâtie sur la croissance de la vie, le Royaume renvoie encore à autre chose, et cette autre chose seule garantit à la vie l'immortalité qu'elle cherche pour elle-même et que le Royaume doit exiger pour elle. C'est seulement lorsque la vie devient

---

21. *Ibid.*, p. 239 ; trad. fr., p. 253 *sq.*

immortelle qu'elle représente un sûr garant du Royaume. Pour devenir figure manifeste, le monde exige donc, en plus de sa propre croissance interne, de cette croissance précaire de la vie qui n'est jamais sûre de sa durée, une influence venue de l'extérieur. Les effets de cette opération traversent sa vitalité dans l'œuvre de la Rédemption [22].

C'est l'éthique qui confère au monde fermeté et certitude : la vie elle-même est confirmée par les commandements éthiques que Dieu donne à l'humanité. Le « Nous » exprimé par tous les êtres humains est fondé sur ces commandements, par-delà les différentes langues pratiquées.

Dans *L'Étoile de la Rédemption*, pourtant, la prémisse du « Nous » demeure la relation entre deux individus, une relation non médiatisée par un élément sensible, mais par un sentiment d'amour qui a pour origine la transcendance divine. Ce sentiment, qui devrait être le même en toute âme humaine, n'annule pas la diversité de tous les « Je » : de « Je », qui sont formés précisément par cette affection pour leurs « Tu », qui vivent dans l'espace et dans le temps et qui demeurent différents les uns des autres. Sans cette prémisse, le « Nous » aurait la forme d'un « Tout » dépourvu de respect pour les personnes individuelles, et le résultat serait une action humaine privée d'éthique. Rosenzweig écrit :

> Là où le duel a un jour résidé, là où quelqu'un, ou quelque chose, est devenu le prochain de l'âme, une part de monde devient ce qu'auparavant elle n'était point : âme [23].

> Issu de l'infini chaos du monde, un prochain, son prochain, est placé devant son âme, et de lui, d'abord exclusivement de lui, on lui dit : il est comme toi. « Comme toi », donc pas « toi ». Tu restes Toi et tu le resteras. Mais il ne restera pas un Il pour toi et donc uniquement un Ce pour ton Toi ; non, il est comme Toi, comme ton Toi, un Toi comme toi, un Je... il est âme [24].

La Rédemption adviendra seulement lorsque toute la réalité humaine sera formée par des âmes ; alors, par l'action d'un tel amour, le monde lui-même sera empli d'âme. Ainsi Rosenzweig défend-il un messianisme qui n'est ni tyrannique ni totalitaire : le royaume de Dieu croît de jour en jour et préserve les différences qui existent entre homme et homme, nation et nation, tout en les unifiant au nom de la justice, du bien et de la paix.

*

---

22. *Ibid.*, p. 250-1 ; trad. fr., p. 265.
23. *Ibid.*, p. 262 ; trad. fr., p. 277.
24. *Ibid.*, p. 267 ; trad. fr., p. 283.

J'ai tenté de montrer comment Rosenzweig réfléchit à la construction du « Nous ». On ne peut établir que son orientation est vraie que si sa prémisse philosophique est cohérente et a une réalité. Rosenzweig a recours au terme d'« amour » lorsqu'il décrit ce qui permet à l'homme d'entrer en relation avec Dieu : l'amour humain envers Dieu est une réponse à l'amour de Dieu pour l'homme. L'amour humain est le fondement du « Nous ». Mais qu'est-ce que l'amour humain ?

Dans l'introduction à la deuxième partie de *L'Étoile de la Rédemption*, intitulée « De la possibilité de faire l'expérience du miracle », Rosenzweig identifie l'amour humain à la « croyance » (*Glauben*) ; dans la conclusion de l'ouvrage, intitulée « Porche », il identifie l'amour humain à la « confiance » (*Vertrauen*). Je rappellerai que Rosenzweig était un disciple fidèle d'Hermann Cohen, et je proposerai d'identifier ce qu'il appelle « amour » à l'« esprit de sainteté » (*Geist der Heiligkeit*), à la « raison » (*Vernunft*) tournée vers la connaissance de l'« Idéal » (*Ideal*) : tels sont les termes que Rosenzweig avait pu découvrir dans la *Religion de la raison tirée des sources du judaïsme*[25]. L'amour humain ne s'oppose pas à la raison humaine, c'est bien au contraire la raison humaine elle-même, si la raison humaine a pour fonction non pas de produire les concepts ou principes de la science de la nature, mais le pouvoir de gouverner les actions humaines. L'amour humain est la raison humaine, si on l'identifie à cette force rationnelle humaine qui comprend également les affections, les passions, les émotions. L'amour en tant que force spirituelle dispense à toutes les facultés du « Je » lumière et orientation : l'amour de l'homme permet la connaissance de Dieu comme prototype de l'éthique, Dieu comme exemple d'amour et comme modèle présent au-delà de l'homme dans chacune des relations sociales, Dieu capable de commander à l'homme un mode de vie inspiré par la justice et le bien, qui respecterait en même temps sa liberté. En ce sens, l'amour humain répond à l'amour divin : Dieu est l'origine de l'amour humain, comme raison pratique et comme force éthique fondamentale.

Selon Rosenzweig, l'homme atteint la connaissance de Dieu à partir de sa vie en société, à partir de sa rencontre avec un « Tu » qui exige attention, reconnaissance et participation à sa souffrance. C'est ainsi en partant du phénoménal – du « Tu » qui lui apparaît ou qui lui parle, ou qui se révèle à lui sous quelque signe que ce soit – que le « Je », par sa

---

25. Cf. H. Cohen, *Religion der Vernunft aus den Quellen des Judentums* (1919), Frankfurt a. M. 1929, IIe éd. Au sujet de la relation de Rosenzweig avec Cohen, cf. P. Mendes-Flohr, *German Jews. A Dual Identity*, New Haven & London, Yale University Press, 1999 ; I. Kajon, *Contemporary Jewish Philosophy. An Introduction*, London, Routledge, 2006, ch. II-III ; M. Bienenstock, *Cohen face à Rosenzweig – Débat sur la pensée allemande*, Paris, Vrin, 2009.

pensée, atteint au nouménal, c'est-à-dire à un Dieu qui édicte des commandements : un Dieu comme « Je », qui agit moralement, au-delà de toute image ou de toute parole (parce que les paroles sont aussi des images). Une telle connaissance de Dieu guide le « Je », en lui indiquant comment se comporter, jour après jour, de façon à susciter la Rédemption. L'idéal de perfection que cette connaissance indique se situe au-delà de la nature ou de l'histoire ; donc la faculté même qui procure cette connaissance, la raison, ne relève pas de la nature ou de l'histoire : c'est à l'homme qu'elle a été octroyée. Il existe, par-delà le monde sensible, une autre dimension, qui en appelle au monde sensible comme au champ d'exécution des commandements divins.

Est-il possible de définir l'homme comme l'être capable de s'élever lui-même, au moyen d'une raison pratique qui refuse l'égoïsme, vers une réalité transcendante, et donc de le définir comme un être capable de vivre dans le temps tout en voyant dans un autre homme, ou dans d'autres hommes, un signe divin ? Les sources juives et les philosophes influencés par Platon donnent une réponse affirmative à cette question : les sources juives voient en l'homme une image de Dieu [26]; Platon et les philosophes platoniciens considèrent l'homme comme un être enraciné dans la réalité nouménale [27]. L'expérience humaine confirme leur vision – et cela alors même que les êtres humains vivent dans les pires des conditions, les plus terribles [28]. L'histoire juive, qui veut qu'à chaque génération trente-six justes maintiennent le monde, possède bien une vérité profonde.

---

26. Genèse, 1 : 27.
27. Platon, *Timée*, 90 a-c.
28. Cf. E. Wyschogrod, *Concentration Camps and the End of the Life-World*, in *Echoes from the Holocaust. Philosophical Reflections on a Dark Time*, éd. par A. Rosenberg & G. E. Myers, Philadelphia, Temple U. P., 1988, p. 327-40. À Auschwitz, le monde de la vie, c'est-à-dire le monde des passions et instincts naturels, n'avait plus d'emprise lorsque les prisonniers agissaient comme des semblables les uns envers les autres, aussi exceptionnels et rares qu'aient pu être ces actes ; le seul fait qu'ils se soient produits témoigne de la réalité du monde nouménal, c'est-à-dire du monde éthique où l'Idéal ou le *Sollen* gouverne la vie des hommes.

Différenciations du « Nous » chez Rosenzweig*

Wolfdietrich Schmied-Kowarzik

1. Remarque préliminaire

L'*Introduction à la philosophie de Tübingen*, par Ernst Bloch, débute avec cette triple proposition, fréquemment citée : « Je suis. Mais je ne suis pas en possession de moi-même. Telle est l'origine de notre devenir » (*Ich bin. Aber ich habe mich nicht. Darum werden wir erst* [1].) Par le passage de la première à la deuxième proposition, Bloch se distancie déjà clairement de l'entrée en idéalisme de Fichte, qui commençait avec le Je = Je, et poursuivait : « Le Je *se pose lui-même*, et il *est*, en vertu de ce simple poser par soi-même[2]. » Bloch, quant à lui, commence – s'inspirant en cela de Schelling – par le « Je suis » ou « suis », immanent à la connaissance de soi-même sans qu'on puisse d'abord le penser ni le concevoir, et sans pour autant qu'il en résulte. Mais dans « Je suis » le « suis » et le « Je » sont indissociablement liés, et dans cette perspective Schelling, alors qu'il avait 22 ans, nous dénommait déjà, nous êtres humains, le « problème tangible, nomade, de toute philosophie [3] ».

Avec le passage de la deuxième à la troisième proposition, Bloch se distancie pourtant tout aussi clairement de l'accomplissement de l'idéalisme selon Hegel, dans lequel c'est non seulement tout l'être qui éclot dans le savoir absolu de l'esprit, mais aussi toute conscience de soi qui se perd, pour reprendre la façon dont dans la *Phénoménologie de l'esprit* Hegel, anticipant l'objectif vers lequel tend l'esprit absolu, parle d'« Un *Moi* qui est un *Nous*, et un *Nous* qui est un *Moi* [4] ». L'unité invoquée ici

---

* *Traduction Marie Hermann.*
1. « *Ich bin. Aber ich habe mich nicht. Darum werden wir erst* » Ernst Bloch, *Tübinger Einleitung in die Philosophie*, Francfort/Main, Suhrkamp, 1970, p. 13.
2. Johann Gottlieb Fichte, *Grundlagen der gesamten Wissenschaftslehre* (1794/5), in : *Auserwählte Werke*, Darmstadt, 1962, I, p. 290.
3. Friedrich Wilhelm Joseph Schelling, *Ideen zu einer Philosophie der Natur* (1797), in : *Sämtliche Werke*, Stuttgart-Augsburg, 1856, II, p. 54 *sqq.*
4. Georg Wilhelm Friedrich Hegel, *Phänomenologie des Geistes* (1807), in :

entre Moi et Nous dans l'Esprit absolu n'équivaut pourtant pas à l'esprit de concorde résultant d'un nous pluriel : les consciences de soi humaines ne sont que le(s) « calvaire[s] de l'Esprit absolu », esprit qui en les traversant est « l'esprit se sachant esprit [5] ». En revanche, avec le Nous tel qu'il le développe, le Nous historiquement pluriel de la dernière proposition – « Telle est l'origine de *notre* devenir » – Bloch souligne aussi bien notre liaison à l'« Avec-nous » des autres que la tâche, inachevable, consistant à prendre en main, ensemble, notre histoire.

Du temps de ses études, Rosenzweig ne connut Bloch que par ouï-dire – c'est ce qu'il écrivit dans une lettre à Margrit Rosenstock-Huessy datée du 13 janvier 1919 – mais il fut conscient de sa parenté d'esprit avec lui, sur le plan métaphysique. Il existe de nombreux témoignages de la proximité de leur pensée, ne serait-ce que la lettre à Rudolf Ehrenberg datée du 18 novembre 1917, dans laquelle Rosenzweig opère une progression, inversant pour ainsi dire les deux premières phrases de Bloch, de la négation du prétendu « tout-comprendre » de la philosophie idéaliste jusqu'à la découverte du « Je suis » inaccessible et préexistant : « Je, sujet privé tout à fait général [...], je suis encore là. [...] L'homme par excellence, qui 'est encore là', [...] est *vraiment* le commencement. » (GS III, p. 127-130)[6]

Ce parallèle apparaît encore plus explicitement dans une lettre à Martin Buber datée de septembre 1922, dans laquelle Rosenzweig commente de manière critique le manuscrit alors encore inédit de Buber, *Ich und Du*[7]. Rosenzweig élargit l'opposition trop simple établie par Buber entre les relations « Je-Cela » (Ich-Es) et « Je-Tu » (Ich-Du), avec le trio « IL-Cela, Je-Tu, Nous-CELA (*«ER-Es, Ich-Du, Wir-ES* » : GS I, p. 826). IL – en majuscules – a appelé à l'existence le monde auquel, comme toutes les créatures, nous appartenons. Pourtant, seuls nous les humains, avons la capacité, en tant que Je et Tu, de nous rendre le monde disponible sur le plan du langage. C'est pourquoi c'est Nous qui pouvons prendre conscience de la mission morale qui nous est attribuée, mission consistant à faire en sorte que le monde devienne un royaume (un CELA – ES – écrit en majuscules).

Mais ceci n'est que l'une des voies d'accès au problème du Nous, celle de la philosophie de l'histoire. Une autre façon de l'aborder rési-

---

Werke, Francfort sur le Main, 1969, III, p. 145 *sqq*. Traduction : G. W. F Hegel, *Phénoménologie de l'esprit*, trad. Bernard Bourgeois, Paris, Vrin, 2006, p. 199.
    5. Hegel, *Werke*, III, p. 591. *Phénoménologie de l'esprit*, tr. cit., p. 662.
    6. Franz Rosenzweig est cité d'après l'édition *Der Mensch und sein Werk. Gesammelte Werke* (désormais GS), La Haye, Martinus Nijhoff, 1976.
    7. Martin Buber, *Ich und Du* (1923), in : *Das dialogische Prinzip*, Heidelberg, 1973.

derait dans la philosophie du langage, et celui qui éveilla l'attention de Rosenzweig en cette matière fut principalement son ami Eugen Rosenstock, par sa lettre sur le langage (« Sprachbrief ») de fin 1916[8]. Ce dont il s'agit là, ce n'est pas d'une philosophie du langage par laquelle on ferait du langage, de l'extérieur, un objet d'observation ; plutôt, la « méthode grammaticale » de Rosenstock – inspirée par la tradition de philosophie du langage de Hamann, Herder, Humboldt et Schleiermacher[9] – consiste à découvrir notre être-homme dans notre être-dans-la-langue et dans son accomplissement communicatif, accomplissement dont résulte toute notre façon de concevoir la réalité, et notre façon entière de nous préserver en ce monde. La méthode grammaticale vit elle aussi d'une impulsion anti-idéaliste, parce que c'est à partir de la vie d'un dialogue qu'elle pense, et en relation avec ce dialogue, mais en se tournant en même temps contre tout existentialisme individualiste sous quelque forme que ce soit. Il n'y a pas de Je isolé qui serait, pour soi, face au monde, que ce soit au sens idéaliste de Fichte, ou au sens existentialiste de la « mienneté » (*Jemeinigkeit*) heideggerienne[10] – mais toute notre rencontre avec le monde, aussi bien théorique que pratique, se produit toujours déjà dans le processus dialogique du langage.

Rosenstock écrit ainsi : « La première chose qui arrive à l'enfant, à chaque être humain, c'est qu'on s'adresse à lui. Il [...] *est d'abord un Tu* pour [...] les parents[11]. » Mais les parents se trouvent eux aussi dans le Nous de la « langue d'une communauté » : nous tous vivons bien, pensons et agissons dans des langues de communautés qui sont finalement placées, en leur ensemble, dans l'horizon d'une « éthique des peuples », laquelle se fonde sur la « langue de la religion » et débouche sur elle, dans la mesure où nous nous savons tous, en tant que membres de l'humanité, responsables devant un tribunal supérieur pour ce que nous avons fait et ce que nous n'avons pas fait. Telle est la raison pour laquelle le « Nous » ultime de notre quête de nous-mêmes dans la langue est, pour Rosenstock, l'horizon de la philosophie de la religion. Le « 'Nous' n'est ni un pluriel comme dans 'dix chaises' » ni un « ensemble de Je de même espèce ». « Là-dedans, il n'y a même pas l'union d'un Je et d'un Tu qui se seraient trouvés. [...] Dans le vrai pluriel originel de la collectivité en prière, toute communauté emplie de foi, toute cellule

---

8. La lettre sur le langage a été publiée par la suite dans un volume indépendant : Eugen Rosenstock, *Angewandte Seelenkunde*, Darmstadt, 1924.
9. Voir Adam Zak, *Vom reinen Denken zur Sprachvernunft. Über die Grundmotive der Offenbarungsphilosophie Franz Rosenzweigs*, Stuttgart, 1987.
10. Martin Heidegger, *Sein und Zeit*, Tübingen, 1963, p. 42.
11. E. Rosenstock, *Angewandte Seelenkunde, cit.*, p. 25.

originelle vivant religieusement devient une part du monde, un tiers fusionné avec des parties de Tu et de Je. La grammaire originelle mêle Dieu, l'homme et le monde dans un Nous tonitruant [12]. »

Les deux approches du problème du Nous – à partir de la philosophie de l'histoire et à partir de la philosophie du langage – se démarquent résolument de la connaissance absolue de la philosophie idéaliste, puis se dirigent, par des voies différentes, vers une compréhension de soi de notre existence humaine qui s'appuie sur la philosophie de l'existence. Dans *L'Étoile de la Rédemption* de Rosenzweig, ces deux approches du problème du Nous sont fondues en une seule grande systématique. Dans la suite de cet article, nous nous attacherons à la différenciation du Nous, à la fois explicite et non explicite, chez Rosenzweig, pour ensuite, dans une conclusion, apporter à la discussion quelques réflexions visant à élargir la question.

2. Le Nous dans *L'Étoile de la Rédemption*

Il ne s'agit pas ici de faire l'impasse sur ce « nous » impropre qui apparaît dans tous les textes lorsqu'un auteur ou un conférencier – comme « nous » – cherche à éviter le « je » personnel aussi bien que le « on » impersonnel – et pourtant nous mettrons celui-ci entre parenthèses. Dans *L'Étoile de la Rédemption* de Rosenzweig aussi, ce « nous » intervient en permanence, instaurant un climat où le lecteur est inclus dans le processus de pensée. Voici des usages caractéristiques de ce « nous » impropre : « comme nous l'avons montré », « comme nous le verrons », ou – c'est la phrase que je formule à présent – « nous allons maintenant nous détourner de ce 'nous' impropre pour nous intéresser aux différenciations du Nous proprement dites. »

Dans les trois parties de *L'Étoile de la Rédemption*, qui suivant l'intention de Rosenzweig représentent des volumes séparés, sont abordées des dimensions très diverses du problème du Nous – parfois même seulement de manière implicite.

2. 1. Le Nous logique universel

La première partie est dominée par le Nous de la philosophie, ou plus précisément par la logique de la connaissance scientifique, comme le dit Rosenzweig en référence à Hermann Cohen[13]. C'est le Nous universel de

---

12. E. Rosenstock, *Angewandte Seelenkunde*, cit., p. 51.
13. Hermann Cohen, *Logik der reinen Erkenntnis* (1902), Hildesheim/New York, 1977.

l'argumentation apodictique de la logique, qui détermine la connaissance philosophique depuis Aristote et qui continue de constituer inébranlablement la voûte porteuse de toute notre connaissance scientifique. Ce Nous universel n'est rien d'autre que le sujet transcendantal, le Nous de la connaissance lui-même. Il ne connaît pas d'exception et ne permet pas qu'un non-Nous s'oppose à lui – la manière dont nous connaissons logiquement est la seule possible. Et pourtant le Nous universel de la connaissance scientifique ne saurait – comme chez Hegel – être hypostasié en savoir absolu. Dans son introduction « Sur la possibilité de connaître le Tout », Rosenzweig tente d'arracher ce jugement à l'idéalisme de Hermann Cohen, qui fut son professeur juif et son adversaire philosophique : car la connaissance scientifique ne *produit* pas la facticité du Monde, de l'Homme et de Dieu, mais elle la présuppose toujours déjà, comme l'affirmation d'un horizon de détermination du connaître.

Toute notre connaissance générale du Monde, de l'Homme et de Dieu commence par le « néant du savoir » – « De Dieu nous ne savons rien. (GS II, p. 25 ; ER p. 34) « Du Monde nous ne savons rien. » (GS II, p. 45 ; ER p. 55) « Ainsi de l'Homme non plus, nous ne savons rien. » (GS II, p. 68 ; *Étoile,* p. 79) –, pour ensuite travailler par étapes strictement méthodologiques à accéder à un certain savoir du Monde, de l'Homme et de Dieu. Pourtant toutes les détcrminations de la connaissance sont accompagnées d'une affirmation pareillement originelle du sens métalogique du Monde, du soi méta-éthique de l'Homme et de l'être métaphysique de Dieu, qui ne sont pas produits par la connaissance, mais auxquels toute notre connaissance déterminée reste liée – en l'affirmant[14].

Comme c'était déjà le cas de Hans Ehrenberg, son cousin et professeur de philosophie[15], Rosenzweig revient ici lui aussi à la critique faite de Hegel par Schelling, qui avait montré que la « philosophie purement rationnelle » ne peut rester qu'une « philosophie négative » face à un exister qui la devance de manière immémoriale[16] : elle est certes capable de constituer toutes les déterminations-de-l'étant de la connaissance à partir de la dialectique du progrès de sa connaissance. Mais ce qui demeure irrémédiablement antérieur à ce progrès, c'est le « Was » de l'existence, le « ce qu'est » l'exister en tant que « position absolue » – comme Kant le désignait[17]. Ce n'est que dans un « tournant » (*Wende*)

---

14. Voir Wolfdietrich Schmied-Kowarzik, *Rosenzweig im Gespräch mit Ehrenberg, Cohen und Buber,* Fribourg/Munich, 2006, p. 113 *sqq.*

15. Hans Ehrenberg, *Die Parteiung der Philosophie. Studien wider Hegel und die Kantianer* (1911), Essen, 1998.

16. Schelling, *Sämtliche Werke,* X, p. 126 *sqq.*

17. Immanuel Kant, « Der einzig mögliche Beweisgrund zu einer Demonstration des Dasein Gottes » (1763), in : *Werke,* Wiesbaden, 1956, I, A, p. 8, et *Kritik der reinen Vernunft* (1781/87), in : *Werke,* Wiesbaden, 1956, II, B, p. 620.

par lequel la pensée *reconnaît* cette antériorité de l'existant et commence à se comprendre elle-même à partir de lui, comme l'interprétant, qu'elle peut devenir une « philosophie positive » interprétant notre existence historique.

2.2 Le Nous de notre existence historique

C'est dans l'introduction à la deuxième partie, « Sur la possibilité de vivre le miracle », que Rosenzweig réalise ce tournant complet, de la compréhension de soi d'une philosophie idéaliste vers une « nouvelle pensée » : vers une philosophie qui expérimente, qui est en dialogue, qui est historique. La réalité historique qui nous affecte existentiellement ne peut être atteinte par le Nous universel de la connaissance scientifique, c'est précisément l'inverse qui est le cas : le Nous que la philosophie dit ici est le Nous de l'être-affecté-partagé avec nous tous, qui cherchons une orientation existentielle. La Nouvelle Pensée ne peut dire ce Nous que dans la mesure où elle se solidarise avec nous dans la mise en question de notre existence historique, et dans la mesure où elle tente d'éclairer celle-ci, aussi bien pour elle-même que pour nous. En ce sens, la Nouvelle Pensée de la deuxième partie ne parle plus de « ce qu'est » le Monde, l'Homme et l'idée de Dieu, mais elle s'exprime à partir du Nous de la « langue de l'humanité », dont la « grammaire » – comme le dit Rosenzweig au sens de Rosenstock – se déploie dans les formes de la Création, de la Révélation et de la Rédemption. Ou bien, pour le dire sur un plan moins théologique tout en allant toujours dans le sens de Rosenzweig : la Nouvelle Pensée s'exprime dans les formes grammaticales de notre existence de créature, dans la communication avec d'autres êtres humains et dans la moralité dont nous sommes investis. Ce n'est que dans la combinaison de ces différentes orientations que nous faisons l'expérience de notre existence historique. Nous ne la constituons pas par la connaissance, chacun de nous fait l'expérience d'être jeté en elle.

Tout d'abord et avant tout autre chose, nous nous éveillons comme existant, dans l'être-là d'êtres créés. La Création, en perpétuel avènement, précède notre être-là, comme ce qui vient toujours auparavant, et n'a jamais été au présent. « Là où nous avions reconnu la figure où le monde se révèle comme créature, nous voyons maintenant la caractéristique de la Création en général, quand nous comprenons l'existence comme être-là, déjà-être-là, non plus comme un simple être universel, mais comme être qui ramène tout le singulier en soi. » (GS, II, p. 146 ; *Étoile*, p. 159) Mais cet être-là, dont nous faisons l'expérience par nous-mêmes, n'est pas, comme dans *Être et temps* de Heidegger, la certitude de la « mienneté » (*Jemeinigkeit*)[18] : chez Rosenzweig, l'expérience de notre propre être-là est plutôt indissociablement liée à un Nous avec toute créature. Comme le disait déjà Schelling : « Toute pensée et toute conclusion suppose pourtant déjà une vérité que nous n'avons ni pensée ni déduite. [...] On ne peut nous arracher cette vérité sans nous arracher *nous-mêmes*[19]. »

Pourtant, ce n'est que dans le Nous prononcé consciemment, qui provient du duel originel, que s'ouvre à nous l'ampleur de l'être langagier de l'Homme. Dans ce dialogue qu'est le langage, qui nous relie tous les uns aux autres, dans le fait d'entendre et de répondre, se produit notre réel devenir-humain, et nous percevons le Nous de notre existence humaine à travers l'Autre. Non seulement toutes nos formes d'expression langagières, mais aussi toutes nos expériences de notre être-au-monde et de notre être-nous entre humains, résultent de la communication des hommes les uns avec les autres. La langue ne représente pas de forme préexistante, car elle ne se produit, ne se déploie et ne se structure que dans le processus de la communication humaine. De même, il ne peut y avoir pour nous de réalité en dehors du langage, c'est dans la langue même que s'accomplit la Révélation, et même ce qui est mutique ou indicible est englobé dans le langage. « Le langage n'est pas un contenu propre qui devrait se développer d'après une systématique interne, mais la description du parcours qu'effectuera le jour universel de notre astre le long de la voûte céleste du temps universel [...]. Nous décrivons la voie que nous croyons avec les mots auxquels nous nous fions. » (GS II, p. 167 ; *Étoile*, p. 181)

Pourtant ce n'est que là où le fait qu'il faille tendre, dans le futur, vers l'amour du prochain, est exprimé, que Rosenzweig aborde explicitement le Nous pleinement pluriel. « Le Nous est toujours 'Nous tous'. [...] En soi, le 'nous' concerne toujours le cercle le plus large qui soit pensable, et seul le geste accompagné de paroles ou la précision ajoutée [...] circonscrit ce cercle majeur, cas par cas, à une circonférence plus restreinte. » (GS II, p. 263 *sqq.* ; *Étoile*, p. 279) Il s'agit ici de la tâche qui nous a été attribuée, celle d'œuvrer tous ensemble à l'élaboration d'un royaume moral sur Terre, dans lequel l'amour du prochain déterminerait nos rapports les uns aux autres. Pourtant, dans ce royaume qui est attendu, entre aussi le « Nous-CELA » dont parle Rosenzweig dans sa let-

---

18. Martin Heidegger, *Sein und Zeit* (1927), Tübingen, 1963, p. 42. Voir Peter Eli Gordon, *Rosenzweig and Heidegger: Between Judaism and German Philosophy*, Berkeley/Los Angeles/London, 2003, et Wolfdietrich Schmied-Kowarzik, *Rosenzweig im Gespräch mit Ehrenberg, Cohen und Buber*, Fribourg/Munich, 2006, p. 197 *sqq.*

19. Schelling, *Sämtliche Werke*, I, p. 375 *sqq.*

tre à Buber, c'est-à-dire toutes les créatures : le « Royaume du Monde » propre aux créatures et l' « histoire mondiale » humaine – dit Rosenzweig – « tout cela constitue le fond de la Création dont la Rédemption se sert pour construire le Royaume de Dieu. » (GS II, p. 269 ; *Étoile*, p. 285). Il en résulte, comme l'ont également montré Ernst Bloch et Hans Jonas, notre responsabilité partagée quant au maintien de la Création.

Ce triple Nous de notre existence humaine – (1) le Nous qui nous relie à toutes les créatures, (2) le Nous de la langue qui nous lie à tous les hommes et (3) le Nous de la responsabilité partagée qui nous a été donnée pour tâche dans le futur, indique quelque chose qui nous dépasse de trois façons simultanément : l'avant de la Création, la Révélation qui se produit dans le dialogue des hommes entre eux, et la Rédemption espérée, qui ne saurait être obtenue car elle ne peut faire irruption à n'importe quel moment dans l'histoire que sur l'initiative de Dieu. « La Rédemption tire donc son origine de Dieu, et l'homme ne sait ni le jour ni l'heure [...] ; Lui seul sait l'heure, Lui qui à chaque instant opère la Rédemption de l'aujourd'hui pour l'amener à l'éternité. » (GS II, p. 269 ; *Étoile*, p. 285)

2.3. Le Nous des communautés de croyance

Cependant ce problème ne prend vraiment corps que dans la troisième partie de *L'Étoile de la rédemption*, qui re-déplace le problème du Nous dans plus d'une perspective, de manière très différente et plus intensément encore, vers le centre des observations. Cette partie traite de l'anticipation de l'éternité dans l'histoire, telle qu'elle est accomplie dans le service divin d'une communauté de croyance orientée vers Dieu. Cette partie traite du Nous du recueillement et de la prière de la communauté confessante en présence de Dieu et de sa promesse de Rédemption[20].

Il s'agit ici de commencer par prendre en compte une particularité du mot Nous, que Rosenzweig signale déjà expressément dans la deuxième partie. Car tandis que le Nous de la deuxième partie signifie nous tous, certes pas dans l'universalité logique, mais dans notre existence historique, il s'agit dorénavant d'un Nous limité : « Pour cette raison justement, on ne saurait imaginer un Nous sans gestes. Quand quelqu'un dit « il », je sais que quelqu'un est visé, et je le sais même [...] quand j'entends une voix dire Je ou Tu. Mais quand quelqu'un dit

20. Voir Inken Rühle et Reinhold Mayer, « Über den Begriff der Erwählung. Franz Rosenzweig als jüdischer Theologe », in : Wolfdietrich Schmied-Kowarzik (éd.), *Franz Rosenzweigs « neues Denken »*. Congrès international de Kassel, 2004, 2 tomes, 1er tome : *Selbstbegrenzendes Denken – in philosophos*, 2ème tome : *Erfahrene Offenbarung – in theologos*, Fribourg/Munich, 2006 : Tome 2, p. 1044 *sqq.*

'Nous', je ne sais pas qui est visé : [...] est-ce lui et moi, lui et moi et quelques autres, lui et d'autres mais sans moi, et enfin, lesquels parmi les autres. » (GS II, p. 263 ; *Étoile*, p. 279)
Le Nous dont il est question dans la troisième partie, est le Nous se déclarant tel d'une communauté de croyants. Comme il n'existe pas qu'*une* seule communauté de croyants, mais beaucoup, chaque Nous se déclarant tel d'une communauté paraissant devant Dieu est aussi une exclusion des Vous-autres, comme Rosenzweig l'exprime dans une radicalité implacable : « La parole qu'elles chantent, c'est Nous. [...] Le Nous englobe tout ce qu'il peut saisir [...]. Mais ce qu'il ne peut plus atteindre [...], il doit l'exclure et le rejeter hors de sa sphère lumineuse et sonore, dans la terreur froide du néant, au nom même de sa clôture et de son unité, et il le fait en lui disant : Vous. En effet, le Vous est terrible. C'est le jugement. Le Vous ne peut éviter de tenir ce jugement [...]. C'est pourquoi le Nous doit dire Vous, et plus il croît, plus fortement sa bouche fait retentir aussi le Vous. [...] Il faut que le saint du Seigneur anticipe le jugement de Dieu ; il faut qu'il voie dans ses ennemis des ennemis de Dieu. » (GS II, p. 264 *sqq.*; *Étoile*, p. 279 *sqq.*)

En premier lieu, Rosenzweig, dans la troisième partie, déclare appartenir au peuple d'Israël, à la communauté de croyance juive, et fait clairement comprendre qu'il emploie désormais le Nous hymnique d'un Juif confessant. « Il n'existe qu'une seule communauté qui connaisse une telle continuité de la vie éternelle, allant du grand-père au petit-fils, une seule qui ne puisse exprimer le 'Nous' de son unité sans entendre simultanément dans son cœur le 'sommes éternels' qui est son complément. » (GS II, p. 331 ; *Étoile*, p. 353). Une allégresse traverse alors tout ce qu'il réalise : « Nous, le peuple d'Israël choisi par Dieu, dont nous sommes et serons, dans lequel je trouve le salut[21]. »

Puis, Rosenzweig traite du Vous des chrétiens : Vous, qui à travers le Christ êtes en voie de parvenir au Dieu de la Révélation, auprès duquel nous sommes toujours déjà. Rosenzweig écrit *L'Étoile de la Rédemption* d'abord à partir du dialogue qu'il mène avec ses amis chrétiens, et ce n'est que plus tard que *L'Étoile* devient progressivement pour lui – précisément aussi en réponse à leurs tentatives d'appropriation chrétienne – un livre adressé aux juifs dont il partage la croyance. Les chrétiens aussi connaissent et emploient un Nous qui ne comporte qu'eux et

---

21. Voir Emil Fackenheim, « The Systematic Role of the Matrix (Existence) and Apex (Yom Kippur) of Jewish Religious Life in Rosenzweig's 'Star of Redemption' », in : Wolfdietrich Schmied-Kowarzik (éd.), *Der Philosoph Franz Rosenzweig* (1886-1929). Internationaler Kongress Kassel 1986, 2 tomes, I : *Die Herausforderung jüdischen Lernens*, II : *Das neue Denken und seine Dimensionen*, Fribourg/Munich, 1988, II, p. 567 *sqq*.

exclut à son tour les juifs. « De même, la communauté de l'Église présuppose la personnalité et l'intégrité – disons-le tranquillement : l'âme de ses membres. La comparaison paulinienne qui fait de la communauté le corps du Christ n'implique nullement une œuvre où règne la division du travail [...], au contraire, elle vise précisément cette parfaite liberté de chaque individu dans l'Église ; elle s'éclaire davantage encore avec la grande phrase : 'Tout est à vous, mais vous êtes au Christ.' » (GS II, p. 381 ; *Étoile*, p. 406)

Par la suite, la force du dernier livre consiste pourtant en ce que Rosenzweig y atteigne un Nous devant Dieu, capable de recouvrir le Nous et le Vous des juifs et des chrétiens. En effet les deux communautés de croyants doivent reconnaître que la vérité ne se trouve qu'en Dieu, tandis qu'elles ne prennent part toutes deux que singulièrement à cette vérité. Juifs comme chrétiens, nous nous vivons comme des « travailleurs oeuvrant à la même chose », certes avec des tâches différentes, et pourtant complémentaires. « Devant Dieu, tous deux, juif et chrétien, sont par conséquent des ouvriers travaillant à la même œuvre. Il ne peut se priver d'aucun des deux. Entre eux, il a de tout temps posé une inimitié, et néanmoins il les a liés ensemble dans la réciprocité la plus étroite. À nous, il a donné une vie éternelle en allumant dans nos cœurs le feu de l'Étoile de sa vérité. Les chrétiens, il les a placés sur la voie éternelle en leur faisant suivre les rayons de cette Étoile de sa vérité au long des siècles, jusqu'à la fin éternelle. [...] Aussi la vérité, la vérité totale, leur appartient-elle aussi peu qu'à nous. [...] Aussi n'avons-nous tous deux que part à la vérité. Cependant, nous savons que c'est l'essence de la vérité que d'être en partage, et qu'une vérité qui n'est en partage à personne ne serait point une vérité ; même la vérité 'entière' n'est vérité que parce qu'elle est la part de Dieu. » (GS II, p. 462 ; *Étoile*, p. 489 *sqq.*)

Pourtant, ce Nous élargi des juifs et des chrétiens n'en touche que plus durement les autres qui en sont exclus. Il est refusé à l'islam d'être reconnu comme religion monothéiste. Rosenzweig ne voit en lui qu'un « paganisme monistique » (GS II, p. 137), auquel, comme à tous les paganismes, échoit l'inexorable exclusion des deux religions de la Révélation. Ce n'est qu'aux religions de la Révélation, seules à être reliées à Dieu, que la Rédemption est promise.

3. Conclusions critiques

À ce stade, nous ne pouvons pas penser de manière critique tous les aspects du Nous abordés ici. Il faudrait avant tout étudier plus précisément le modèle d'exclusion et d'intégration des différentes formes du

Nous les unes par rapport aux autres. Car il est clair que les deux premières formes principales du Nous – le Nous universel logique et le Nous universel concernant l'histoire de l'humanité –, que Rosenzweig différencie dans les deux premières parties de *L'Étoile de la rédemption*, ne permettent pas une simple coexistence, et ne peuvent pas non plus s'incorporer mutuellement de manière à ce que leur exigence propre demeure. Il faudrait ici redéployer de manière détaillée tout l'antagonisme entre idéalisme et existentialisme, entre Fichte, Hegel et Cohen d'une part, de même que Schelling, Ehrenberg et Rosenzweig d'autre part.[22] Nous n'apporterons ici à la discussion que quelques remarques critiques se rapportant à la double problématique de l'histoire de l'humanité et de la promesse de Rédemption, telles qu'elles apparaissent entre la deuxième et la troisième forme du Nous.

Dans les deux conférences que Rosenzweig tient sur Lessing début 1920 à Kassel, il reproche à Gotthold Ephraim Lessing d'avoir déjudaïsé la figure de Nathan[23]. Nathan ne rapporte pas la parabole de l'anneau en tant que juif, mais en tant qu'esprit éclairé présentant à un juge les trois religions monothéistes, juge qui pense se situer au-dessus d'elles. Pourtant – il nous faut poser la question – ce qu'ébauche Rosenzweig lorsqu'il parle, à la fin de *L'Étoile de la rédemption*, de la vérité de Dieu qui serait au-dessus des deux religions de la Révélation, n'est-il pas tout à fait semblable ? Simplement, Lessing parle d'un « juge sage » dans un futur éloigné, et Rosenzweig de « Dieu » depuis la perspective du judaïsme et du christianisme. Quoi qu'il en soit, dans ce débat je prends en tant que philosophe clairement parti pour Lessing, et je me sens là en bonne compagnie, avec Kant, Schleiermacher et Cohen[24].

Certes, Rosenzweig décrit bien l'état-réel des communautés de croyants lorsqu'il insiste sur le fait que leur Nous respectif exclut les Vous-autres et souligne leur « inimitié » réciproque, allant même

22. Voir Wolfdietrich Schmied-Kowarzik, *Franz Rosenzweig. Existentielles Denken und gelebte Bewährung*, Fribourg/Munich, 1991, ainsi que « Der Ausbruch aus dem Idealismus und die Sinnerfahrung unserer geschichtlichen Existenz », in : Luc Anckaert, Martin Brasser et Norbert Samuelson (éds.), *The Legacy of Franz Rosenzweig. Collected Essays*, Leuven, 2004, et « Essere e Pensare. Contro l'unidimensionalità dell'idealismo », in : *Theoria. Rivista di filosofia*, XXVIII/2008/1 (Terza serie III/1).
23. Rosenzweig, GS III, p. 449 *sqq.*
24. Immanuel Kant, *Die Religion innerhalb der Grenzen der blossen Vernunft* (1973), in : *Werke* IV, p. 649 *sqq.*; Friedrich Daniel Ernst Schleiermacher, *Über die Religion. Reden an die Gebildeten unter ihren Verächtern* (1799), Hambourg, 1958 ; Hermann Cohen, *Der Begriff der Religion im System der Philosophie* (1915), Hildesheim, 1996.

jusqu'à exclure les païens de toute Rédemption. Ces passages rappellent presque le « schéma » excluant « ami-ennemi » de Carl Schmitt[25]. Mais de la même manière que Carl Schmitt ne montre que l'état-réel dans la politique, et non le principe régulateur de toute politique que Kant a reconnu dans la compréhension cosmopolite des hommes et des peuples entre eux[26], la description-réelle par Rosenzweig de la perspective excluante des communautés de croyance les unes par rapport aux autres ne suffit pas à donner à voir le dernier horizon messianique de toutes les religions.

La perspective plus haute du Nous que Rosenzweig trouve en se rapportant à l'antagonisme et à l'interdépendance des juifs et des chrétiens, indique certes la bonne direction, mais doit – j'en suis fermement convaincu – être étendue à toutes les religions, et pas seulement à l'islam en tant que troisième religion monothéiste, mais aussi au bouddhisme, à l'hindouisme, et à toutes les autres communautés religieuses que Rosenzweig exclut en les disant païennes[27]. Le fondement de ce Nous plus élevé de la reconnaissance mutuelle est l'idée régulatrice de la mission divine de l'homme, qui consiste à participer à la réalisation d'un royaume moral de l'amour du prochain – comme, au fond, le Nathan de Lessing le fait déjà prophétiser au juge présent : La force du vrai anneau se révèle après « mille fois mille ans », selon ce que ceux qui le portent auront accompli et réalisé dans l'amour[28].

Cela ne conduit en aucun cas à un relativisme des religions, mais à une lutte morale les uns avec les autres dans l'accomplissement des commandements de Dieu et de l'amour du prochain. Dans cette perspective, Kant et Schleiermacher d'un côté, Hermann Cohen et Martin Buber de l'autre, me semblent exprimer la tâche messianique du christianisme et du judaïsme bien plus profondément que Rosenzweig, qui dans le dialogue avec les chrétiens se rattache trop à des interprétations et des commandements traditionnels[29]. Le Nous confessant et à la fois excluant d'une communauté de croyance ne peut ni ne doit être placé

---

25. Carl Schmitt, *Der Begriff des Politischen* (1932), Berlin, 1963.
26. Emmanuel Kant, *Metaphysik der Sitten* (1797), in : *Werke* IV, p. 475 *sqq.*
27. Voir Wolfdietrich Schmied-Kowarzik, « There is Only one Reason », in : Werner Ruf (éd.), *Islam and the West. Judgements, Prejudices, Political Perspectives*, Münster, 2002, p. 15 *sqq.*
28. Gotthold Ephraim Lessing, *Nathan der Weise* (1779), Stuttgart, 1983, p. 75.
29. Voir à ce propos Myriam Bienenstock, « Ist der Messianismus eine Eschatologie ? Zur Debatte zwischen Cohen und Rosenzweig », ainsi que Wolfdietrich Schmied-Kowarzik, « Geschichtsphilosophie und Theologie », in : Myriam Bienenstock (éd.), *Der Geschischtsbegriff : eine theologische Erfindung ?*, Würzburg, 2007, p. 128 *sqq.* et 51 *sqq.*

au-dessus du Nous d'une pratique morale se plaçant sur le plan de l'histoire de l'humanité.

L'éthique et la religion sont différemment liées l'une à l'autre et assemblées – comme Cohen l'étudie avec pertinence[30]. Certes, une dimension sensorielle propre dépassant l'éthique fait partie du Nous d'une communauté de croyance, dimension qui naît de la singulière «corrélation de l'homme et de Dieu[31]» et qui – ajoute Rosenzweig (GS II, p. 326 *sqq.*) – trouve sa place la plus intime dans la prière liturgique et dans la nécessité de faire ses preuves face à Dieu qui en émerge, mais le Nous restreint d'une communauté de croyance ne saurait se permettre de se placer contre ou au-dessus de la loi morale liée au Nous de l'histoire de l'humanité. Car le double commandement de l'amour de Dieu et du prochain ne s'adresse pas exclusivement au Nous de communautés de croyance isolées – bien qu'ils soient devenus, dans le judaïsme et dans le christianisme, une certitude consciente –, mais à tous les hommes, et nous serons tous évalués à la lumière de son accomplissement – telle est la force de la «croyance philosophique» de Lessing.

---

30. Hermann Cohen, *Ethik des reinen Willens* (1904), Hildesheim, 1981, p. 445 *sqq.*, de même que : *Der Begriff der Religion im System der Philosophie*, 1915, Hildesheim, 1996, p. 58 *sqq.*

31. Hermann Cohen, *Religion der Vernunft aus den Quellen des Judentums*, 1919, Darmstadt, 1966, p. 21 *sqq.*

La temporalisation « des Nous »*

Bernhard Casper

Dans ses *Méditations cartésiennes*, Husserl explique qu'une pensée qui pense vraiment pense toujours plus qu'elle ne pense[1]. Levinas aimait à rappeler ce jugement de Husserl [2], en vue d'attirer l'attention sur l'essence de sa propre pensée. Cette marque caractéristique d'un penser qui « donne à penser » et se montre par là même comme un penser véritable, vaut aussi, indéniablement, pour la pensée de Franz Rosenzweig, et pour sa *Magna Carta*, *L'Étoile de la Rédemption*. C'est aussi à cause de cette spécificité de la pensée de Rosenzweig que nous pouvons retrouver dans la question que soulève *L'Étoile de la Rédemption* au sujet de la constitution « des Nous », auxquels font nécessairement face « les Vous [3] », un problème qui devient, pour nous, aujourd'hui, de plus en plus pressant. Je veux dire le problème qui est là, sous nos yeux, dans le caractere exclusif de la relation religieuse en tant que telle – et par là également dans le caractère exclusif des religions réellement existantes. N'est-il pas vrai que dans les religions, les hommes se distinguent toujours d'autres hommes ? Et que, de ce fait, ils se séparent nécessairement de ces autres ? Et n'est-ce pas là la raison pour laquelle les religions qui existent de fait ont été, toujours de nouveau, non pas seulement l'occasion, mais la raison essentielle de la guerre ?

À n'en pas douter, le livre II, 2 de *L'Étoile de la Rédemption* qui développe l'advenir de la Rédemption et qui introduit les deux étranges pronoms collectifs substantivés, « les Nous » et « les Vous », dans la langue de *L'Étoile* – et peut-être aussi dans la langue allemande tout court – vise en dernière analyse cet événement que la Bible désigne comme l'advenir de la Rédemption et il cherche à le rendre accessible au

---

* Traduction Jean-Michel Buée.
1. À ce propos, voir surtout la doctrine de la survisée (*Mehrmeinung*) qu'expose le § 20 des *Méditations cartésiennes*.
2. Voir par exemple *En découvrant l'existence avec Husserl et Heidegger*, Paris, Vrin, 1982, p. 135.
3. F. Rosenzweig, *Gesammelte Schriften* (désormais GS), La Haye, Martinus Nijhoff, 1976, vol. II, p. 264 ; trad. fr. A. Derczanski et J.-L. Schlegel, *L'Étoile de la Rédemption* (désormais *Étoile*), Paris, Seuil, 1982, p. 333.

moyen d'un renouvellement du penser. Ceux qui vivent dans leur existence mortelle qui se temporalise à partir de l'espérance en la Rédemption, ce sont d'abord seulement pour Rosenzweig à la fois les juifs et les chrétiens. Toutefois, dans sa propre réflexion sur son œuvre, Rosenzweig a explicitement précisé que *L'Étoile* n'est « pas un livre juif », mais plutôt « un simple système de philosophie », même si c'est aussi un système qui doit se concevoir comme un « complet renouvellement de sa pensée[4] », c'est-à-dire comme « une philosophie en quête d'expérience[5] ». Reste qu'à ce titre, celle-ci doit – au même titre que toute pensée philosophique – clarifier ce que sont en général les conditions de possibilité de la réalité telle qu'elle advient en fait.

Or, comment se montrent ces « conditions » au sein de ce qui vient au jour dans notre langage sur « les Nous » et « les Vous », puis dans la temporalisation de la vie, telle qu'elle advient en fait ?

1. Herméneutique des expressions « les Nous » *et* « les Vous » *dans leur sens de temporalisation.*

On ne parvient à le comprendre que si l'on ne cherche pas d'abord à lire ces étranges substantifs pronominaux, que – pour autant que je sache – Rosenzweig a formés comme des néologismes, « les Nous » et « les Vous », dans leur *sens de contenu*, définitivement clos sur soi, et auquel il conviendrait de se référer de manière exclusive, mais dans *leur sens d'accomplissement* originaire. Dans l'univers réflexif de *L'Étoile*, le langage des « Nous » et des « Vous » n'appartient ni à l'analyse du phénomène originaire, ni à l'ouverture pensante à l'événement de la création. Le langage des « Nous » et des « Vous » n'entre au contraire dans la pensée qu'avec l'« événement advenu » de la révélation de la « venue du Royaume » apportée par l'histoire.

On ne peut donc saisir convenablement ce qui est désigné par « les Nous » et « les Vous » que dans son *sens d'accomplissement* ou *de temporalisation*, c'est-à-dire dans le médium du temps qui « est lui-même l'événement[6] » – à la condition de « prendre au sérieux le temps », prise au sérieux du temps qui présente simplement l'autre face du « besoin de l'autre » constitutif de la « nouvelle pensée[7] ». C'est précisément lorsqu'il y va du sens « des Nous » et « des Vous » que le connaître doit

---

4. GS 3, 140 ; trad. française par Marc B. de Launay, « La pensée nouvelle », dans *Franz Rosenzweig. Les cahiers de La nuit surveillée*, n° 1, textes rassemblés par Olivier Mongin, Jacques Rolland, Alexandre Derczanski, p. 39-63, ici p. 40.
5. GS 3, 144 ; trad. fr. p. 44.
6. GS 3, 148 ; trad. fr. p. 49.
7. GS 3, 151-152 ; trad. fr. p. 53.

renoncer aux « manies de la connaissance intemporelle[8]» pour être au plus près de la chose même. Là où fait défaut cette présupposition première qu'est pour la pensée l'acte de s'engager dans la réalité qui advient *comme advenant par soi* (*als sich ereignender*), tout reste énigmatique ou du moins conserve un aspect superficiel. Cette compréhension rosenzweigienne de la réalité comme histoire renvoie à la problématique centrale de l'auto-compréhension de l'homme comme liberté qui reste en suspens depuis Kant dans cette question fondamentale « qu'est-ce que l'homme ?[9]» ; elle renvoie au « primat de la raison pratique pure[10]» dans l'économie rationnelle de l'homme, qui a ensuite donné lieu, par exemple chez Kierkegaard et Schelling, à une nouvelle méditation. C'est en liaison avec ce primat qu'il faut envisager le discours de Rosenzweig sur les « Nous » et les « Vous ».

On ne saurait donc demander : « que *sont* les Nous » ? Mais uniquement : « comment cela *advient-il* "les Nous" » ? Et comment *advient* le *rapport* entre « les Nous » et « les Vous » ?

2. *Comment ce qui est désigné par les mots* « les Nous » *et* « les Vous » *advient-il* ?

Au cours du développement de *L'Étoile* il devient clair que ce qui constitue à cet égard le *lieu originaire,* donc la « donnée primordiale » en quelque sorte, au-delà de laquelle on ne saurait aller, ou le « *point de départ*[11]» au-delà duquel on ne saurait questionner, ne peut être rien d'autre que l'« événement advenu » de la Révélation[12]. Celui-ci se montre comme l'*événement* qui, *au sein de* la question originaire « qu'est-ce que l'homme ? », ouvre à l'histoire, l'événement qui n'atteint et ne provoque d'abord l'homme que comme liberté *muette*, comme le simple « seigneur de son éthos ». Il est ce qui le con-voque à la ré-ponse comme l'événement de l'amour infini et inconditionné et en fait ainsi un homme *majeur,* une « *âme parlante* » Cet événement se montre, pour utiliser ici une détermination de Levinas, comme l'advenir d'une « hétéronomie privilégiée », qui ne heurte pas la liberté, mais l'investit dans sa *concrétisation*[13]. Le sens de contenu de cet événement advenu, qui ne peut être

---

8. GS 3, 149 ; trad. fr. p. 50.
9. Kant, *Logik* A 26, Weischedel 3, 448. Trad. fr. L. Guillermit, *Logique*, Paris, Vrin, p. 25.
10. Kant, *Kritik der praktischen Vernunft*, A 216, trad. fr. J. P. Fussler, *Critique de la raison pratique*, Paris, GF, 2003, p. 243.
11. [En français dans le texte.]
12. GS 2, 178 ; *Étoile*, p. 229.
13. [En français dans le texte.] Voir à ce propos Emmanuel Levinas, *Totalité et infini*, La Haye, M. Nijhoff, 1974, p.60.

éprouvé qu'historiquement, réside cependant dans l'émergence de celui auquel il est dit oui sans limites, de *l'être-aimé* sans limites et partant toujours neuf [14]. C'est ce que Rosenzweig conçoit d'abord dans L'*Étoile* II, 2 comme l'événement qui intervient entre ce qui n'apparaît au préalable à l'être pensant que comme un phénomène originaire et intemporel, le Dieu métaphysique, et ce qui ne lui apparaît au préalable que comme un phénomène tout aussi originaire et tout aussi intemporel, le « Soi méta-éthique » muet : la *conversion* du Soi méta-éthique muet en âme parlante, en âme qui atteint sa majorité. Même si L'*Étoile* II, 2 n'en appelle pas seulement ici au Deutéronome, 6,5 [15], mais aussi, de manière tout à fait essentielle à la *Vita nuova* de Dante[16], on est naturellement tenté de penser qu'il ne s'agirait pourtant chez Rosenzweig que de simple exégèse biblique – et donc pas de pensée philosophique.

À cela, il faut opposer que pour Rosenzweig, qui fait retour à Kant et à Cohen, ce *point de départ*[17] primordial au plus haut point se laisse très bien lire de concert avec ce que la raison pratique pure connaît comme la *pro-vocation* ultime et indépassable de l'homme à son *humanité*. « Si je fais ce que dois, que m'est-il alors permis d'espérer [18] ? »

Pour une pensée comme celle de Rosenzweig, qui n'est pas une pensée *rationnelle indifférente au temps*, mais une pensée qui s'accomplit comme une *herméneutique* qui *se rapporte* historiquement *à l'advenir de la facticité*, l'*attestation* de la survenue en l'homme, dans la problématique de sa liberté, de l'amour du oui infini qui lui répond, de l'amour illimité de Dieu, qu'est la *ré-ponse de l'amour-du-prochain* n'est en quelque sorte que l'autre face du seul et même événement. Aussi est-il impossible, si nous voulons conserver notre image, de penser l'amour de L'UNIQUE aimant, sans penser le mouvement inverse, l'advenir de fait de l'amour qui l'aime-en retour.

Dans L'*Étoile* II, 2, cet advenir de l'amour qui l'aime-en retour ne vient au langage, en tout cas pour la première fois de façon manifeste, que comme l'amour de l'homme *isolé* qui a cessé d'être un Soi muet pour se convertir en âme parlante. Mais, dans le cours du développement de la pensée, celui-ci doit nécessairement se transformer en *amour du prochain*, en cet amour que l'on éprouve pour le prochain qui vient à notre rencontre. De son origine, dans sa « partie centrale »,

---

14. Voir à ce propos GS 2, 178 et 181-182, *Étoile*, p. 229-230 et 232-233.
15. GS 2, 196 ; *Étoile* p. 251 et GS 2, 200 ; *Étoile*, p.255.
16. GS 2, 178 ; *Étoile* p.229.
17. [En français dans le texte.]
18. Kant, *Kritik der reinen Vernunft* B 833, trad. fr. A. Renaut, *Critique de la raison pure*, Paris, GF, 2006, p. 658. « Si je fais ce que dois, que m'est-il alors permis d'espérer ? »

autrement dit le livre de la Révélation, II, 2, jusqu'à son terme, la pensée de *L'Étoile* suit ici un cours qui n'a pour seul fil conducteur que la proposition que Rosenzweig ramena, tel un trésor précieux, de l'enseignement donné par Cohen lors du semestre d'hiver 1913/14 : « Comme il t'aime, aime, toi aussi [19] ». L'advenir de l'amour, dont on peut penser qu'il coïncide avec la praxis de la raison pratique pure, ne peut, en tant qu'advenir de la liberté, être constaté du dehors. On ne connaît l'amour, au contraire, que « lorsque l'on aime et est aimé en même temps [20] ». C'est donc grâce à l'exégèse talmudique du maître du néo-kantisme de Marburg, qui, durant ce dernier semestre d'hiver de l'avant-guerre, était déjà en chemin vers l'herméneutique d'une *Religion de la raison tirée des sources du judaïsme*, que se résolvait pour Rosenzweig le problème kantien de la compatibilité entre l'autonomie de la raison indispensable à la moralité de ce qui est moral, et l'hétéronomie apparente du commandement qui vient de Dieu. « Peut-on commander à l'amour ? [...] Nul tiers ne peut le commander [...] mais le seul et l'unique le peut[21] », lui en qui seul l'amour sans limites a son origine. C'est à l'explication de ce rapport de la liberté à la source une, unique, illimitée, que Levinas nommera ensuite le rapport de « l'hétéronomie privilégiée [22] », l'événement du « retournement de l'hétéronomie en autonomie[23] », que Rosenzweig consacre la totalité du livre qui s'occupe de « l'éternel avenir du Royaume » – ou, si l'on préfère, de l'*advenir de la Rédemption* [24].

3. Le lien entre l'hétéronomie privilégiée du commandement du Chémâ Israel, « Tu dois aimer l'unique », et l'amour du prochain.

Pour l'événement originaire de l'amour, vaut en tout cas cette parole : « Nous ne nous éveillons jamais pour nous seuls, l'amour en nous rend aussi vivant ce qui est mort hors de nous[25]. » Ou encore – c'est ce que

19. GS 2, 228, voir GS 1,663 ; *Étoile*, p. 289.
20. GS 1, 663.
21. GS 2, 196 ; *Étoile*, p. 251.
22. [En français dans le texte.] E. Levinas, *Totalité et infini*, p. 60, voir note 13.
23. [En français dans le texte.] E. Levinas, *Autrement qu'être ou au-delà de l'essence*, Paris, Le Livre de poche, 2002, p. 189.
24. GS 2, 229 : « La réponse à cette interrogation pourrait facilement être anticipée en quelques mots. Mais nous préférons y consacrer tout le livre qui termine cette partie » *Étoile*, p. 290.
25. GS 1, 663. Lettre à Edith Hahn du 16/1/1920. En 1938, dans la lettre de condoléances qu'elle envoya à sa veuve à l'occasion de la mort de Husserl, Edith Stein devait écrire : « Je suis convaincue que Dieu n'appelle personne pour soi seul. »

montre le développement de *L'Étoile* II, 3 – celui qui dans l'événement de la Révélation cesse d'être un Soi méta-éthique pour se convertir à l'humanité adulte, se transforme dans sa propre auto-temporalisation, advenue par la grâce de cet événement, en « serviteur de son Dieu[26] ». Or cela se réalise dans l'acte d'accomplir l'amour-du-prochain, autrement dit dans le libre dévouement qui dit oui à l'*autre qui vient* à chaque fois *à notre rencontre*[27] et qui y vient *à chaque fois* de manière neuve, c'est-à-dire qui dit oui à l'autre *homme* autant qu'à l'altérité des *contenus mondains*. Et cela signifie alors simplement la pleine venue-à-la-réalité de l'amour de Dieu qui advient dans la Révélation – au sens du génitif subjectif comme au sens du génitif objectif. Et ce, parce que, comme le dira par la suite le texte intitulé « la nouvelle pensée », « Dieu n'a pas créé la religion, mais bien le monde[28] ». Un pur demeurer-dans-l'intériorité, tel que le pratique celui que Rosenzweig qualifie de « pur mystique », constituerait un « rapport foncièrement immoral [29] », parce qu'il s'agirait justement d'un rapport qui nierait l'existence d'un Dieu créateur de tous les hommes et du monde tout entier. C'est parce que l'événement de la pro-vocation par l'amour inconditionné de l'unique aimant qui est le créateur du monde en sa totalité *précède* l'acte libre et autonome de l'amour du prochain, de l'amour pour celui qui, *à chaque fois*, est le *plesios allos* de la Septante et d'Homère [30], pour l'autre qui, *à chaque fois*, vient à notre rencontre, que le commandement exhorte à aimer Dieu *en même temps* que le prochain, et qu'il peut y avoir commandement sans mise en question de l'autonomie rationnelle de la liberté, qui admet ce rapport. À l'arrière-plan de la façon dont est déterminé chez Rosenzweig ce rapport entre commandement et liberté, on peut apercevoir la problématique kantienne de la «*connaissance de tous les devoirs comme des commandements divins* [31] ». Rosenzweig la résout en faisant pénétrer la liberté purement formelle pensée sous l'horizon d'une autonomie abstraite et isolée dans l'effectivité de la liberté historique [32].

26. GS 2, 236, *Étoile*, p.298.
27. GS 2, 282, *Étoile*, p.356.
28. GS 3, 153 ; trad. fr., *loc. cit.*, p. 55.
29. GS 2, 232 ; *Étoile*, p. 294.
30. GS 2, 243 ; *Étoile*, p. 307.
31. Kant, *Kritik der praktischen Vernunft*, A 233, trad. fr. citée p. 255. Voir aussi *Die Religion* B 139/A 131, trad. fr. J. Gibelin, *La religion dans les limites de la simple raison*, Paris, Vrin, 1968, p. 201.
32. Sur cette détermination purement formelle et négative, et son caractère déficient, voir aussi Ernst Wolfgang Böckenförde, *Recht, Staat und Freiheit, Studien zur Rechtsphilosophie, Staatstheorie und Verfassungsgeschichte*, Frankfurt, Suhrkamp, 1991, p.45, ainsi que la détermination positive et objective de la liberté chez Gerold Prauss, *Moral und Recht im Staat nach Kant und Hegel*, Freiburg, Alber, 2008.

4. « Les Nous » et « les Vous ».

C'est grâce à cette insertion de l'autonomie du Soi, devenu adulte et ainsi responsable (*verantwortlich*), dans son existence historique concrète, qui fait face à ce qui, à chaque fois, surgit comme l'autre, que vient pleinement au jour la problématique dont traite Rosenzweig, lorsqu'il oppose « les Nous » et « les Vous ».

La liberté orientée par l'événement de l'amour de Dieu se réalise à chaque fois de nouveau, dans l'amour du prochain, dans l'advenir d'une diachronie constamment renouvelée. Car, si le prochain est toujours un autre, il ne saurait exister ici de synchronie par anticipation. L'acte d'amour n'est précisément pas « un acte avec une finalité et son rapport avec son origine », c'est-à-dire son rapport avec ce qui l'exige, avec l'amour de l'infiniment UNIQUE qui fonde tout (la «*gloire de l'infini*[33]») ne peut donc être compris dans son sens de temporalisation que comme « l'émergence, pleine de la fraîcheur de l'instant [34] », sans cesse renouvelée, de l'amour. Parce que l'amour du prochain, pour autant qu'en dernière analyse il espère en la Rédemption, advient en quelque sorte comme « appréhension »-anticipante (*Vorweg*-« *nahme* ») tendue vers l'avenir, il lui faut, dans son existence historique concrète – de ce fait même – *être* toujours de nouveau *déçu*. Il lui faut être toujours de nouveau purifié et libéré de *ses* représentations, pour autant qu'elles sont *simplement ses* représentations : « La déception conserve sa force à l'amour. S'il en était autrement », dit Rosenzweig, l'amour du prochain ne naîtrait pas de l'événement concret qu'est la rencontre de l'autre. Il ne signifierait que « le produit d'une orientation de la volonté définitivement donnée [35] ». Il n'adviendrait en quelque sorte que comme le développement d'un autisme instauré d'avance.

En même temps, – et c'est ici que débute le problème – va intervenir entre celui qui aime son et ses prochains, entre eux et lui, une communauté de vie historico-mondaine. Elle peut intervenir par exemple entre ceux qui, du fait de leur naissance, de leur *nascitura*, sont des prochains au sein d'une «*natio* ». Mais elle interviendra surtout entre ceux qui ne sont pas seulement des prochains en ce sens, mais le sont avant tout sur la base de la même promesse, adressée historiquement – à Abraham et par l'entremise de ce qui fut commandé à Moïse. C'est cette communauté qui s'exprime à la première personne du pluriel, comme « les Nous ». Or ces « Nous » entrent dans la facticité de l'advenir fini du monde et de l'histoire, au sein de laquelle le « Nous » ne peut être

---

33. [En français dans le texte.]
34. GS 2, 240 ; *Étoile*, p. 303-304.
35. GS 2, 240 ; *Étoile*, p. 304.

qu'un Nous déterminé, circonscrit, auquel s'oppose un « Vous [36] ». Dans la *teneur plénière de son sens de contenu*, le « Nous » qui s'offre par la grâce de l'événement qu'est la Révélation[37], c'est à dire de l'amour de Dieu, au sens subjectif et objectif du génitif, ne peut cependant signifier, en dernière analyse, qu'un « Nous tous ». « Le Nous n'est pas un pluriel », dit Rosenzweig. Le pluriel surgit « dans la troisième personne du singulier [38] », en quelque sorte comme une simple parataxe des individus que ce cas grammatical permet d'énumérer. « En revanche, le Nous est la totalité développée à partir du duel ». Telle est la *thèse fondamentale* dont le rôle est décisif dans la *conception du langage et de la Rédemption de Rosenzweig*.

Et pourtant : dans la réalisation concrète d'une existence historique mortelle, le *« Nous »* rédempteur qui est ici désigné ne peut se comprendre, partout et toujours, que comme donné *par anticipation*. (*proleptisch*). Comme un « aujourd'hui même », comme un « au milieu de vous [39] » du Royaume qui, pourtant, en même temps n'est pas encore, c'est-à-dire comme un aujourd'hui du « royaume messianique », qui est « toujours à venir » ; mais, « à venir, il l'est toujours [40] », il est à-venir, ce-qui est-en-train-de-venir, ce qui exige, ce qui intime, à chaque instant d'une histoire humaine qui advient par ruptures diachroniques. Or, cela veut dire que naît dans le Nous ce que Rosenzweig déchiffre dans le chant commun de la communauté d'Israël et qu'il reflète en même temps dans la pensée : *une identité collective*, issue de l'expérience de l'amour rédempteur de Dieu et réalisée dans l'amour-du-prochain, une identité qui possède la structure phénoménale d'un B=B appelé, et ainsi rendu possible par un A=A, mais qui, au regard de ce qui en est la signification ultime, est constituée en même temps par un « pas encore » : « La communauté n'est pas, n'est pas encore, tous ; son Nous est encore limité, il reste encore lié à un Vous simultané [41]. »

5. *La différence latreutique et la situation précaire des* « Nous ».

« Les Nous » ne peuvent donc demeurer dans leur vérité que si, en dépit du présent qui autorise l'emploi du Nous, ils demeurent constamment – en une passivité fondamentale – dans le souvenir de ce « pas encore ». La modalité fondamentale, en laquelle ils disent « Nous » ne peut être qu'une confiance pleine d'espérance ; celle-ci se montre

36. GS 2, 264, *Étoile*, p.332.
37. GS 3, 148, trad. fr., p. 49.
38. GS 2, 264, *Étoile*, p.332.
39. GS 2, 253, *Étoile*, p. 319.
40. GS 2, 250, *Étoile*, p.316.
41. GS 2, 278, *Étoile*, p.352.

comme « le mot fondamental où l'anticipation de l'avenir advient pour entrer dans l'éternité de l'instant [42] » – du ici et de l'aujourd'hui.

La vérité de leur « Nous » ne dure que si le Nous se tient constamment dans la *différence latreutique* du pas-encore ; on pourrait aussi bien dire : dans la vérité de la *différence messianique*, que Rosenzweig, à la fin de « la pensée nouvelle », a développée dans sa « théorie messianique de la connaissance »[43]. Lorsqu'il ne se tient pas dans cette différence, ce qui, de l'advenir de la Rédemption, est originairement visé et signifié dans le chant des Nous se renverse en son contraire, c'est-à-dire en un Nous qui n'est plus qu'un *Nous qui s'affirme lui-même* de façon idolâtre et auto-référentielle. Ce qui est ainsi signifié, ce n'est justement plus un Nous qui advient à la lumière de la Rédemption, mais un Nous désespéré, qui, pour se constituer, a nécessairement besoin du *Vous hostile*.

Si l'on tient compte du mode d'être phénoménal des religions historiques et de la lumière que la critique de la religion, à partir de l'Aufklärung, de Feuerbach et de Nietzsche, ainsi que la sociologie de la religion depuis Durkheim, a jeté sur les religions historiques, on ne peut plus se défaire du soupçon que toutes les religions historiques ne sont peut-être rien d'autre que des figures de cette auto-affirmation humaine : les modalités les plus sublimées de l'auto-affirmation absolue d'un « Nous ici ». À la lumière de l'interprétation de l'histoire de la liberté humaine que nous livre *L'Étoile de la Rédemption*, on dira : parce que toute liberté humaine est toujours mortelle, parce que la liberté humaine est une liberté qui a besoin de l'autre et du temps (et qui de ce fait – lorsqu'elle réussit –, *est un don*), la liberté humaine, dans son effort vers le salut et vers la Rédemption, qui conduit à la formation du rapport religieux et des figures historiques de la religion, lesquelles viennent au langage dans un « Nous ici », comporte à chaque instant *la tentation* de se méprendre sur ce rapport en voyant en lui le rapport à soi d'une autonomie absolument close sur elle-même. Dans une telle autonomie radicale qui ne doit son existence qu'à elle-même, les « Nous » se prennent absolument en main eux-mêmes dans leur rapport d'auto-temporalisation à eux-mêmes et aux autres, mais en même temps comme « les Nous » qui sont hors de toute relation. « Les Nous » ne pourraient se réaliser eux-mêmes que sur un mode totalitaire. Ils n'auraient aucun autre sol en dehors d'eux mêmes.

Rosenzweig a conçu cette tentation fondamentale, dont ne sont exempts ni le judaïsme, ni le christianisme, dans l'introduction à la troisième partie de *L'Étoile* comme la tentation de « forcer le

---

42. GS 2,280, *Étoile*, p. 354 (trad. fr. modifiée).
43. GS 3,159, trad. fr., *loc. cit.*, p. 60
44. GS 2,297 *sqq.*, *Étoile*, p. 373.

royaume[44] ». Ceux qui succombent à cette tentation se transforment en « tyrans du royaume des cieux [45] ». Or, même si Rosenzweig ne conçoit immédiatement ici que la tentation présente dans la temporalisation de la liberté du Nous juif ou chrétien, on peut cependant se demander s'il ne contribue pas en même temps à la clarification de nombreux phénomènes qui apparaissent dans toutes les formes historiques de déchéance de « la religion ».

Que « les Nous », tel le « pur mystique [46] » que Rosenzweig a cloué au pilori, soient seuls avec « leur Dieu » et « n'aient plus rien à dire au monde[47] », et qu'ainsi ils renient le monde réel, et Dieu, le vivant, voilà qui est tout aussi significatif pour les nombreuses figures de fait d'une religion « foncièrement immorale [48] » que par exemple, pour les *nationalismes*, où la religion n'est qu'un ornement, qui s'érigent eux-mêmes en absolu et les *totalitarismes* idéologiques en tout genre. Notre histoire de fait – et en particulier celle des deux derniers siècles – nous en a fourni suffisamment d'exemples, et des exemples dont le résultat a toujours été meurtrier. Ce sont encore les mêmes exemples que l'on discerne dans les marques caractéristiques et le principe constituant d'un *fanatisme de la pureté*, qui s'exprime dans les impératifs obsessionnels des purifications ethniques ou raciales – voire prétendument « religieuses » – dans la prétention à la possession de la « doctrine pure » et finalement aussi dans le fait d'exclure *la signification* des individus irremplaçables que sont *les êtres humains* en tant que *mortels* : « tu n'es rien, ton peuple (*dein Volk*) est tout ».

Dans son herméneutique de l'Islam, tel qu'il le perçoit – la question de savoir dans quelle mesure cette idée de l'islam s'accorde toujours avec les faits historiques est une autre question, et, dans notre perspective, une question qu'il nous faut ici commencer par mettre entre parenthèses – Rosenzweig a indiqué ce qu'était, selon lui, la raison décisive de cette pathologie qui affecte la dimension religieuse de l'humain. Elle tient au refus par les « Nous ici » d'une *temporalisation qui assume sa dette avec responsabilité* et à la fixation ontique qui en découle, sur une *possession d'existence* qui est là, à portée-de-main, et réside de ce fait dans un passé fermé. Elle tient au refus par les « Nous ici » de *se fier* à un avenir dont ils sont toujours de nouveau *redevables* et qui est en même temps *promis sur un mode messianique*. Ici, dit Rosenzweig, « la pensée de l'avenir est empoisonnée à la racine [49] ».

---

45. GS 2,303 ; *Étoile*, p. 379.
46. GS 2, 231-232 ; *Étoile*, p. 293-294.
47. GS 2, 231 ; *Étoile*, p. 293.
48. Voir GS 2, 232 : « Ce rapport du pur mystique au monde, rapport foncièrement immoral » *Étoile*, p. 294.
49. GS 2, 252 ; *Étoile*, p.318 (trad. fr. modifiée).

Or, l'ouverture à l'avenir des « Nous » touchés et élus par le don divin rédempteur ne peut advenir que par la conversion à ce qui fonde tout ce qui est véritablement humain, au « besoin de l'autre et, ce qui revient au même, à la prise au sérieux du temps ». Mais, c'est à la lumière de ce « besoin de l'autre dans la prise au sérieux du temps » que surgissent également les « Vous ». Le *véritable Nous Rédempteur* ne peut donc être affirmé à partir de sa propre puissance, il *ne peut qu'être obtenu par la prière*.

Ce qui est ici exposé dans la structure globale de son advenir ne change rien au fait que les communautés de foi juive et chrétienne représentées dans leur idéalité, qui toutes deux espèrent en l'avènement du Royaume de Dieu et se comprennent dans cette espérance comme des « serviteurs de Dieu [50] », se trouvent confrontées dans l'histoire de fait à un « Vous » multiforme, qui, en tel cas singulier peut parfaitement avoir la figure d'une « religion » idolâtre qui s'affirme elle-même de manière perverse. Cela ne change rien non plus au fait que ce « Nous » juif et chrétien se trouve mis en question au cours de l'histoire par la facticité de ce Kant nommait le « mal radical [51] ».

Il est étonnant que nulle part dans son œuvre Rosenzweig n'ait fait intervenir la doctrine kantienne du mal absolu dans son interprétation de l'historicité de l'histoire. Cela ne signifie pas, me semble-t-il, qu'il l'aurait refusée. Car, c'est aux expériences de l'adversité et du mal dans l'histoire qu'il a opposé l'expérience du «*mais Nous*» (*des* «*Wir aber*»), qui s'articule dans la *prière* des « Nous » qui prennent sur eux le joug du Royaume des cieux, et fait du « pourtant » (*das* «*Dennoch*») «*le mot des Psaumes*». « Les Nous – « Et pourtant Dieu console Israël » («*Die Wir*» – «*Israël hat dennoch Gott zum Trost*») [52].

De ce « mais Nous » et de son « pourtant », qui ne peut être prononcé que sur le mode de la prière, et qui place le rapport entre les « Nous » qui le prononcent et les « Vous » dans la lumière de l'espérance en la Rédemption messianique, Rosenzweig ne parle pas seulement dans *L'Étoile*, mais aussi dans les *Lettres à Gritli Rosenstock-Huessy* qu'il écrivit en novembre 1918 et dans lesquelles nous trouvons le sombre pressentiment d'un pogrom en Allemagne [53]. C'est dans le contexte

50. Voir GS 2,236 *sqq.*; *Étoile*, p. 298 *sq.*
51. Voir sur ce point Kant. Rel. A18/B20 – A45/B 48 ; trad.fr, citée p. 37, p. 58, ainsi que Christoph Schulte, *radikal böse. Die Karriere des Bösen von Kant bis Nietzsche,* München, Fink, 1991.
52. GS 2, 279, Ps 73,1 ; *Étoile*, p. 352 (trad. fr. modifiée).
53. *Die « Gritli »-Briefe,* Tübingen, Bilam, 2002, p. 185 : « Pogrom : et d'où peut naître au bout du compte une révolution en Allemagne, sinon d'une propagande antisémite ? Ce peuple qui ne cesse de déchaîner sa rage contre luimême, a de ce fait un besoin tout particulier du dérivatif que lui offre le bouc émissaire universel des peuples. »

immédiat de ce pressentiment qui, aux yeux de l'historien, repose sur la situation politique et psycho-sociologique de fait, que Rosenzweig parle de la prière juive, et nous apprend que le soir du jour de la proclamation d'un armistice qui portait, selon lui, un coup fatal à l'existence d'une histoire à venir, il a visité la cathédrale de Fribourg avec son ami Siegfried Kähler. Dans cette lettre du 10 novembre, qui reflète la situation de l'histoire future, telle qu'elle est donnée avec la fin de la première guerre mondiale, et la place qu'y occupent juifs et chrétiens, il écrit finalement : « Que sont ces cathédrales, sinon le "pourtant" qui, dans le monde, s'est pétrifié contre le monde [54] ? » Dans ce « pourtant » ainsi exprimé s'ouvre, me semble-t-il, toute la hauteur, toute l'étendue, et toute la profondeur du « Mais Nous » juif autant que chrétien. Il est toutefois impossible de le découvrir en aucun des « Nous » de l'histoire qu'ont à décrire les historiens, sans la différence messianique, telle qu'elle se donne dans l'événement de la prière.

---

54. *Die « Gritli »-Briefe*, Tübingen, Bilam, 2002, 184-185.

Nous et les Autres
dans la conception philosophico-théologique de Rosenzweig
Les « Jours [du monde] du Seigneur »*

Heinz-Jürgen Görtz

1. *La question méthodologique du « sujet » de la « nouvelle pensée »*

« Nous et les Autres » – cette question fait sans doute partie *des* problèmes les plus pressants aujourd'hui *dans* les sociétés et les peuples, *dans* les cultures et les religions et *entre* eux.

La question de la contribution de Rosenzweig à la résolution de ce problème pressant nous amène à nous interroger sur la détermination, ou en d'autres termes l'identité, du « Nous » et des « Autres », et sur le lien indissociable qui unit ces deux déterminations, autrement dit : « Que veut-on dire quand on dit 'Nous' »? Qui sont ces « Nous », qui sont les « Autres »? Et en poursuivant ce questionnement : qui sont ces « Nous », auxquels – « pour nous » d'autres font face, en d'autres termes qui sont « nos Autres »? Par ailleurs, ces interrogations conduisent immédiatement à la question préalable, de savoir comment donc « Nous et les Autres » interviennent dans la « nouvelle pensée » de Rosenzweig elle-même ; la question étant posée ici *au sens méthodique*, par-delà le thème ou l'objet lui-même, afin de demander dans quelle mesure cette distinction et cette liaison sont constitutives de la « Nouvelle Pensée » en tant que telle, en tant que « nouvelle ».

Pour ce qui concerne cette signification constitutive de « Nous et les Autres », on peut faire le constat suivant : *biographiquement*, *L'Étoile de la Rédemption* de Rosenzweig est l'affirmation personnelle de son devenir juif, face à ses amis chrétiens Hans et Rudolf Ehrenberg et Eugen Rosenstock. Dans le même temps, cette affirmation esquisse – de façon indissociable du biographique, mais *philosophiquement* – une « Nouvelle Pensée », qui dans la réflexion de Rosenzweig se transforme en un processus de réception productive de la *Religion de la raison tirée ses sources du judaïsme* de Hermann Cohen, processus déterminé durablement par la *« philosophie positive »* de Schelling et la *Phénoménologie de l'Esprit* de Hegel. Indissociablement du philosophique, mais *théologiquement*, ce processus débouche

* *Traduction Marie Hermann.*

sur une « phénoménologie du 'champ ouvert de la réalité', tirée des sources de la religion ». Mais s'il en est ainsi, cela veut dire qu'avec « Nous et les Autres » il n'est pas seulement question de l'un des thèmes de la « Nouvelle Pensée », mais aussi en même temps *de la méthode, donc de la question de savoir quel est le « Sujet » de cette « Nouvelle Pensée » elle-même.*

Pour ce qui concerne la question du « Sujet de la Nouvelle Pensée », la thèse qu'il faudrait vérifier est que c'est dans une « dia-logique[1] » bien spécifique, celle d'un enracinement dans le propre, *et* d'un rapport à l'Autre, que Rosenzweig replace son traitement du thème « Nous et les Autres ». Ce qui est spécifique, c'est plus particulièrement son recours, comme à des catégories philosophiques, à des « faits » du « Jour du monde du Seigneur », la Création, la Révélation et la Rédemption. C'est à travers elles qu'il nous faudrait, chaque fois, chercher à comprendre qui sont « Nous, et les Autres ». Car au fur et à mesure de la progression de *L'Étoile*, grâce au « Nous », un Sujet prend corps qui justement ne peut pas amoindrir l'horizon de l'humanité, du « Nous tous », parce qu'il est constitué dans « l'événement de Dieu », et donc exposé par là à l'« histoire universelle ». Qu'il en soit ainsi – voilà ce que découvre Rosenzweig, le juif, face aux chrétiens, et voilà ce qu'il étudie dans *L'Étoile* en tant qu'advenir du langage, tout particulièrement dans son concept du « parler choral ». Comme ceux qui se consacrent à l'étude de cette question sont nombreux, il ne sera pas nécessaire d'approfondir ici en détail la signification constitutive de « Nous et les Autres » pour la « nouvelle pensée » de Rosenzweig. Pour ma part, je choisirai deux manières d'aborder la problématique que je viens d'esquisser, et sa thèse : d'une part, je me permettrai un détour, afin d'observer comment Emmanuel Levinas situe Rosenzweig, dans le « Nous » » du judaïsme moderne (2)[2]. D'autre part, il me paraît essentiel de revenir à nouveau sur le processus de constitution du « Nous » dans l'advenir du langage, au sein de *L'Étoile* elle-même (3)[3]; ceci avant de soumettre notre thèse à une relecture, sur la base de ces deux approches (4).

1. Voir à propos de l'arrière-plan du style l'approfondissement de la pensée du dialogique par Levinas, in : Emmanuel Levinas, « Préface », in : Stéphane Mosès : *Système et Révélation. La philosophie de Franz Rosenzweig*, Paris, 1982, p. 16 ; et du même auteur, « Dialog », in : Franz Böckle/Franz Xaver Kaufmann/Karl Rahner/Berhard Welte (éd.), *Christlicher Glaube in moderner Gesellschaft*, Teilband 1, Fribourg en Breisgau, 1981, p. 61-85.

2. Je reprends ici mes propres réflexions : « In den Spur des "neuen Denkens". Theologie und Philosophie bei Franz Rosenzweig », *Rosenzweigiana* n°2, Fribourg/Munich, 2008, p. 223-258.

3. Voir à propos de cette seconde approche, mes travaux : « Franz Rosenzweigs neues Denken. Eine Einführung aus der Perspektive christlicher Theologie », *Bonner dogmatische Studien* n°12, Würzburg, 1992, p. 69-118.

2. Comment Levinas situe Rosenzweig dans le « Nous » du judaïsme moderne

Levinas ne laisse planer aucun doute sur le fait que l'ancrage biographique de Rosenzweig dans le judaïsme moderne ne saurait être envisagé indépendamment du renouvellement philosophique de la pensée qu'il opère dans *L'Étoile de la rédemption*, celui-ci ne pouvant à son tour être envisagé séparément de l'introduction dans la philosophie des concepts théologiques de Création, Révélation et Rédemption comme catégories ontologiques[4]. Pour lui, Rosenzweig prouve dans *L'Étoile* comment un juif, et par là même « comment un homme » qui dans toutes les circonstances de l'État moderne « est aussi un homme sain d'esprit, accède au judaïsme ». Dans *L'Étoile* en tant que « livre juif » et « système de philosophie général annonçant une nouvelle manière de penser », le judaïsme ne serait « plus seulement un enseignement dont les thèses pourraient être vraies ou fausses », mais l'« *existence juive* » même serait un « *événement essentiel de l'être* », « *une catégorie de l'être* ». Ainsi, Rosenzweig suit dans sa « vie comme dans l'œuvre [...] toujours le même itinéraire qui nous le rend si proche : il va au judaïsme à partir de l'universel et de l'humain. » (237 *sq.*)[5]

Levinas concentre en *deux mouvements* distincts les lignes de tension de *L'Étoile* : il voit un *premier mouvement* de la « nouvelle pensée » dans « le passage de la philosophie idéaliste à la religion, à la vie qui est religion, à la religion qui est comme l'essence même de l'être. » – mis en regard de notre problème, il s'agirait dans ce premier mouvement de la constitution de cet homme qui serait « un homme véritable, pleinement homme », en tant qu'il se « transforme en homme totalement ouvert[6] ».

---

4. Emmanuel Levinas : « Entre deux mondes. (La voie de Franz Rosenzweig) », in : *Difficile liberté. Essais sur le Judaïsme*, Paris, 1963, p. 235-260 (les indications de pages dans le corps du texte se réfèrent à cet article).
5. Dans Emmanuel Levinas, « Franz Rosenzweig. Une pensée juive moderne », *Revue de théologie et de Philosophie* n°15 (1965), p. 208-221, on trouve conformément à cela : Sa « recherche concernant la destinée et le salut de l'Homme tout court, libéré de tout particularisme », mène Rosenzweig au « judaïsme perdu ». « La question », écrit Levinas, « est d'ordre universel, la réponse est juive ». Dans le judaïsme que Rosenzweig va ressusciter en lui et dans son *Étoile*, qu'il va revivre et repenser, les « voies universalistes » seront « plus fortes ». Il deviendra un « moment inévitable dans l'économie générale de l'Être et de la pensée », une « catégorie » (p. 209) – et Rosenzweig lui-même par « l'étendue de ses horizons » et la « nouveauté de ses idées et aspirations », le « représentant de la situation de l'intelligentzia juive de l'Occident ». (p. 210 *sqq.*)
6. Franz Rosenzweig, *Gesammelte Schriften* vol. II. *Der Stern der Erlösung*, La Haye, Nijhoff, 1976, p. 232 *sqq.* (désormais GS. Tr. fr. *L'Étoile de la rédemption*, Paris, Seuil, IIe éd. 2003, trad. A. Derczanski et J.-L. Schlegel, p. 294 *sqq.* (désormais *Étoile*).

En tant que tel, il est le « saint », autrement dit « l'homme total, c'est-à-dire celui qui vit absolument dans l'Absolu, l'homme ouvert aux choses suprêmes et résolu aux actions suprêmes » le « serviteur de son Dieu[7] ». En utilisant par anticipation le vocabulaire de la langue qui sera utilisée dans L'*Étoile*, on peut dire qu'il s'agit de la constitution du *Je*, auquel s'adresse l'interpellation du *Tu*, de telle façon que lui-même apprend à dire *Tu* à un *Il*. Le *deuxième mouvement* constitue pour Levinas « le passage de la religion au judaïsme ». (249 *sq.*) – À nouveau mis en regard de notre problème, il s'agit ici de la constitution du « Nous » de cette communauté religieuse pour qui « le futur n'est rien d'étranger, mais lui est propre[8] », ce « peuple de l'Unique[9] » qui précisément pour cette raison « ne peut être une communauté plus étroite que l'unique communauté humaine elle-même[10] ». Dans les conditions du « Jour du monde du Seigneur », ce Nous serait par conséquent face à un Nous autres, un Nous qui doit dire « Vous ». – Selon Levinas, Rosenzweig définit dans le premier mouvement sa position philosophique, dans le second sa position religieuse (cf. p. 249). Dans ce processus qui, ainsi, est animé d'un double mouvement, Rosenzweig a remplacé « la législation de la pensée totalisante des philosophes et de la société industrielle [dont nous sommes en train de découvrir les nouvelles règles du jeu] par des attitudes de la vie comme autant de structures d'absolu. » (p. 259)

Par conséquent, il est question pour Levinas dans la « biographie spirituelle » (cf. p. 235) de Rosenzweig du rapport entre Je et Nous, et de telle sorte que les trois moments de ce rapport, – « Je », « et », « Nous » – contiennent en quelque sorte leur marquage juif, c'est-à-dire chacun à sa manière, le « caractère » de « l'irréductibilité ». Cette « irréductibilité » amène Rosenzweig lui-même au concept de « facticité[11] ». Pour Levinas, cela met également en jeu la question de l'histoire et de son sujet, ou plus précisément de ses sujets. Nous étudierons en suivant le raisonnement de Levinas le déroulement des différentes étapes des deux mouvements.

7. Voir GS II, p. 235 *sqq*. *Étoile*, p. 297 *sqq*.
8. Voir GS II, p. 332. *Étoile*, p. 425.
9. GS II, p. 347. *Étoile*, p. 437.
10. GS II, p. 361. *Étoile*, p. 453.
11. Voir « Franz Rosenzweig : Das neue Denken. Einige nachträgliche Bemerkungen zum "Stern der Erlösung" », in : *Der Mensch und sein Werk. Gesammelte Schriften* III. *Zweistromland. Kleinere Schriften zu Glauben und Denken*, Dordrecht, 1984, p. 139-161, ici p. 147 (désormais « GS III »). Trad. fr. « La Pensée Nouvelle », dans *Foi et savoir. Autour de* « L'Étoile de la Rédemption », introduit, traduit et annoté par Gérard Bensussan, Marc Crépon et Marc de Launay, Paris, Vrin, 2001, p. 145-170, ici p. 154.

Dans le « passage de la philosophie idéaliste à la vie qui est religion », Rosenzweig dévoile dans *une première étape* du *premier mouvement* l'« impulsion réductrice » de la « pensée totalisatrice » quand elle se refuse à la « vérité de l'expérience », « pour réduire le dissemblable, pour dire ce que toute réalité rencontrée est *au fond*», et pour englober la « vérité phénoménale » dans un « tout », quel qu'il soit. Une telle totalisation renvoie à Hegel, dans la mesure où pour lui les êtres n'ont de sens qu'à partir « du Tout de l'Histoire, qui mesure leur réalité et qui englobe les hommes, les États, les civilisations, la pensée elle-même et les penseurs. » Même la personne du philosophe se réduit alors à n'être qu'un moment du système de la vérité. Mais une telle réduction échoue face à la mort. « La mort », dit Levinas, « est irréductible ». Ce qui a la conséquence suivante : « Il faut donc retourner, de la philosophie qui réduit, à l'expérience, c'est-à-dire à l'irréductible ». Selon Levinas, Rosenzweig défend ainsi un « empirisme » qui n'aurait « rien de positiviste » en soi. (243 *sqq.*) Et cela serait aussi le « premier effort » de la « nouvelle pensée » pour « revenir vers une expérience qui est éternellement vraie. Séparation des êtres, éternellement vraie, parce que ces réalités irréductibles sont un stade de l'expérience humaine[12]. »

Ainsi Levinas tient-il pour un premier « geste spéculatif » de Rosenzweig, le fait que « contrairement à une tradition philosophique où le Même absorbe l'Autre dans son intériorité et où la pensée absolue est une pensée pensant l'identité du Même et de l'Autre », il nous habitue à « penser le non-synthétisable, la différence[13] ».

Mais cet « isolement » de Dieu, du Monde et de l'Homme, et Levinas franchit ainsi avec Rosenzweig la *seconde étape*, ne serait pas « le monde de notre expérience concrète », car ils « n'y sont pas séparés, mais liés ». Et c'est même pour Levinas le « point essentiel » de la pensée de Rosenzweig : les éléments ne sont pas « liés par la théorie qui les embrasse panoramiquement, au prix d'une réduction » ; « l'unité de ce qui ne saurait être uni » est bien plus *« la vie* et *le temps* ». Ce n'est qu'ainsi que peut se produire « l'union d'éléments irréductibles et absolument hétérogènes ». Dans cette « vie » adviendrait ainsi une « totalisation » d'une autre forme, celle même des êtres qui s'unissent (p. 245). « Cette unification accomplie – comme temps » constitue selon Levinas « le fait originel de la religion. La religion, avant d'être

---

12. Cet effort consisterait non pas dans l'« effort du concept » hégélien, dans la réduction de Dieu, de l'homme et du monde à ce qu'il sont *«fondamentalement»*, mais dans leur « description », la manière dont ils « apparaissent » « derrière les concepts ». « Chacune de ces réalités indépendantes les unes des autres » existerait « pour elle-même » et se comprendrait « par elle seule ». (p. 245).

13. Emmanuel Levinas, « Préface », p. 13.

une confession, est la pulsation même de la vie où Dieu entre en rapport avec l'homme, et l'homme avec le monde[14]. » Pour Levinas, c'est ce qui représente « une nouveauté dans ce concept de vie », qu'elle ne s'écoule pas « dans la constance ou dans l'obstination de l'être », mais sous la forme de ce que Rosenzweig appelle « Jours du Seigneur », « c'est-à-dire passage à l'*Autre*[15]. »

Ainsi, la raison même apparaît dorénavant, selon Levinas, « comme un moment de la vie ». Et la pensée même devient « nouvelle ». « À la place de la totalisation des éléments, qui se produit sous le regard synoptique du philosophe », Rosenzweig découvre « la mise en mouvement du temps lui-même, de la vie » – de cette vie « qui vient après le livre ». Les rapports entre les éléments sont *« des rapports accomplis et non pas des spécifications d'un rapport en général »*, d'une catégorie de rapports. Chaque rapport est ainsi « irréductible, unique, original ». (p. 245 *sqq.*[16]) La « conjonction » n'est pas celle d'un « et » universel et général, mais celle du « pour » toujours particulier. Elle désigne à chaque fois une « attitude de jonction, vécue de manière diverse, et non pas la conjoncture constatable par un tiers[17]. » Ainsi Dieu « et » l'Homme équivaut à « Dieu pour l'Homme ou l'Homme pour Dieu ». L'essentiel se joue dans « ce 'pour', où vivent Dieu et l'Homme, et non pas dans ce 'et', visible aux philosophes. » Rosenzweig introduit ainsi les « concepts théologiques » de Création, Révélation et Rédemption « dans la philosophie comme des catégories ontologiques » : la « conjonction Création » comme le lien qui relie Dieu au monde, la « conjonction Révélation » comme celui reliant Dieu à l'Homme, et la « conjonction Rédemption » comme celui reliant l'Homme au monde.

Pour Levinas, ce nouveau « geste spéculatif » de Rosenzweig consiste

---

14. Levinas souligne : S'il en est ainsi, alors la religion n'est « pas une confession, mais la trame ou le drame de l'être, antérieurement à la totalisation de la philosophie ». La condition préalable en serait la voie du « le retour au général de façon à ne pas pouvoir revenir en arrière » et la « sortie » des « éléments » ainsi isolés « eux-mêmes – le temps. » Levinas s'étonne lui-même de ce que cela signifie « La vie, miracle des miracles, fait original de la religion ! » (« Franz Rosenzweig. Une pensée juive moderne », p. 213).

15. Voir Emmanuel Levinas, « Préface », p. 14.

16. Le « rapport accompli par la vie » qui se produit dans la religion n'est précisément « pas un lien formel ou une synthèse abstraite ». « À chaque fois », dit Levinas, « il est spécifié et concret. Dieu et le Monde – la conjonction est *précisément* Création. Dieu et l'Homme, le lien est *précisément* Révélation. L'Homme et le Monde [...] c'est *précisément* la Rédemption. » (« Franz Rosenzweig. Une pensée juive moderne », p. 214)

17. C'est pourquoi il parle aussi de la « déformalisation » des « conjonctions et des prépositions ». (Voir « Entre deux mondes », p. 246).

ainsi en ce que l'« entrée-en-rapport par la Révélation » n'*établit* rien, mais lie « le non-additionnable ». La « métaphore originelle » pour ce lien serait ainsi « le langage ou la socialité ou l'amour[18] ». Et «[n]'est-ce pas là », demande-t-il en retour, « la description concrète du *dia* même du dialogue ?» Rosenzweig approfondit la « philosophie du dialogue » en cela que ces rapports sont restitués « à toute la concrétude de la 'journée du Seigneur', à un nouvel horizon de sens, à une intrigue qui se serait originellement nouée entre Dieu, le monde et l'homme » qui serait plus « ancienne » que « l'aventure de l'ontologie[19] ».

La « conjonction » irréductible est aussi celle qui se produit *en tant que* temps, dans la mesure où le temps « est inséparable de l'événement concret qui l'articule, de la qualification du 'et' ». Si le rapport entre Dieu et le monde a lieu comme « toujours passé », alors le temps a « à cause de la Création » la « dimension du passé et non pas inversement ». « Il y a ici quelque chose », remarque Levinas, « de très semblable à la théorie heideggerienne des 'extases' du temps ». Et à nouveau, mais cette fois de manière critique, il applique cette pensée de la Création à Heidegger : la Création n'est chez Rosenzweig « pas du tout limitation de l'être, mais son assise. Tout le contraire de la *Geworfenheit* heideggerienne. » Elle est cela dans la mesure où elle et « ce que l'homme sait d'elle », transforment l'homme en un être [*Wesen*] « sûr de son être [*Sein*] » – Rosenzweig parle en ce sens de « facticité » de la Création[20] ». – Le passé de la Création constitue ainsi pour Rosenzweig « tout le poids de la réalité ». Si le monde est le « monde réel » et non plus une « idée » philosophique, c'est « alors justement par son rapport à la Création, au passé absolu de la Création » (p. 247 *sqq.*).

D'après Levinas, ce qui constitue la « conjonction » dans la catégorie de la Révélation telle qu'elle est envisagée par Rosenzweig, se réalise d'une manière qui lui est propre. Ici, Rosenzweig, dont l'analyse est « tout à fait semblable aux analyses phénoménologiques », souligne « que le rapport n'est jamais pensé, mais réalisé. Il n'en résulte pas un système, mais une vie ». La Révélation est ainsi pour Rosenzweig la « relation d'amour allant de Dieu à l'Homme singulier », à lui en tant que « soi » irréductible. En effet, cela ne signifie pas qu'il y aurait « d'abord » l'amour et « ensuite » la Révélation, ou « la Révélation d'abord et l'amour ensuite » : « La Révélation est cet amour ». Pourtant, dans la perception de soi juive – à la différence de ce qu'en pensait Kant – l'« amour de Dieu pour l'ipséité est, *ipso facto*, un commandement d'aimer ». Typiquement, « toute la Loi juive est commandée

---

18. Voir Emmanuel Levinas, « Préface », p. 14.
19. Voir *Ibid.*, p. 15 *sqq*.
20. Voir GS II, p. 394 *sqq*.

aujourd'hui, bien que le Sinaï soit du passé ». Cet amour commande l'amour dans le «*maintenant* de son amour », tandis qu'il « n'y a de présent que parce qu'il y a révélation. »

Dans la mesure où la réponse de l'homme, l'amour du prochain, appartient à cet événement toujours seulement présent et donc créant le présent, de l'amour de Dieu envers l'homme, la « révélation est déjà la révélation de la Rédemption. Elle se dirige vers l'avenir du Royaume de Dieu et l'accomplit. » Par conséquent l'avenir n'est pas non plus une « notion formelle et abstraite ». Il indique bien plus chez Rosenzweig « une relation avec la Rédemption ou avec l'Eternité ». Et l'« Eternité » à son tour n'est pas « la disparition du 'singulier' dans son idée générale, mais la possibilité pour toute créature de dire 'nous' », ou plus exactement, comme Rosenzweig l'exprime, « le fait que le *Moi* apprend à dire *toi* à un *lui*». Levinas met en lumière comme un élément typiquement juif dans la pensée de Rosenzweig le fait qu'en ce sens, la Rédemption est « l'œuvre de l'homme » (p. 247 *sqq.*[21]).

C'est un autre élément juif, l'insistance sur le fait « que cet amour [doit] aussi être éclairé par une existence *commune*», précisément à travers un « nous », qui nous amène déjà au *second* mouvement de *L'Étoile de la rédemption* tel qu'il est conçu par Levinas, le « passage » de la position philosophique de Rosenzweig à sa position religieuse dans son sens strict. Si avec le *premier mouvement*, le « passage » « de la philosophie idéaliste à la religion, à la vie qui est religion, à la religion qui est

21. Le temps est « inséparable de ces synthèses originelles » ; il ne s'avère pourtant pas ici être « une 'forme pure' et homogène 'de la sensibilité', mais comme déterminé par l'événement qui le dessine » (Emmanuel Levinas, « Franz Rosenzweig. Une pensée juive moderne », p. 214), mais comme passé précisément à travers l'événement de la Création, comme présent à travers l'événement de la Révélation, comme futur à travers celui de la Rédemption. Et dans la mesure où la « réelle œuvre de la Rédemption » est celle d'un «être absolument unique, c'est-à-dire mortel », cet être en tant que tel « participe aussi à l'éternité » : « Le fait que chaque instant peut être le dernier, le rend précisément éternel », [GS II, p. 252 *sqq.*] cette citation de Rosenzweig est une des rares citations directes de *L'Étoile.* Si l'amour est aussi plus fort que la mort, ce n'est pourtant que la « mort à chaque instant possible » qui rend « possible » l'amour rédempteur. Pour l'éternité, cela signifie qu'elle n'est pas « comprise comme une représentation idéale logique » « dans laquelle l'individu s'absorberait, mais comme une pénétration du monde par l'Amour ». Si la conception du temps de Rosenzweig rappelle aussi Heidegger et la philosophie existentialiste tardive, il n'en demeure pas moins « vrai », Levinas opère ici cette distinction, que « cette philosophie ne revient pas seulement à reprendre la notion de la singularité humaine vouée à la mort et à l'angoisse, mais qu'elle consiste à apercevoir dans cette condition de finitude la possibilité – et non pas l'échec – de la vérité. » (p. 215 *sqq.*)

comme l'essence même de l'être » est accompli, cela a pour conséquence sur la question de l'histoire que l'« histoire religieuse » est la « trame du réel » et qu'elle commande l'« histoire politique ». Voilà précisément « la position antihégélienne de Rosenzweig[22] ». Cette réflexion doit pourtant être encore approfondie. Car jusque là il était encore question de « religion en général » ; dans un premier temps le christianisme comme le judaïsme en sont encore absents. Le « rôle » de la « communauté religieuse » définie s'est déjà dessiné dans l'« idée [spécifiquement juive] du commandement », dans l'idée donc de « l'homme rédempteur et non pas d'un Dieu rédempteur ». Levinas s'attache à ce « passage [explicite] de la religion vers le judaïsme » de Rosenzweig dans le *second mouvement* de *L'Étoile*. (p. 249 *sqq.*)

Là où il est question d'une « pénétration du monde par l'amour », qui se produit « comme l'accession de toute [!] créature au mot 'nous', sans que la créature s'anéantisse dans cette communauté[23] », l'amour doit « devenir l'œuvre d'une communauté, le temps d'une communauté[24] ». Ce *second mouvement* est nécessaire, nous dit Levinas, pour que le « temps aille vers l'éternité ». Il faut pouvoir dire «'nous' dès maintenant ». Rosenzweig réserve au christianisme et au judaïsme la possibilité d'être des figures d'un tel « nous ». Christianisme comme judaïsme surgissent précisément « dans l'histoire, non pas comme des évènements

22. Selon Levinas, ce « rapprochement entre la philosophie de l'expérience et l'attitude théologique » appartient sur le plan méthodologique à la « recherche d'un autre ordre » de Rosenzweig. Rosenzweig discerne ici nettement que l'expérience théologique « n'est pas l'incommunicable expérience mystique ni recours au 'contenu' de la Révélation, mais l'existence objective des communautés religieuses, la totalité des significations qu'articule leur être même, existence religieuse aussi ancienne que l'histoire. » («Franz Rosenzweig, Une pensée juive moderne », p. 211). Levinas trouve avec ce présupposé pour la nouveauté de la pensée de Rosenzweig la formule programmatique : « La vie éternelle deviendra le fondement de la nouvelle philosophie, s'épanouira en 'concepts' nouveaux, restituera à la personne du philosophe le rôle qu'usurpait son système et à la Révélation, la dignité d'un acte fondateur d'intellection. » Il s'agit ainsi du « lien » de la religion, consistant en ce que l'« instant vivant et une Eternité vivante » s'allient contre « l'homme enfermé dans son système, voué à la suprématie de la totalité et de l'État ». Cet « ordre » de la religion domine la « fin de la philosophie de la totalité qui scelle l'œuvre de Hegel ». (p. 212)

23. E. Levinas, « Franz Rosenzweig. Une pensée juive moderne », p. 215.

24. S'il s'agit de la « communauté des fidèles » qui selon Rosenzweig accélère « la venue du Royaume », alors, dans la manière dont Levinas le comprend, ce « langage théologique sert, à notre sens, à désigner des relations réfractaires à l'expression issue de la philosophie de la totalité, sans qu'elles soient pour autant construites en dehors de l'expérience » («Franz Rosenzweig. Une pensée juive moderne », p. 216).

contingents, mais comme l'entrée même de l'Eternité dans le temps ». Le judaïsme est vécu « comme étant d'ores et déjà la vie éternelle », l'Eternité du chrétien comme une « marche, comme une voie ». Ainsi le christianisme peut-il exister à côté du judaïsme comme la « seule religion positive », qui accomplit la religion « au sens ontologique du terme » décrit dans le premier mouvement (p. 250).

La religion doit, selon Rosenzweig, se manifester « en tant qu'essence de l'être », « nécessairement par le judaïsme et le christianisme, et nécessairement par les deux ». Par égard pour la « vérité de l'être », le christianisme et le judaïsme devraient être vécus dans leur « intégrité comme absolu » par chacun des deux ; le dialogue entre les deux religions ne peut pas, « sans fausser la vérité absolue, dépasser dans les hommes la séparation essentielle ». La haute estime que Rosenzweig porte au christianisme à sa source, selon Levinas, dans la « persévérance du juif Rosenzweig dans le judaïsme ». En ce sens, Rosenzweig est pour lui « l'un des rares philosophes juifs qui n'a pas seulement reconnu au christianisme une place fondamentale dans le devenir spirituel de l'humanité, mais qui le reconnaissait via son refus de devenir chrétien[25] ». « La vérité humaine est toujours ma vérité », écrit Levinas en paraphrasant Rosenzweig[26], et il rapporte cette citation à lui-même : « Vivre la vie juive authentique » c'est « témoigner de la vérité absolue ». Si cela est respectivement vrai pour les chrétiens et les juifs, alors la « vérité tout court, où judaïsme et christianisme s'unissent » est « en Dieu » et la «*vérité humaine, chrétienne et juive, [...] est vérification*[27]». La vérification dans ce que Rosenzweig appelle la

25. Voir à ce propos Emmanuel Levinas, « Message au Congrès International Franz Rosenzweig à Kassel », in : Wolfdietrich Schmied-Kowarzik (éd.), *Der Philosoph Franz Rosenzweig (1886-1929), tome 1. Die Herausforderung jüdischen Lernens*, Friburg/Munich, 1988, p. 17 : « J'évoque avec espoir une pensée qui, pour la première fois dans l'histoire religieuse, – pour la première fois dans l'histoire d'Israël – revendique pour le judaïsme et pour le christianisme la plénitude de leurs vérités à prolonger dans un dialogue – qui est probablement la forme initiale du Verbe. Dialogue sans compromis et sans dialectique – sans 'Aufhebung' – mais où, dans la fin d'un guerre bi-millénaire, les souvenirs atroces et inoubliables du XXe siècle, cesseront peut-être de séparer les hommes des hommes. »
26. Dans *La Pensée nouvelle*, il est dit en regard d'une « théorie de la connaissance messianique » : « Il faut qu'un 'et' se dissimule jusque dans la vérité elle-même, la vérité dernière qui ne peut être qu'une, et qui, au contraire de la vérité des philosophes qui n'est autorisée qu'à se connaître elle-même, doit être vérité pour quelqu'un. Mais si elle est destinée à être vérité unique, elle ne peut l'être que pour un seul. C'est ainsi qu'apparaît la nécessité pour notre vérité d'être multiple et pour 'la' vérité de se transformer pour s'aligner sur la nôtre. » (GS III, p. 158)
27. « La vérité cesse ainsi d'être ce qui 'est' vrai pour devenir ce qui veut s'avérer en se révélant vrai. » (GS III, p. 158)

« théorie de la connaissance messianique » consiste alors pourtant à « risquer sa vie en la vivant en réponse à la Révélation, c'est-à-dire en réponse à l'Amour de Dieu[28] ». – Ce qui est « vraiment humain », dans le « pour tous les hommes », est « l'être juif dans l'humain », a dit Levinas lui-même dans un dialogue avec des chrétiens[29]. – La vérité humaine devient en ce sens « *un témoignage porté par une vie* de la vérité divine de la fin des temps » (p. 252 *sqq.*); elle est « obligation irrémissible » « de témoigner dans le temps de la vérité totale de la fin du temps[30] ».

Et en ce sens, Levinas situe aussi Rosenzweig dans le « nous » du judaïsme moderne. Selon Levinas, on peut dire de la biographie et de l'œuvre de Rosenzweig que « l'œuvre à entreprendre revient à témoigner, comme juif, de la vérité, à rester dans la vie éternelle. » (p. 253[31])

28. Ainsi la conception philosophique qu'a Rosenzweig de l'universalité juive comme « universalité de l'élection, d'un particulier existant pour tous », se concentre dans une nouvelle conception de la religion : « ni croyance, ni dogmatique, mais événement, passion et ardeur ». (Voir « Franz Rosenzweig, Une pensée juive moderne », p. 217)

29. Voir Gotthard Fuchs/Hans Hermann Henrix (éds.), *Zeitgewinn. Messianisches Denken nach Franz Rosenzweig*, Francfort sur le Main, 1987, p. 163-183, p. 167 : « La déclaration du deuxième concile du Vatican 'Nostra aetate' m'a semblé très positive. Il s'agit pour moi d'une suite logique et d'une preuve que l'on tente de surmonter certaines choses du passé. Les parallèles dressés dans la kénose, dans l'universalité du tout-humain et du 'pour-tous-les-hommes', me sont très 'agréables'. J'ai compris le christianisme comme un Vivre-et-mourir-pour-tous-les-hommes. Ce qui est vraiment humain est l'être juif dans l'humain – ne soyez pas choqués par cette formule – et le retentissement dans la singularité, dans la particularité. »

30. E. Levinas, « Franz Rosenzweig, Une pensée juive moderne », p. 219.

31. Si pourtant, par conséquent, cette conception de soi juive, « Le juif est éternel, le juif n'entre pas dans le monde comme les autres humains », est valable, alors, d'après Levinas, la question de savoir en quoi consiste « la position du juif dans la Cité » et comment « vivre cette vie séparée » se pose de manière d'autant plus pressante. (Emmanuel Levinas, « Entre deux mondes », p. 255). La réserve selon laquelle « chacun » doit ici trouver « sa solution » (voir p. 255), n'empêche pas Levinas de trouver chez Rosenzweig une réponse à la « question décisive » : « le judaïsme existe-t-il encore ? » Selon lui cette question est décisive dans la mesure où aujourd'hui aucun juif ne peut « ignorer » « que les événements et les idées mettent précisément en cause le fait même qu'il est juif. » Pour lui, cela ne dépend pas directement de « forces politiques et religieuses » contemporaines. Levinas demande bien plus sur le plan philosophique, plus précisément sur le plan de la philosophie de l'histoire : « Être ou ne pas être, la question nous vient aujourd'hui d'une certaine conception de l'histoire qui conteste au judaïsme sa prétention la plus antique. La disparition de cette prétention de la conscience juive équivaudrait à la fin du judaïsme. Cette prétention la plus antique est sa prétention d'exister à part dans l'histoire politique

Ce qui s'attaque à cette prétention à être le « nous » d'un peuple éternel, c'est « l'exaltation du jugement de l'histoire, comme étant l'ultime juridiction de tout être », en d'autres termes l'affirmation que « l'histoire est la mesure de toute chose ». Ce qui serait alors éternel, c'est « l'histoire universelle elle-même qui recueille l'héritage des peuples morts » (257 *sqq.*). Si dans la logique hégélienne la particularité d'une chose « n'a de signification que par rapport à un ensemble », cela n'entraîne pas seulement pour Levinas la « disparition d'un peuple [précis, en réalité le peuple juif] », mais aussi, par principe, la disparition des « volontés individuelles et collectives en tant qu'elles sont réelles, c'est-à-dire efficaces ». Dans la mesure où elles sont intégrées dans une « totalité raisonnablement structurée », « leur signification vraie – c'est-à-dire visible –» est attribuée aux mécanismes de ces manifestations de la volonté vivantes, « non pas à partir des intentions subjectives de leurs auteurs », mais « à partir de la totalité », « la seule à avoir un sens réel ». Levinas en déduit pour le judaïsme la conséquence suivante : les traditions qui lui sont propres, la Aggada et la Halacha, ne seraient alors « qu'histoire de vieille femme, thème pour une sociologie ou une psychanalyse du judaïsme. Le judaïsme ne serait pas vrai dans ce qu'il a voulu, mais dans la place que l'histoire universelle lui aurait laissée [32] ».

---

du monde. C'est la prétention de juger cette histoire, c'est-à-dire de demeurer libre à l'égard des événements, quelle que soit la logique interne qui les relie, c'est la prétention d'être un peuple éternel. » (p. 256 *sqq.*)

32. Selon Levinas, cela s'applique aussi, quoi que l'on puisse en penser, à l'« analyse de la conscience juive » et de l'« année juive » de Rosenzweig. Il enseigne que « l'année rituelle et la conscience de sa circularité anticipant l'éternité, ne [sont] pas seulement une expérience aussi valable que le temps de l'histoire et l'histoire universelle, mais 'antérieure' en vérité à ce temps ; que le défi lancé à l'histoire puisse être aussi réel que cette histoire, que la particularité d'un peuple se distingue de la singularité d'une chose périssable, qu'elle puisse être le point de repère de l'absolu. » L'idée « que le peuple juif est un peuple éternel, défendue par Rosenzweig d'une manière si pathétique, est l'expérience intime du judaïsme. [...] L'éternité du peuple juif, ce n'est pas l'orgueil d'un nationalisme exacerbé par les persécutions. L'indépendance à l'égard de l'histoire affirme le droit que possède la conscience humaine de juger un monde mûr à tout moment pour le jugement, avant la fin de l'histoire et indépendamment de cette fin, c'est-à-dire un monde peuplé de personnes. » – Levinas raconte à ce propos un midrash : le midrash atteste cette « expérience intime du judaïsme », « d'une manière plus sereine et plus souriante et en livre peut-être le sens ultime. Chassés de la maison d'Abraham, Agar et Ismaël errent dans le désert. La provision d'eau est épuisée. Dieu ouvre les yeux d'Agar qui aperçoit un puits et fera boire son fils mourant. Les anges protestent auprès de Dieu : vas-Tu abreuver d'eau celui qui plus tard fera souffrir Israël ? Qu'importe la fin de l'histoire, dit l'Eternel. Je juge chacun pour ce qu'il est et non pour ce qu'il devien-

Aux yeux de Levinas, l'enseignement de Rosenzweig consistant « au nom de la philosophie même, [à] affronter les soi-disant nécessités de l'Histoire », constitue pourtant son legs. « Avant même de croire à Moïse et aux prophètes », c'est-à-dire avant tout ce qui est religieux au sens strict, « avoir le droit de penser que la signification d'une œuvre est plus vraie à partir de la volonté qui l'a voulue, qu'à partir de la totalité où elle est insérée, et » – précise Levinas – « plus brutalement encore, que la volonté dans sa vie personnelle et subjective, n'est pas un rêve dont la mort permettra d'inventorier l'œuvre et la vérité, mais que le vouloir vivant de la volonté est indispensable à la vérité et à la compréhension de l'œuvre », que précisément la « législation de la pensée totalisante des philosophes et de la société industrielle » est remplacée par « des attitudes de la vie comme autant de structures de l'absolu » (p. 258 *sqq.*[33]). Ce n'est qu'en avançant dans l'analyse – Levinas rapproche ainsi à nouveau la position « philosophique » de la position « religieuse » de Rosenzweig – qu'on peut constater ce que Rosenzweig enseigne, « que cette conscience n'est peut-être pas possible sans Moïse et les prophètes[34] ».

Le « nous » du « peuple éternel » est ainsi le « nous » concret dans lequel Levinas ancre bel et bien Rosenzweig – sur le plan biographique, mais aussi indissociablement sur le plan philosophique, et tout aussi indissociablement sur le plan théologique. Cette conception que Rosenzweig a de lui-même et selon laquelle « le judaïque » est sa « méthode[35] », s'exprime par la suite de manière spécifique à travers le

---

dra. » (p. 260) – Cela serait précisément pour cette raison une immense mécompréhension du caractère « empirique », « positif » « dans les faits », du judaïsme, d'en faire tout simplement un objet de la « recherche empirique en sciences culturelles », qu'elle soit historique, esthétique ou proche des sciences sociales. Et il faudrait vérifier jusqu'où cela est valable pour le phénomène de la religion en général et donc aussi pour d'autres religions.

33. Ainsi le judaïsme « prend sa place dans le drame du fait d'être un homme, dans l'être ». Lui accorder cette place implique précisément de mettre en œuvre la « rupture avec Hegel ». Cette rupture dit « l'affirmation [qu'il y aurait] au-dessus de l'État et de l'Histoire politique, la réalité d'un peuple éternel et d'une voie éternelle ». En rendant au judaïsme son « rang » de « *peuple éternel* », il prend cette direction « personnaliste, où d'autres, depuis, espéraient trouver une solution aux contradictions du Monde. » Quand Hegel veut « faire juger les peuples par l'histoire anonyme », l'apport de Rosenzweig consiste à « rappeler que les rôles sont retournés ». (« Franz Rosenzweig, Une pensée juive moderne », p. 220 *sqq.*)

34. E. Levinas, « Franz Rosenzweig, Une pensée juive moderne », p. 221.

35. Voir Franz Rosenzweig, *Der Mensch und sein Werk. Gesammelte Schriften I. Briefe und Tagebücher*, tome II, La Haye, Martinus Nijhoff, 1979, p. 720 (lettre de septembre 1921 adressée à Hans Ehrenberg).

sujet de la « nouvelle pensée ». En regard du problème qui est au centre de notre réflexion, on pourrait alors lire *L'Étoile* comme le récit du processus de constitution de l'identité d'un sujet, dont le « nous » englobe toutes les créatures, « sans que la créature s'anéantisse dans cette communauté ». À ce propos, nous pourrions paraphraser un titre de Paul Ricoeur : « Nous-mêmes comme des autres [36]. »

3. La constitution du « nous » dans l'événement de langage de L'Étoile *de la rédemption*

Levinas peut situer Rosenzweig ainsi parce que ce dernier y établit lui-même ses racines – nouvel enracinement, et à vrai dire le premier – et révèle que le « nous » du « peuple éternel » – de « S/son peuple » [!] – est dans *L'Étoile de la rédemption* le sujet de sa démarche – la pensée et l'écriture. En relation directe avec Rosenzweig, on peut dans une seconde étape répondre à nouveau par une question : Qui est ce sujet s'il est le « nous » du « peuple éternel »? Ou inversement, que représente le « nous » du « peuple éternel » s'il est le sujet de la « nouvelle pensée »? Il apparaît déjà nettement qu'il est question d'une « communauté » dont « l'œuvre », l'action de bienfaisance, et dont le « temps », l'histoire en tant que « Jour du monde du Seigneur », « pénètrent le monde ». L'*Étoile de la rédemption* est dirigée vers ce « nous », qu'elle finit même à proprement parler par dépasser, dans l'accomplissement des créatures qui ont la vérité « en partage [37] », « vers la vie ». C'est-à-dire qu'elle mène vers cette « action » – et vers ce « temps » – qui constitue au milieu de *L'Étoile* la « devise » de l'homme « absolu » car réalisé en tant qu'« homme entier », qui vit en « serviteur de son Dieu » « dans l'absolu [38] » et donc dans cette « action » – et dans ce « temps » – mise en avant dans l'épitaphe du livre [« En selle pour la vérité : la modestie de la justice », psaume 45, 5] et formulée à la fin, dans la formule de Michée 6,8 : « Il t'a fait savoir, homme, ce qui est bien et ce que l'Eternel ton Dieu réclame de toi : rien d'autre que d'accomplir la justice, d'aimer avec tendresse et de marcher simplement avec ton Dieu[39]. »

Rosenzweig raconte dans *L'Étoile* la constitution de l'identité de ce sujet dans l'histoire de la langue, depuis ce « silence » qui n'a « pas encore de parole » jusqu'à ce « silence » « qui n'a plus besoin de parole [40] ». En

---

36. Voir à ce propos Paul Ricoeur, *Soi-même comme un autre*, Paris, 1990.
37. GS II, p. 462 *sqq*. *Étoile*, p. 577 *sqq*.
38. GS II, p. 232-236. *Étoile*, p. 294-297.
39. GS II, p. 471. *Étoile*, p. 589.
40. GS II, p. 328. *Étoile*, p. 414.

considérant ce processus depuis le pré-monde intemporel et muet du concept jusqu'au présent du monde de la réalité, du temps dans son sens le plus temporel, jusqu'à la production très réelle de parole, d'affirmation et de réponse au sein du dialogue direct, intervenant dans ce temps ; on peut comprendre ce processus de langage comme l'histoire du véritable apprentissage du langage. Si l'on considère en revanche le processus de langage à venir, on peut comprendre ce processus non encore advenu comme l'histoire de l'apprentissage du silence. Elle s'élabore dans le parler choral.

La thèse de Rosenzweig est la suivante : dans le parler choral de la communauté, la parole elle-même pousse l'homme à « apprendre à se taire ensemble ». Dans l'éternité le mot « s'éteint » « dans le silence de l'être-ensemble unanime – car on n'est uni que dans le silence : le mot réunit, mais ceux qui sont réunis gardent le silence. » Bien entendu, le silence commun à tous peut « être la réalité ultime, et tout ce qui précède n'est que l'école préparatoire à cette ultime réalité. Dans cette éducation, c'est encore le verbe qui règne [41]. » Il est ainsi question dans le parler choral de la Révélation et de l'anticipation de la Rédemption comme signe du futur, c'est à dire comme vérité du monde de la réalité. Ce qui signifie qu'il est question de la Révélation et de l'anticipation du sens, ou plus précisément de la vérité du langage, de son « idéal d'entente totale » dans la « langue de l'humanité [42] », langue qui disparaît dans le silence de l'être-ensemble harmonieux, devant l'Unique. C'est vers cet Unique en tant que fondement de la nouvelle pensée que se dirige le processus de langage de *L'Étoile* : « Il serait le Seigneur de l'Un et du Tout. Mais c'est cela, cette Seigneurie sur l'Un et le Tout, qu'on vise dans la proposition : Dieu est la vérité[43]. »

Pour Rosenzweig, le silence commence avec l'apprentissage d'un nouveau langage, la prière. C'est un langage qui dépasse la vie à deux ou en commun et qui se nourrit lui-même du présent du futur transformé en aujourd'hui de l'éternité[44]. Ainsi « la prière pour l'avènement du Royaume [intervient] entre Création et Rédemption d'une part, Révélation d'autre part, à l'instar du signe miraculeux qui introduisait une médiation entre Création et Rédemption[45] ». Dans le même temps, elle concilie aussi tout le « monde révélé » avec le « sur-monde de la Rédemption[46] ». Le « sur-monde de la vérité » est déjà anticipé dans le

---

41. GS II, p. 342. *Étoile*, p. 431.
42. Voir GS II, p. 122 *sqq*. *Étoile*, p. 161.
43. GS II, p. 428. *Étoile*, p. 535.
44. Voir GS II, p. 322. *Étoile*, p. 406.
45. GS II, p. 326 *sqq*. *Étoile*, p. 411.
46. Voir GS II, p. 327. *Étoile*, p. 412.

« monde de la réalité » et considéré comme son réel futur. Dans l'histoire de la prière, depuis les mots originels de la prière dans le dialogue à deux de l'affirmation et de la réponse de ceux qui aiment, en tant que prière avant la – vraie – prière ; jusqu'au geste liturgique en tant que plus-que-la-prière ; dans l'histoire donc d'une prière « qui n'a pas encore de parole » vers une prière « qui n'a plus besoin de la parole », dans cette répétition, évolue le processus de langage de *L'Étoile* et l'on y apprend le silence.

Dans le futur et en tant que futur, selon Rosenzweig, le « royaume de la fraternité » est ardemment souhaité[47]. Le « parler choral » annonce le passage vers l'avenir rédempteur : dans le « livre de l'avenir, c'est la voix du chœur qui domine, car l'avenir embrasse aussi l'individu mais seulement lorsqu'il peut dire nous [48] ». Ici s'annonce déjà ce qui se produit avec *la langue même* là où l'on chante ainsi, et ce que signifie pour elle de devenir *le langage de l'action* dans le parler du futur. Car « par-delà tout contenu du chant, quel qu'il soit, il y a la forme de cette unanimité. Oui, le contenu n'est lui-même rien d'autre que ce qui fonde cette forme sienne. On ne chante pas ensemble en vue d'obtenir un contenu déterminé, au contraire : on se cherche un contenu commun pour pouvoir chanter ensemble. Si la proposition généalogique doit constituer le contenu du chant exécuté ensemble, elle ne peut entrer en scène que pour fonder un tel ensemble ; le 'il est bon' doit apparaître comme un 'car il est bon'[49] ». Avec la langue, le chant dépasse la langue. Dans le chant, la langue commence à se taire. Le parlé, le contenu : « ce qui est chanté, ce pour quoi on rend grâce, ce qu'on confesse » n'est que ce qui « fonde » la « chose principale », la forme ; la tournure à présent visible en elle-même du faire langagier : le « chant, l'action de grâce, la confession [50] ». Le parler du langage intervient au service de son faire, au service de l'union, au service du processus de la communauté. Le *Nous* devient manifeste en tant que *sens du langage* et par là même aussi en tant que sens de ce que Rosenzweig appelle l'« intégralité », le caractère « complet » de la nouvelle pensée [51].

Le *parler choral* est ainsi la vraie forme du langage, car Dieu lui-même, parce que le chant lui est adressé, délivre l'homme et le monde ensemble [52]. « Dans le datif qui transcende tout au-delà, sont enfouies les voix des cœurs séparés ici-bas. Le datif est ce qui lie, ce qui rassem-

---

47. Voir GS II, p. 228. *Étoile*, p. 288.
48. GS III, p. 151. Trad. fr. dans *Foi et savoir*, p. 158.
49. GS II, p. 257 *sqq*. *Étoile*, p. 325.
50. Voir GS II, p. 259. *Étoile*, p. 326.
51. *Vollständigkeit* : GS III, p. 153. Trad. fr. dans *Foi et savoir*, p. 161.
52. Voir GS II, p. 255 et p. 259 *sqq*. *Étoile*, p. 320 et p. 326 *sqq*.

ble; [...] – grâce soit rendue à Dieu [53].» Cette *action de grâce* est aussi la *première strophe* du chant de la Rédemption s'intensifiant à la manière d'un hymne. Dans cette première strophe, Dieu est reconnu comme celui qui exauce la prière. « Dans l'union des âmes avec le monde entier qui s'est produite dans l'action de grâce, le Royaume de Dieu, qui n'est précisément rien d'autre que l'union réciproque des âmes et du Monde entier, est arrivé », et puisque « après sa venue toute prière, même l'instante prière individuelle, crie inconsciemment », dorénavant « toute prière un jour possible est exaucée ». Là, on prie réellement, parce que *nous* prions ensemble. Et comme toute prière est une prière pour le Nous, c'est-à-dire pour le Royaume dans lequel nous sommes Nous parce que nous sommes auprès de Dieu, la prière est exaucée avant même d'être formulée : car *nous* prions pour cela. Et pourtant ce n'est qu'à cet instant que commence la prière commune, l'exaucement n'est précisément qu'anticipé : « S'il était possible de ne prier que pour la venue du Royaume, et pour rien d'autre, alors [...] le Royaume serait déjà là; la supplique pour qu'il vienne n'aurait nul besoin d'être priée, la prière aurait pris fin dès le premier mot, avec la louange [54]. »

Il n'est pourtant pas encore possible à la communauté et à l'Homme dans la communauté « de prier uniquement pour la venue du Royaume ; cette prière est encore assombrie et troublée par toutes sortes d'autres demandes », plus précisément des *demandes* concernant les *besoins individuels*. Ces demandes signifient ainsi que l'individu n'est pas encore vraiment uni avec le monde entier : « [Elles] sont le signe qu'il ne fait qu'anticiper, dans la louange et dans l'action de grâce, la délivrance des chaînes du besoin, au sein du lien universel qui lie l'âme et le monde, et donc que la Rédemption reste absolument à venir, qu'elle est un futur. » Selon Rosenzweig il en est question dans la *seconde strophe* de l'hymne, où le chant continue « dans le duel [...] dans un fugato à deux voix », auquel ne cessent de s'ajouter « de nouveaux instruments [55] ». En effet, si « donc un 'pas encore' est écrit au-dessus de toute union rédemptrice, cela peut uniquement mener à ce que pour la fin, c'est d'abord l'instant justement présent qui entre en scène, pour l'universel et la réalité suprême, c'est d'abord le prochain qui se trouve justement là. » « Dans le chant exécuté par tous, s'insère donc une strophe qui est seulement chantée à deux voix – la mienne et celle de mon prochain[56]. » D'après Rosenzweig, il ne s'agit ainsi de rien de plus que de la partie du Royaume de Dieu à venir qui est perceptible depuis le monde, « à savoir la partie

---

53. GS II, p. 260. *Étoile*, p. 327.
54. GS II, p. 261. *Étoile*, p. 328 *sqq*.
55. GS II, p. 264. *Étoile*, p. 333.
56. GS II, p. 261 *sqq*. *Étoile*, p. 330.

centrale, le 'duel' de l'amour du prochain. Pour la partie inaugurale, le 'rendez-grâce', l'oreille attentive n'est pas ouverte au monde, et pour la fin, le 'Nous', il n'y a pas d'œil qui la voie d'avance [57]. » Cette strophe a avec le duel « cette forme qui n'a guère de permanence dans les langues et que le pluriel finit par aspirer au cours de leur évolution ». La forme du duel glisse « d'un prochain au prochain suivant, et elle n'est pas en repos avant d'avoir fait tout le tour de la Création. » Sur ce chemin elle anime le monde : elle « laisse [...] partout des traces de cette pérégrination en introduisant partout, dans le pluriel des choses, le signe de la singularité ; là où le duel a un jour résidé, là où quelqu'un, ou quelque chose, est devenu le prochain de l'âme, là une part de monde devient ce qu'auparavant elle n'était point : âme[58]. » « [Q]u'est-ce que la Rédemption sinon que le Je apprend à dire Tu au Il ? », demande Rosenzweig [59].

Ce fait d'animer le monde se produit dans l'acte d'amour de l'Homme que le monde attend, croissant et vivant, dans laquelle « celui qui est à présent mon prochain représente le Monde entier ». Ainsi, l'homme aimant et le monde animé se réunissent. L'absolue facticité de ce processus « est condensée dans l'*ultime strophe du chant*» dans « le puissant unisson du 'nous' [60]». Ici chante un Nous qui ne rend plus seulement grâce à Dieu en tant qu'il est le donateur auquel les individus doivent rendre grâce, de sorte que les isolés se trouvent dans l'unité de celui à qui ils rendent grâce ; mais un Nous que ce donateur, parce que « lui seul connaît [et indique] l'heure » à laquelle l'homme et le monde se trouvent l'un l'autre de manière opérante et croissante, offre dorénavant réellement *lui-même*. Parce qu'il donne le « Nous », il se révèle être ce donateur en tant que celui que l'Homme et le monde ont célébré en lui rendant grâce. Dans ce « Nous enfin, tout se rassemble pour entrer dans le rythme unanime d'un chœur dont les voix multiples chantent le chant final... Toutes les voix sont devenues indépendantes, chacune chante les paroles sur l'air de sa propre âme, et cependant tous ces airs se plient au même rythme et s'unissent en une unique harmonie. » Ce Nous « n'est pas un pluriel », il est « le tout développé à partir du duel, qui – à la différence de la singularité extensible du je et de son compagnon, le Tu – ne doit pas être étendu, mais simplement restreint. » Ce Nous de la strophe finale ne doit être restreint que parce qu'il veut toujours dire « Nous tous » et inclut ainsi « le cercle encore pensable le plus lointain », que « seul le geste accompagné de paroles ou la précision ajoutée – nous Allemands, nous philologues [...], cas par cas, à une circonférence plus restreinte », cir-

---

57. GS II, p. 266. *Étoile*, p. 336.
58. GS II, p. 262. *Étoile*, p. 330.
59. GS II, p. 305. *Étoile*, p. 385.
60. GS II, p. 263. *Étoile*, p. 332. C'est l'auteur qui souligne.

conscrit [61]. Ainsi même le Nous de la strophe finale n'est pas encore vraiment Nous, il est bien plus encore lui-même placé sous le signe de l'anticipation. Certes, en lui le Je peut dorénavant dire Nous et ainsi prier réellement, mais en disant « Nous » dans nos prières, nous nous différencions encore de « Vous » et ne sommes pas encore « Nous tous ».

Le geste parlant qui limite le « Nous tous » et le révèle ainsi aussi dans cette strophe finale comme « pas encore tous », limite en tant que geste la *parole* même et ne la révèle qu'en tant qu'*avant-dernière*, qui dans toute union qu'elle provoque divise aussi toujours. Parce que la parole réunit dans le Nous, elle ne peut pas taire le Vous que ce faisant elle exclut du Nous; et pourtant elle atteste par là même qu'il existe quelque chose de plus grand que la parole, ce silence – au-delà du langage – « qui n'a plus besoin de la parole [62] » parce qu'en lui, dorénavant, « nous tous » est vraiment réuni. Ce silence permet de délivrer le geste des chaînes qui en font « le domestique emprunté du langage », et l'élève à un « plus que langage [63] » : « langage gestuel où s'exprime l'amour envers Dieu [64]. » Rosenzweig résume ainsi le déroulement en strophes du chant : « Toutefois, ce sont toujours encore des paroles, c'est toujours sur une parole que s'accordent les voix du monde habité d'âme. Le mot qu'elles chantent, c'est Nous. Comme chant [de ceux qui se sont réunis], ce serait un ultime et plénier accord final. Mais comme parole [qui n'est en repos dans aucune unité, mais veut toujours rassembler et former de plus grandes unités], elle est aussi incapable que n'importe quelle autre parole d'être parole ultime. La parole n'est jamais ultime, elle n'est pas simplement parlée, elle est aussi parlante. » La parole dit toujours plus que ce que ceux qui parlent disent par elle. « Voilà le véritable mystère du langage, sa vie propre : la parole parle. Et c'est ainsi que le mot énoncé, issu du Nous chanté, parle et dit : Vous [65]. »

Ainsi le Nous produit-il dans son langage un « jugement » sur le Vous *et* sur le Nous, sur la distinction entre Nous et Vous. Mais seule cette distinction du jugement donne à la totalité du Nous « un contenu déterminé, qui n'est cependant pas un contenu particulier et qui ne lui enlève rien de sa totalité. » Le Nous doit dire le Vous, il doit – comme cela se produit dans les psaumes – « reconnaître ses ennemis comme étant les ennemis de Dieu » (Voir Psaume 139). Pourtant cela s'avère terrible pour lui, car en disposant, il se soumet « lui-même au jugement de Dieu ». Le Vous, lui aussi, ne peut être dit par le Nous que par antici-

---

61. GS II, p. 263 *sqq*. *Étoile*, p. 332.
62. GS II, p. 328. *Étoile*, p. 413.
63. GS II, p. 329. *Étoile*, p. 414.
64. GS II, p. 241. *Étoile*, p. 305.
65. GS II, p. 264. *Étoile*, p. 333.

pation ; le Nous doit « attendre la dernière confirmation d'une autre bouche, la bouche ultime ». Ce jugement du Vous disant Nous, qui divise, est selon Rosenzweig l'anticipation décisive dans laquelle « le royaume à venir est vraiment à venir, ce par quoi l'éternité devient un fait ». « [Mais] Dieu lui-même doit prononcer le dernier mot – il ne peut y avoir un mot de plus. Car il faut qu'il y ait une fin, et plus seulement une anticipation. Et tout mot serait encore anticipation du mot suivant. Pour Dieu, les Nous comme les Vous sont... Ils. Mais il ne prononce pas de Ils, il l'accomplit. Il le fait. C'est lui, le Rédempteur[66]. »

Lorsqu'il met finalement en lumière le langage de la Rédemption par le biais d'une analyse grammaticale du psaume 115 [67], Rosenzweig recherche une situation de langage qui qualifierait à nouveau, autrement, cette parole. Il s'agit de la situation de langage du chant cultuel du « nous » de la communauté. La communauté vit le « Jour universel du Seigneur », le processus de Création, de Révélation et de Rédemption, comme « jour divin de l'Eternité », et chante dans les psaumes le mot même de Dieu. En suivant le modèle du discours que tient Rosenzweig sur le Cantique des Cantiques comme le « livre central de la Rédemption », on peut désigner les psaumes du Hallel (psaumes 111-118), ce « grand éloge » dont le refrain livre aussi la proposition généalogique de la Rédemption – « car il est bon » –, comme le « livre central de la Rédemption ». Ce qui fait des psaumes le « livre de chant de la communauté », « alors que la plupart parlent à la première personne », c'est leur « pourtant » avec lequel elles radicalisent l'anticipation propre à tout le parler choral. Avec ce pourtant, le processus de l'événement de langage accomplit une nouvelle étape décisive vers son but : c'est par ce pourtant que la communauté affirme son Nous spécifique, dans ce pourtant que l'unité de Nous et Vous est anticipée dans le « Nous tous » de la même manière que l'éternité est anticipée dans l'aujourd'hui. Dans le pourtant, le chant opère une percée vers la vie éternelle.

Pour la communauté, ce qui fait autorité dans un premier temps est ce que la strophe finale du parler choral révélait : « La communauté n'est pas, n'est pas encore, tous ; son Nous est encore limité, il reste encore lié à un Vous simultané ; mais elle prétend à être tous... pourtant. » Ce *pourtant* concerne d'abord le *je* de ces psaumes qui sont à la première personne. « Car bien qu'il soit un Je singulier tout à fait réel et empêtré dans tous les maux d'un cœur solitaire [...], pourtant, oui, pourtant, ce Je des Psaumes est un membre, et plus qu'un membre, de la communauté. » « Le Je ne peut être totalement Je [...] que parce qu'il s'enhardit, en tant que Je qu'il est, à parler par la bouche de sa

---

66. GS II, p. 264 *sqq*. *Étoile*, p. 334.
67. Voir GS II p. 280-282. *Étoile*, p. 353-356.

communauté. » Cette « généralisation de l'âme propre à l'âme de tous donne seule à l'âme propre l'audace d'exprimer sa propre misère – justement parce que c'est plus que sa misère propre. » Tout ce qui est propre à l'âme revient au je élargi au « nous tous » puisque le « propre de la nouvelle communauté que Dieu lui indique et dont les misères sont ses misères, la volonté sa volonté, dont le Nous est son Je, dont... le 'pas-encore' devient son 'pourtant' [68] ».

Ainsi le *pourtant* concerne-t-il aussi le *nous* du psaume 115, qui prie pour la « venue du Royaume » : « car les Nous placent l'honneur et eux-mêmes, la gloire visible qu'ils sollicitent pour eux, au même rang que l'honneur du nom divin. » Cette proximité, cet «être-auprès-de Dieu du Nous est conçue de manière tout à fait objective, dans une parfaite visibilité : ce n'est pas seulement 'pour son amour' que Dieu doit exaucer la prière », comme dans la Révélation, « mais 'pour sa vérité': la vérité est notoire, visible aux yeux de tout vivant ; c'est une exigence de la vérité divine qu'on fasse ainsi un jour honneur aux Nous ». À ce moment les Nous ne sont pas encore non plus « Nous tous », ils excluent d'eux les Vous. Mais « parce que le Psaume anticipe l'être auprès de Dieu des Nous, il considère les Vous instinctivement avec l'œil de Dieu, de sorte qu'ils deviennent des Ils ». Une nouvelle lumière est faite sur le jugement qui divise dans le langage du Nous, sur cette distinction de Nous et Vous.

La perspective « de l'œil de Dieu » détermine tout simplement le chant. « Une confiance pleine d'espérance, voilà le mot fondamental où l'anticipation de l'avenir a lieu pour entrer dans l'éternité de l'instant[69] ». De ce « triomphe de la confiance qui anticipe l'accomplissement à venir, émerge [...] la prière qu'elle prie ». Et finalement « le chœur se met à chanter le Nous de cet accomplissement : l'accroissement de la bénédiction, pas à pas, [...] d'une génération à la suivante. » « Car cette croissance vivante de la bénédiction est bien fondée de toute éternité dans le mystère de la Création [...]. Mais face à cette croissance silencieuse et automatique de la Création, l'œuvre amoureuse de l'homme sur la terre demeure libre ; qu'il l'exécute comme s'il n'y avait point de Créateur, comme si nulle Création ne venait s'adjoindre à son action : 'Les cieux sont les cieux de l'Eternel, mais il a donné la terre aux enfants des hommes'. Aux enfants des hommes et non à la communauté d'Israël ; dans l'amour reçu et la confiance, elle se sait unique, mais dans l'acte d'aimer, elle se sait enfant des hommes tout simplement, elle ne connaît que le 'n'importe qui', l'autre sans plus... le prochain. Et ainsi l'acte d'amour libéré du monde vient sur le monde de la Création croissant dans la vie. »

Cette croissance de la bénédiction dans la Création menaçait à nou-

---

68. GS II, p. 278 *sqq*. *Étoile*, p. 352 *sqq*.
69. GS II, p. 280 *sqq*. *Étoile*, p. 353 *sqq*.

veau d'être engloutie par la mort, si la communauté ne s'y opposait pas avec son pourtant : « Mais cette vie n'a-t-elle pas depuis la Création sombré dans la mort qui doit être son accomplissement ? Mais comment donc ? Jamais plus la vie morte ne joint sa voix au chant de louange de la Rédemption ! Jamais plus... ce qui est mort. Mais – [le pourtant revient ici sous la forme du mais] – et dans ce 'mais', le chœur s'intensifie jusqu'à l'immense unisson des Nous qui entraînent, avec toutes les voix réunies, toute éternité à venir dans le 'maintenant' présent de l'instant, sous la forme du cohortatif : Ce ne sont pas les morts, non, vraiment pas, 'mais nous, nous louons Dieu dès maintenant et pour l'éternité'. [...] Les Nous sont éternels ; devant ce cri de triomphe de l'éternité, la mort est précipitée dans le néant. La vie devient immortelle dans l'éternel chant de louange de la Rédemption. C'est cela l'éternité dans l'instant. Le Oui dans le clin d'œil de l'instant. C'est la contemplation de la lumière, dont il est dit : 'Dans ta lumière, nous contemplons la lumière.' [70]» (voir Psaume 36, 10)

Ainsi le pourtant de la prière de la communauté pour la venue du Royaume radicalise-t-il l'anticipation du futur en une véritable « transformation de l'éternité en un aujourd'hui [71] », c'est-à-dire en jour, semaine, année de la prière du culte [72] ; et de la liturgie, de ce qui est à venir dans l'anticipation du « nous tous » dans le nous de la communauté – juive pour Rosenzweig – , qui « ne peut être une communauté plus étroite que l'unique communauté humaine elle-même [73] » et finale-

---

70. GS II, p. 281 *sqq*. *Étoile*, p. 354 *sqq*.
71. GS II, p. 322. *Étoile*, p. 405.
72. Voir GS II, p. 324 *sqq*. *Étoile*, p. 408. – Rosenzweig tire du passage du langage à la prière et de la prière au geste dépassant la parole, la conclusion suivante : la liturgie prend pour la troisième partie de *L'Étoile* un « rang d'organon » (GS II, p. 327. *Étoile*, p. 412) à l'instar des mathématiques pour la première partie et de la grammaire pour la deuxième, et y entreprend ainsi de représenter tout le processus de la liturgie juive et chrétienne depuis son début verbal jusqu'à sa fin silencieuse.
73. GS II, p. 359. *Étoile*, p. 453 ; voir à ce propos Richard Schaeffler, *Religionsphilosophie*, Fribourg/Munich, 1983, p. 177, sur la « constitution du sujet dans les actions de langage » du commandement et de la prière chez Cohen et Rosenzweig. L' « individu ou sujet privé », selon Schaeffler, devient précisément par ces actions de langage « membre de la communauté. Et celle-ci se comprend comme celle qui garde la place pour une communauté de langue à venir, universelle, de tous les hommes, de tout ce qui est vivant. » Cohen et Rosenzweig défendaient chacun à leur manière l'individu ou plus précisément le « sujet privé » (GS III 127 ; *Foi et savoir*, p. 131), « contre sa dissolution dans un simple moment de la raison supra-individuelle » ; mais la pensée des deux philosophes n'est par conséquent « pas 'privatiste' », et reste au contraire « reliée à la communauté, à son histoire et à son service envers l'humanité à venir. »

ment dans l'anticipation du geste supralinguistique dans « la génuflexion commune devant le Seigneur » (voir psaume 95, 6) qui donne à la communauté « la possibilité d'entrer dans la communauté universelle où chacun connaît chacun et le salue sans parole – face à face [74] ». Et c'est ainsi la prière de la communauté qui complète et corrige la prière de l'individu, et oriente son acte d'amour. Cela en tant que cette prière « adressée immédiatement à l'Eternel : qu'il daigne soutenir l'ouvrage non pas de tes ou de mes ou de ses mains, mais l'ouvrage de 'nos' mains, qu'il l'achève, Lui, et non pas que 'je l'accomplisse'[75] ». La prière en faveur de la venue du Royaume exprime ainsi la loi de la Rédemption, dans la mesure où elle concilie l'être créé et l'être aimé, le prier et le faire, le Je et le Nous et le Nous et le Vous. Le commandement d'amour de la Rédemption ouvre le champ de la réalité d'une manière nouvelle. La « positivité » de l'existence se concrétise finalement dans une existence qui est un faire dans lequel on « attend impatiemment » le fondement de tout, que Dieu « est » lui-même, et la justification de tout, que Dieu « produit » lui-même. Pourtant une telle attente signifie mener une vie d'espoir[76], « attendre » Dieu *et* « se transformer » devant lui [77] – L'exergue, le milieu et la fin du livre sont de la sorte intimement liés dans et en tant que processus de constitution de l'identité du « Nous » du « peuple éternel », à l'existence collective de laquelle « toute créature » prend finalement part, sans que la créature se dissolve en elle.

4. Le « nous » comme « sujet » de la « nouvelle pensée »

Levinas peut ainsi bel et bien situer Rosenzweig dans le « Nous » du « peuple éternel » parce que ce dernier le fait lui-même et identifie le « Nous » du « peuple éternel » – de « S/son peuple » [!] – dans *L'Étoile de la rédemption* comme le sujet de sa démarche – la pensée et l'écriture. Dans le même temps, c'est là que se situe pour lui le mérite de Rosenzweig : le fait qu'il ait utilisé « le caractère primordial des expériences de la communauté religieuse [...], les significations vécues et socialement exprimées pour de nouvelles pensées ». L'« anticipation de l'Eternité » à

---

74. Voir GS II, p. 359. *Étoile*, p. 450.
75. GS II, p. 326. *Étoile*, p. 411 ; voir à ce propos Bernhard Casper, « Das Gebet stiftet die menschliche Weltordnung. Zum Verständnis der Erlösung im Werk Rosenzweigs », in *Religion der Erfahrung. Einführungen in das Denken Franz Rosenzweigs*, Paderborn, 2004, p. 177-191.
76. Voir Franz Rosenzweig : Glauben und Wissen, GS III, p. 581-595, p. 589.
77. Voir GS II, p. 232 *sqq*., ainsi que p. 471 *sqq*. Voir ER p. 294 *sqq*., ainsi que p. 588 *sqq*.

travers une communauté religieuse devient ici selon Levinas « un point de départ valable pour une formation de concepts philosophiques » – et cette communauté devient donc le sujet de la nouvelle pensée. Cela est valable pour Levinas « dans la mesure où cette formation se fonde sur l'expérience de cette anticipation, et non sur une dogmatique quelconque. » Il ne s'agit pas ici de l'«'état de choses' visé par le vécu pris naïvement pour de l'être ». L'analyse met bien plus à nu, « en respectant la configuration du vécu et son expression dans les formes sociales de l'existence collective, [...] des structures ou des significations originelles, qui [...] servent, irréductibles, de condition à toute opération ultérieure de la pensée. » Dans une telle « analyse de la signification intérieure et des manifestations 'sociologiques' », le judaïsme et le christianisme prennent précisément le « sens de 'structures primordiales' [78] » ; les « attitudes » de leur « vie » constituent ces « structures de l'absolu » qui « remplacent » les « lois » d'un système « totalisant » quel qu'il soit.

On peut cependant se demander – en reprenant pour finir les « remarques additionnelles » de Rosenzweig sur *L'Étoile* – ce qui est « placé [79] » dans ce « Nous » en tant que sujet de l'histoire comme « Jour du monde du Seigneur »? Reposer la question ainsi est l'initiative propre de Rosenzweig, quand il écrit à Margrit Rosenstock-Huessy alors qu'il travaille à *L'Étoile*, qu'à la fin il « doit » « tout à fait comprendre » ce qu'il a « fait en réalité [80] ». Ce qui est placé est « ce qui est le plus important sur le plan de la philosophie », comme Rosenzweig l'écrit à Margrit Rosenstock-Huessy en commentant son travail sur *L'Étoile*, « ce qui concerne la 'facticité'[81] », c'est-à-dire ce qui imprègne tout du caractère de l'« irréductibilité ». En regard de la question du sujet que nous posons, quatre moments forment la structure de cette « facticité » :

> – Il y a d'abord, comme Rosenzweig l'a formulé à l'intention de Margrit Rosenstock, «'le *soi*' (à la différence de la 'personnalité', c'est-à-dire l'homme dans le monde ; et de l' 'âme', en d'autres termes l'homme qui a reçu la Révélation)», le « bloc (*Klotz*) de la lettre de Rudi » – en référence au « B=B » de la « cellule primitive » de *L'Étoile* [82] – qui détient dans le « héros de la tragédie antique » son « apparition dans l'histoire

---

78. Emmanuel Levinas, « Franz Rosenzweig, Une pensée juive moderne », p. 216 *sqq*.

79. Voir GS III, p. 158 ; *Foi et savoir*, p. 167.

80. Voir Franz Rosenzweig, *Die « Gritli »-Briefe. Briefe an Margrit Rosenstock-Huessy*, Inken Rühle et Reinhold Mayer (éds.), Tübingen, Bilam, 2002 ; p. 117 (désormais GB) (Lettre à Margrit Rosenstock datée du 2.11.1918).

81. GB, p. 226 (Lettre à Margrit Rosenstock datée du 31.01.1919).

82. Voir GS III, p. 125-138 (Lettre à Rudolf Ehrenberg datée du 18.11.1917).

de la littérature mondiale la plus manipulée ». Cet homme, écrit Rosenzweig, « ne dit même pas encore '*je*', il n'a pas encore de langage. » Et ainsi n'existe-t-il ici que l'alternative suivante : « un soi héroïque – l'homme dans le singulier éternel ; une individualité intégrée au monde – l'homme dans le pluriel éternel [83]. » Dans *La nouvelle pensée*, Rosenzweig rapproche ce moment du concept de «*facticité*» *des hommes élémentaires* « face à tous les faits de l'expérience réelle [84] ».

– Puis il y a précisément l'«*irréductibilité*» *des* «*faits*» *du* «*Jour du monde du Seigneur*», les « conjonctions » (Levinas), c'est-à-dire – à nouveau comme l'exprime Rosenzweig à l'attention de Margrit Rosenstock – les «RAPPORTS vivants, 'Création', 'Révélation', 'Rédemption'», le « monde tel qu'il est vraiment, plutôt que les [...] notions abstraites 'Dieu', 'Homme', 'Monde'». «[S]ans soi, il n'y a pas d'âme », soutient Rosenzweig, mais ici ce soi est dorénavant destiné à « l'âme à l'instant où il PARLE [85]. » Dans le fait d'insuffler de l'âme à travers le Dieu aimant en tant que «*son Toi*», le « soi » est «*constitué-en-nous*», c'est-à-dire établi-en-nous *et* capable-du-nous *et* responsable-du-nous. Ce n'est que dans une telle responsabilité du Nous que le soi de l'homme, d'après Rosenzweig, « dans ce commandement de l'amour du prochain [est] définitivement con-firmé en son lieu », si le prochain ne doit « pas rester un Il » pour lui et donc pour son Toi, « uniquement un Ce [86]», mais qu'il lui est commandé de «*dire Tu au Il*[87] ».

– Il y a ensuite le moment de la «*facticité*» qui imprègne respectivement le « Nous » du « peuple éternel » et le « Nous » de la « voie éternelle ». Dans l'«éternité» «de son peuple – celui de l'Éternel » se produit selon Levinas, non pas « la disparition du 'singulier' dans son idée générale, mais la possibilité pour toute créature de dire 'nous'», « l'accession de toute créature au mot 'nous' sans que la créature s'anéantisse dans cette communauté [88] ». Dans une lettre de Rosenzweig adressée à Margrit Rosenstock, on peut lire : « L'âme est d'abord aussi 'singulière' que le héros, et POURTANT il existe d'elle un pluriel : les âmes dans le 'Royaume' de Dieu. » Dans *L'Étoile*, « l'entente silencieuse au-delà de toute langue : la communauté de l'action (précisément préfigurée dans le culte : l'écoute commune, le repas commun, la génuflexion commune)» est constitutive du «*Nous*» *de cette communauté*[89]. Ainsi la liturgie établit-elle un lien, pendant les « jours prodigieux », entre ceux qui prient avec l'humanité, avec les *autres*, oui, avec «*nous tous*» – en tant que leurs « membres » – et Dieu, qui est la vérité.

---

83. Voir GB, p. 155 (Lettre à Margrit Rosenstock datée du 1.10. 1918).
84. Voir GS III, p. 158.
85. Voir GB, p. 155 (Lettre à Margrit Rosenstock datée du 1.10.1918).
86. GS II, p. 267. *Étoile*, p. 337.
87. GS II, p. 305. *Étoile*, p. 383. C'est l'auteur qui souligne.
88. Emmanuel Levinas, « Franz Rosenzweig. Une pensée juive moderne », p. 215.
89. GB, p. 155 (Lettre à Margrit Rosenstock datée du 1.10. 1918).

– Que Dieu soit la vérité – dernier moment de la *facticité* – rappelle le caractère de l'anticipation, le «*pourtant*» de la communauté religieuse en regard du «*nous tous*» de l'humanité sauvée, – représentée de manière liturgique par « la fête des cabanes, cette fête de la Rédemption placée sur le terrain du temps non atteint par la Rédemption et sur le terrain du peuple dans l'histoire », qui de la sorte « replace dans ses droits la réalité du temps [90] ». Le fait que la vérité ne dépasse pas le « et » du judaïsme et du christianisme en tant que les deux « derniers engagements pour la vérité » qui n'est « unique » que devant Dieu, c'est-à-dire ici les engagements pour le « lien » qui est à instaurer entre les hommes[91], lui donne quant à lui le caractère d'un « fait final ». Cela a pour nous une implication décisive : « l'autocautionnement de la vérité », comme le dit Rosenzweig, est lui-même « un fait ». Ainsi, la Rédemption « débouche à son tour de nouveau dans la Création. La vérité ultime n'est elle-même qu'une... vérité créée[92] ». C'est précisément pourquoi le juif et le chrétien, en tant que créatures, « ne font que contribuer à l'ensemble de la vérité ». « Nous savons », nous dit Rosenzweig, « que c'est l'essence de la vérité que d'être en partage, et qu'une vérité qui n'est en partage à personne ne serait point une vérité ; même la vérité 'entière' n'est vérité que parce qu'elle est la part de Dieu [93] ». Et ainsi le Vous parle depuis le Nous, et d'abord pour « Dieu, les Nous comme les Vous sont... Ils [94] ».

C'est donc de cela que le Nous est chargé : de la capacité de résistance du Je, des rapports Je-Tu, Je-Il-Tu, Nous-Vous, Nous tous-Ils. Et la confrontation aux tensions qui s'y trouvent se produit « dans la vie ». La « participation » à cette vérité nous guide dans le rapport de « Nous et les autres ». Puisque Rosenzweig lui-même n'a pas hésité à s'assurer de sa « nouvelle pensée » dans des catégories chrétiennes et a directement suggéré que ses propres paroles viennent aux lèvres d'un chrétien, on se permettra de voir dans ce « Nous » de la communauté religieuse le Nous « sacramental » d'une communauté de vie de Dieu et du prochain et de reconnaître réellement les « attitudes » de cette « vie » comme des structures de l'absolu.

---

90. Voir GS II, p. 364. *Étoile*, p. 457.
91. Voir GS III, p. 159 *sqq. Foi et savoir*, p.168 *sq.*
92. GS II, p. 464. *Étoile*, p. 579.
93. GS II, p. 462.
94. Voir GS II, p. 264 *sqq.* ; *Étoile*, p. 334.

L'articulation des personnes dans la pensée de Franz Rosenzweig

Jean-François Marquet

Pour prévenir un possible malentendu, il convient de préciser que le mot *personne* sera pris ici dans son sens purement grammatical, *i. e.*, comme dit Littré, en tant qu'il connote « les diverses situations des êtres par rapport à l'acte de la parole : la première personne [désignée par les pronoms *je, nous*], celle qui parle ; la seconde personne [*tu, vous*] celle à qui l'on parle ; la troisième personne [*il, elle*] celle de qui l'on parle ». Nous rappellerons aussi que l'allemand connaît, outre le masculin et le féminin (*Er, Sie*) une troisième personne au neutre (*Es*), et d'autre part que le pronom *Sie* y présente plusieurs sens : à la fois pronom féminin de la troisième personne du singulier, pronom de la troisième personne du pluriel pour les trois genres et enfin forme de politesse pour la deuxième personne du pluriel (*Ihr*, vous). C'est le jeu de ces pronoms que nous voudrions suivre dans la pensée de Franz Rosenzweig, dont nous avons montré ailleurs[1] qu'elle s'articulait dans les corrélations des trois personnes susdites : Dieu, celui qui parle (la première personne, *Ich*) – l'homme, celui à qui l'on parle (la deuxième personne, *Du*) – le monde, cela de quoi on parle (la troisième personne, *Es*). Notre étude se situera donc dans l'élément du langage ou de la grammaire (*Grammatik*), *organon* du deuxième livre de la deuxième partie du *Stern* – la Révélation, ainsi placée au centre de l'œuvre – alors que ce rôle *d'organon* est rempli, pour la Création, par la mathématique, et, pour la Rédemption, par la liturgie[2]. Mais pour Franz Rosenzweig, on le sait, c'est le centre (la Révélation, le langage) qui est premier (non pas un premier qui passerait, mais notre perpétuel présent), et c'est par rapport à ce présent de la Révélation qu'il devient possible de rappeler le passé de la Création et de projeter le

---

1. « Unité et totalité chez Franz Rosenzweig », in *Restitutions*, Paris, Vrin, 2001, p. 249 *sq.*
2. Cf. *Der Stern der Erlösung* (= *Stern*), *Gesammelte Schriften* (= GS), La Haye, 1979-1984, II, p. 327 (toutes nos citations renvoient à cette édition). Sur le rôle de Rosenstock dans la formulation de cette conception, cf. M. Bienenstock, *Cohen face à Rosenzweig. Débat sur la pensée allemande*, Paris, Vrin, 2009, p.113-114.

futur de la Rédemption. Il sera donc aussi permis, comme le fait Rosenzweig dans *Das neue Denken* en se référant implicitement aux *Weltalter* de Schelling, de faire correspondre aux trois moments de la Voie (*Bahn*) non plus trois types de signes, mais trois formes du seul langage : la Création apparaissant comme l'objet d'une narration (*Erzählung*) à la troisième personne, la Révélation comme un dialogue alterné (*Wechselrede*) entre une première et une deuxième personne (Je et tu, Dieu et l'homme, l'Amant et l'aimé), la Rédemption enfin comme le chœur unanime, l'action de grâces que nous (*Wir*) rendons à Lui (*Er*), à Dieu, en partenariat avec le monde (das *Es*)[3].

Si le langage est ainsi au centre, et si au centre du langage il y a le dialogue de la Révélation, il en résulte, comme l'indique Rosenzweig dès les *Paralipomena*, qu'*Ich* et *Du,* les signes des deux partenaires du dialogue, sont, seuls de tous les mots, « du langage à l'état pur » (*schlechthin*), les seuls mots qui « vivent parce que la langue vit », alors que « tous les autres mots sont la traduction (*Übersetzung*) dans la langue de choses et de relations » (cela vaut naturellement aussi pour *er, sie,* ou *es*)[4]. Comme notre auteur l'expliquera dans *Die Wissenschaft von Gott,* en se référant significativement à la *Grundlage des Naturrechts* de Fichte, c'est simultanément qu'émergent *Ich bin* et *Du bist,* dans une contradiction et/ou un partenariat qui se situe « au delà de l'être et du non-être » – l'erreur de Fichte consistant à écrire occasionnellement *das Ich ist, i.e* à rabattre la première sur la troisième personne, alors qu'à la question *Wer bin ich* (à bien distinguer de *Was bin ich*), la réponse n'est pas *ich bin Ich* (et encore moins *das Ich*), mais «*ich bin Franz Rosenzweig* », un nom propre qui m'est assigné par *toi* (« je suis celui à qui tu dis *tu*. Je suis *dein Du. Ich bin – dein* ». « À l'arrière plan (*Hintergrund*) de cet évènement, poursuit Rosenzweig, se trouve le fait (*Tatsache*) qu'il y a (*es ist*)[5] » – c'est-à-dire un fond de choses à la troisième personne dans lequel le silence ou le refus d'autrui peut à chaque instant me précipiter en substituant au dialogue le mutisme de la maîtrise. Il semble que Rosenzweig soit tout proche ici des thèses que développera Martin Buber deux ans plus tard dans son célèbre opuscule *Ich und Du,* et de son opposition entre les deux *Grundworte Ich-Du* (qui ne peut être dit « qu'avec tout l'être (*mit dem ganzen Wesen*) » et *Ich-Es* (qui ne peut jamais être dit avec tout l'être)[6]; mais, dans la grande lettre qu'il adresse la même année à son ami, Rosenzweig souligne nettement la différence. D'une part, *Ich-Es* est pour lui une formule fausse, celle-là

---

3. Cf. GS III, p. 150-151.
4. *Ibid.*, p.122.
5. *Ibid.*, p. 644-646.
6. M. Buber, *Ich und Du,* rééd. WBG, Darmstadt, 1983, p. 9.

même de l'idéalisme criticiste qui, de Kant à Cohen, cherche à déduire le monde du moi (= la troisième personne de la première) en court-circuitant la deuxième personne ; un tel moi soi-disant absolu, qui ne serait le tu d'aucun toi, n'est qu'un pseudo-moi purement logique – pensé, et non pas dit (en algèbre schellingienne, un B et non un B = B), une troisième personne déguisée inaugurant un système où tout est « dans la forme de la troisième personne[7]» et dont le sommet (le Dieu de la raison pratique) est lui-même une chose, ou plutôt « l'unique Ça (*Es*) sur lequel brille du moins à la limite un reflet de *l'Ichheit* [de la première personne], comme l'expriment ces remarquables comparatifs : le plus haut, le plus pur [8]» ; d'un moi qui n'est qu'un ça déguisé à un Dieu qui n'est qu'un moi aliéné, l'idéalisme déploie une pure tautologie où « Dieu comme esprit n'est personne d'autre que le sujet de la connaissance, le moi [9]» ; dire *Ich =Es* revient donc à dire *Ich =Ich*, à transformer en idole le nom même de Dieu. D'autre part, aux deux *Grundworte* (aux deux « corrélations ») posés par Buber (*Ich – Du* et *Ich – Es*), Rosenzweig va ajouter un troisième, *Wir – Es*, et il va corriger le premier en substituant au pseudo-moi de l'idéalisme le *Er* (Lui) du Dieu déjà pensé, sinon révélé. Le *Es* n'est pas seulement, comme le « faux Es [10]» de Buber, une déchéance inévitable du *Du*, il est quelque chose qui peut lui aussi être dit « avec l'être tout entier » quand nous posons les corrélations *Er – Es* (la Création) et *Wir – Es* (la Rédemption) : «*Je* ne peux pas dire *Ça* (*Es*) de manière essentielle, mais *Il [Er]* le peut et *Nous* le pouvons ». D'où le tableau des trois *Grundworte* que Rosenzweig propose dans la même lettre :

ER-Es	Ich – Du	Wir-ES
	ICH – Du	
	Ich – DU	

– où l'élément capital de chaque corrélation est à chaque fois noté par les majuscules, le moment de la Révélation (= du dialogue) jouant le rôle de plaque tournante puisque la priorité y est réversible. « Si on lie le début et la fin de cette série [ER = ES], poursuit Rosenzweig, on obtient la grande formule de Schelling "et alors le panthéisme sera vrai" [quand Dieu sera tout en tous, pour reprendre les termes de saint Paul] [11]. » Il nous faudra revenir pour conclure sur cette formule énig-

---

7. *Urzelle*... (lettre à R. Ehrenberg du 18.11.1917), GS III, p. 130.
8. *Ibid.*, p. 131.
9. *Stern*, GS II, p. 160.
10. GS I,2, p. 824.
11. *Ibid.*, p. 826. Cf. Schelling, *Stuttgarter Privatvorlesungen*, *Werke*, VII, p. 484 (avec référence implicite à 1 Cor., 5,28).

matique ; pour l'instant, nous examinerons brièvement chacun des trois moments désignés par les trois *Grundworte.*

A. La création, comme nous l'avons vu, va être placée sous le signe de l'articulation ER – Es – et Rosenzweig de citer le psaume 33,9 : «*Er sprach und es* ward (Il parla et cela advint) [12]. » Dans la forme de la narration qui est celle de la *Genèse,* Dieu, la première personne par excellence, n'apparaît encore qu'à la troisième personne (ER), il n'a pas encore de nom propre, il n'est encore précisément que « purement et simplement Dieu[13] », *Elohim.* Au tout début, sa personnalité est même encore incertaine : il ne parle pas, il créa (le ciel et la terre), et son esprit « couvait sur les eaux » – son esprit, c'est-à-dire quelque chose de plus impersonnel encore qu'Elohim, puisqu'en hébreu « Dieu comme esprit porte l'habit à traîne de la féminité[14] ». C'est seulement au deuxième moment de la Création (« Dieu dit "Que la lumière soit" ») qu'« une première lueur de Révélation », qu'une *parole* vient faire éclair dans le récit et que le présent de l'impératif déchire l'indicatif passé. Cependant, cette parole inaugurale et celles qui vont lui succéder jusqu'au sixième jour ne pointent pas encore vers Dieu comme sujet absolu : « Dieu parle, mais son verbe est encore comme si quelque chose parlait en lui, et non lui-même. Son verbe est encore comme une prédiction de son futur parler-lui-même (*Selbersprechen*) ; mais il ne parle pas encore lui-même, pas encore comme soi (*Selbst*). Les paroles de la Création se détachent de lui de manière essentielle (*wesenhaft*), *ein Es aus einem Es* », et ce qui est ainsi proféré est avant tout un adjectif (« bon »). C'est seulement avec la Création de l'homme (« Faisons l'homme » – dans l'allemand de Luther *Lasset uns einen Menschen machen*) que « le lien de l'objectivité est brisé » et que pour la première fois l'unique bouche qui parle dans la Création profère « au lieu d'un ça (*Es*) un Je, et plus qu'un Je, avec le Je en même temps un Tu, un Tu que le Je dit à lui-même : *Lasset uns* [15] ». Mais ce *Nous* n'indique ici aucune dualité (à la différence du nous qui surgira plus tard comme partenaire de la Rédemption) il est un « pluriel d'absolue majesté » désignant un Je qui n'en connaît aucun autre, « un Je qui parle et ne peut parler qu'avec soi-même – donc un Je impersonnel, un Je qui demeure encore en soi-même, qui ne sort pas de soi dans le Tu, qui ne se révèle pas[16]. » Mais la Révélation commence à pointer, et elle le fait dans l'adjectif ultime qui

12. *Stern*, GS II, p. 169.
13. *Ibid.*, p. 168.
14. *Ibid.*, p. 170.
15. *Ibid.*, p. 171.
16. *Ibid.*, p. 172.

conclut ce jour ultime de la Création : très bon, '*tov me 'od* – un comparatif que le *Midrach* lira *tov mod*, « la mort était bonne[17] ».

B. Comme nous avons tenté de le montrer ailleurs, la Révélation est en effet celle du pôle positif, universel, communicable de Dieu – mais sous une forme inversée qui la place sous le signe du Non (*Nein*) : « *Non* est son *Urwort* [= mot-origine]. Mais son premier mot sonore, son mot-souche (*Stammwort*), c'est Je. Je est toujours un *Non* devenu sonore. Avec Je est constamment posé un opposé (*Gegensatz*)[18] » – un *tu* par rapport auquel ce Je se définit, qu'il reconnaît et dont il attend (ou plutôt exige) la reconnaissance : « Le Je de Dieu reste le mot-souche qui traverse la Révélation comme un point d'orgue, il se dresse contre toute traduction par Il, il est Je et doit rester Je. Seul le Je, aucun Lui, peut énoncer l'impératif de l'amour ; il doit toujours dire seulement : aime-moi[19] ». À la différence encore de Buber, pour qui Dieu est l'« éternel » ou le « vrai » Tu[20], le Dieu de Rosenzweig est Je, ce « grand Je » qu'évoque la lettre à Rosenstock du 19 octobre 1917[21], mais un Je dès le début en quête d'un Tu qui lui réponde et avec lequel il puisse entrer en dialogue, à qui il puisse dire : « reste toi-même et laisse les choses à leur être [sans t'y perdre], afin que tu puisses entendre une voix[22]. » *Wo bist Du ? Wo gibt es ein Du*[23] – c'est avec cette question que le Dieu de la *Genèse* (qui n'est pas ici sans évoquer le Wotan de *La Walkyrie*) parcourt le monde de choses à la troisième personne auquel sa parole a donné l'être. Même après la faute, Adam aurait pu être cet interlocuteur s'il avait fait face à Dieu en assumant sa responsabilité, au lieu de la rejeter sur Eve qui elle-même la rejette sur le serpent ; Abraham (en *Genèse*, 22, 1) sera le premier à répondre « *Hier bin ich*, me voici[24] » – un *Ich/Je* qui n'est rien d'autre que le tu enfin trouvé du Je divin. « Dieu est le *Je* qui nous fait *tu*[25] » et c'est comme un tel Tu que nous pouvons ensuite dire Je, un Je qui ne sera jamais radical comme celui de Dieu, mais l'envers d'une interpellabilité (*Ansprechbarkeit*[26]), d'un appel où l'on peut voir, avec Buber, une vocation et une mission[27]. Mais c'est Eugen Rosenstock qui

17. *Ibid.*, p. 173 (avec référence implicite à *Genèse Rabba*, IX, 5).
18. *Stern*, GS II, p. 193.
19. *Ibid.*, p. 198.
20. M. Buber, *Ich und Du, op. cit.*, p. 13 et 33.
21. GS I, 1, p. 471.
22. GS I, 2, p. 767.
23. *Stern*, GS II, p. 195.
24. *Ibid.*, p.196.
25. *Die Wissenschaft von Gott*, GS III, p. 624.
26. *Die Wissenschaft vom Menschen*, GS III, p. 646.
27. M. Buber, *Ich und Du, op. cit.*, p. 136.

ici a sans doute joué le rôle d'initiateur, et on ne peut que rappeler, avec Myriam Bienenstock, sa formule décisive : « la proposition de Descartes *cogito ergo sum* ... doit être remplacée par la proposition grammaticale : Dieu m'a interpellé, donc je suis[28]. » Ainsi fondé par cet appel impératif à l'amour de l'Unique, *Je* me trouve arraché à toute détermination générique ou spécifique (= à la troisième personne) et posé dans la singularité d'un nom propre – ce qui n'exclut pas, du reste, que je ne demeure lié dans ma vie à un *Es*, mon corps (*Leib*[29]), qui risque à chaque instant de se radicaliser en cadavre. Mais le statut d'une éventuelle « vie éternelle » appartient au plan à venir de la Rédemption. Pour l'instant, retenons plutôt qu'avec cette singularisation commence entre Je et ce Je plus fondamental qui me dit *Tu* un duo alterné dont le *Cantique des cantiques* est l'exemple par excellence : dialogue amoureux, voire extatique, mais où Rosenzweig pointe cependant une secrète nostalgie, celle qu'éprouve l'aimée pour un amour qui deviendrait mariage (et « le mariage est infiniment plus que l'amour »), *i. e.* qui ne serait plus consommé en secret, mais vécu et proclamé à la face du *monde*, un monde qui ne serait plus étranger ou hostile, mais « *das Reich der Brüderlichkeit* (le règne de la fraternité)[30] ». Par là s'introduit dans ce tête à tête de Dieu et de l'homme ce troisième terme, le monde, qui va déboucher sut le troisième et dernier moment de la Voie, la Rédemption.

C. La Rédemption peut être définie comme l'avènement du *Reich Gottes*, mais, chez Rosenzweig comme chez Kant, ce Royaume de Dieu implique deux choses : d'une part, une communauté humaine parfaite, un « règne des fins », et d'autre part un monde où moralité et bonheur, liberté et nature coïncideraient, un « monde absous de toute chosèité pour n'être plus qu'âme[31] ». C'est à ces deux facteurs du *Reich Gottes* que vont correspondre les deux termes du *Grundwort* de la Rédemption : *Wir* et *ES*. Les deux partenaires du dialogue d'amour, Dieu et moi, si on les envisageait au niveau de la copule (mais par là on sortait déjà de la Révélation *stricto sensu*) formaient déjà un *nous*, « un premier *nous*, pas encore un nous exprimable à haute voix[32] ». Le nous authentique va apparaître lorsque l'impératif d'amour va se formuler vers le dehors comme amour du prochain (*der Nächste*), c'est-à-dire de tout ce qui – « hommes et choses[33] » (*Er* et *Es*) – représente à chaque instant le

---

28. Cité par M. Bienenstock, *op. cit.*, p. 113.
29. GS I,2, p. 738.
30. *Stern*, GS II, p. 228.
31. *Ibid.*, p. 291.
32. *Die Wissenschaft vom Menschen*, GS III, p. 650.
33. *Stern*, GS II, p. 243.

monde. Si le prochain est de l'ordre du *Er* (= *Lui*), s'il est un autre homme, le commandement s'énonce ainsi : « Aime ton prochain, il n'est pas un autre, un Lui (Er), mais un moi comme toi, il est comme toi » – et, commente Rosenzweig dans une formule célèbre : « qu'est-ce que la Rédemption, si ce n'est que le Je apprenne à dire Tu au Lui[34] », à le considérer comme un frère, comme quelqu'un à qui est survenu (ou peut survenir) le même *Ereignis* qu'est l'adresse de la parole de Dieu (en algèbre schellingienne, c'est cette référence commune à l'unique A = A qui fonde la fraternité des B = B)[35]. C'est par cette reconnaissance de l'autre que le Je se fonde lui-même, car, écrit Rosenzweig, « pour sa totalisation (*Ganzbleiben*) le Je a besoin de son Tu. On ne peut pas même chasser le mal de tête par l'imposition de sa propre main, mais on a besoin pour cela d'une main aimée, d'une main dans laquelle on puisse se remettre entièrement et sans retenue (dans sa propre main, on ne peut se remettre sans retenue, mais on retient du moins – la main elle-même[36]) ». Cette collaboration va permettre un agir (*Wirken*) commun pour faire advenir le « sur-monde » du *Reich Gottes* : mais – et c'est là le point essentiel – cet agir serait vain si ne venait à sa rencontre une croissance (*Wachstum*) obscure et infaillible du monde lui-même (du *Es/Ça*)[37] qui initialement pure dispersion phénoménale, va tendre à se clore et à s'intérioriser, à s'organiser, à devenir de part en part vie. De même que dans le *Système de l'idéalisme transcendantal* (toujours Schelling !) l'œuvre d'art surgit au carrefour de l'activité consciente et de l'activité inconsciente de l'esprit, de même le Royaume surgit là où l'activité rayonnante de l'homme (*Wir*) et la flamme obscure de la vie du monde (*ES*) passent l'un dans l'autre. L'humanité *et* le monde, le Nous *et* le Ça vont s'unir dans un chœur pour chanter à l'Unique Rédempteur (*Er*, Lui) l'hymne de leur gratitude, pour reconnaître qu'« Il est bon[38] » (la première phrase complète, puisque à l'adjectif de la Création et au sujet de la Révélation la Rédemption vient ajouter la copule). Si on suppose la coalescence achevée, le Nous apparaît comme étant effectivement ce qu'il a toujours été virtuellement – *Wir alle*, nous tous[39] – et comme possédant en lui la vie, si bien qu'il peut reprendre à son compte la formule célèbre de Cohen : *aber wir sind ewig*[40], nous sommes éternels. Le *nous* en effet n'est pas un pluriel (le

---

34. *Ibid.*, p. 305.
35. Cf. *Paralipomena*, GS III, p. 132.
36. GS I,2, p. 795.
37. Cf. *Stern*, GS II, p. 254.
38. *Ibid.*, p. 257.
39. *Ibid.*, p. 263.
40. *Ibid.*, p. 281.

pluriel relève paradoxalement de la troisième personne du singulier qui, dit Rosenzweig, « n'indique pas par hasard la division des sexes ») – le nous est unisson, « totalité développée à partir du duel [au sens grammatical du terme] ». Tant que cette totalité n'est pas achevée, elle désigne ce qu'elle exclut par le *vous* (*das Ihr*), le vous « terrible » qui juge et rejette « dans la froide horreur du néant[41] ». Mais pour Dieu, qui a le dernier mot, « les nous et les vous sont des *Sie* » – mot qui, à notre avis, ne doit pas se traduire par *Ils*, mais qui est plutôt la forme de politesse de la deuxième personne du pluriel, le Vous. « Dans son *Sie* le *Wir* et le *Ihr* s'abîment à nouveau dans une unique lumière éblouissante[42] » – celle de la Rédemption achevée.

Mais, comme le dit Rosenzweig, « c'est seulement devant Dieu que la vérité est une. La vérité terrestre reste fendue (*gespalten*) – fendue comme la factualité extradivine, comme les faits originels *monde* et *homme*[43] ». La Rédemption va donc être le fait de deux communautés distinctes – l'Eglise chrétienne, le peuple juif – qui vont correspondre à ses deux processus constitutifs, l'ouverture de l'homme aux autres et la fermeture du monde sur sa vie propre. Le christianisme sera ainsi du côté du *Wir*, le judaïsme du côté de *ES* – et, dans le schéma proposé par la lettre de 1923 à Buber, c'est précisément ce ES qui apparaissait comme le facteur capital du processus de Rédemption et comme le répondant, à l'extrémité de la série, du ER primordial. Si on se souvient que le peuple juif n'est pas, comme l'Eglise chrétienne, une communauté institutionnelle, mais un corps (*Leib*) auquel on appartient organiquement, un fragment de monde déjà racheté ou, comme dit aussi notre auteur, « l'unique incorporation visible et effective du but atteint de l'unité[44] », la référence au « panthéisme vrai » de Schelling s'éclaire peut-être un peu. La corrélation ER – ES signifierait alors que dans la *vie* du peuple juif, Dieu et le monde trouvent sinon leur unité, du moins la promesse et les arrhes de celle-ci. Mais pousser plus loin serait sortir du plan de la *Grammatik* pour franchir la porte de la vie – cette porte où le *Stern* s'arrête avec une réserve que nous ne pouvons que faire nôtre. Disons seulement, pour conclure, que Franz Rosenzweig n'avait sans doute pas tort quand il se définissait, devant Buber, comme « le chevalier très désintéressé du *Es*[45] ».

---

41. *Ibid.*, p. 264.
42. *Ibid.*, p. 265.
43. *Das neue Denken*, GS III, p. 159.
44. Lettre à Rosenstock du 7.11.1916 (GS I, 1, p. 282)
45. GS I, 2, p. 826.

L'expression du duel dans la Rédemption*
À propos de la généalogie du Nous
chez Rosenzweig

Donatella Di Cesare

1. Il est étonnant que l'interprétation philosophique de Rosenzweig ne se fonde la plupart du temps que sur sa relation à Hegel (c'est-à-dire son opposition à lui) ou sur sa relation au dernier Schelling. On ne dit rien en revanche du rapport reliant « sa nouvelle pensée » à la philosophie du langage qui remonte à Hamann, Herder, et surtout Humboldt. Il en va de même lorsque l'on souligne la nouveauté de sa conception du langage qui fait de celui-ci le germe de toute compréhension de Dieu, de l'homme et du monde. En le séparant ainsi de la tradition « classique » de la philosophie du langage, on passe à côté de son originalité qui consiste en ce qu'il emprunte les éléments existants, les réinterprète selon le cas pour en faire le fondement de son « nouveau système ».

Une étude approfondie du rapport entre Rosenzweig et Humboldt fait à ce jour défaut ; dans le petit nombre de travaux consacrés à la philosophie du langage de Rosenzweig, le nom de Humboldt n'est, à quelques rares exceptions, guère mentionné[1]. Il est vrai que Rosenzweig lui-même ne mentionne Humboldt que dans des contextes qui n'ont pas directement trait à sa compréhension du langage – ce qui, soit dit en passant, appellerait de plus amples développements sur les modalités de la citation à l'époque. Et pourtant, par-delà leur commune appréhension critique et anti-idéaliste de l'intime connexion de la pensée et du langage, on trouve des passages dans *L'Étoile* qui sont des reprises explicites de certains propos de Humboldt[2].

* Traduction Anne Chalard-Fillaudeau et Guy Deniau.
1. H.-Ch. Askani, *Das Problem der Übersetzung – dargestellt an Franz Rosenzweig*, Tübingen, Mohr Siebeck, 1997, p. 15. Du reste, on peut en dire autant de Hamann. Pour cerner la signification de Hamann pour Rosenzweig, on peut se reporter à A. Zak, *Vom reinen Denken zur Sprachvernunft. Über die Grundmotive der Offenbarungsphilosophie Franz Rosenzweigs*, Stuttgart 1987, 195-215 ; voir aussi A.E. Bauer, *Rosenzweigs Sprachdenken im "Stern der Erlösung" und in seiner Korrespondenz mit Martin Buber zur Verdeutschung der Schrift*, Frankfurt, Lang, 1992.
2. Humboldt et la tradition humboldtienne relevaient par ailleurs du patrimoine culturel commun au début du XXe siècle. Rosenzweig a dû y accéder par

2. La question du « duel » peut, en l'occurrence, revêtir une dimension paradigmatique. On ne peut en effet comprendre le rôle fondamental que joue le duel dans le développement grammatical de *L'Étoile*, et plus particulièrement dans la généalogie du « Nous », sans prendre en considération les réflexions de Humboldt sur l'évolution des formes grammaticales. Bien qu'elle soit importante, la reconstruction de la correspondance entre Rosenzweig et Rosenstock ne peut fournir qu'une contribution partielle.

Le grammairien kantien August Ferdinand Bernhardi représente une étape importante de la tradition méta-critique. Dans ses *Anfangsgründen der Sprachwissenschaft*, Bernhardi envisage pour la première fois la relation entre la forme duelle et la dualité dialogique qui caractérise l'être du langage.

> Puisque nous faisons découler tout langage du dialogue avec autrui [...], il doit également exister dans les langues originelles une forme qui caractérise cela ; cette forme, c'est, outre les *Pronominibus personalibus*, la forme du duel[3].

Humboldt reprend les idées de Bernhardi dans son traité de 1827, *Über den Dualis*[4], qui est malheureusement resté inachevé. Dans son étude comparative des langues, Humboldt projetait non seulement de décrire les langues parlées dans le monde d'un point de vue structurel, mais aussi d'examiner transversalement certaines catégories grammaticales ou lexicales inhérentes à toutes les langues ; en procurant un aperçu des différentes modalités de réalisation d'une catégorie générale, un tel examen eût sans doute constitué un tournant et permis de modifier et de compléter la grammaire philosophique par l'apport de la documentation historique. Le traité sur le duel est l'exemple le plus réussi d'une telle monographie.

Au lieu de commencer par définir le duel, Humboldt part tout simplement du principe que le lecteur en a une connaissance intuitive. Il donne ainsi un aperçu des langues, relativement peu nombreuses, dans lesquelles on rencontre le duel proprement dit. Dans l'« Ancien

---

l'intermédiaire de l'œuvre de Franz Nikolaus Fink, *Die Haupttypen des Sprachbaues*, qu'il mentionne dans une lettre adressée à ses parents en date du 4 novembre 1916, voir F. Rosenzweig, *Der Mensch und sein Werk. Gesammelte Schriften I. Briefe und Tagebücher 1. Band 1900-1918*, hrsg. von R. Rosenzweig und E. Rosenzweig-Scheinmann, unter Mitwirkung von B. Casper, La Haye, Martinus Nijhoff, 1979, p. 271-274 ; voir aussi la lettre qu'il adresse à Rosenstock en date du 19 octobre 1917, dans *Briefe und Tagebücher 1*, p. 471.

3. F. A. Bernhardi, *Anfangsgründe der Sprachwissenschaft*, Berlin 1805, p. 40.

4. W. Von Humboldt, « Le Duel », in *Introduction à l'œuvre sur le kavi et autres essais*, trad. P. Caussat, Paris, Seuil, 1974, p. 97-131.

monde », l'Asie est le berceau de cette « forme remarquable » (VI, 11), puisque le duel est aussi bien présent dans le sanscrit que dans les langues sémitiques ; cependant, même si le duel s'est détaché de ces langues-mères pour se disséminer et s'imposer largement, ses traces ne subsistent pour l'essentiel que dans les « langues mortes » (VI, 14).

Commence ensuite une étude différenciée de ce qu'est le duel. L'observation porte sur la dualité qui caractérise le duel. Humboldt en distingue trois espèces. – (*a*) On trouve des langues qui dégagent l'idée du duel à partir de la dualité des personnes qui parlent, à savoir « le *Je* et le *Tu*» de la conversation ; dans ce cas, le duel adhère au pronom et, la plupart du temps, il se cantonne uniquement « au pronom de la première personne du pluriel, au concept de "nous" » (VI, 17). – (*b*) D'autres langues puisent le duel à dans la dualité d'objets qui se présentent par paires dans la nature : celle des yeux, des oreilles, des deux grands astres, etc.; le duel ici ne déborde pas la sphère du « nom ». – (*c*) Enfin, le duel peut provenir du « concept général de la dualité[5] ». Mais dans toute langue, précise Humboldt, on peut simultanément trouver des traces de ces trois façons de concevoir le duel.

Comment faut-il comprendre le « duel »? Selon Humboldt, c'est une « idée parfaitement erronée » que de tenir le duel pour un pluriel restreint qui n'aurait été introduit que de façon fortuite pour désigner le nombre *deux*. Il serait sur ce point légitime de se demander si d'autres nombres possèdent eux aussi leur forme propre. Il est certain qu'un pluriel restreint peut s'insinuer dans les langues qui assimilent le duel à un deux, à un simple nombre dans la série continue des nombres ; néanmoins, ce faux duel, qui est le résultat d'une restriction du pluriel, ne doit nullement être confondu avec le véritable duel. Celui-ci doit en effet être reconduit au concept de « dualité » (VI, 21). Humboldt ajoute : « D'après cette manière de voir, le duel constitue une sorte de singulier collectif du nombre *deux* » (VI, 21). Il s'agit d'une « forme de la quantité » qui renferme certes en soi une quantité, mais n'en reste pas moins une. Cette unité-là excède justement la multiplicité, c'est-à-dire qu'elle ne peut être épuisée par le pluriel, parce que celui-ci, dans son acception originelle, ne reconduit pas nécessairement la multiplicité à l'unité. Le duel révèle ainsi son caractère paradoxal puisqu'il partage à la fois la nature du singulier et celle du pluriel. Bref, le duel recèle une unité qui, si elle n'est pas saisie et préservée dans sa singularité, finit par se dissoudre dans un simple pluriel. La plupart des langues manifestent du reste une propension à cette tendance empirique ; dans toutes les langues cependant, le duel conserve au fond son sens plus « spirituel », qui est le sens d'un « singulier collectif ».

5. Cette troisième espèce va disparaître en premier, selon Humboldt.

Si l'origine et la fin peuvent être chacune considérées comme unité, ce qui se tient au milieu est la dualité. Il n'est que de partir de la séparation des deux sexes pour trouver la dualité – qui revêt presque, en l'espèce, les contours philosophiques de la dyade platonicienne – en tous lieux : dans la symétrie bilatérale des corps, humains et animaux, jusqu'aux phénomènes les plus puissants de la nature : le jour et la nuit, la terre et le ciel. Cependant, il n'y va pas seulement du résultat de l'observation empirique. Pour Humboldt, le concept de dualité est profondément enraciné dans les lois de la pensée : dans la thèse et l'anti-thèse, la position (*Setzen*) et le dépassement (*Aufheben*), l'être et le non-être, dans le moi et le monde. Même là où la division conceptuelle se poursuit, le troisième membre procède « d'une dichotomie originelle », ou alors la pensée le ramène volontiers à une telle dichotomie (VI, 25).

Mais le domaine dans lequel le duel est incontournable est celui du langage. Humboldt, dans un passage célèbre, synthétise de la manière suivante cette conviction :

> Toute parole repose sur l'interlocution au sein de laquelle, si grand que soit le nombre des participants, celui qui parle envisage toujours ceux à qui il s'adresse en tant qu'unité (VI, 25).

En reprenant l'intuition de Bernhardi, Humboldt renvoie donc à la relation qui se noue entre le duel et le « dualisme inaliénable » inhérent à l'être originel du langage, entre le duel et la dualité de la conversation, le dialogue du Je et du Tu (VI, 26). En vertu de l'« heureuse homogénéité » qu'il entretient avec le langage, le duel est apte à s'insérer dans la structure de celui-ci ; étant donné la profondeur d'où il est issu, le duel n'est ni un « luxe » ni une « excroissance » de la langue (VI, 30). Nous comprenons alors la proximité entre le duel authentique et le pronom, puisque le duel, comme le suggère la dualité du dialogue, adhère d'entrée au pronom (VI, 17, 27).

3. C'est la raison pour laquelle il est impossible d'étudier à fond la question du duel sans prendre en considération la question des pronoms. Comment Humboldt reproduit-il alors la grammaire des pronoms ? Et en quoi consiste sa parenté avec Rosenzweig ?

Humboldt juge que la distinction des trois personnes grammaticales est « l'élément le plus important » par lequel la grammaire s'impose vis-à-vis de la logique. On conçoit immédiatement que le Je n'est rien à lui tout seul, qu'il ne peut être quelque chose que dans la distinction d'avec autre chose. Mais on pourrait penser qu'à l'origine, il n'y avait de distinction qu'entre le Je et le Monde, entre la première et la troisième personne. Pourtant, la première personne ne peut se former par rapport à la troisième personne ; celle-ci est la contradiction de la première, soit son revers uniquement, et non véritablement quelque chose d'autre. Au lieu de Je et de Il, on devrait dire, à proprement parler, «*Je et Non-Je*» (VI, 26). Humboldt en vient à conclure à l'insuffisance du concept de Je au détour de la critique qu'il adresse à la philosophique théorique du premier Fichte. Mais la critique touche toute représentation solipsiste du monologue d'une pensée non effective.

Dans la mesure où la première personne n'est opposée qu'à la troisième, elle revêt le caractère d'un objet. Toutes deux renvoient à des objets vraiment différents et reposent «sur la perception interne et la perception externe» (VI, 26). Le Je vit dans les objets à titre de conscience obscure et s'épuise à leur contact; c'est pourquoi il ne s'éprouve qu'en tant qu'un autre objet, un non-je. S'il n'est livré qu'à lui-même, il n'est pas en mesure de concevoir une idée de lui-même comme Je. On s'adresse toutefois au Je de la manière suivante : «les choses ne sont pas telles qu'elles te paraissent». En comprenant que l'on s'adresse à lui, le Je découvre sa liberté de contredire. Son contact immédiat d'avec les objets est alors rompu. Avec la deuxième personne s'opère un tournant. Ce n'est que par rapport au Tu que le Je se constitue. Le Tu renferme en effet la «spontanéité du choix» (VI, 26). Par ce choix qui révèle la liberté du Je, le Tu se trouve retranché de la «sphère de tous les êtres». Mais cette confrontation de la première et de la deuxième personne change aussi la troisième personne. Car elle renterme, «en dehors du *non-Je*, un *non-Tu*» (VI, 26). Le Tu n'est donc pas le revers du Je, mais vraiment *quelque chose d'autre*. Plus encore, le Tu est l'autre personnel du Je. C'est seulement à travers le rapport à autrui, qui s'instaure par le truchement du langage, que se forme la communauté des deux. Toutefois, la troisième *personne* grammaticale peut toujours potentiellement prendre part elle aussi à cette communauté pour autant qu'elle est un non-Tu, ou plus précisément : un pas-encore-Tu.

4. En développant cette grammaire des pronoms, qui ne sont pas fortuitement appelés «mots exprimant la personne[6]», Humboldt insiste sur leur caractère personnel, plus précisément interpersonnel. Les pronoms déterminent non seulement les relations personnelles dans l'acte de parole; ils manifestent, mieux que toute autre catégorie, la dimension interpersonnelle du langage, son caractère dialogique qui émane de la dualité du Je et du Tu. Si l'on part de cette dualité, la troisième personne reste définie par la négative, c'est-à-dire qu'elle fait figure de tiers exclu; c'est néanmoins un tiers exclu qui, en sa qualité de non-Tu,

---

6. [N.d.t. – *Personenwörter* en allemand, selon un terme qui ne connaît pas d'équivalent en français.]

attend de pouvoir être inclus. Le Nous en revanche, que Humboldt ne fait que pointer, se trouve corrélé au Je et au Tu : il est en fait le pronom de leur communauté qui comporte, partant, la trace du duel.

Le *Nous* chez Rosenzweig endosse un caractère neuf et original. Mais il serait malaisé de suivre sa généalogie des pronoms sans prendre en considération le résultat des réflexions de Humboldt[7]. Il ne s'agit pas ici de se borner à constater leur parenté évidente, mais plutôt de tenter de comprendre quelques concepts complexes de la dernière partie de *L'Étoile*, et surtout le concept controversé de « communauté de tous » (*Allheit*)[8].

Pour Rosenzweig aussi, comme pour Humboldt, le Nous naît du duel. Ce serait dès lors une erreur de le prendre pour un pluriel quelconque. « Le Nous n'est pas un pluriel » (*Étoile*, 279) ; il n'est pas la simple multiplication de la singularité[9]. Le pluriel se forme en effet « dans la troisième personne du singulier » qui désigne le monde impersonnel des objets : le non-Je ou, mieux, le non-Tu qui reste en dehors de la relation Je-Tu. « La communauté de tous (*Allheit*) développée à partir du duel » (*Étoile*, 279) se dresse alors face à la multiplicité des objets. Le Nous surgit de la dualité du Je et du Tu qui, ayant pris conscience de cette dualité, l'expriment alors dans le « Nous ». C'est la raison pour laquelle le Nous porte la trace du duel dans le langage, ou mieux, dans les langues. Rosenzweig évoque le « duel » dans deux pages rapprochées de *L'Étoile* (277, 279), d'une manière qui rappelle l'interprétation de Humboldt. Le duel est « cette forme, qui n'a pas de permanence dans les langues et que le pluriel finit par aspirer au cours de leur évolution » (*Étoile*, 277). Il est vrai que, s'il est pris dans sa seule perspective empiri-

---

7. Il en va de même pour la correspondance entre Rosenzweig et Rosenstock, à partir du moment où tous deux se servent de la grammaire du discours que Humboldt avait développée.
8. [N.d.t. – La communauté de tous (*Allheit*) désigne l'ensemble exhaustif des individus ou éléments relevant d'un genre ou ensemble donné, ou bien le fait de se côtoyer et de former un tout. Cette traduction de *Allheit* par « communauté de tous » est celle d'A. Derczanki et J.-L. Schlegel dans leur traduction de *L'Étoile de la Rédemption*, Paris, Seuil, 1982. Il faut distinguer *Allheit* et *Totalität* aux échos hégéliens. Les passages de *L'étoile de la Rédemption* cités dans cet article se réfèrent à la traduction française.]
9. Rosenstock, lui aussi, évoque le duel de façon similaire et le distingue du pluriel ; cependant, il donne une explication décevante lorsqu'il affirme que la « troisième personne » résulte de la «*fusion* de morceaux du Tu et du Je », cf. E. Rosenstock, *Angewandte Seelenkunde*, p. 781-782. Cf. H. Stahmer, *Speak That I may see Thee ! The Religious Significance of Language. A Study of the thought of Johann Georg Hamann*, Eugen Rosenstock-Huessy and Franz Rosenzweig, University of Alabama Press, 1969.

que comme cela se produit dans de nombreuses langues, il risque de se fondre dans le pluriel ; par ailleurs, il n'adhère vraiment qu'aux rares objets qui se présentent par paires. À partir du moment où le duel est une forme de transition, il manifeste une instabilité caractéristique. Cette instabilité n'est pas seulement due à l'évolution de la langue. Rosenzweig renvoie à une raison plus profonde, à partir d'où l'on peut saisir une différence importante d'avec l'interprétation de Humboldt.

Dans la mesure où toute union rédemptrice est sous le signe du « pas encore », elle s'opère « de prime abord » (*zunächst*) avec le « prochain » (*der Nächste*)[10], avec ce qui ne cesse d'être « uniquement et constamment ce qui est le prochain » (*Étoile*, 277). Dans l'espace séparant le Je du Tu fait irruption un autre, le tiers, à savoir le plus proche de tous les prochains à venir ; à cet égard, le « tiers » qui est le prochain s'avère infini, il est même ce renvoi infini[11]. La relation au prochain respectif s'articule grammaticalement dans le duel. En bref, le duel signe le passage du non-Tu, ou plus précisément du pas-encore-Tu, au Tu. C'est l'instant où le tiers, encore exclu, encore non re-connu, se trouve dégagé de la sphère de tous les étants et accueilli dans son altérité ; c'est le moment où le « Tu » s'étend, où le Je dit à son tiers immédiatement prochain « Tu » (*Étoile*, 283). C'est un instant messianique. En effet, « qu'est-ce que la Rédemption, demande Rosenzweig, sinon que le Je apprend à dire Tu au Il » (*Étoile*, 324).

Ce duel de la Rédemption, ce duel rédempteur, glisse « d'un porteur à l'autre, au proche qui vient après, d'un prochain au prochain suivant, et [cette forme du duel] n'est pas en repos avant d'avoir fait le tour de la création » (*Étoile*, 277). Mais doit-on alors en ce cas dire du duel qu'il s'absorbe dans le pluriel au cours de son extension messianique ? Le duel, au cours de cette extension, ne bascule justement pas dans le pluriel, et tel est le point important. Voici la justification qu'en donne Rosenzweig :

> En réalité, [la forme du duel] laisse partout des traces de cette pérégrination en introduisant partout, dans le pluriel des choses, la signe de la singularité ; là où le duel a un jour résidé, là où quelqu'un, ou quelque chose, est devenu le prochain de l'âme, une part de monde devient ce qu'auparavant elle n'était point : âme (*Étoile*, 277).

Le duel appose donc au pluriel, d'habitude impersonnel, la marque de la singularité personnelle. En ce sens, le duel inaugure dans la phi-

---

10. [N.d.t. – Il est pour le moins malaisé de reproduire le jeu de mot allemand entre l'adverbe temporel *zunächst*, le directionnel *zu* et la notion de proximité (spatiale et temporelle) contenue dans le *nächst* et le substantif *der Nächste* (le prochain), de là le recours à une périphrase et à une apposition.]

11. Ce tiers infini sera par la suite repris par Levinas.

losophie de Rosenzweig une nouvelle conception de la « communauté de tous » qui apparaît sous la forme du Nous.

5. Dans quelle mesure le Nous porte-t-il la trace du Duel à partir duquel il s'est formé ? La porte-t-il d'ailleurs véritablement ? Cette trace ne risque-t-elle pas de s'effacer dans la « communauté de tous » ?

Le « Nous », dit Rosenzweig, est toujours « Nous tous », ce qui semble représenter une menace. Rosenzweig précise tout de suite que le « Nous tous » signifie « Nous tous qui sommes ici rassemblés » (*Étoile*, 279). À la différence des pronoms singuliers « Je », « Tu », « Il », qui sont univoques dans leur auto-référentialité, le « Nous » est loin d'être sans équivoque ; lorsque quelqu'un dit « nous », j'ignore, « même si je le *vois*, [...] de qui il parle », c'est-à-dire, s'il parle de moi aussi en plus de lui, ou de lui et de quelqu'un d'autre, sans moi, et en définitive de qui que ce soit d'autre. Qu'ils soient inclus ou exclus, les autres constituent, d'entrée de jeu, le problème du Nous. Au-delà du Je qui l'énonce, le Nous se réfère toujours au « cercle le plus large qui soit pensable », et qui se délimite en fonction des circonstances (*Étoile*, 279). La nécessité de la limite est déterminée par l'ici et maintenant de l'histoire. Et c'est la raison pour laquelle le Nous ne peut encore embrasser tous les Autres.

Le Nous forme le contrepoids du Tu ; si le Tu peut s'étirer de façon messianique, alors le Nous est obligé de dire « Vous ». Et le « Vous est terrible », observe Rosenzweig (*Étoile*, 280). Dans le « Vous » s'exprime un jugement qui tranche, un jugement qui non seulement sépare mais qui est aussi inéluctable. Car on ne peut éviter la séparation là où il n'y a point de rédemption. Tout ce que le Nous ne peut atteindre, ou ne serait ce qu'apercevoir, il doit – « au nom même de sa clôture et de son unité » (*Étoile*, 280) – le repousser hors de sa sphère lumineuse et sonore en disant « Vous ». Mais tout en disant « Vous », le Nous fait l'expérience de la restriction et aspire à la surmonter, il cherche un au-delà. Cet au-delà est le « Nous tous ». Le Nous aspire à parcourir le monde et le temps du Vous sur le chemin que lui a ouvert le Tu, et à parvenir enfin « à ce jour » où sa sémantique ne peut plus faire l'objet d'aucune méprise, où l'union éclot dans l'unité, et où, de ce fait, le « Nous » signifiera « Nous tous ». C'est la raison pour laquelle le « Nous » est le pronom qui régit le futur, est la forme grammaticale de la communauté, il est l'accord sur lequel commence la strophe finale du chant de la Rédemption.

Dans l'« unisson immense » du Nous où tout se rassemble, toute éternité future se brise « dans le maintenant présent de l'instant » (*Étoile*, 281) ; le Nous transforme, « à la manière d'une cohorte » l'instant présent en dernier instant, de sorte qu'il devienne l'origine du futur. De son côté, le Nous anticipe, dans cet instant, la communauté à venir et se convertit par là en un « Nous tous ». C'est en cela que réside, selon Rosenzweig, le caractère messianique du langage[12]. Dans le datif de l'acte de rendre grâce adressé à l'Unique, ceux qui, autrement, seraient séparés, s'unissent. Le datif reste toujours au-delà et devient par là-même ce point en lequel tous peuvent converger. Ainsi, dans la mesure où il est ce qui relie véritablement, le datif est à la fois ce qui délie et rachète véritablement (*Étoile*, 269). Cette unification rédemptrice est bel et bien la réalisation de tout ce pour quoi l'on prie. L'unification de l'instant s'accomplit sous le signe de la croyance/confiance en la réalisation d'un pronom non-pronom, ou plus exactement d'un pronom-qui-ne-l'est-plus, qui réunit sans les abolir toutes les relations pronominales et les oriente vers le Nom Unique.

Cependant, le Nom est au-delà de l'histoire, tandis que la parole (*das Wort*), en laquelle culmine l'accord de la communauté, n'est et ne restera jamais que parole. Or « la parole n'est jamais ultime, elle n'est pas simplement parlée, elle est aussi parlante » (*Étoile*, 279-280). Tant qu'il y a langage, il n'est pas de fin, en raison de l'ouverture que comporte le langage. Le Nous peut faire surgir l'éternité dans l'instant, peut anticiper de façon messianique le « Nous tous », il ne peut pour autant dire la fin. Le lien engendré par le langage s'accomplit toujours sur le mode de la séparation. Les termes de Rosenzweig rappellent ceux de Humboldt lorsqu'il constate que le langage « unit et disjoint tout à la fois ». Mais cette disjonction que la dualité du langage porte avec soi, fait justement que la communauté de tous se clôt pas en une totalité, totalitaire et totalisante. La communauté de tous, qui s'articule dans le Nous, est toujours une « communauté de tous [13] » langagière et, du même coup, une communauté de tous humaine qui demeure ouverte.

Cela signifie que le Je ne s'absorbe pas dans le Nous comme dans l'universalité – comme, par exemple, dans la célèbre formulation de Hegel qui exprime l'unité du « Je qui est Nous et du Nous qui est Je[14] ». Il manque ici la réciprocité du Je et du Tu, la dualité du duel. Le Nous de Rosenzweig, en revanche, n'est ni la mise en commun d'égoïtés

---

12. Voir. D. Di Cesare, «Die Messianität der Sprache », in : *Franz Rosenzweigs neues Denken*, hrsg. von W. Schmied-Kowarzik, Freiburg/München, Alber, p. 862-870.

13. C'est pourquoi cette « communauté de tous » (*Allheit*) se distingue rigoureusement de la *Allheit* de Dieu qui accueille en elle tout ce qui relève du néant, rachète, dé-lie et délivre (*er-löst*) tout. Cf. D. Di Cesare, « Die Grammatik der Zukunft. Ich, Du, Wir in Rosenzweigs Sprachdenken », in *Trumah* (Zeitschrift der Hochschule für jüdische Studien Heidelberg), II, 2001, p. 61-70.

14. G.W.F. Hegel, *Phänomenologie des Geistes* (1807), Akad.-A. 9, p. 108.

monadiques ni la pluralisation impersonnelle du Je. Il est bien plutôt « la communauté de tous qui se développe à partir du duel », l'unité singulière de personnes individuelles au sein de laquelle la division duale de la cohabitation dialogique se trouve continûment préservée[15]. Ce n'est pas un hasard si Buber parlera d'un « entre » à propos de ce duel, et s'il le fait, c'est pour distinguer le « Nous vivant » du « Nous collectif [16] ». C'est en ce sens qu'il écrit : « Seuls les hommes qui sont capables de réellement se dire Tu l'un à l'autre peuvent réellement dire, l'un avec l'autre, Nous [17]. » Levinas, reprenant Rosenzweig, souligne que la collectivité où « je dis "tu" ou "nous" » n'est pas un « pluriel de "Je" », et trouve pour désigner le phénomène éthique de « l'entre-nous » cette tournure permettant de préserver l'altérité : « Nous sommes le Même et l'Autre[18]. »

Même après les totalitarismes qui sont apparus au cours du XXᵉ siècle, et ce justement au nom des idées de communauté, le *Nous duel* de Rosenzweig reste, en vertu de son potentiel rédempteur, le point d'orientation de toute perspective philosophique qui se garde certes d'hypostasier à tort le « Nous », mais ne juge pas moins nécessaire d'élargir sans cesse la communauté du « Nous » par des façons autres et distinctes de dire-le-Nous que celles qui existent.

---

15. Pour Rosenzweig, cette nouvelle unité est le contraire du « Un-Tout » (*Einen-All*) des philosophes.
16. M. Buber, *Logos*, p. 66-67.
17. M. Buber, *Das Problem des Menschen*, Heidelberg, Schneider, 1961, p. 115 sq.
18. E. Levinas, *Totalité et infini*, La Haye, M. Nijhoff, 1961, p. 9.

Entre paganisme et révélation
Généalogie de l'intersubjectivité
dans *L'Étoile de la Rédemption*

Emilia D'Antuono

Introduction

La réduction des anthropologies philosophiques traditionnelles et de leur apparent savoir de l'homme à un « néant du savoir[1] » a conduit Rosenzweig à la configuration d'une identité de l'humain, intramondaine (ou métalogique) et méta-mondaine (ou métaéthique), qui doit beaucoup à la définition kantienne de l'homme comme citoyen de deux mondes[2].

La figure de l'humain dessinée par Rosenzweig dépasse toutefois Kant, dans la tentative de franchir une ambiguïté identifiée et dénoncée, de manière lucide, comme dangereuse. Kant, écrit Rosenzweig, a « considéré les deux sphères comme équivalentes. Mais il n'y en a qu'une qui soit 'monde' : c'est celle de l'individualité naturelle et de la personnalité 'historique' ». La dimension métaéthique, que Rosenzweig identifie avec le Soi, n'a pas de rapports avec le monde : « La sphère du Soi n'est pas monde et ne l'est pas parce qu'on l'appelle ainsi. Pour que la sphère du Soi devienne 'monde', il faut que 'périsse ce monde'. » C'est à cause du risque, inévitable, d'un glissement du Soi dans la sphère du monde qu'une prise de distance par rapport à Kant devient nécessaire. « L'analogie qui range le Soi dans un monde est déjà trompeuse chez Kant même et elle conduit très ouvertement ses épigones à confondre ce 'monde' du Soi avec le monde existant. Elle donne le change en passant par-dessus

---

1. Cf. F. Rosenzweig, *L'Étoile de la Rédemption* (désormais : *Étoile*), traduit par A. Derczanski et J. L. Schlegel, Paris, Seuil, 1982, p. 78 *sq.*
2. Cf. *Étoile*, p. 87. La distinction kantienne entre « caractère intelligible » et « caractère sensible », la détermination de la possibilité qu'un même phénomène puisse être doublement observé, en relation à l'« effet de nécessité » et à l'« effet de liberté », sans que ces deux polarités entrent pour autant en conflit mais sans non plus qu'elles soient en relation dialectique, voilà qui représente pour Rosenzweig la véritable révolution de Kant. Grâce à elle, l'ordre de la connaissance et l'ordre de la pensée, l'intramondanité naturelle et historique et la métamondanité de l'homme cohabitent sans se contredire.

l'irréconciliable lutte, par-dessus la dureté de l'espace et la résistance du temps [3]. » Cette identité de l'humain implique dans la pensée de Rosenzweig une interprétation spécifique des modalités de relations possibles entre les individus et entre l'individu et sa communauté. L'homme « métalogique », l'homme en tant qu'individualité (à savoir, en tant que « morceau du monde sensible[4] ») et en tant que personnalité, qu'individualité interprétant un rôle sur la scène de son présent historique, appartient à la sphère intramondaine, et il en partage la logique et le « destin ». Logique et destin que Rosenzweig illustre, à partir de l'horizon de la « métalogique ». On sait en effet que dans de célèbres pages de L'Étoile[5], le *cosmos* métalogique est configuré par le mouvement de la multiplicité des phénomènes vers la pluralité de formes « immobiles » qui constituent le *logos* intramondain. Rosenzweig décrit cette « activité du contenu » et « passivité de la forme » comme une « chute » de la pluralité dans l'unité de chacune des formes du *logos* métalogique. La relation des individus, en tant que « morceaux » du monde naturel et du monde historique, est dessinée par le mouvement du contenu vers la forme, par la remise du particulier dans son genre d'appartenance. L'homme métaéthique, l'homme ent tant que Soi, en tant qu'Adam, n'appartient à aucun monde. Enfermé en soi il est, écrit Rosenzweig, « aveugle et muet[6] ». Dans sa complète introversion et autoréférence, il ne peut pas établir des ponts avec l extériorité. Telle est la raison pour laquelle « il n'est pas un monde ». Pour devenir constructeur de monde il doit effectuer cette « métamorphose de l'essence[7] » que, selon Rosenzweig, la révélation seule rend possible, il doit devenir capable de parole dialogique et d'une action motivée par l'amour du prochain. Voilà le sens des mots cités pré-

---

3. « L'homme est "citoyen de deux mondes"… Mais cette expression forte trahit aussitôt toute la faiblesse de Kant, celle qui explique pourquoi son apport impérissable put bientôt tomber dans l'oubli : cette faiblesse consiste dans l'affirmation d'une équivalence entre les deux sphères, prises comme "mondes". Car il n'y en a qu'une qui soit monde. La sphère du Soi n'est pas monde et ce n'est pas parce qu'on l'appelle ainsi qu'elle est telle. Pour que la sphère du Soi devienne "monde", il faut que "périsse ce monde". L'analogie qui range le Soi dans un monde est déjà trompeuse chez Kant lui-même, elle conduisit aussi ses épigones à confondre très ouvertement ce "monde" du Soi avec le monde existant. Cette analogie donne le change en passant par-dessus l'irréconciliable lutte, par-dessus la dureté de l'espace et la résistance du temps. Elle estompe le Soi de l'homme alors justement qu'elle semble le circonscrire » : cf. *Étoile*, p. 87

4. « L'homme est un morceau du monde » : *Étoile*, p. 88.

5. Cf. « Le monde et son sens ou métalogique » : *Étoile, p. 54 sq.*

6. « Aveugle et muet » : *Étoile*, p.88 ; « Le Soi est seul, c'est Adam, l'homme lui-même. Le Soi est tout simplement enfermé en soi » : *Étoile*, p. 85

7. *Étoile*, p. 89.

cédemment : « afin que le Soi devienne monde », la sphère du « non-révélé », à savoir le domaine du « métalogique », du « métaéthique », du « métaphysique [8] », doit se faire passé irréversible. Des relations intramondaines, dominées par la nécessité métalogique, qui concernent l'homme en tant que « morceau du monde sensible », naturel et historique, mais aussi l'absence de relations qui caractérise le Soi métaétique dans la sphère du « non-révélé », font le passé de cette intersubjectivité. Elle doit être interprétée comme étant constitutive d'une figure différente de l'humain et de la communauté, de cette image de l'humain et de la communauté qui « commence à briller » dès la révélation, unique expérience bouleversante capable de produire une métamorphose radicale et d'ouvrir un horizon différent.

Rosenzweig donne une configuration plastique à l'identité de l'homme et aux différentes relations inter-subjectives que l'homme établit. Il le fait à travers une interprétation particulière de la *polis*, de la tragédie attique, et du *Cantique des cantiques*.

Impossible inter-subjectivité : solitude et destin dans la polis « païenne »

Dans l'interprétation rosenzweigienne la *polis* est la réalisation historique la plus complète qui soit de cette conception « métalogique » du monde qui se trouve au point de départ de « la nouvelle pensée », et que l'Antiquité a élaborée sur le plan théorique, jusque dans ces pages de Platon ou d'Aristote dont le destin fut de ne pas avoir de retentissement, parce qu'elles furent obscurcies par l'hégémonie de la pensée ontologique qui, déjà dans Platon et Aristote, avait – selon la célèbre thèse de *L'Étoile de la Rédemption* – capturé le monde et sa *contingentia* dans la totalité [9].

---

8. Cf. les trois parties de l'œuvre : « Dieu et son être ou métaphysique. Le monde et son sens ou métalogique. L'homme et son Soi ou métaéthique », *Étoile*, p. 34 *sq*.

9. La cosmologie métalogique concerne le macrocosme et le microcosme : « Il ne s'agit certes pas seulement de la cosmologie du macrocosme, mais avant tout de celle du microcosme, donc aussi bien du monde "naturel" que du monde "spirituel". Pour le monde naturel, le rapport n'est même pas si évident : en effet la pensée fondamentale de l'Idéalisme, l'identité entre l'être et la pensée, avait déjà fait son apparition dans l'Antiquité. Mais cette pensée n'avait pas eu d'effets cosmologiques dans l'Antiquité, où elle demeure métaphysique. ... Mais Platon lui-même ainsi qu'Aristote n'enseignent pas, à l'intérieur du monde, un rapport d'émanation, une relation active quelle qu'elle soit, entre idée et phénomène, entre concept et chose, genre et individu ou de quelque autre manière qu'on envisage l'opposition. Au contraire, on voit apparaître là

Le monde rendu connaissable par la conception métalogique est « un tout » doté d'une figure et marqué par le mouvement de « chute » du particulier, poussé par « la pesanteur aveugle de son être [10] » vers l'immobile universel.

Dans la polis, macrocosme métalogique et microcosme se répondent comme en un miroir. La *polis* est un *speculum mundi* car elle rend visible « un Tout [11] » : un Tout autofondé, sur un *logos* que nous pouvons bien appeler « auto-chtone » au sens strict du terme, c'est-à-dire consubstantiel au monde et contemporain à lui, plein d'une multiplicité d'individus placés dans les formes où le *logos* s'articule. Ces formes sont le dernier refuge de particuliers en chute libre : chacun est une partie, chacun est seul par rapport à tous les autres, chacun est parfaitement à sa place, désindividualisé à la fin de son propre mouvement d'inclusion dans sa commuauté, parce qu'il est désormais devenu la pierre d'un édifice qui, comme le Parthénon, est « belle figure [12] », « œuvre d'art ».

Rosenzweig écrit : « Le problème du rapport de l'individu et du genre a été résolu par le monde antique, dans la théorie et la pratique, dans un sens apparemment métalogique. Le peuple, l'État, et toutes les formes de communauté que l'Antiquité a connues sont des fosses aux lions : l'individu voit bien des pistes qui y mènent, mais aucune qui en sorte. Au sens le plus propre, l'homme se heurte à la communauté comme à un tout dont il n'est qu'une partie, et il le sait bien » ; « l'individu antique ne se perd donc pas dans la communauté pour mieux s'y retrouver, mais tout simplement pour la construire ; lui-même disparaît [13] ».

La communauté constitue un ensemble par rapport à l'individu-partie : « Ces ensembles dont il n'est qu'une partie, ces genres dont il n'est qu'un représentant règnent comme des puissances absolues sur sa vie morale, bien qu'en eux-mêmes ils n'aient rien d'absolu et qu'ils ne soient à leur tour que des cas particuliers du genre État ou du genre peuple en général. Par l'individu c'est sa communauté qui est la communauté tout court. Précisément en raison de cette clôture vers l'extérieur et de ce caractère inconditionné au-dedans, ces communautés deviennent les essences singulières structurées de part en part, qu'une

---

les pensées remarquables selon lesquelles les choses "imitent" l'Idée ; elles les "contemplent", elles "aspirent" vers elles, elles "évoluent" vers elles, qui n'est pas cause mais "fin". L'Idée "repose". Le phénomène fait le mouvement vers elle. C'est exactement l'apparence de la relation métalogique. » *Étoile*, p. 68.

10. « Sa force n'est que la pesanteur aveugle de son être. » *Étoile*, p. 59.

11. « Il ne s'agit pas "du" Tout pensable, mais "d'un" Tout – fécond en pensée », *Étoile*, p. 61.

12. « Belle figure », *Étoile*, p. 76.

13. *Étoile*, p. 69-70.

réflexion tant soit peu approfondie comparera inévitablement à l'œuvre d'art ». L'État « œuvre d'art » est un édifice parfaitement stable. Aucune activité ne l'anime, si ce n'est la distribution des pierres de construction. Dans son corps rigide ne circule pas la vie dont est animé l'État-organisme tant apprécié par la tradition idéaliste, qui a rétrospectivement projeté dans le temps un idéal tout à fait moderne : « En effet, l'État antique ne connaît que la relation immédiate du citoyen à soi, précisément parce qu'il constitue un ensemble dans la structure duquel les parties viennent se fondre, alors que l'État moderne est le tout d'où les membres tirent la force pour se structurer[14]. » L'État moderne implique un principe de dimension humaine commune, une idée forte de communauté interpersonnelle, une idée de solidarité structurelle entre les hommes qui n'a rien en commun avec le « destin » naturel d'un agir humain, lequel n'est que « chute » vers la forme. L'action politique interne à la cité ne peut se pratiquer que comme comblement de l'ensemble, elle n'implique pas une relation avec l'autre en tant que semblable. L'impossibilité de la « représentation », idée étrangère au monde ancien, est structurelle : la représentation exige la reconnaissance de l'humanité de l'homme en tous, la reconnaissance d'une appartenance réciproque qui dépasse le lien univoque qui lie « naturellement » l'individu à l'espèce à laquelle il appartient, selon le *logos* du *cosmos* ; « L'idée de représentation se heurte en effet dans le droit antique à des difficultés très caractéristiques. Chaque homme singulier n'est que lui-même, il est seulement individu. Même là où il faut en venir avec nécessité à l'idée de représentation, dans le culte et spécialement dans le sacrifice, chez l'homme qui sacrifie comme chez celui qui est sacrifié, même là on aperçoit la difficulté dans l'effort constamment perceptible pour transférer au sacrificateur une pureté personnelle et à la victime une destination à mourir, par exemple comme criminel ou de moins comme objet d'une malédiction ayant une efficacité magique. Que précisément celui qui est personnellement impur soit propre à opérer le sacrifice, que celui qui est personnellement pur soit propre à subir le sacrifice pour tous, voilà une pensée de la responsabilité collective absolue de l'human-ité (*Menschen-heit*) en tous, qui reste aussi étrangère à l'individualisme antique que...que précisément la pensée de la responsabilité humaine collective[15] ».

Dans l'Antiquité l'intersubjectivité, qui implique la responsabilité réciproque, est étrangère à l'horizon des relations interhumaines du citoyen de la communauté politique. De la *polis* pensée par Rosenzweig disparaît donc ce mythe idéaliste de la dimension de la communauté, du moins de

---

14. *Étoile*, p. 70
15. *Étoile*, p. 71.

la communauté au sens le plus fort du terme: d'une communauté qui serait enracinée dans un *ethos* et non pas dans le *logos* cosmique. La *polis* est un édifice constitué d'individus qui, tels les pierres d'une construction, se disposent dans l'espace projectuel de la forme architecturale qui les serre en une unité. C'est grâce à cette connexion que la vie est commune, et l'Antiquité n'élabore pas une doctrine différente de la vie commune[16]. Et la révolte des Sophistes n'introduit pas non plus quelque chose de nouveau. Les Sophistes « partent du point de vue de l'homme singulier qui refuse d'admettre qu'il n'est qu'une partie de la totalité », « un morceau de monde », mais ils se limitent à la proclamation de la centralité de l'homme, *métron apanton*, et ils n'élaborent aucune doctrine de la communauté : ils ne disent pas comment « la nature libre de l'homme », de l'homme détaché de la « mondité » et donc différent de celle-ci et pour cela « mesure de toute chose », doit se faire activement « valoir dans toutes les choses et sur tous les ordres existants[17] ».

Les Sophistes ont le sentiment de l'altérité de l'homme par rapport au *cosmos*, mais dans leur notion d'homme n'émerge pas la dimension de l'action constructive de liens intersubjectifs, et donc du monde humain, seule puissance capable de défaire le nœud de la notion métalogique de la *polis*.

C'est ainsi que dans l'écriture de Rosenzweig la *polis*, modèle de la liberté dont a bénéficié l'homme ancien proposé par la culture allemande des XVIIIe et XIXe siècles, devient la « fosse aux lions » où l'individu s'enfonce sans plus pouvoir en sortir. La vie dans la *polis* est ce sacrifice du particulier dans l'universel, que la guerre met pleinement en évidence. L'unité omni-embrassante de la forme-institution prend la figure de la mort, se transforme de vie politique en tombeau monumental. La Grèce est la patrie de « l'homme qui a commencé à *être chez soi* » : que reste-t-il de la célèbre thèse de Hegel ? L'autochtonie grecque célébrée par la philosophie hégélienne de l'histoire, l'appartenance du *logos* au microcosme politique en tant que loi, principe d'autonomie accomplie en soi, se transforme en captivité, ou même en véritable Moloch, destructeur omnivore d'hommes. La « libre » individualité grecque est ainsi définie dans l'alternance tragique de la nécessité du *logos* et du hasard de son être-là, dont la combinaison dessine le mouvement le plus propre du microcosme. Mouvement toujours égal, la statique institutionnelle ne change pas, « le totalement commun... ce qui toujours était et

---

16. « Certes, contre cette vision métalogique de la vie commune des hommes, déjà l'Antiquité elle-même s'est révoltée, non pas avec une autre doctrine de la vie commune. » *Étoile*, p. 72.

17. Les Sophistes « partent du point de vue de l'homme singulier qui refuse d'admettre qu'il n'est qu'une partie de la totalité ». *Étoile*, p.72.

revient toujours et vaudra demain, parce que c'était valable aujourd'hui[18]» et la chute du particulier : voilà qui est inexorable. Aucun espoir – inconnu en terre grecque, comme le savait déjà Burckhardt – ne peut étinceler : l'*ordo* cosmique, devenu *ordo* politique, ne change pas. Il est refermé sur soi-même et il ne s'ouvre pas, et la roue de la répétition ne peut s'arrêter. La mort non plus ne peut avoir prise sur cette pérennité. L'*athanasia* de la *polis* dont parlait Isocrate[19] et le *Nichtsterbenkönnen* (le « ne-pas-pouvoir-mourir ») de Rosenzweig proclament l'intangibilité du « destin » grec, si bien que le « ne-pas-pouvoir-mourir » de la Grèce devient le dernier mot, le renversement extrême du mythe idéaliste.

La douleur qui habite la *polis* s'offre sans rachat, et elle s'auto-exposerait en une totale indigence si l'art ne lui offrait pas le voile de sa puissance fascinatrice. Mais la beauté de l'État «œuvre d'art», le soulagement réservé au spectateur et en premier lieu à Hegel, « contemplateur serein du monde », étaient totalement inconnus à l'homme réel qui vivait dans ses limites infranchissables. Ce n'est que comme objet de contemplation esthétique, comme « figure belle », qui par sa connexion interne et sa perfection incarne « l'idée même du beau », donnant vie à la deuxième loi de l'art – « la loi de la forme interne[20] » – que l'État grec garde sa splendeur.

Manque d'une vie commune qualitativement différente de l'appartenance à la Forme – institution, liberté réduite à l'unique acte de sacrifice de soi en défense de la patrie ; inexistence, donc, d'une action qui serait créatrice d'un monde éthiquement humain : tout cela rend la *polis* inutilisable en tant que modèle d'intersubjectivité, même d'une intersubjectivité pour ainsi dire «faible», pensée exclusivement dans les termes d'une communauté politique intramondaine. Dans la sphère du politique n'apparaît pas ce que le mythe idéaliste de la Grèce a proposé[21] : la figure de l'homme en tant que belle individualité caractérisée par l'exercice de la liberté participative, constitutive d'une communauté intersubjective. Pour Rosenzweig, on l'a vu, la polis est le « phénomène » qui fait ressortir la force du genre, la force destructrice de la personnalité « sans être limitée par des forces contraires[22] », de sorte que son habitant, le *polites*, est véritablement, comme Aristote le veut,

18. *Étoile*, p. 61.
19. Isocrate, *De pace*, 183 d.
20. Cf. *Étoile*, p. 76.
21. Cf. J. Taminiaux, *La nostalgie de la Grèce à l'aube de l'idéalisme allemand. Kant et les Grecs dans l'itinéraire de Schiller, de Holderlin et de Hegel*, La Haye, Martinus Nijhoff, 1967.
22. «Précisément là où la force du genre, qui broie les personnalités, se donna figure dans le phénomène de la polis sans être limitée par des forces contraires.» *Étoile*, p. 90-1.

un animal politique : celui dont la faculté de parole, nécessaire à l'individuation et à la relation, ne suffit pas à le séparer du genre, à le sauvegarder de sa force, à le détacher de l'« animalité » unifiante et du destin de dis-individuation menaçant tout être qui ne serait qu'exemplaire d'une espèce. La pluralité ne débouche pas sur une relation intersubjective qui renverserait le destin de solitude des citoyens et combattrait la « fatale » remise de soi dans l'universel en tant qu'unique possibilité d'action « bonne » du citoyen, dans le microcosme politique.

Impossible inter-subjectivité : le héros de la tragédie grecque

Près de *l'agora*, contigu mais absolument séparé, Rosenzweig ouvre l'espace de la scène tragique pour y placer « avec toute la force de la visibilité » cette dimension de l'homme, le Soi, qui n'appartient pas au *cosmos*, qu'il soit naturel ou politique. Il en est au contraire tellement séparé qu'il prétend « pour soi tous les droits du genre, jusqu'à prendre possession de son siège royal, dans une singularisation orgueilleuse[23] ».

Le Soi est l'homme en son noyau insondable, vu à partir de ce qui lui est intérieur : l'homme comme possibilité éthique, la conscience de soi dont la figure fut donnée uniquement par l'esprit grec. Les Grecs furent uniques, parce qu'ils eurent « le courage de devenir tragiques[24] », le courage de ne pas s'arrêter sur le chemin qui conduit la volonté à vouloir la singularisation absolue, à vouloir la finitude et la caducité qui, « de nature », appartiennent à l'homme, à les vouloir jusqu'à soustraire l'homme au genre et à le forger comme caractère obstiné, indifférent à la loi du *cosmos* non moins qu'aux énigmatiques jugements des dieux, selon la thèse de la « métaéthique ». Rosenzweig pense l'*hybris* de la tragédie grecque comme figure de l'obstination héroïque, comme volonté éveillée par l'expérience de la mort et subitement devenue inextinguible, à partir de son jaillissement. Dans la rencontre avec *Thanatos* le héros ne se soumet pas davantage, mais dans la crainte de la mort qui le rend incapable de silence et de cri, il sent s'éveiller en lui une volonté, qui oriente « toute son existence à passer avec succès cette rencontre ». – « Sa vie reçoit la mort comme seul contenu », et elle lui dérobe le caractère de puissance naturelle. La confrontation avec la mort, qui n'est pas soumission mais activation d'une puissance inconnue, à savoir d'une volonté de durer malgré la caducité, arrache l'homme à l'alternance « de cris et de silences[25] » de l'*agora*, et le remet

---
23. *Étoile*, p. 91
24. *Étoile*, p. 93.
25. *Étoile*, p. 94.

au mutisme abyssal de l'intériorité. Le héros « entre dans la sphère du mutisme pur et souverain, la sphère du Soi ». « En se taisant, il rompt les ponts qui le relient à Dieu et au monde et s'arrache aux paysages de la personnalité, qui par la parole trace ses limites et s'individualise face à d'autres, pour se hisser dans la solitude glaciale du Soi[26] ».

La tragédie antique s'est forgée pour mettre en scène le silence. Eschyle est le maître indiscutable de la représentation du silence, silence qui dure pendant des actes entiers et qui est le langage unique de l'intériorité, enfin configurée. L'aphasie tragique confirme l'impossibilité pour l'homme de se libérer de la solitude. Elle évoque le destin lié à l'*hybris*, la condamnation intérieure à la volonté obstinée qui, en se voulant soi-même exclusivement, ne peut jamais sortir de soi, jamais devenir *motu proprio* action instauratrice de relations et d'intersubjectivité. Le héros souffre de cette impossibilité, d'ailleurs. Mais cela lui importe peu, ou pas du tout.

« De la volonté du Soi tragique, nul pont ne mène vers quelque chose que ce soit, ce dehors fût-il une autre volonté. Comme défi orienté sur le caractère propre, sa volonté assemble toute violence en son for interne[27] ». Le héros vainc la mort, en lui opposant le refus de sa puissance, en se dérobant, en tant qu'intériorité, à la prise qu'elle exerce sur lui, pris comme « morceau du monde ». Selon Rosenzweig, la dimension héroïque consiste dans ce mépris : celui qui jaillit du fait d'avoir transformé toute extériorité en son propre contenu, non pas par la soumission ou la lutte, qui comme Hegel le savait bien sont spéculaires, mais en imprimant le sceau de son défi : ce sceau toujours identique – *si fractus illabatur orbis*: que mon âme meure avec les Philistins[28] ». C'est ainsi, dans le dédain déclaré par le « Je veux », que le héros devient indifférent à la mort, laquelle attaque toutefois sa dimension intramondaine, en exigeant l'immortalité : « Immortalité – avec ce mot nous avons abordé une ultime aspiration du Soi[29] ».

Cette immortalité, prétendue par le Soi obstiné qui veut la suspension du temps en un moment qui dure, et qui l'obtient en s'exilant dans une intériorité sans issue vers le dehors, n'est que l'impossibilité de mourir : « Toute doctrine antique de l'immortalité en arrive à cette impossibilité de mourir pour le Soi qui s'est libéré[30] ». Le héros, figure de l'intériorité, porte sur la scène grecque cette impossibilité de mourir, que la conscience humaine expérimente, toujours et partout,

26. *Étoile*, p. 95.
27. *Étoile*, p. 96.
28. *Étoile*, p. 94. Cf. Horace, *Odes*, III, 3, v. 7-8.
29. *Étoile*, p. 97.
30. *Étoile*, p. 97.

comme « non-représentabilité » de sa propre mort. Dans le cri du silence héroïque, le paganisme dit sa parole la plus élevée, et aussi la dernière, sur l'immortalité. Le paganisme projette dans son dieu mythique la félicité d'ignorer la mort, et dans son *cosmos* l'inchangeable nécessité d'un mouvement qui toujours se répète, dans une absolue extranéité à la dissolution qui tourmente les individus et les personnalités, et avec son héros la prétention de vaincre la mort, qui est incompatible avec la puissance de la volonté obstinée forgeant l'intériorité comme réalité autonome. Ainsi dans *L'Étoile*, l'*athanatizein*, le désir de ne pas mourir, qui vit d'une façon différente dans les dieux, les mondes et les hommes de l'Antiquité, n'est pas évoqué par les philosophes, alors pourtant qu'ils ont fait de la pérennité une aspiration de leur pensée, en exigeant qu'elle dure « pour toujours ». Mais ce désir est rendu visible, avec une éloquence grandiose, par l'art : l'art, capable de mettre en scène « l'aphasie tragique ». C'est d'ailleurs de l'esprit du tragique que l'art prend son contenu : l'identité de l'humain, le noyau profond de l'intériorité qui appartient à tous parce qu'elle appartient à chacun. Si ce noyau « est cette part de l'homme qui est condamné au silence et qui pourtant est immédiatement comprise partout », l'auteur de cette magie est l'art, unique langage qui réalise « un transfert sans parole du Même ». L'art relie l'homme à l'autre homme, par la force d'une mystérieuse correspondance, qui toutefois n'est pas un monde et ne peut pas le devenir. « Aucun pont ne mène de l'homme à l'homme », « il n'existe pas un royaume des âmes[31] ». Ce qui n'existe pas, c'est une interaction dialogique, qu'on pourrait comprendre comme une forme « forte » d'intersubjectivité.

Généalogie de l'intersubjectivité dans le commentaire fait par Rosenzweig du Cantique des cantiques

L'espace idéal dans lequel prend forme l'auto-conscience humaine non pas comme ce Soi sourd et muet auquel la tragédie attique a donné « pure visibilité », mais comme âme, comme identité de l'humain constituée à travers l'appel et la réponse, capable de relation chargée de sens et de puissance de transformation de soi et de l'autre, est identifié par Rosenzweig avec la scène originaire du dialogue d'amour entre Dieu et le soi de l'homme : dialogue proposé à la conscience humaine par le *Cantique des cantiques*, ce «livre essentiel de la Révélation[32]». Pour le philosophe, le *Cantique* est le texte dans lequel Dieu se révèle en parlant « la

31. *Étoile*, p. 99.
32. *Étoile*, p. 239.

langue des hommes », la même langue que l'homme, et il est la preuve irréfutable de la véracité de l'affirmation : « Les voies de Dieu et les voies de l'homme divergent, mais la parole de Dieu et la parole de l'homme sont identiques[33] ». *La parole de Dieu et la parole de l'homme sont identiques :* dans l'interprétation rosenzweigienne, l'identité de la parole humaine et de la parole divine est l'identité de l'expérience d'amour. Dieu est le protagoniste d'une relation duale d'amour avec l'homme, relation exprimée dans toutes ses valences de signification, qu'elles soient latentes ou explicites, dans le langage de l'amour, ce langage que le *Cantique* garde et transmet en héritage à celui qui est disposé à accueillir son message et à s'y retrouver. L'entrelacement de l'expérience humaine et du paradigme biblique est impressionnant dans le commentaire qu'en fait Rosenzweig : le langage dans lequel Dieu choisit de parler à l'homme, le langage dans lequel il choisit d'exprimer sa vive expérience d'amour et d'appeler l'autre à la partager, trouve sa correspondance dans le langage de l'amour qui ouvre l'intériorité à la relation avec l'autre, relation constitutive d'une identité particulière de l'humain. Le Soi muet devient capable de parole dialogique, l'intériorité humaine sort de son enfermement[34] dans le Soi, de l'autisme du Soi. Cette intériorité humaine devient ouverture à l'autre, dans un renvoi intersubjectif jamais expérimenté auparavant. Le langage de l'amour est en effet le langage par lequel l'intériorité se rend présente, s'offre à la disponibilité, à l'accueil de l'autre ; le langage par lequel son être le plus profond émerge et comble de soi la parole, se mettant complètement en jeu dans l'attente de la réponse de l'autre. C'est un langage dont la nature est différente de celle du simple langage des signes, différente du récit de ce qui est « non présent ici et maintenant », de l'évocation de ce qui est lointain par rapport à l'espace plein d'urgence du temps de la confession d'amour. Ce langage de l'amour est surtout un langage incommensurable aux innombrables formes de la parole (que nous connaissons tous) sur lesquelles souffle le vent glacial de l'éloignement, car l'intériorité s'est alors retirée, désertifiant la parole. Le *Cantique*, dans la lecture qu'en fait Rosenzweig, éclaire une expérience d'amour réellement capable de rompre la captivité de l'intériorité encore sourde et muette et de l'ouvrir à la rencontre avec l'autre ; une expérience dans laquelle les êtres humains peuvent se reconnaître, se retrouvant dans le rapport Dieu-âme, mis en scène par le *Cantique* qui est, il ne faut pas l'oublier, un chant nuptial.

L'expérience à laquelle renvoie l'interprétation du *Cantique* offerte par Rosenzweig est celle de l'amour vécu comme révélation de l'inté-

---

33. *Étoile*, p. 181.
34. Cf. *Étoile*, p. 243.

riorité, fracture de la solitude perçue comme inéluctable jusqu'à l'événement de l'amour et désormais déposée dans la rencontre avec l'autre, telle un vêtement appartenant au passé : ce vieux vêtement d'enfant et d'adolescent dont il paraît aussi difficile et douloureux de se séparer, mais qui pourra finalement être rangé dans le rayon de la mémoire, grâce au passage au monde des adultes, qui est un processus ouvert par la rencontre d'amour. L'amour dont on parle là est l'amour compris comme exode de l'ancien *status*, celui de la « fermeture sur soi-même » : une condition qui correspond aussi au chemin suivi par chacun dans sa vie, dans cet exode du *status* où toute la sphère de l'altérité est filtrée à travers la loupe de son propre soi qui reconduit tout à soi même.

L'amour exige la lacération de tout ce qui précède son avènement, il exige obligatoirement de devoir réduire au néant ce qui « s'est produit jusque là », et exige pareillement la porte étroite de ce néant qui est le « non encore » de la réponse affirmative de l'autre. Il exige le dur chemin de l'exposition de soi sans défense, une nudité qui est le courage de l'amour, son *ecce homo*, chargé d'une attente qui est à la fois douleur et espoir. C'est l'accueil de la part de l'autre, son oui et amen, qui transmutera la douleur et l'espoir en paix infinie de la certitude, cette paix qui n'est pas la suspension éphémère des nombreux conflits précédant l'amour, mais une terre nouvelle et un nouveau ciel. Risquer sa propre réalité, celle qui dans l'être humain est aussi crainte et tremblement dépassés, c'est déjà affronter la mort, c'est ne pas en être dominés à la manière d'autres créatures vivantes. S'en remettre à l'acceptation de l'autre, se mettre en jeu dans une relation qui évoque sa propre intériorité et l'expose au regard de l'intériorité d'autrui, c'est déjà vaincre la passivité face à la mort. L'expérience humaine trouve une correspondance dans la parole biblique de « l'amour qui est fort comme la mort »[35]. Si l'être humain s'ouvre à cette expérience d'amour, son amour et sa parole sont le même amour et la même parole que ceux de Dieu : « L'homme aime comme Dieu aime et ainsi que Dieu aime », pour reprendre les mots de Rosenzweig cités précédemment. L'amour entre Dieu et l'homme est l'amour de l'amant et de l'aimée. Le *novum* absolu du *Cantique* est aussi bien la révélation que Dieu aime, que la révélation de la modalité où cet amour se produit et se dit. Dieu est initiative d'amour, sujet qui – puisqu'il aime – se révèle comme moi et aimant, et s'adresse à un tu. Cherchant le tu, en s'adressant au tu, il expose et risque son propre être. Il le confie à l'acceptation de l'autre.

Dieu confie la possibilité de son être au témoignage de celui qui accueille sa demande d'amour, en y répondant affirmativement : « Si

---

35. *Étoile*, p. 239, cf. Ct. 8,6.

vous témoignez de moi, alors je serai Dieu[36]», « Quand vous me confessez, alors je suis[37]». – Ce sont des mots qui, dans l'horizon de la vie et de l'histoire humaine, véhiculent un message bouleversant : Dieu se confie à l'homme, il nie son être en tant que puissance pour demander la réalisation de l'être en tant qu'amour. Il se confie à l'acceptation et à l'engagement de l'homme. Dans le drame mis en scène par l'interprétation de la révélation de Rosenzweig, l'âme réveillée de sa solitude par la demande divine, l'âme sortie, par la force de l'appel de Dieu, de la condition de minorité où l'enchaînait la fermeture solipsiste qui précède la rencontre avec l'autre, l'âme devient attente et réceptivité, accueil, disponibilité inconditionnelle. Elle prononce son oui infini une fois pour toutes.

Et pourtant, la relation duale confirmée par le oui ne suffit pas.

Rosenzweig, par son recours au texte biblique, montre qu'il est impossible à l'âme de trouver son assouvissement accompli dans l'amour dual. Il introduit le thème du désir infini qu'a l'amour de dépasser les limites de la dualité, en proposant une interprétation extraordinaire des mots de la Sulamite qui appelle son aimé un frère. Aux mots de la femme, il prête le ton de l'invocation et du désir : « Ah ! Si tu étais mon frère… », éclairant ainsi l'urgence d'universalisation inscrite dans l'amour.

C'est un pas en avant, un pas de plus par rapport à la béatitude duale qu'exige l'amour : il veut devenir fraternité. Ce qui signifie que la fraternité qu'il faut atteindre est différente de la fraternité comprise comme appartenance, consanguinité, simple sympathie[38]. L'amour qui demande à devenir fraternité a déjà parcouru un long chemin : il a détaché l'amant et l'aimée de l'appartenance à la vie qu'ils avaient vécue avant la rencontre, en les isolant dans une confrontation qui les conduit à une nouvelle identité : « Je » et « Tu » capables de communiquer sans réserves, capables de confiance totale. Mais l'isolement, même s'il est à deux, n'est et ne peut pas rester le dernier mot : ce qu'ils ont expérimenté et réalisé ne tolère pas l'étroitesse, mais doit être étendu à toute la sphère du réel. L'apogée de l'amour est alors le retour aux autres, la réception de leur demande, le secours de leur indigence. Dans les mots de Rosenzweig : « l'amour sort de sa complé-

---

36. « Si vous témoignez de moi, alors je serai Dieu, autrement non, voilà les mots que la kabbale met dans la bouche du Dieu de l'amour. » *Étoile*, p. 203.
37. « Quand vous me confessez , alors je suis. » *Étoile*, p. 216.
38. Cf. la critique que fait Rosenzweig de ce monde « dont l'esprit souverain fait voir dans le bois et le bosquet, le buisson et le lac les frères de l'homme » : « Noyau originaire de *L'Étoile de la Rédemption* », in *Franz Rosenzweig, Les Cahiers de la nuit surveillée*, n°1, Paris, 1982, p. 106.

tude intérieure bienheureuse pour tendre la main, dans une nostalgie impuissante et inaltérable... Ah ! si tu étais mon frère...[39]. » L'amour peut ainsi devenir puissance constructive d'une communauté qui n'a rien en commun avec une société animale régie par l'instinct, il est bien au-delà des limites d'une société humaine pensée comme résultant de la simple nécessité d'être ensemble, d'une société qui dériverait d'une prétendue condition d'« animal politique », dite propre à l'homme « par nature ». Et pourtant, le désir qu'a la fraternité de réaliser une société que l'amour rendrait éminemment humaine peut engendrer le risque de retomber dans la violence, cette violence qui peut s'inscrire dans le fait de désirer, et qui peut retransformer la poussée vers l'autre en volonté d'appropriation, en annulation de son identité de « Je » qui affleure. Pour éviter ce risque, la puissance océanique de l'amour, qui déborde de la dualité vers la pluralité, a besoin d'une orientation, ou encore de chemins sur lesquels elle pourra être guidée. La demande divine d'amour, le « aime-moi » initial qui ouvre la possibilité même du dialogue, se spécifie en un commandement qui indique la modalité de réalisation d'une intersubjectivité à l'abri de tout risque de régression. La possibilité de réaliser le désir crié par l'âme est donnée par la parole qui institue la Loi : « Aime ton prochain : voilà, assurent juifs et chrétiens, l'incarnation de tous les commandements », écrit Rosenzweig, citant les deux Testaments[40].

La seule façon qu'a l'homme de répondre à la demande de Dieu, à son « aime-moi », est d'aimer le prochain, « le plus proche », celui que l'on rencontre dans la proximité la plus prochaine, celui auquel on ne demande rien d'autre : ni appartenances culturelles, ni foi religieuse, ni couleur de la peau, ni conditions du pays de provenance.

Agissant pour l'amour du prochain, l'homme transforme l'autre en un « tu » sans lequel son moi ne peut être tel, en un renvoi qui n'est désormais qu'un inséparable être-réunis. Dans l'interprétation de Rosenzweig, le dialogue Dieu-homme et le commandement ouvrent la possibilité d'une intersubjectivité déliée des chaînes de la « nécessité cosmique » de la *polis* et de la solitude abyssale du héros tragique, une intersubjectivité qui est le début de la rédemption. L'homme, qui est devenu âme, et qui a accueilli le commandement, devient rédempteur du monde. Rédemption : c'est la transformation du monde en *Royaume*. C'est la construction d'un ordre du monde fondé sur la proximité. L'action motivée par l'amour du prochain permet qu'à l'ordre naturel du monde – qui est, considéré du point de vue de la morale, un chaos

---

39. *Étoile*, p. 241.
40. « Aime ton prochain : voilà, assurent juifs et chrétiens, l'incarnation de tous les commandements. » *Étoile*, p. 243 ; cf. Lv.19,18 ; Mt. 22,36-40.

où l'ordre du bien n'opère pas encore – se superpose et petit à petit se substitue l'*ordo amoris* dont l'homme est l'auteur : un ordre humain du monde, donc, qui est le résultat de la réalisation du commandement. Cet *ordo amoris* est la scène, invisible et pourtant présente dans le grand théâtre de l'histoire, où commence à apparaître la rédemption du « destin » de solitude du paganisme, et à émerger une intersubjectivité que tresse l'action, une action libérée aussi bien des chaînes de la causalité et de la nécessité métalogique que de l'introversion métaéthique.

Justice et intersubjectivité

Cette façon dont se nouent amour et commandement nous renvoie à la réalisation d'une intersubjectivité qui ne peut se réaliser que dans la pratique de la justice.

La pratique de la justice a sa condition de possibilité dans le dialogue d'amour entre Dieu et l'homme et dans le commandement qui dégage l'action, parce qu'elle lui fournit un sens qui était encore inconnu à l'action païenne. Le Soi de l'homme, son intériorité, débouche sur la connaissance de soi, comme d'un « Tu » auquel Dieu s'est adressé. La conscience de soi, éveillée par la demande d'amour faite par Dieu et orientée à l'action par le commandement d'aimer le prochain, n'est pas – comme le dit Lévinas – « une inoffensive constatation qu'un moi fait de son être, elle est inséparable de la conscience de la justice et de l'injustice ». Maintenant, l'homme connaît l'abîme qui sépare l'action faite par amour de l'action égoïste et de l'action prévaricatrice. Sa conscience de soi est conscience morale : « La conscience morale ne s'ajoute pas à la conscience de soi en tant que constatation d'être, mais en est le mode élémentaire[41]. » Ainsi, celui qui accueille la révélation sait que la pratique de la justice envers l'autre, inscrite dans le commandement d'amour, synthèse de tous les commandements, que son accomplissement concret et effectif a pour résultat la confirmation de l'être même de Dieu, et pour effet la rédemption du monde, l'avènement du *Royaume*. Il sait qu'agir par obéissance au commandement d'amour « confirme » l'être de Dieu et en même temps construit le *Royaume*, c'est-à-dire donne l'«être» au monde.

« Dieu subsiste grâce aux justes » : voici une expression très significative d'Ernst Bloch, le philosophe marxiste auteur du *Principe espérance*, un homme qui n'a jamais fait profession d'adhésion à la foi révélée, mais qui a médité sur les différentes significations de la révélation. Cette affirmation de Bloch, « Dieu subsiste grâce aux justes », acquiert

---

41. E. Levinas, *Difficile liberté*, Paris, Albin Michel, 1976, p. 32 et 33.

une nouvelle compréhension – j'oserai même dire : une compréhension théologiquement fondée – à la lumière de *L'Étoile* de Rosenzweig : « grâce à leur dieu, les méchants seuls subsistent », ils ont recours à un dieu qui n'est que leur dieu, un dieu qui par sa puissance ratifie le caractère licite de leurs prévarications, et c'est alors *in nomine Domini* qu'ils donnent de l'être et de la consistance au mal dans le monde – « mais les justes – Dieu subsiste grâce à eux ; et c'est entre leurs mains qu'est déposée la sanctification du Nom ; la nomination même de Dieu, de Dieu qui en nous frémit et progresse, qui est le porche pressenti, la question la plus obscure, l'intériorité débordante[42] ».

Les justes donnent le nom à Dieu en faisant le bien, même si verbalement ils ne font pas de profession de foi religieuse. Les justes donnent l'être au monde en agissant conformément au commandement d'amour, quelle que soit la façon dont il a pris forme en eux. La justice, qui inclut la reconnaissance de la dignité de l'autre en tant qu'autre, institue une intersubjectivité qui est caractérisée de façon éthique, intersubjectivité qui dans la praxis devient réelle *eminenter*, et qui prend un corps historiquement consistant. Pratiquer la justice, c'est tout d'abord reconnaître la dignité de l'autre dans son caractère inaliénable, et c'est aussi reconnaître activement celui-ci, en agissant pour que la dignité acquière un être historiquement solide, à l'abri de cette capacité de prévarication qui est toujours active dans la vie et aussi dans le « paganisme de la vie », pour reprendre ici une expression très suggestive de Rosenzweig. Si l'on met en rapport l'affirmation païenne, en elle même très noble, du *discite justitiam moniti et non temnere divos*[43], on découvre que la pratique de la justice en tant que réalisation du commandement d'amour permet d'entrevoir un sens plus élevé : pratiquer la justice, c'est pour l'homme aimer Dieu, c'est soutenir son être, c'est faire de l'autre, irréversiblement, un « tu », c'est libérer la Création de la pénurie de bien, de l'indigence d'amour dont continue à témoigner la souffrance des plus faibles, et c'est aussi, ainsi, donner figure au *Royaume*.

L'avènement dans l'histoire du monde de l'intersubjectivité – celle dont la figure commence à s'esquisser dans une identité de l'humain rendue possible par le renvoi je-tu qu'engendre l'amour dual ; mais aussi celle qui, grâce à la pratique de la justice, obtient la dimension d'une réalité historique consistante – cet avènement soustrait le monde aux oscillations de la *« contingentia »* et ouvre à la vie et à l'histoire le chemin de l'éternité.

---

42. E. Bloch, *Esprit de l'utopie*, Gallimard, Paris, 1977, p. 334.
43. Virgile, *Énéide*, VI, v. 620

Assimilation – Dissimilation
Rosenzweig sur l'école

Myriam Bienenstock

Dissimilation : c'est Franz Rosenzweig, nous dit Stéphane Mosès, qui eut l'idée d'appliquer à l'histoire, l'histoire du peuple juif, ce concept, qui est d'origine linguistique. En 1922, Rosenzweig notait en effet dans son journal – par une note, en date du 3 avril – que parallèlement à l'assimilation qui irait de soi, il y aurait constamment eu, de tout temps, une *dissimilation*[1], c'est-à-dire un « mouvement de désengagement par rapport à la civilisation occidentale et de retour aux sources de l'identité juive » : les termes sont de Stéphane Mosès, dans le premier chapitre de l'*Ange de l'histoire*[2]. Partant de la note de Rosenzweig, Stéphane Mosès brosse là tout un panorama, l'un de ces tableaux brillants, dont il fut coutumier, de la réaction qui avait été celle de Rosenzweig, mais aussi celle de Benjamin et de Scholem, et même de Kafka, face au milieu de familles juives dont ils venaient tous : ce milieu de familles qui se voulaient *assimilées*, non pas – certainement pas – *dissimilées*. Ce premier chapitre de l'*Ange de l'histoire* a fait date, comme d'ailleurs le livre entier, et aujourd'hui nombreux sont ceux qui se servent aussi bien de ce bon mot de *dissimilation*, repris par Mosès, que des analyses de détail que Mosès développe dans le chapitre lui-même.

Mais dans ce premier chapitre il y a aussi un déplacement, l'un de ceux que Mosès excellait à reconnaître chez les auteurs dont il traitait, mais qu'il excellait aussi à faire lui-même : traitant de la *dissimilation* selon Rosenzweig, Mosès reprend et analyse les idées de l'historien sur le débat entre judaïsme et christianisme, et sur le dialogue judéo-chrétien. Mais il ne traite pas – pas même d'un seul mot, dans cet article – de ce dont Rosenzweig lui-même avait voulu parler lorsqu'il avait lancé le petit mot de *dissimilation* : de la question toute pragmatique de l'éducation, et plus particulièrement de l'école, c'est-à-dire de l'éducation au premier niveau : au niveau de l'école primaire, qui vient avant l'édu-

---

1. Rosenzweig, GS I,2, p. 770.
2. Stéphane Mosès, *L'Ange de l'histoire. Rosenzweig, Benjamin, Scholem*, Paris, Seuil, 1992, réédition Paris, Gallimard, « Folio Essais », 2006, p. 49-82, ici p. 53.

cation secondaire, et avant l'éducation supérieure, dite universitaire. Mosès n'est pas non plus le seul à ne pas traiter de cette question. En France – surtout en France, mais également dans d'autres pays, et déjà en Allemagne – les idées de Rosenzweig sur l'éducation demeurent en effet moins étudiées que d'autres aspects de sa pensée, comme sa philosophie[3]. C'est là l'un des grands paradoxes de l'histoire de la réception de la pensée de Rosenzweig : Rosenzweig ne s'était-il pas voulu éducateur – d'abord et avant tout éducateur ? Une fois, dans une lettre de 1918, il avait même écrit que la « question juive » tout entière serait pratiquement devenue pour lui une question d'éducation, car, expliquait-il, si on ne peut pas vouloir « réglementer » la vie, ce qu'on peut au contraire tout à fait souhaiter, c'est de réglementer l'enseignement – l'école...[4] Dans cette contribution, je voudrais donc traiter de cette « réglementation » : de la réglementation de l'éducation selon Franz Rosenzweig, et bien sûr aussi de la philosophie qui sous-tend cette conception, tant il est vrai qu'on ne peut pas non plus séparer l'éducation de la philosophie, et traiter de l'éducation sans faire aussi de la philosophie.

Il va donc s'agir ici d'une philosophie de l'éducation – mais non pas seulement de l'éducation juive : plutôt d'éducation pour tous : d'éducation *nationale*, comme nous le disons en France, et comme le disait aussi Rosenzweig lui-même, dans un texte intitulé « *Volksschule und Reichsschule* », « Ecole populaire et école impériale » (1916)[5] : ce texte n'a pas encore été traduit en français, il n'a donc pas encore été reçu en France, alors pourtant qu'il comprend la base même de l'édifice, celle sans laquelle l'édifice entier ne tiendrait pas, et ce sera là le premier point que je voudrais faire ressortir dans cet exposé. Rosenzweig accordait beaucoup de prix à cet essai, auquel il se réfère assez souvent – lui-même et ses interlocuteurs le dénommaient familièrement « Putzianum », parce qu'il avait été suscité par un texte de Victor Ehrenberg

3. Ernst Simon lui-même, qui écrivit tant sur le sujet, accorda surtout son attention à la formation des adultes et dans les universités, non pas à l'école : cf. son *Aufbau im Untergang. Jüdische Erwachsenenbildung im national-sozialistischen Deutschland als geistiger Widerstand*, Tübingen, Mohr, 1959 ; ainsi que les articles rassemblés dans *Brücken. Gesammelte Aufsätze*, Heidelberg, Schneider, 1965. Cf. aussi sur la question les nombreux articles et bibliographies réunis dans *Der Philosoph Franz Rosenzweig (1886-1929)*, vol. I, Freiburg/München, Alber, 1988, particulièrement p. 303-395.

4. « *nicht das Leben, aber den Unterricht wünsche ich 'reglementiert'. Deshalb wird mir die Judenfrage praktisch zur Erziehungsfrage. Jeder soll... kennen, dann kann er sich aussuchen...* » (à Helene Sommer, lettre du 16.1.18 : GS I,1, p. 505-510, ici p. 509).

5. In Rosenzweig, GS III, p. 371-411.

que l'on dénommait dans le cercle familial « Putzi ». Mais il ne faudrait pas oublier que Rosenzweig rédigea non pas un, mais deux « Putzianum » – l'un noir, l'autre blond : c'est lui qui les nommait ainsi [6]: le noir, « *Zeit ist's* » : « Il est grand temps », était consacré aux questions d'éducation juive[7]. Mais dans le blond, « Ecole populaire et école impériale », le texte que j'ai évoqué plus haut, Rosenzweig avait traité de l'éducation nationale – c'est-à-dire de celle des Allemands, puisqu'il était un Juif allemand. Il avait publié ce second texte sous un pseudonyme, un nom de plume ; non pas, disait-il, par souci de sa renommée scientifique, mais plutôt parce que lui-même ne voudrait donner son nom que là où il pouvait vraiment répondre de ce qu'il disait, et de toutes les conséquences théoriques et pratiques de ses thèses – il ne voudrait se laisser entraîner dans une polémique que dans le cas où, et là où, il pourrait mettre lui-même la main à la tâche pour réaliser ses idées. Or tel ne serait pas le cas de la question de l'éducation « nationale » des Allemands – ni d'ailleurs de l'éducation juive. Le seul cas contraire que Rosenzweig donne, un cas au sujet duquel il dit que là, il pourrait avoir quelque chose à dire, et donc que dans ce domaine il serait prêt à entrer dans une polémique, c'est celui du « Hegel » : de sa thèse. – Mais là-dessus, ajoutait-il encore, il espérait tout de même qu'il n'aurait pas à se battre...[8]

Mutatis mutandis, ma propre voix ne compte pas non plus en France, ni pour ce qui concerne l'éducation nationale, ni pour ce qui concerne l'éducation juive. Je parlerai donc ici non pas des graves problèmes des universités françaises, et plus largement de l'éducation nationale en France, mais de Rosenzweig, sur l'éducation. Je dirai d'abord quelques mots de ce que Rosenzweig écrivit à propos de l'éducation juive : cette première partie de mon article en sera la partie la plus brève, car le sujet a déjà beaucoup été traité. Je mettrai donc plutôt l'accent, dans la seconde partie de cet exposé, sur le *Putzianum* blond : l'essai de Rosenzweig intitulé « *Volksschule und Reichsschule* ». Je voudrais revenir sur les raisons pour lesquelles Rosenzweig accorda tant d'importance à la nécessité d'une éducation nationale et unitaire, non pas seulement à la nécessité d'une éducation juive. Dans cet article, je voudrais donc aborder la question du *Nous* dans la perspective de l'éducation plutôt que directement sur le plan philosophique ou théologique, ou d'ailleurs linguistique ;

---

6. Cf. par ex. sa lettre à ses parents, en date du 6 avril 1917 (in GS I,1, p. 383). Sur ce sujet, cf. aussi H. Feidel-Mertz dans *Der Philosoph Franz Rosenzweig*, vol. I, p. 337.
7. Trad. fr. dans F. Rosenzweig, *Confluences. Politique, histoire, judaïsme*, Paris, Vrin, 2003, p. 227-248.
8. Lettre à Hans Ehrenberg en date du 10 mai 1917 (GS I,1, ici p. 405 *sq.*)

même si force est bien de reconnaître que ces dimensions gardent toute leur importance, en arrière-plan de toute discussion de l'opposition assimilation-dissimilation. Qu'on en juge : Rosenzweig accorda beaucoup de poids à l'enseignement de la langue hébraïque. Pourtant, il en accorda aussi à celui d'autres langues, dont le grec – le terme de « dissimilation » lui-même, d'ailleurs, était à l'origine un terme grec. Comment donc faut-il l'entendre de nos jours, et que dire des programmes d'éducation juive dressés au début du vingtième siècle par Rosenzweig ?

I

Pour ce qui concerne ses programmes d'éducation juive, je n'hésiterai pas à dire, peut-être au risque de choquer les admirateurs les plus inconditionnels de Rosenzweig, que certaines de ses revendications les plus insistantes ont aujourd'hui perdu leur actualité : non pas parce qu'elles ne seraient plus valables, mais plutôt, bien au contraire, parce qu'elles ont été exaucées, très au-delà de ce que Rosenzweig lui-même aurait sans doute cru pouvoir espérer. Je fais allusion par là à son appel, qui est la revendication essentielle qu'il formule dans l'essai intitulé « Il est grand temps... » (« *Zeit ist's* »), à créer des institutions universitaires juives de haut niveau : une « Académie pour la science du judaïsme », une institution dont le but serait de regrouper et de former des spécialistes en études juives, et également des enseignants. Spécialistes et enseignants, qui auraient un statut égal à celui des rabbins, seraient aussi autonomes par rapport à eux ; et leur activité de recherche, ainsi que le contact avec d'autres chercheurs, sur le plan national mais aussi international, permettrait – tel était en tout cas l'espoir de Rosenzweig – de revivifier à travers eux la vie entière des communautés juives en Allemagne. Confiant en l'avenir, Rosenzweig formulait même l'espoir, en 1917, qu'une telle institution puisse se transformer un jour en une « faculté de théologie » intégrée aux Universités[9], une faculté semblable à celle qui existait déjà en Allemagne pour les Protestants.

Cet appel a été exaucé, dans une très large mesure : si l'on regarde ce qui se passe aujourd'hui non pas seulement en Allemagne, mais sur le plan international, pour tout ce qui concerne les études juives, on peut, certes, ne pas être satisfait de leur niveau, dans tel pays ou dans telle ville, comme souvent on n'est pas satisfait du niveau de telle ou telle université en France ou ailleurs, ou du travail de tel ou tel universitaire. Mais force est bien de reconnaître qu'il y a un peu partout des

---

9. L'article est traduit en français et publié dans Rosenzweig, *Confluences*, p. 227-248, ici p. 242.

universitaires, spécialistes en études juives ; et que le besoin, la nécessité d'avoir de tels spécialistes sont reconnus. À l'époque où Rosenzweig écrivait, ce n'était pas encore le cas – ce n'était pas le cas même en Allemagne ; et si je dis « même », c'est parce qu'il est tout à fait justifié de dire que, contrairement à ce que l'on entend souvent de nos jours, l'Allemagne était à l'époque l'un des pays plus avancés en matière d'études juives, non pas seulement pour ce qui concerne la recherche sur tel ou tel sujet, ou l'élaboration de telle ou telle spécialité en études juives, mais aussi pour ce qui concerne l'éducation – la pédagogie.

Sans doute s'étonnera-t-on de ce que je viens de dire : l'Allemagne, le pays le plus avancé pour ce qui concerne la recherche, et même l'éducation juive, au début du XXe siècle ? Tel était pourtant bien le cas, et pour convaincre je donnerai un exemple : un seul, mais il est probant. J'ai même la faiblesse de penser qu'il est décisif, pour tout le reste : je pense à l'éducation juive que l'on voulait donner aux filles. C'est en Allemagne qu'elle était la plus avancée. C'est peut-être même seulement en Allemagne qu'elle existait. Il faut dire que Rosenzweig, qui n'était pas directement concerné par ce problème, n'en parle pas tellement. Il reconnaît même, très explicitement, qu'il a décidé de laisser ce sujet de côté ; d'abord, dit-il, pour des raisons « autobiographiques » (il ne précise pas davantage), ensuite « parce que le transfert à l'instruction féminine vient tout seul, une fois que cela [le but] a été atteint pour l'instruction masculine (*Die Mädchen lasse ich aus, wie beim blonden [Putzianum] auch, 1. Wegen des 'Autobiographischen', 2. Weil die Übertragung auf weibliches Schulwesen von selber kommt, wenn es erst fürs männliche erreicht ist*[10].) – C'est un peu rapide, on en conviendra ! Et l'on ne se consolera pas vraiment en lisant ce que Rosenzweig dit ensuite, que pour son Putzianum noir il aurait un tout petit peu plus *pensé* aux filles que lorsqu'il travaillait à son Putzianum blond : dans son projet d'éducation nationale en Allemagne, il aurait complètement laissé de côté la question de l'éducation des filles. Mais dans son souci d'élaborer des programmes d'éducation juive il aurait tout de même pensé un petit peu à elles ; parce que, écrit-il, dans les grandes villes les filles s'intéresseraient plus à la synagogue que les garçons...[11] Tout cela n'est pas très convaincant.

Rosenzweig avait fait envoyer à Hermann Cohen son projet d'éducation juive, le « Putzianum » noir, dès qu'il eut fini de rédiger ; et Cohen l'avait chaleureusement approuvé[12]. Cohen avait même réagi avec tant

---

10. GS I, 1, p. 383.
11. *Ibid.*
12. Cf. la lettre en date du 12 avril 1917 que Hermann Cohen écrivit à la mère de Franz Rosenzweig, pour la remercier de lui avoir envoyé le manuscrit de son fils, in Hermann Cohen, *Briefe*, p. 79 *sq*.

d'enthousiasme que certains, à l'époque, avaient cru que le projet était sien ! Rosenzweig rapporte la chose avec quelque amusement – et pourtant, s'exclame-t-il, cette soi-disant « dernière volonté » de Cohen était la sienne : ce n'était rien d'autre que sa première volonté à lui, Rosenzweig![13] Comme souvent en d'autres circonstances, Rosenzweig se présente là comme le continuateur direct, le successeur de Cohen ; plus encore : comme celui qui aurait anticipé les dernières idées de Cohen. On est en droit de se demander si la continuité qu'il souligne tant entre la pensée de Cohen et sa propre réflexion est aussi harmonieuse qu'il le dit[14]. Je ferai seulement remarquer que l'éducation est sans doute le domaine dans lequel Rosenzweig pouvait se réclamer avec le plus de raison de l'approbation de Hermann Cohen ; et ce, même si l'on accorde que les projets et rapports que Rosenzweig rédigea par la suite, par exemple en 1920, puis pendant les années suivantes, en 1923 et 1925, contiennent bien des points avec lesquels Cohen n'aurait sans doute pas été d'accord. Mais pour tout ce qui concerne la question des rapports entre l'éducation juive, une éducation de haut niveau, et l'éducation « nationale », et aussi évidemment pour ce qui concerne la nécessité d'une insertion en Allemagne des communautés juives, la position de Rosenzweig fut bien proche de celle de Cohen ; peut-être même plus proche de ce que Rosenzweig fut lui-même prêt à reconnaître, dans ce cas précis.

II

J'en viens ainsi à la seconde partie de cet exposé, c'est-à-dire d'abord au « Putzianum » blond : à cet écrit intitulé « Volksschule und Reichsschule », « Ecole populaire et école impériale », que Rosenzweig chérissait tout particulièrement puisque, encore en 1922, il faisait humblement remarquer dans son Journal que dans son *Nachlass*, ses manuscrits, il n'y aurait pas grand-chose qui mériterait d'être publié – si ce n'est, avec le texte intitulé « Globus », justement celui-là, « Reichsschule und Volksschule – « aber ungekürzt » : « mais sans l'abréger [15] » ! Effectivement, le texte est long : 40 pages imprimées, dans l'édition des *Œuvres*. Je n'en extrairai ici que quelques éléments, ceux qui me paraissent les plus importants pour le présent sujet.

Comme le remarqua une fois fort bien Nahum Glatzer[16], Rosen-

---

13. Cf. la lettre à Gritli, datée du 5 janvier 1919, in F. Rosenzweig, *Die « Gritli »-Briefe*, Tübingen, Bilam, 2002, p. 214.
14. Cf. sur cette question Myriam Bienenstock, *Cohen face à Rosenzweig. Débat sur la pensée allemande*, Paris, Vrin, 2009.
15. In Rosenzweig, GS, I, 2, p. 793.
16. « Das Frankfurter Lehrhaus », *Der Philosoph Franz Rosenzweig*, loc.cit., vol. I, p. 303-326, ici p. 304.

zweig apparaît là comme un Européen, comme un défenseur, déjà, de l'idée européenne – il espérait encore à l'époque qu'à la fin de la guerre, une confédération d'États européens pourrait se constituer. On trouve dans l'article une critique féroce de la culture allemande contemporaine, et aussi du système éducatif et des écoles allemandes qui pendant les cinquante dernières années et plus auraient dégénéré en lieux d'«embrigadement administratif étatique» des jeunes (*staatliche Verwaltungszucht*)[17]. Ce que Rosenzweig veut défendre, contre la répartition en «matières» ou «disciplines» (*Fächer*) déjà répandue à son époque, c'est une conception très proche de l'idéal humboldtien de la *Bildung*: l'école serait d'abord et avant tout formatrice. Plutôt que d'être centrée sur l'acquisition de contenus elle chercherait à former l'être humain: par les langues, mais aussi par la technique, et par l'histoire. À l'école primaire, celle que Rosenzweig appelle «Volksschule» («école populaire»), le programme d'études serait d'abord fondé sur l'acquisition de savoir-faire techniques. Puis il céderait davantage de place à l'enseignement de l'allemand, et aussi de l'histoire; mais une histoire qui ne serait pas une histoire écrite «à reculons» (*eine Geschichte von rückwärts*), car celle-là n'a pas de sens, même si on en comprend bien les motivations. Ce serait plutôt une histoire qui commencerait par l'enseignement de la citoyenneté, c'est-à-dire par une vaste présentation de la situation contemporaine: «on ne se rapporte au passé que dans la mesure où cela apparaît indispensable pour comprendre le présent, mais c'est, de manière générale, précisément la compréhension non historique, 'rationaliste' du présent qu'il faut pratiquer», écrit là Rosenzweig[18]. Il me semble qu'il y aurait beaucoup à tirer, aujourd'hui encore, de ce que Rosenzweig écrit là, sur la façon dont il pense qu'il faut enseigner l'histoire, d'abord à l'école primaire, puis au lycée, qui devrait prendre sur lui la tâche d'élaboration et de renforcement de l'unité nationale, mise en danger par l'existence, dans le même peuple, de «deux nations»: celle des classes cultivées, en possession de tous les trésors de la culture littéraire et artistique, et celle de ceux qui en seraient exclus.

Telle fut bien en effet la motivation centrale de cet essai – et le message central que voulut transmettre Rosenzweig. Certains voudront sans doute avancer qu'on ne sait pas comment Rosenzweig aurait poursuivi et développé ses projets éducatifs, et aussi ses autres projets et conceptions, s'il avait vécu plus longtemps: maintenant que nous savons ce qui s'est passé en Allemagne après sa mort (en 1929), pouvons-nous dire qu'il aurait modifié sa conception des rapports entre l'éducation juive et

---

17. In Rosenzweig, GS III, p. 411.
18. *Zweistromland*, in GS III, p. 378.

l'éducation générale, ou nationale ? – À en croire ce qu'il dit lui-même, ce n'aurait pas été le cas. Ce qu'il y a de valable dans le 'Putzianum', écrivit-il dans une lettre à ses parents en date du 13 septembre 1917,

> « c'est, indépendamment de tous les développements de détail, l'idée d'une éducation nationale unitaire qui y est avancée en exemple, et ce n'est rien d'autre. Je peux avoir tort sur tous les points de détail, mais je continuerai toujours à me battre pour ce point capital (*si* je pouvais intervenir personnellement pour la chose). Tout dépend de cela : de rétablir par l'école l'unité culturelle de la nation, qui est déchirée (confessionnellement, socialement, mais d'abord et avant tout par la rage de se spécialiser)…» (*das Wertvolle am Putzianum, unabhängig von allen Einzelausführungen, [ist] die beispielhaft durchgeführte Idee der nationalen Einheitsbildung und sonst nichts. Ich kann in allem Einzelnen unrecht haben, aber diesen Hauptpunkt würde ich* (wenn *ich für die Sache persönlich eintreten könnte) immer wieder verfechten. Es kommt alles darauf an, durch die Schule die zerrissene Kultureinheit der Nation (konfessionell, sozial vor allem aber aus Spezialisierungswut zerrissen) wieder herzustellen.*)

Si la revendication d'une « éducation nationale unitaire » parut importante à Rosenzweig, c'est précisément parce qu'il n'est que trop facile de glisser, d'une école séparée – qu'elle soit juive, chrétienne ou également musulmane – à un ghetto ; et Rosenzweig savait fort bien ce que c'est qu'un ghetto : il en visita, pendant la première guerre mondiale, lorsqu'il était au front en Macédoine. Les descriptions qu'il en fit mériteraient d'être rapportées ici en leur entier, et traduites en français, tant elles sont vivantes, et pittoresques. – J'en reprends une ici, qu'il fit à Üsküb en 1917, pendant laquelle il visita aussi des mosquées, et rencontra des musulmans – Rosenzweig, soit dit en passant, parla très peu des musulmans, ou de l'islam ; et quand il en parla, tout particulièrement dans *L'Étoile de la Rédemption*, il ne le fit pas toujours très bien : en cette matière, à nouveau, pour le meilleur et pour le pire, il semble s'être surtout fié à Hegel, à la philosophie de l'histoire de Hegel… Les lettres présentent l'Islam sous un jour plus favorable : au cours de l'une de ses rencontres, on lui aurait dit que « nous aurions surtout des idées fausses, sur la position de la femme dans l'Islam[19] »… Mais ce qui m'intéresse surtout ici, c'est sa conversation avec un petit garçon du ghetto d'une dizaine d'années, Emmanuel, avec lequel il alla visiter le quartier turc. Il nous présente le petit, mais le petit, à son tour, l'interroge, il lui demanda qui il était ; et Rosenzweig de répondre :

> «*Savant* [en français dans le texte]. Ce que je faisais ? – Je lui expliquai ce que fait un historien. – J'écrirais donc des livres *pour les Israélites ?*

---

19. Lettre du 13.4.1917, in GS I, 1, p. 390 : « Wir haben ja überhaupt über die Stellung der Frau im Islam falsche Vorstellungen…».

Aussi pour les autres.... Pour les Allemands etc.? Pourquoi ne fais-tu pas tout *pour les Israélites?* [en français] *Nun war guter Rat teuer:* là, il était difficile de donner un bon conseil. Le regard de l'enfant était si catégorique que j'eus l'impression de subir un interrogatoire mené par le Peuple lui-même (*Das Kind guckte mich so kategorisch an, dass ich mir vorkam, als ob das Volk selber mich verhörte*) .Je lui expliquai la chose, aussi bien que je le pouvais. Qu'on doit tout essayer pour pouvoir comprendre une chose, etc.; [...] il n'était pas vraiment content de ma réponse; mais il demanda encore si donc je connaissais aussi vraiment l'*histoire israélite? Oui. – Dis moi! qu'est-ce que tu sais de Moïse, de David?* (et comme je restais ahuri, d'abord tout tristement: *oh, tu ne sais rien!*) *Mais c'est trop général, demande-moi quelque chose de plus spécial. – Eh bien –* (après quelque réflexion:) *Combien de fils avait Jacob? Douze. Et qui est devenu roi?* Cela, je ne le savais pas, alors il chercha à m'aider, et dit: «Jo..» – Je restais toujours muet; lui continua: «Jose..» «*Ah bon! tu penses Joseph, mais ce n'est pas vrai*»; et là je remontai [dans son estime], et lui racontai la dictature de Joseph, sur la nourriture. Ce qui lui redonna confiance, et il demanda si, donc, l'*histoire allemande* était aussi *curieuse* que l'*histoire israélite?* là-dessus je lui racontai un peu de 1813. Alors il me demanda s'il y avait aussi des philosophes juifs: je lui nommai 'Mosche be Maimon' et 'Jehuda ha Lewi'. Là il entendit mal le *ha-lewi* (à cause de l'accentuation séfarade de la dernière syllabe 'wi'), et dit: '*je ne connais que Eliahu hanabi*' (le prophète). Alors je lui parlai de Hermann Cohen, et qu'il avait d'abord seulement écrit «*pour les Allemands et les Israélites* », et ce n'est que maintenant [qu'il écrirait] *pour les Israélites spécialement*...[20]»

Si l'on met à part la grande affection que Rosenzweig manifeste ici pour ces enfants, élevés dans un ghetto, que conclure de ce récit, sur son appréciation de l'éducation qui y est donnée aux enfants? – Contrairement à certaines des autres questions évoquées ci-dessus, ce n'est pas là une question d'intérêt uniquement historique. Cette question-ci est bien actuelle, aussi bien en France que dans d'autres pays, Israël compris. Je crois aussi que la réponse que Rosenzweig lui apporta est très claire: il n'était pas un partisan de l'«assimilation», au sens plutôt récent, et très dérogatoire, qu'a pris ce terme dans beaucoup de milieux juifs, et d'ailleurs aussi non juifs. Mais cela ne veut pas dire qu'on peut en faire le porte-drapeau de la «dissimilation», en tout cas quand on comprend celle-ci comme la revendication d'une séparation en ghetto. «Différence, oui. Séparation, non. Nous voulons une maison, pas un ghetto» (*Unterschied ja, Scheidung nein. Wir wollen ein Haus, kein Ghetto*), voilà ce que Rosenzweig écrivit une fois en 1920, dans une lettre à Edith Hahn, avec laquelle il venait de se fiancer [21]. La phrase n'a rien perdu de son actualité.

20. Lettre du 13.4.1917, *in* GS I, 1, ici p. 393 *sq.*
21. Lettre du 13.1.20 (GS I, 2, p. 659).

Deuxième partie : Politiques de l'histoire

Hermann Cohen et Franz Rosenzweig : deux modèles d'identité juive dans la pensée de Leo Strauss*

Irene Abigail Piccinini

Lors d'une conférence qu'il donna à la Hillel House de l'Université de Chicago, le 4 février 1962, Leo Strauss soutint qu'« Il est impossible de ne pas rester Juif. Il est impossible de fuir ses origines[1] ». Quel sens cela eut-il, pour Leo Strauss, de rester Juif ? Comment aborda-t-il cette question fondamentale dans ses propres écrits et réflexions philosophiques ? Dans cet article, j'entends montrer comment, sur cette question fondamentale, deux philosophes juifs importants – Hermann Cohen et Franz Rosenzweig – ont aidé Strauss à définir sa propre réponse, et ce faisant l'ont aidé à formuler son propre projet philosophique.

Hermann Cohen et Franz Rosenzweig furent indubitablement deux figures influentes dans la biographie intellectuelle de Leo Strauss[2]. Les propres recherches philosophiques de Strauss le conduisirent bien loin du chemin tracé d'une part par Cohen, de l'autre par Rosenzweig, mais les deux penseurs n'en demeurèrent pas moins pour lui de stimulants et permanents points de référence, surtout pour ce qui est du question-

---

* *Traduction Anne Chalard-Fillaudeau.*
  1. Leo Strauss, « Why We Remain Jews », repr. in *Jewish Philosophy and the Crisis of the Modernity*, ed. by Kenneth Hart Green, Albany : State University of New York Press, 1997, p. 311-356, partic. p. 317. Trad. fr. O. Sedeyn, *Pourquoi nous restons juifs ?* (désormais : *Pourquoi nous restons juifs ?*), Paris, La Table Ronde, 2001, article reproduit p. 13-57, ici p. 21.
  2. De nombreux spécialistes, en particulier ces dernières années, ont relevé la pertinence de Hermann Cohen pour la pensée de Leo Strauss ; pour plus de détails, se référer par exemple à Irene Abigail Piccinini, *Una guida fedele. L'influenza di Hermann Cohen sul pensiero di Leo Strauss*, Torino, Trauben, 2007, qui comprend une bibliographie extensive sur le sujet. Sur Leo Strauss et Franz Rosenzweig, voir également Leora Batnitzky, « Franz Rosenzweig's Philosophical Legacy : Levinas or Strauss ? », in L. Anckaert, M. Brasser a. N. Samuelson (eds.), *The Legacy of Franz Rosenzweig*, Leuven, Leuven University Press, 2004, p. 109-118, et Micha Brumlik, « *Er ist heute eine Verlegenheit* ». *Franz Rosenzweig und Leo Strauss*, in W. Schmied-Kowarzik (éd.), *Franz Rosenzweigs « neues Denken »*, 2 vol., Freiburg/München, Verlag Karl Alber, 2006, vol. I, p. 279-284.

nement sur l'identité juive. Dans ce contexte, il convient de noter que les premiers pas de Leo Strauss comme philosophe et spécialiste en études juives furent profondément redevables aussi bien à Cohen qu'à Rosenzweig. Dans *A Giving of Accounts*, Strauss lui-même dit que son souhait d'étudier la philosophie le conduisit à l'Université de Marburg, « qui avait été le siège et le centre de l'école néo-kantienne [...] fondée par Hermann Cohen. Cohen m'attirait parce qu'il avait été passionnément un philosophe et aussi un Juif passionnément dévoué au Judaïsme » ; à Marburg, cependant, Strauss fut complètement déçu, non pas seulement parce que « Cohen n'était déjà plus, et son école était dans un état de désagrégation », mais aussi parce qu'il réalisa que « Cohen appartenait nettement au monde antérieur à la Première Guerre mondiale[3] ». Outre les nouveaux courants philosophiques qui apparurent avec la phénoménologie de Husserl et l'existentialisme de Heidegger, le monde d'après la Première Guerre mondiale était également caractérisé par la résurgence de la théologie, et au début des années vingt la théologie devint « l'intérêt principal » de Strauss[4]. Comme Strauss le rappelle, « la théologie juive se réveilla d'un profond sommeil grâce à Franz Rosenzweig, un homme hautement doué que j'ai beaucoup admiré dans la mesure où je l'ai compris[5] ».

Cohen et Rosenzweig s'étaient tous deux profondément intéressés au problème de l'éducation juive et, en 1917, Rosenzweig avait demandé à Hermann Cohen de soutenir sa proposition d'établissement d'une Académie pour la Science du Judaïsme (*Akademie für die Wissenschaft des Judentums*). Rosenzweig adressa à Cohen une lettre ouverte au sujet de l'étude du Judaïsme, dont le titre était emblématique de l'urgence en la matière, puisqu'il s'agissait du vers 126 du Psaume 119 : « Il est grand temps d'agir pour le Seigneur : ils ont violé sa loi.[6] » Quelques semaines avant sa mort, Cohen répondit par l'article *Zur Begründung einer Akademie für die Wissenschaft des Judentums* [De la fondation d'une Académie de la Science du Judaïsme] dans lequel il

---

3. Leo Strauss, « A Giving of Accounts », repr. in *Jewish Philosophy and the Crisis of the Modernity*, p. 457-466, surtout p. 460. Trad. fr. dans *Pourquoi nous restons juifs ?* sous le titre « Une double autobiographie », p. 119-133, ici p. 123.
4. *Ibid.*, p. 461. *Pourquoi nous restons juifs ?*, p. 124.
5. *Ibid.*, p. 460. *Pourquoi nous restons juifs ?*, p. 123.
6. Franz Rosenzweig, *Zeit ists... (Ps 119,126). Gedanken über das Bildungsproblem des Augenblicks*, repr. dans Id., *Der Mensch und Sein Werk. Gesammelte Schriften* III, *Zweistromland. Kleinere Schriften zu Glauben und Denken*, hrsg. v. R. Mayer & A. Mayer, Martinus Nijhoff, Dordrecht, Boston & Lancaster 1984, p. 461-481 ; traduction française « "Il est grand temps..." (Psaume 119, v. 126). Réflexions sur le problème de la formation juive aujourd'hui », in *Confluences. Politique, histoire, judaïsme*, Paris, Vrin, 2003, p. 227-248. Cf. en particulier p. 247.

exprimait son soutien à la proposition de Rosenzweig [7]; en fait, Cohen consacra les derniers mois de sa vie à lever des fonds pour ce projet. Malgré sa mort et la défaite de l'Allemagne en guerre, qui imposèrent de restreindre le plan original et de réduire les ambitions du projet, l'Académie finit par être créée en 1919.

Leo Strauss débuta sa carrière philosophique par un essai critique sur l'interprétation par Hermann Cohen du *Traité théologico-politique* de Spinoza. L'article, intitulé « L'analyse par Cohen de la science de la Bible de Spinoza » (*Cohens Analyse der Bibelwissenschaft Spinozas*), fut publié en 1924 dans le périodique juif *Der Jude* qu'éditait Martin Buber, et il attira l'attention de Julius Guttmann, qui était à l'époque Directeur de l'Académie[8]. Sur l'initiative de Guttmann, Strauss se vit offrir une bourse de recherche par l'Académie de la Science du Judaïsme qui lui permit de poursuivre ses études sur Spinoza, dont le résultat fut la publication de son premier livre, *Die Religionskritik Spinozas als Grundlage seiner Bibelwissenschaft* (1930). Strauss dédia l'ouvrage à la mémoire de Franz Rosenzweig[9].

Quelques mois avant qu'il ne publiât son analyse de la critique de la religion par Spinoza, le 13 décembre 1929, trois jours après la mort de Rosenzweig, Strauss rédigea un court article dans lequel il célébrait Rosenzweig, faisant de lui le « fondateur » de l'Académie : « L'idée de Franz Rosenzweig devait être *politique*, selon ses intentions expresses. Cet homme, ce penseur et spécialiste qui apporta de si remarquables contributions à la science, ne considérait pas la science comme quelque chose d'"évident en soi-même', quelque chose qui dût répondre à une autre instance, une instance supérieure ; il s'intéressait au Judaïsme. Avec une insistance que nous ne pouvons oublier, il exigea que la norme à la base de toute science du Judaïsme soit constituée par la responsabilité que nous assumons vis-à-vis de notre existence en tant que Juifs. Franz Rosenzweig n'aura de cesse de rappeler à tous ceux qui

---

7. Hermann Cohen, *Zur Begründung einer Akademie für die Wissenschaft des Judentums*, in « Neue Jüdische Monatshefte », II, n. 11 (10 mars 1918), p. 254-259, repr. in *Hermann Cohens Jüdische Schriften*, ed. B. Strauß, avec une introduction de Franz Rosenzweig, Berlin, Schwetschke, 1924 (trois volumes ; désormais : JS I-III), JS II, p. 210-217 ; repr. dans *Werke*, vol. 17, Hildesheim, Olms, 2009, p. 623-635.

8. Leo Strauss, « Cohens Analyse der Bibelwissenschaft Spinozas », *Der Jude*, vol. VIII (1924), p. 295-314, repris dans Leo Strauss, *Gesammelte Schriften*, Heinrich Meier éd., Stuttgart, Verlag J. B. Metzler (désormais : GS I-III), vol. I, 1997, p. 363-386. Trad. fr. dans *Le Testament de Spinoza* (désormais : Strauss, *Testament*), Paris, Cerf, 1991, p. 51-79.

9. Leo Strauss, *Die Religionskritik Spinozas als Grundlage seiner Bibelwissenschaft*, Berlin, Akademieverlag, 1930.

œuvrent pour cette science ce qu'est la nature de leur tâche véritable.[10]» Dans cet éloge, Strauss associait Rosenzweig à Cohen, non seulement en rappelant comment « le véritable document fondateur de l'Académie de la Science du Judaïsme [avait été] la lettre ouverte [...] adressée par Franz Rosenzweig à Hermann Cohen en plein cœur de la guerre », mais aussi en soulignant la contribution qu'avait apportée Rosenzweig à l'édition des *Jüdische Schriften* de Cohen, un ouvrage qui « restera toujours lié au nom de Franz Rosenzweig : par son introduction Franz Rosenzweig a érigé un monument à la gloire du plus grand professeur du Judaïsme allemand ». Strauss conclut dès lors qu'« elle sera transmise à toutes les générations futures, la mémoire de ces deux hommes vénérables, de celui qui encense et de cet autre qui encense, dans l'unité qui leur sied[11] ».

Aussi admirables et vénérables qu'ils fussent, Cohen et Rosenzweig furent également les deux représentants les plus frappants de l'impasse caractérisant le Juif moderne, qui lutte pour faire retour à la tradition sans être capable de faire retour à elle de manière inconditionnelle ni sans émettre de réserves : « Cohen a élevé jusqu'à la fin des réserves expresses à l'égard de la tradition au nom de la liberté, et de l'indépendance de l'homme. Et Franz Rosenzweig, qui, en un certain sens du moins, est allé sur le chemin de Cohen plus loin que Cohen lui-même, n'a laissé aucun doute sur l'impossibilité qu'il y avait pour lui de faire sienne la foi traditionnelle en l'immortalité ou la conception de la Loi qui, d'après lui, serait propre à l'orthodoxie dans l'Allemagne actuelle[12] ». Il est vrai que les réserves de Cohen et de Rosenzweig avaient

---

10. Leo Strauss, « Franz Rosenzweig und die Akademie für die Wissenschaft des Judentums », *Jüdische Wochenzeitung für Kassel, Hessen und Waldeck*, 6. Jg., Nr. 49 (13 décembre 1929), repr. GS II, p. 363-364.

11. *Ibidem*. Comme Michael Zank le fait remarquer dans une note qu'il insère dans sa traduction de la nécrologie de Strauss, « dans l'histoire de l'interprétation de la philosophie de la religion/pensée juive de Cohen, cette introduction a de fait joué un rôle majeur, à défaut d'avoir toujours pu aider ». Sur cette introduction, cf. Myriam Bienenstock, *Cohen face à Rosenzweig. Débat sur la pensée allemande*, Paris, Vrin, 2009, par ex. p. 11 *sq*.

12. Leo Strauss, *Philosophie und Gesetz. Beiträge zum Verständnis Maimunis und seiner Vorläufer*, Berlin, Schocken Verlag, 1935, repr. in GS II, p. 3-123 (désormais : PG), p. 15. Trad. française dans Leo Strauss, *Maïmonide. Essais rassemblés et traduits par Rémi Brague*, Paris, Puf, 1988 (désormais Strauss : *Maïmonide*), « La philosophie et la loi. Contributions à la compréhension de Maïmonide et de ses devanciers », p. 11-142, ici p. 19. Voir aussi Leo Strauss, « Preface to *Spinoza's Critique of Religion* », repr. dans *Jewish Philosophy and the Crisis of the Modernity*, loc. cit., p. 137-177 (désormais : PtS), p. 147-154. Trad. française dans Strauss, *Testament*, p. 259-311.

pour origine le programme des Lumières. Selon Strauss, le mouvement de retour effectué par Cohen et Rosenzweig aurait donc été limité par le fait que dans tout ce mouvement « aucune réflexion de principe sur le conflit entre Lumières et orthodoxie, aucune révision de principe des résultats de ce conflit n'a eu lieu[13] ». Selon Strauss, l'attaque portée par les Lumières contre l'orthodoxie fit long feu et se révéla, « en dépit de l'apparence contraire, [...] purement défensive ; elle repose sur une renonciation radicale à une réfutation de l'orthodoxie ; ce n'est pas l'impossibilité de l'existence du miracle, mais seulement l'impossibilité de la connaissance de celui-ci, qui a été démontrée par les Lumières[14] ».

Finalement, le choix entre Lumières et orthodoxie s'avère n'être rien d'autre que le choix entre athéisme et orthodoxie. Le judaïsme moderne se trouve lui-même dans une impasse : « La situation ainsi créée, qui est la situation actuelle, semble être une impasse pour le juif qui ne peut pas être orthodoxe et qui ne peut considérer l'unique 'solution du problème juif' qui soit possible sur la base de l'athéisme, à savoir un sionisme politique sans réserves, que comme une issue, certes hautement honorable, mais insuffisante à long terme et comme solution sérieuse[15] ». En fait, selon Strauss, l'identité juive est inéluctablement liée à la religion juive : « Une communauté juive a ce caractère particulier, qu'elle est certes ce que nous appelons maintenant une 'communauté religieuse' [...] mais, en même temps, elle est le peuple d'Abraham, la descendance d'Abraham ; cela va ensemble. Jusqu'à quel point cela va ensemble dans la pensée de la tradition juive, c'est là une question très profonde et très ancienne – mais le fait est indéniable[16] ». C'est pourquoi le sionisme strictement politique ne saurait représenter la solution au problème juif : « L'idée de base qui sous-tendait le sionisme strictement politique n'était nullement sioniste. Elle aurait pu être satisfaite par un État juif dans quelque endroit que ce soit sur Terre. Le sionisme politique constituait déjà une concession à la tradition juive. Ceux qui recherchaient une solution au problème juif qui fût autre que la disparition des Juifs avaient dû non seulement accepter que le territoire fût consacré par la tradition juive, mais également son langage, l'hébreu. De plus, ils furent contraints d'accepter la culture juive. Le 'sionisme culturel' devint un rival très puissant du sionisme politique. Mais l'héritage auquel recourait le sionisme culturel s'insurgea contre une interprétation de son être en termes de 'culture' ou de 'civilisation', une interprétation dans le sens d'un produit autonome du génie du peuple juif. Cette culture ou civilisation avait

---

13. PG, p. 15. Strauss : *Maïmonide*, p. 18.
14. PG, p. 21. Strauss : *Maïmonide*, p. 25.
15. PG, p. 26-27. Strauss : *Maïmonide*, p. 32 ; voir aussi PtS, p. 141-144.
16. Leo Strauss, *Why We Remain Jews*, p. 334. *Pourquoi nous restons juifs ?* p. 43.

pour noyau la Torah, et la Torah se présente elle-même comme donnée par Dieu et non créée par Israël [17].» Strauss est convaincu que « si, dans le monde moderne, il n'y a en dernière instance que l'alternative : orthodoxie ou athéisme, et si, d'autre part, il est impossible de rejeter l'aspiration à un judaïsme éclairé, on se voit contraint de se poser la question de savoir si les Lumières sont nécessairement des Lumières *modernes*[18]». La seule issue pour sortir de cette situation apparemment insoluble résiderait dans la possibilité de revenir à une rationalité pré-moderne, « de demander de l'aide aux Lumières médiévales, aux Lumières de Maïmonide[19]». Le premier pas, si l'on s'y essaie, consiste « à tenter d'attirer l'attention vers l'idée directrice des Lumières médiévales que les Lumières modernes et leurs héritiers ont perdue de vue, et dont la compréhension ôte leur force à bien des convictions et des objections modernes : l'idée de loi[20]».

Si Cohen est le symbole du dilemme rencontré par le Juif moderne, il est aussi d'une certaine manière la clé ouvrant sur une solution possible. Ce fut Cohen, en effet, qui définit Maïmonide comme le « classique du rationalisme » (*Klassiker des Rationalismus* [21]) au sein du Judaïsme, une déclaration que Strauss cite au tout début de son introduction à *La Philosophie et la loi*, tout en spécifiant cependant que « ce mot est exact dans un sens plus précis que ne l'entendait sans doute Cohen[22]». Et ce fut Cohen que Strauss invoqua comme guide, dans sa conférence *Cohen et Maïmonide* (1931), comme étant l'homme qui, « comme Juif éclairé, nous fait accéder à la compréhension de Rambam comme d'un *Juif éclairé*[23]». Si nous rencontrons le besoin urgent d'un

---

17. Leo Strauss, *Progress or return ?*, JPCM, p. 92. Tr. fr. « Progrès ou retour ? » in *La Renaissance du rationalisme politique classique*, Paris, Gallimard, 1993, p. 304-352 ; voir aussi Strauss, *Testament*, p. 265-268, en particulier p. 267 *sq* : « Quand le sionisme culturel se comprend lui-même, il vire et se transforme en sionisme religieux. Mais quand le sionisme religieux se comprend, il est foi juive avant d'être sionisme. Il ne peut voir dans l'idée d'une solution humaine du problème juif rien d'autre qu'un blasphème. »
18. PG, p. 27 ; Strauss : *Maïmonide*, p. 32.
19. *Ibidem.*
20. *Ibidem.* Strauss : *Maïmonide*, p. 33.
21. Hermann Cohen, *Die Religion der Vernunft aus den Quellen des Judentums*, nach dem Manuskript des Verfassers neu durchgearbeitet und mit einem Nachwort versehen von Bruno Strauß, Frankfurt am Main : Kauffmann, 1929 (désormais RV), p. 73 ; cité dans PG, p. 9 et Strauss : *Maïmonide* p. 11.
22. PG, p. 9 ; Strauss : *Maïmonide*, p. 11.
23. GS II, p. 396. Trad. française par Corinne Pelluchon in *Revue de métaphysique et de morale*, p. 238-275, ici p. 241.

Judaïsme éclairé pré-moderne, si ce besoin est inéluctable, comme Strauss le fait remarquer, la pensée de Cohen semble être le meilleur point de départ pour s'engager dans cette voie, quoique, comme Strauss le souligne, « cela ne signifie pas que nous avons l'intention de le suivre aveuglément[24] ». En d'autres termes, bien qu'il lui soit impossible de s'accorder avec Cohen sur les explications ou déclarations particulières, Strauss n'entend pas rejeter, pour cette seule raison, le guide qu'est Cohen, qui nous permet de mieux comprendre Maïmonide, mais il est résolu à tirer le meilleur des vues pénétrantes de Cohen. L'interprétation de Maïmonide par Strauss prend appui, dans son élaboration, sur trois tremplins hérités de Cohen : la définition, que l'on a déjà citée, de Maïmonide comme le « classique du rationalisme » au sein du Judaïsme, la conjecture selon laquelle Maïmonide était « en accord plus profond avec Platon qu'avec Aristote » (*in tieferem Einklang mit Platon als mit Aristoteles* [25]) et la remarque selon laquelle, si honorable que soit le Dieu d'Aristote, « en réalité, il n'est pas le Dieu d'Israël » (*aber der Gott Israels ist er wahrlich nicht* [26]), et c'est la raison pour laquelle un Juif – en tant que Juif – ne peut être aristotélicien[27]. Le fait est que le livre de Strauss, *La Philosophie et la Loi*, ne fait pas que commencer, il se termine aussi par une référence à Hermann Cohen, comme pour suggérer qu'en dépit de tous les désaccords relatifs aux détails, la révérence envers le maître demeure inentamée[28]. Dans ce cas – comme

24. GS II, p. 393. Trad. française, loc.cit., p. 239.
25. Hermann Cohen, *Charakteristik der Ethik Maimunis*, JS III, p. 261 ; cité dans PG, p. 66, Strauss : *Maïmonide*, p. 77.
26. *Ibid.*, JS III, p. 230 ; cité dans PG, p. 121, Strauss : *Maïmonide*, p. 140.
27. La première affirmation se trouve au tout de début de l'« Introduction » par Strauss à *La Philosophie et la Loi*. La deuxième affirmation clôt la première partie, « La querelle des Anciens et des Modernes dans la philosophie du Judaïsme. Remarques sur Julius Guttmann, *Die Philosophie des Judentums* ». La troisième affirmation est citée et débattue à la fin de la troisième et dernière partie du livre, « La loi fondée sur la philosophie. La doctrine de la prophétie chez Maïmonide et ses sources ». La deuxième partie, dont le titre est « La philosophie fondée sur la Loi. Le commandement de philosopher et la liberté de philosopher », relie les deux autres parties.
28. « Ce n'est pas ici le lieu d'analyser la façon dont Cohen cherche à montrer de façon positive que Maïmonide était platonicien, et encore moins de montrer que, et pourquoi les développements que Cohen y consacre sont dans le détail intenables et qu'ils reposent sur une méconnaissance des données historiques. Nous nous bornons à souligner que la façon dont Cohen mène dans le détail la démonstration de sa thèse, et donc, le caractère intenable de cette démonstration, laisse intacte l'intuition qui la précède et la guide : le Dieu d'Aristote n'est pas le Dieu d'Israël. Par suite, un juif ne peut pas, en tant que juif, être aristotélicien. » PG 121, Strauss : *Maïmonide* p. 140. Voir aussi la lettre

dans le reste de sa vie –, Strauss fait non seulement montre d'une révérence envers Cohen, cette même personne qu'il désigna comme « le Juif allemand le plus considéré qui symbolisait plus que n'importe qui l'union de la religion juive et de la culture allemande[29] » et dont la figure le fascina très tôt, mais aussi envers l'enseignement philosophique de Cohen. Bien que du point de vue strictement philosophique il ne soit pas « cohénien », comme il l'assure catégoriquement dans une lettre écrite en 1931, Strauss reconnaît l'importance de Cohen au détour d'une appréciation révélatrice : « Cohen est un penseur bien trop original et profond pour que le caractère discutable de son enseignement puisse ainsi nous dispenser d'écouter, en tout état de cause, ce qu'il dit[30]. » En fait, via l'examen de l'interprétation de Maïmonide par Cohen, Strauss s'attache à montrer que cette interprétation mérite hommage et rend hommage à l'héritage de Cohen dont sa propre approche de la pensée de Maïmonide porte la marque.

Pour revenir au commencement, c'est-à-dire à la question de l'identité juive, Strauss fait explicitement référence à Cohen comme étant un modèle : « [Cohen] se préoccupait beaucoup de la manière dont il pouvait être à la fois un philosophe et un Juif, au sens d'un Juif croyant. Ce fut un combat qui a duré toute sa vie, et ce qu'il a dit n'est aucunement hors de propos, et c'est, je pense, digne d'être étudié par quiconque s'intéresse à cela[31]. » L'argument de Strauss quant à l'impossibilité de fuir ses origines juives semble indubitablement cohénien : « Il est impossible de se débarrasser de son passé. Il est nécessaire d'accepter son passé. Cela signifie que de cette nécessité indéniable, il faut faire une vertu. La vertu en question est la fidélité, la loyauté, la piété au vieux sens latin du mot *pietas*[32]. »

Strauss décrit très bien la vertu de fidélité selon Cohen lorsqu'il fait état – dans sa « Préface anglaise » à *Die Religionskritik Spinozas* – de la manière selon laquelle Rosenzweig justifia l'injustice de Cohen envers Spinoza :

---

de L. Strauss à G. Scholem, 2 octobre 1935, GS III, p. 716 [tr. fr. in L. Strauss-G. Scholem, *Philosophie et cabale*, Paris, Editions de l'éclat, p. 38 *sqq.*].

29. PtS, p. 154. Trad. fr. Strauss, *Testament*, p. 284.

30. Lettre à Dr. Gottschalk, 28 décembre 1931, citée in Alan Udoff, « On Leo Strauss : An Introductory Account », *Leo Strauss's Thought : Toward a Critical Engagement*, ed. by Alan Udoff, Boulder, L. Rinner Publishers, 1991, p. 1-29, surtout p. 22-23 n. 3.

31. Leo Strauss, « Why We Remain Jews », p. 344. *Pourquoi nous restons juifs ?*, p. 56.

32. *Ibid.*, p. 320. *Pourquoi nous restons juifs ?*, p. 26.

Pour Rosenzweig, il faut chercher, sous la profonde injustice du jugement de Cohen, ce qui, à un niveau encore plus profond, le justifie. Ce que Rosenzweig voulait dire peut être énoncé de la manière suivante : Cohen fut un penseur beaucoup plus profond que Spinoza parce que, contrairement à Spinoza, il ne considéra pas comme une chose allant de soi le détachement philosophique ou la liberté à l'égard de la tradition de son propre peuple ; ce détachement est « contre-nature », non originaire ; il résulte d'une libération par rapport à l'attachement originaire, d'une distanciation, d'une rupture, d'une trahison. Ce qui est originaire, c'est la fidélité, la sympathie et l'amour qui vont de pair avec la fidélité. La véritable fidélité à une tradition est autre chose que le traditionalisme qui s'attache à la lettre et elle est même en fait incompatible avec lui. Elle consiste à ne pas préserver seulement la tradition, mais la continuité de la tradition. En tant que fidélité à une tradition vivante et donc en évolution, elle exige qu'on distingue entre ce qui est vivant et ce qui est mort, la flamme et la cendre, l'or et les scories : parce qu'il était un homme sans amour, Spinoza vit seulement la cendre, il ne vit pas la flamme ; il vit la lettre, il ne vit pas l'esprit. [...] À l'intérieur d'une tradition vivante, le nouveau n'est pas le contraire de l'ancien mais son approfondissement : le nouveau ne résulte pas du rejet ou de l'anéantissement de l'ancien mais de sa métamorphose ou de sa transformation[33].

Dans son *Essai d'introduction à la Religion de la Raison tirée des sources du judaïsme*, Strauss, occupé qu'il est à porter une appréciation sur l'œuvre posthume de Hermann Cohen, s'attarde à nouveau sur la pertinence de la vertu cohénienne de fidélité :

Dans le chapitre portant sur la fidélité dans l'*Ethique*, Cohen avait dit que la religion doit se transformer en éthique ou être transformée en éthique : la religion est un état de nature alors que l'état de maturité est l'éthique. C'est l'idéalisation de la religion qui doit préparer cette transformation. Mais cela présuppose en premier lieu la fidélité envers la religion, la fidélité envers sa propre religion. Dans le même chapitre, il en vient à parler du conflit apparent entre la fidélité à sa propre « nationalité perdue » et la fidélité envers l'État : pensait-il aux Juifs en particulier ? Il ne parle que de reconnaissance envers l'État. Dans le chapitre sur la fidélité dans la *Religion de la Raison*, beaucoup plus court, il parle beaucoup plus complètement de la liaison entre la fidélité et la reconnaissance ; il cite dans ce chapitre le verset : « Si je T'oublie, que ma main droite m'oublie ! ». Un acte de fidélité particulièrement juif est l'étude de la Torah. « La fidélité dans l'étude de la Torah ne permettait pas que le noble caractère de l'âme du peuple périsse au cours d'une oppression millénaire. » Il ne parle pas de l'obligation morale de ne pas abandonner son peuple spécialement lorsqu'il est dans le besoin – et quand les Juifs ne sont-ils pas dans le besoin ? – car, pour lui, cela allait sans dire. Presque l'ensemble de son œuvre, toute sa vie, portent témoi-

33. PtS, p. 165. Strauss, *Testament*, p. 300.

gnage de sa fidélité et de sa reconnaissance envers l'héritage juif – une fidélité limitée uniquement par sa probité intellectuelle, une vertu qu'il faisait remonter précisément à cet héritage[34].

À considérer le dilemme classique de l'être humain selon Strauss, que Strauss exprime en termes de division et d'opposition entre deux cités symboliques, Athènes et Jérusalem, l'on pourrait très bien s'aviser que la vertu de fidélité de Cohen possède une fonction tout à fait concrète pour le Juif moderne qui souhaite conserver son identité juive. Comme Strauss l'énonce dans « Jérusalem et Athènes. Réflexions préliminaires » : « Nous sommes ainsi contraints dès le tout début à faire un choix, à prendre position. [...] Nous sommes confrontés aux prétentions incompatibles de Jérusalem et d'Athènes qui exigent l'une et l'autre notre allégeance[35]. » D'après l'*Ethique* de Cohen, l'allégeance envers Athènes est exprimée par la vertu de véracité (*Wahrhaftigkeit*), qui est la vertu de la connaissance scientifique et philosophique[36]. Si la véracité est la vertu qui nous mène à Athènes, à la connaissance scientifique et philosophique, et si nous confrontons Athènes et Jérusalem selon une posture philosophique, cela signifie, si nous en revenons à Strauss, que « [nous] sommes ouverts à l'une et à l'autre et disposés à les entendre toutes deux. Quant à nous, nous ne sommes pas sages, mais nous souhaitons le devenir. Nous sommes des chercheurs de sagesse, des *philo-sophoi*[37] ». Toutefois, la posture philosophique représente déjà un choix : « en disant que nous désirons d'abord entendre et ensuite agir, et trancher, nous avons déjà tranché en faveur d'Athènes contre Jérusalem[38] ». Après avoir énoncé qu'en vertu d'une perspective philosophique qui suit les principes de l'étude historico-critique de la Bible, Athènes semble l'emporter sur Jérusalem, Strauss observe que « du point de vue de la Bible, l'incroyant est le fou qui s'est dit dans son cœur : « Dieu n'existe pas[39]. » Les deux perspectives sont si différentes

34. Leo Strauss, « Introductory Essay » in Hermann Cohen, *Religion of Reason Out of the Sources of Judaism*, transl. by S. Kaplan with an Introduction by L. Strauss, New York, Frederick Ungar, 1972 ; repr. in *Jewish Philosophy and the Crisis of Modernity*, p. 267-282 (désormais : IntRoR), p. 281. Trad. fr. dans *Pourquoi nous restons juifs ?*, p. 201-221, ici p. 220 *sq*.
35. Leo Strauss, *Jerusalem and Athens: Some Preliminary Reflections*, The First Frank Cohen Public Lecture in Judaic Affairs, New York, The City College, 1967 ; repr. in *Jewish Philosophy and the Crisis of Modernity*, p. 377-405 (désormais : JA), p. 380. *Pourquoi nous restons juifs ?*, p. 139.
36. Voir Hermann Cohen, *Ethik des reinen Willens*, Berlin : Bruno Cassirer, 1907[2], repr. in *Werke*, vol. 7, Hildesheim : Olms, 1981, p. 501-510.
37. JA, p. 380. *Pourquoi nous restons juifs ?* p. 139.
38. *Ibidem*.
39. JA, p. 381. *Pourquoi nous restons juifs ?*, p. 140.

que nous ferions mieux « d'éviter la contrainte de prendre par avance position en faveur d'Athènes contre Jérusalem ».[40] Cohen croyait en la possibilité d'établir une synthèse entre la sagesse grecque et biblique – entre Platon et les prophètes, en tant qu'ils représentent « les deux sources les plus importantes de la culture moderne[41] ». À la différence de Cohen, Strauss est désabusé – au vu des horreurs qu'a connues le vingtième siècle, de l'Allemagne hitlérienne à la Russie soviétique – quant à la possibilité d'établir une synthèse entre ces deux éléments de la culture moderne : « Dans la mesure où nous sommes moins certains que ne l'était Cohen que la synthèse moderne est supérieure à ses composantes prémodernes, et dans la mesure où les deux composantes en question sont en opposition fondamentale l'une avec l'autre, nous sommes en dernière analyse plutôt en face d'un problème que d'une solution[42]. »

Si la pensée de Cohen est dépassée, parce qu'« il avait une plus grande foi dans le pouvoir de la culture occidentale moderne de maîtriser le destin de l'humanité que celle dont nous semblons assurés aujourd'hui[43] », d'un autre côté, l'opposition et tension insolubles entre Athènes et Jérusalem, qui attirent et envoûtent toutes deux comme des pôles magnétiques, poussent Strauss à revenir sans relâche à la conceptualisation du problème par Cohen. Si l'impulsion philosophique – c'est-à-dire la vertu de véracité selon Cohen – porte vers Athènes au détriment de Jérusalem, la vertu de fidélité selon Cohen fonctionne comme une force centripète qui empêche le juif moderne de définitivement tourner le dos à Jérusalem en faveur d'Athènes.

À ce stade de notre réflexion, il ne serait sans doute pas inutile de revenir à l'affirmation de Strauss selon laquelle Rosenzweig « est allé sur le chemin de Cohen plus loin que Cohen lui-même[44]. » Nous est-il possible de dire que, selon Strauss, Rosenzweig alla trop loin ? Dans la « Préface anglaise » à *Die Religionskritik Spinozas*, Strauss explique ceci : « Alors que l'ouvrage classique de ce qu'on appelle la philosophie médiévale juive, le *Guide des perplexes*, n'est pas au premier chef un livre

40. JA, p. 382. *Pourquoi nous restons juifs ?*, p. 142.
41. Hermann Cohen, *Das soziale Ideal bei Platon und den Propheten*, Vortrag gehalten in der Soziologischen Gesellschaft zu Wien am 19. Oktober 1916, repr. JS I, p. 306-330 (à présent in *Werke* 17, p. 297-335), JS I, p. 306 ; cité in JA, p. 398.
42. JA, p. 399. *Pourquoi nous restons juifs ?*, p. 166.
43. *Ibidem. Pourquoi nous restons juifs ?*, p. 165.
44. PG, p. 15 : FR, « der den Weg Cohens wenigstens in gewisser Weise weiter gegangen ist als Cohen selbst... » ; Strauss : *Maïmonide*, p. 19. Voir aussi PtS, p. 147-154.

philosophique, mais un livre juif, *L'Étoile de la Rédemption* de Rosenzweig n'est pas au premier chef un livre juif, mais un "système de philosophie"[45] » ; la *Religion de la raison tirée des sources du judaïsme* de Cohen, comme Strauss l'affirme dans son *Essai introductif* à la traduction anglaise de l'ouvrage, semble plutôt demeurer en position médiane : [c'] « est un livre philosophique tout en étant un livre juif [46]. » La principale différence entre Cohen et Rosenzweig est apparemment, d'après Strauss, leur attitude vis-à-vis de la primauté de la Loi : « quand on parle de l'expérience juive, on doit partir de ce qui est premier ou de ce qui fait autorité pour la conscience juive et non de ce qui constitue la condition de possibilité de l'expérience juive ; on doit partir de la Loi divine, la Torah, et non de la nation juive. Mais sur ce point décisif, Rosenzweig procède de la manière inverse[47]. » L'idéalisme critique de Cohen, d'autre part, était profondément enraciné dans le platonisme. Cohen maintint une connexion étroite entre l'Ethique et la Loi dans son système philosophique, ce qui fait qu'il était encore capable d'appréhender le propre platonisme de Maïmonide et de révéler à Leo Strauss ce qu'il fallait en comprendre.

L'attachement aux sources du Judaïsme dont fit montre Cohen est vital pour la survie de l'identité juive : ceux qui furent coupés de ces sources, tels que le furent les Juifs de la Russie soviétique en leur temps, « sont tués spirituellement », déclare Strauss[48]. Dans la lutte qu'il menait en commun avec Cohen – héritant ainsi d'une partie de la vertu de fidélité de Cohen – pour demeurer philosophe et Juif (pour ne pas dire Juif croyant) dans un monde non-juif, Strauss s'attacha à étudier les sources juives, par exemple Maïmonide, avec un rare dévouement qui fit une impression profonde sur certains de ses étudiants les plus éminents.

Parmi les nombreux exemples possibles qui attestent cet engagement, j'aimerais citer ici ces paroles de Werner Dannhauser, qui étudia auprès de Strauss à l'Université de Chicago : « Il me stupéfiait par le soin qu'il apportait à l'étude d'ouvrages écrits par des Juifs comme Maïmonide, me démontrant par là même qu'on ne pouvait se permettre de traiter l'entière tradition de l'érudition juive comme s'il s'agissait de reliques qu'on a dans la tête. De cette façon discrète, il m'amena à réviser – à élargir et à approfondir – toute la compréhension que j'avais du judaïsme. Il m'aida à devenir non pas tant un bon Juif qu'un Juif meilleur que celui que j'avais été. Comme je sais que cette expérience n'est

---

45. PtS, p. 151. Strauss, *Testament*, p. 280.
46. IntRoR, p. 267.
47. PtS p. 152. Trad. fr. Strauss, *Testament*, p.281.
48. IntRoR, p. 281-82 : they « are killed spiritually »...

nullement particulière à ma personne, je n'hésite pas à dire qu'en sa qualité de professeur, Leo Strauss fut un Juif des plus loyal[49]. » C'est un autre cas que dépeint Allan Bloom, qui écrivit un jour dans une lettre adressée à Leo Strauss : « Je crois que l'on pourrait dire que je vis en vous ce que j'avais vainement cherché chez les rabbins mais dont je savais que c'était la vocation – la science et la piété, la délivrance d'une connaissance des choses de ce monde à travers une variété synoptique[50]. » En outre, Emil Fackenheim reconnut que c'est l'exemple de Leo Strauss qui le convainquit « plus que celui de tout autre penseur juif existant de mon vivant, de la possibilité, et par conséquent de la nécessité, d'une philosophie juive adaptée à notre époque[51]. »

Si Leo Strauss représentait, aux yeux de ses étudiants, un maître, et ce non seulement du fait qu'il se dévouait à la constitution et transmission d'une connaissance érudite, mais aussi du fait qu'il luttait pour être tout à la fois philosophe et juif, ce fut probablement l'exemple d'Hermann Cohen qui eut le plus d'influence sur lui, comme Kenneth Hart Green le fit observer dans l'introduction qu'en sa qualité d'éditeur il rédigea pour le recueil des essais et conférences de Strauss intitulé *Jewish Philosophy and the Crisis of Modernity* : « La raison ultime pour laquelle Strauss vénéra Cohen ne fut ni la synthèse philosophique systématique qu'il aurait réussi à produire à l'époque moderne, ni la profondeur philosophique manifeste de sa pensée, mais plus généralement l'effort qu'il avait accompli afin de réaliser une telle synthèse, quelles qu'aient pu être les imperfections de ce qu'il avait effectivement réalisé. » Non seulement Cohen montra qu'une philosophie juive moderne, ressemblant à son ancêtre médiéval et même l'imitant, était possible, il montra aussi qu'elle répondait à un besoin du judaïsme, à l'époque moderne. Cohen fut, pour Strauss lui-même, le modèle du philosophe juif moderne : un penseur philosophe dont l'originalité est indubitable, et qui est immergé dans la tradition occidentale de la philosophie et de la science, mais qui pour cela n'en reste pas moins dévoué au judaïsme au sens le plus élevé du terme, s'efforçant à travers une étude savante exigeante, dont l'honnêteté et la cohérence intellectuelles constituent le fondement, de réconcilier ses deux engagements[52] ». De la même manière, Steven B. Smith fait observer comment Strauss, dans son étude de la question juive, pratiquait une sorte de critique "idéali-

---

49. Werner Dannhauser, « Leo Strauss as Jew and Citizen », *Interpretation*, XVII (1991), n. 3, p. 446.

50. Lettre d'Allan Bloom à Leo Strauss, 22 avril 1964, citée in Allan Bloom, *Leo Strauss*, in « Political Theory », II (1974), n. 4, p. 392.

51. Emil Fackenheim, *To Mend the World*, New York, Schocken, 1982, p. x.

52. Kenneth H. Green, *Editor's Introduction*, in JPCM, p. 22

sante" dont le modèle était Hermann Cohen, c'est-à-dire que, « plutôt que de rejeter la tradition *in toto*, la critique idéalisante part d'une posture de "fidélité" ou "sympathie" envers sa tradition. Cela ne signifie pas qu'il y va de l'acceptation inconditionnelle ou aveugle de la tradition, mais plutôt de l'interprétation de la tradition à la lumière de ses possibilités les plus nobles[53] ».

Il apparaît désormais on ne peut plus clairement, je l'espère, pour quelle raison Strauss choisit de conclure son « Essai introductif », dont il assortit la traduction anglaise de la *Religion de la raison tirée des sources du judaïsme* de Hermann Cohen, en lui rendant un hommage incomparable : « C'est une bénédiction pour nous que Hermann Cohen ait existé et écrit[54]. »

---

53. Steven B. Smith, *Between Athens and Jerusalem*, in K. Deutsch e W. Nicgorski (éds.), *op. cit.*, p. 104.
54. IntRoR, p. 282 : « It is a blessing for us that Hermann Cohen lived and wrote. »

L'événement historique :
une matrice de communauté élargie ?

Florian Nicodème

À *Dan et Judith Arbib*

« Il n'existe qu'une seule communauté qui connaisse une telle continuité de la vie éternelle, allant du grand-père au petit-fils, une seule qui ne puisse exprimer le "nous" de son unité sans entendre simultanément dans son cœur "sommes éternels". Il faut qu'il s'agisse d'une *communauté de sang*, car seul le sang donne à l'espérance en l'avenir une garantie dans le présent[1]. »

En nouant de la sorte *continuité* et *unité*, *éternité* et *communauté* pour former ce qu'il appelle le « destin juif », il semble que Rosenzweig rompe délibérément avec le vieux rêve cosmopolitique de l'*Aufklärung* – rêve dont les philosophies de l'histoire de l'idéalisme allemand restaient dans une large mesure tributaires. En rupture avec une représentation antique de l'histoire comme devenir cyclique des communautés humaines, l'*Aufklärung* marque le triomphe d'une conception linéaire de la temporalité, qui prend alors la forme d'*une* histoire et s'oriente vers une dissolution des communautés dans une seule et même humanité cosmopolitique. L'affirmation de cette continuité historique comme procès s'effectuant par-delà la clôture sur soi des communautés humaines, confère aux événements qui la composent une charge cosmopolitique qui leur donne leur spécificité : opérer l'élargissement des communautés et leur fusion. La notion d'événement historique ne peut cependant s'acquitter de cette tâche que si l'on affirme le primat de la temporalité historique et de son procès sur l'unité des communautés individuelles qui s'y succèdent, que si l'on affirme non seulement que les communautés sont *dans* le temps historique, mais que ce serait ce dernier qui serait en dernière instance maître de leur sens de communauté, maître de les faire et de les défaire *au gré des événements*.

Poser alors à la philosophie de Rosenzweig la question de la signification des événements historiques pour le concept de communauté ne peut alors que conduire à se heurter de front à ce qui constitue l'une

---

1. F. Rosenzweig, *L'Étoile de la Rédemption* (désormais *Étoile*), tr. fr A. Derczanski et J.-L. Schlegel, Paris, Seuil, 1982, IIe éd. 2003, p. 417, nous soulignons (*Der Stern der Erlösung*, Francfort-sur-le-Main, Suhrkamp, 1988, p. 331 ; les chiffres entre crochets droits renvoient à la pagination de cette édition).

des thèses centrales de *L'Étoile de la Rédemption* : la séparation entre une temporalité chrétienne – qui est justement cette temporalité historique linéaire et orientée – et la temporalité juive quant à elle inséparable d'un sens de communauté, au sein de laquelle *éternité* et *unicité* sont réunies sous le sceau d'une extra-historicité.

Si cette question conserve cependant sa charge d'interrogation, c'est que la thèse par laquelle Rosenzweig semble la disqualifier la thèse de l'extrahistoricité du peuple juif nous paraît sous le coup d'une double menace. D'un côté, elle peut sembler inaudible *en tant que thèse philosophique* : effaçant bien souvent les marques de son débat avec la philosophie de l'histoire de l'idéalisme allemand qui en constitue néanmoins l'arrière-fond incontestable, *L'Étoile de la Rédemption* dissimule souvent sa propre complexité philosophique, prêtant ainsi le flanc à une interprétation exclusivement théologique, si ce n'est communautaire et partisane, d'une telle thèse. L'importance qu'il y a à faire entendre cet arrière-fond philosophique se teinte d'urgence si l'on prend en compte une seconde menace : sans doute du fait de cette inaudibilité philosophique, la thèse de l'extrahistoricité résonne, pour notre conscience historique encore très largement marquée par les douloureux événements du XXe siècle, dans un silence de mort. Quelle que soit la validité et la légitimité des reproches que l'on fait à une telle démarche et à la fascination morbide avec laquelle elle s'abrite derrière une chronologie « objective », force est de constater que l'interprétation et la réception de *L'Étoile de la rédemption* s'effectue bien souvent à partir de deux événements qui l'encadrent et qui ont engagé le sens de la communauté juive, la première guerre mondiale et la Shoah. Ces deux événements semblent alors former les deux branches d'une douloureuse alternative que la thèse de l'extrahistoricité serait anachroniquement sommée de trancher. D'un côté on aurait avec le premier conflit mondial une figure tragique de l'assimilation des juifs : l'élargissement à la communauté de l'État-nation qui débouchera sur une solidarité de fait des juifs européens avec l'affrontement fratricide de l'Europe nationaliste. De l'autre, on aurait avec la Shoah, selon la très juste expression de G. Bensussan, « comme un revers noir de la thèse rosenzweigienne », avec cette idée terrible que « nul mieux que le national-socialisme n'[aurait] pris au sérieux le défi de l'éternité du peuple juif, [en] y opposant (confirmativement ?) l'acte d'un pur et simple arrêt de mort[2] ». Prise dans cette alternative entre assimilation tragique et choix politique d'extrahistoricité, avec l'extermination pour revers, il est certain que cette thèse ne peut alors apparaître que comme scandaleuse et presque intenable.

2. G. Bensussan, « État et éternité chez Franz Rosenzweig », *La Pensée de Franz Rosenzweig*, Paris, Puf, 1994, p. 145.

Notre objectif dans ce travail consistera à récuser une telle apparence, en substituant à l'image d'une thèse par trop « thétique » et aveugle au cours réel des événements historiques la réalité toujours nuancée de son affirmation par Rosenzweig. Il s'agira donc pour une part de rétablir la complexité philosophique de cette thèse, en restituant notamment l'importance de son dialogue avec la philosophie de l'histoire. Mais nous voudrions montrer ce dialogue *en contexte*, non pas dans la discussion abstraite de thèses de philosophie de l'histoire, mais tel qu'on peut le saisir à même l'interprétation philosophique d'événements historiques. Chacun des deux moments de ce travail tentera de la faire à partir de deux événements historiques majeurs : l'émancipation des Juifs par la Révolution française (I) et la Première Guerre mondiale (II).

I – L'ÉMANCIPATION DES JUIFS DURANT LA RÉVOLUTION FRANÇAISE:
«L'AUTRE GRAND ÉVÉNEMENT DANS L'HISTOIRE DE L'EGLISE»...

Commençons avec l'émancipation des Juifs dans le cadre de la Révolution française. Implicites dès la *Déclaration des droits de l'homme et du citoyen* du 26 août 1789 – ou à tout le moins déductible à partir d'elle[3] – l'émancipation et l'égalité civile sont d'abord accordées aux juifs séphardes du Sud-Ouest et de l'Avignonnais en janvier 1790 avant de devenir effectives pour tous les juifs de France – notamment les juifs lorrains et alsaciens – à partir de septembre 1791 : c'est alors à la condition que les juifs soient « individuellement citoyens[4] », c'est-à-dire qu'ils prêtent un serment civique et renoncent à toute prérogative communautaire[5]. Le sens de cet événement semble alors tout trouvé dans l'interprétation libérale

3. Rappelons les mots de Regnault de Saint-Jean, alors président de la chambre qui voulait qu'on « rappelle à l'ordre » ceux qui s'opposaient à la proposition de Duport (accorder l'égalité civile aux juifs de France) « car c'est la Constitution elle-même qu'ils combattront ». C'est au terme de cette séance du 28 septembre 1791 que l'égalité civile sera finalement votée.
4. «*Il faut tout refuser aux Juifs comme nation et tout accorder aux Juifs comme individus. Il faut qu'ils ne fassent dans l'État ni un corps politique ni un ordre. Il faut qu'ils soient individuellement citoyens.*» Discours du comte de Clermont-Tonnerre à l'Assemblée nationale lors de la séance du 23 décembre 1789. Même si ces mots ont été prononcés lors de l'échec de la première tentative pour obtenir l'égalité civique, ils ont durablement marqué la conception de l'émancipation qui fut celle de la Révolution française.
5. Le décret royal du 13 novembre 1791, qui achève la promulgation de l'égalité civique précise en effet que, outre la nécessité de prêter le « serment civique », ce dernier sera regardé « comme une renonciation à tous privilèges introduits précédemment en leur faveur ».

proposée par la *Déclaration* elle-même : l'individu est juridiquement défini comme libre et porteur de droits (art. 1) et se voit substitué, au rang de fondement de la politique et de l'histoire, à toute forme d'appartenance communautaire. Religions et communautés religieuses sont de ce fait reléguées dans l'espace des affaires privées (art. 10). Cette émancipation suppose donc, et même elle *impose* en tant que Loi, l'existence d'un espace commun à tous les individus, celui de l'État national de droit où se réalise l'histoire de la nation. Est également affirmé l'espoir d'une communauté universelle inscrite métaphysiquement dans le préambule de la *Déclaration*, elle-même dotée d'une histoire dans le prolongement de l'histoire nationale : cet espace est celui des « droits naturels, inaliénables et sacrés de l'homme » et sa vocation est de servir à la fois de point de repère pour les gouvernants du monde entier (puisqu'elle fixe « le but de toute institution politique ») et de recours pour les citoyens du monde entier (elle permet en effet de fonder « les réclamations des citoyens [...] sur des principes simples et incontestables »).

Christianisation du monde

La manière dont Rosenzweig va l'interpréter prend à rebours cette idée d'espace commun, en montrant que l'histoire ainsi ouverte, en apparence neutre et non confessionnelle – ni juive, ni chrétienne – est en fait un moment – le dernier – d'une histoire propre au christianisme, son moment johannique « qui a débuté avec 1789[6] ». Ce moment johannique se caractérise en ce qu'il constitue à la fois le dernier moment d'une histoire du christianisme inspirée de celle de Schelling[7] et en même temps une *sécularisation* de celui-ci : Rosenzweig y voit donc l'ultime métamorphose du christianisme qui, de *religion*, devient *civilisation* pour constituer l'espace de la vie des peuples dans le temps, au point de devenir équivalent à l'histoire elle-même. Ce christianisme johannique ne revêt plus la forme d'une assemblée finie, d'une Eglise, car il n'a plus d'extériorité païenne par rapport à laquelle se définir et son espace est donc le cours du monde lui-même. Cette sécularisation du christianisme en histoire va alors s'effectuer, à partir de 1789, sous la forme d'une histoire dont les moteurs sont l'État-nation et le nationalisme.

Le cœur de ce johannisme est donc la transfiguration qu'il opère du

---

6. Lettre à Rosenstock du 30 novembre 1916, trad. G. Bensussan, M. Crépon et M. B. De Launay, in *Foi et Savoir. Autour de « L'étoile de la rédemption »* (désormais *FS*), Paris, Vrin, 2001, p. 112.

7. F.W.J. Schelling, *Philosophie de la révélation*, Paris, PUF, 1994 : rappelons que la phase johannique suivrait la phase « pétrinienne » et la phase « paulinienne », structure reprise par Rosenzweig dans *Étoile*, p. 389-400 [309-315].

concept de peuple, devenu vecteur d'une histoire dont le sens est théologique. Dans cette phase johannique du christianisme, écrit Rosenzweig dans une lettre à Rosenstock, « les peuples ne croient plus seulement qu'ils sont d'origine divine (...) mais aussi qu'ils se dirigent *vers* Dieu[8] ». Sur ce point, Rosenzweig est clair : l'espace public national et le nationalisme qui entrent en scène avec la Révolution française, bien loin d'être les signes d'un retrait du religieux vers la sphère privée, constituent « la christianisation achevée de la notion de peuple[9] ». La sécularisation qui s'opère ici n'est pas pour lui *mondanisation du christianisme* – devenir-laïc du christianisme – mais *christianisation du monde* sous l'espèce de l'histoire[10], c'est-à-dire un devenir-chrétien du monde. Le décret qui accorde l'égalité civique aux juifs de France ne peut donc être compris comme un événement élargissant les communautés à l'échelle d'une humanité universelle qu'à condition de se mouvoir déjà à l'intérieur de cette christianisation du monde et de l'histoire. Entrer dans l'histoire par une assimilation à la forme de l'État-nation se ramène donc à une christianisation.

Contre toute interprétation politique assimilationniste qui s'appuierait sur une compréhension libérale de la *Déclaration des droits de l'homme*, Rosenzweig reste donc fidèle à la définition qu'il donne de l'homme juif comme

> celui qui est toujours en quelque manière un reste (...). Un dedans dont le dehors a été saisi par le courant du monde et emporté par lui, alors que lui-même, c'est-à-dire ce qui reste de lui, demeure sur le rivage[11].

Le décret d'émancipation, si on l'interprète dans le sens d'une assimilation libérale, constitue bien un abandon au courant du monde ; mais c'est alors à un courant qui n'accueille pas de manière neutre, mais interprète le Reste, en tant qu'il lui est *jusque là* extérieur, comme un fragment *encore* détaché de la totalité qu'il représente, un fragment d'espace privé échappant *encore* à la publicité, un fragment de paganisme *pas encore*

---

8. Lettre à Rosenstock du 7 novembre 1916, *FS*, p. 91.
9. *Ibid.*
10. Notons que l'on peut voir dans cette argumentation rosenzweigienne l'une des sources, sinon la source principale de la célèbre « thèse » de Löwith selon laquelle les philosophies de l'histoire seraient « dépendantes de la théologie, c'est-à-dire de l'interprétation théologique de l'histoire comme histoire du salut » (K. Löwith, *Histoire et Salut*, trad. fr. de M.-C. Challiol-Gillet, S. Hurstel et J.-F. Kervégan, Paris, Gallimard, 2002, p. 21). Sur la question des rapports entre Löwith et Rosenzweig, voir M. Bienenstock, *Cohen face à Rosenzweig. Débat sur la pensée allemande*, Paris, Vrin, 2009, notamment p. 149-152.
11. *Étoile*, p. 477.

converti. Ce ne serait plus en tant que juifs que les Juifs assimilés se mettraient alors à participer à l'histoire et à la vie historique de leur nation, mais en tant que « pas encore chrétiens », puisque cette modalité temporelle du « pas encore » est précisément celle qui définit la vie chrétienne comme une vie de « l'entre-deux », une « voie à travers le temps[12] ».

Conversions secrètes

Cette dénonciation de la christianisation que représente l'assimilation à l'État-Nation et à son horizon cosmopolite ne conduit pourtant pas Rosenzweig à dénier à cet événement l'importance que lui prêtent les courants libéraux et assimilationnistes. Il le salue au contraire comme un « grand événement », mais c'est comme « l'autre grand événement dans l'histoire de l'Eglise[13] ». S'il souligne son importance pour les Juifs, c'est alors pour y voir – non sans une ironie mordante – le signe que « c'est désormais, au moment où les temps commencent à s'accomplir, le juif accueilli dans le monde chrétien qui doit probablement convertir le païen présent dans le chrétien[14] ». Cet événement signifie donc bien une entrée en scène du judaïsme *dans l'histoire* – c'est-à-dire l'histoire chrétienne – mais cette entrée en scène ne sera justement pas *historique*, elle ne prendra justement pas la forme d'un événement de cette histoire. Si cette entrée en scène des juifs fait événement, ce n'est pas en raison d'un quelconque mouvement d'universalisation des communautés. Quel que soit en effet le nombre de juifs qui choisiront l'assimilation, il y aura toujours un Reste, un « peuple dans le peuple » et c'est lui seul qui est véritablement – quoique seulement « probablement » – *impliqué* dans cet événement, sans pourtant en *être touché*. Alors même qu'il semble transformer les rapports entre judaïsme et christianisme, en les réunissant dans un cadre commun – celui du monde politique et de l'histoire –, cet événement est donc interprété par Rosenzweig comme un événement se situant en fait tout entier du côté chrétien. Il marque l'ouverture d'une possibilité de conversion, mais d'une conversion *à l'intérieur de l'Eglise johannique* – conversion par le juif du païen dans le chrétien – et en aucun cas la possibilité d'une absorption du Reste. La communauté juive n'en devient pas pour autant historique, car « à l'encontre de toute l'histoire du monde, l'histoire juive est l'histoire de ce Reste[15] », c'est-à-dire l'éternité. Tout au plus peut-on donc dire que cet événement est ce qui

---

12. « Le chrétien [...] n'est jamais qu'en route et son intérêt propre est seulement de toujours continuer à rester en route, toujours entre le départ et l'arrivée », *Étoile*, p. 472 [376].
13. *Ibid.*, p. 399.
14. *Ibid.*, p. 399.
15. *Ibid.*, p. 562.

donne une visibilité à l'éternité juive et ouvre une possibilité *chrétienne* de laisser le païen dans le chrétien être converti à cette éternité. L'interprétation de Rosenzweig renverse donc la signification apparente de l'événement en récusant la possibilité d'élargissement qu'il semble ouvrir à mesure qu'il inverse la possible conversion dont il semble porteur. Cet événement libère bien l'espace d'un contact, mais ce contact doit être interprété autrement qu'à partir d'une histoire conçue comme histoire d'un christianisme en expansion : c'est alors un contact qui, au lieu d'élargir la communauté juive, approfondit par la conversion l'histoire chrétienne et l'infléchit dans le sens de l'éternité.

Eschatologie libérale et philosophie de l'histoire

Cette interprétation n'est alors compréhensible qu'à rapporter le concept de christianisme qu'elle mobilise au débat avec les philosophies de l'histoire de l'idéalisme allemand que Rosenzweig, à la suite de H. Ehrenberg, a comprises comme « eschatologies libérales[16] ». Sous ce vocable, il faut entendre la tentative de penser l'histoire à partir d'un but idéal, Règne de la raison ou Règne des fins, et de penser ce but comme *déjà présent* en nous et non pas simplement comme espérance ou anticipation. Ce fait de ramener l'*eschaton* dans le présent s'oppose trait pour trait à la structure rosenzweigienne de l'anticipation, dont l'ambition est justement de maintenir cette fin vivante en la laissant hors de nous.

On peut prendre un exemple d'une telle « eschatologie libérale » : la seconde partie du *Conflit des Facultés* de Kant, où ce dernier interprète *le* grand événement qu'est la Révolution française. L'événement ne vaut pas tant dans ce texte comme scansion de l'histoire du fait, par exemple, de ses conséquences politiques, mais plutôt du fait de ce dont il est le signe, à savoir

> un intérêt universel, qui n'est cependant pas égoïste, pour les joueurs d'un parti contre ceux de l'autre, *démontrant ainsi (...) un caractère du genre humain dans sa totalité et en même temps (...) un caractère moral de cette humanité* [17].

Ce qui est ici décisif, c'est que la signification eschatologique de l'événement ne tient pas à ce qu'il accomplit, à ses conséquences futures, mais à l'accès qu'il donne au spectateur à la présence en lui, comme en tout homme, d'une disposition, d'une tendance au progrès, située en deçà des appartenances communautaires et amenée à se réali-

---

16. Nous suivons sur ce point Myriam Bienenstock, *Cohen face à Rosenzweig. Débat sur la pensée allemande* [désormais *CfR*], Paris, Vrin, 2009, p. 170-171.

17. E. Kant, *Conflit des Facultés*, II, § 6, in Kant, *Opuscules sur l'histoire*, trad. S. Piobetta, Paris, GF, 1990, p. 210-211, nous soulignons.

ser dans leur au-delà cosmopolitique : l'humanité. L'ici et le maintenant de l'événement présent ne nous parlent alors ni du présent en tant que tel, ni même de l'avenir prévisible à partir de lui, mais de la coappartenance de l'histoire, de l'humanité et de la raison sous la figure de cette tendance. Ce que Ehrenberg dénonçait comme eschatologie libérale – en écrivant par exemple que « Fichte, et tout ceux qui vinrent après lui, veulent insérer la fin en nous comme règne de la raison[18] » – s'avère chez Kant solidaire d'une conception de l'événement historique comme occasion de voir à l'œuvre cette tendance, de voir se manifester la *Bestimmung* de l'humanité raisonnable.

On comprend dès lors l'opposition de Rosenzweig à cette conception de l'événement, tout entière sous le signe du passé. S'il se déploie dans les trois dimensions du temps en tant qu'il est – selon la terminologie même de Kant «*signum rememorativum, demonstrativum, prognostikon*[19] » – le concept d'événement est en effet *avant tout* remémoration d'une tendance : il est absorption du présent et de l'avenir dans le passé d'une tendance toujours déjà là, et non cette anticipation par laquelle Rosenzweig comprend la Rédemption, seul événement encore à venir depuis « l'événement advenu (*ereignetes Ereignis*)[20] » de la Révélation. Reconnaître la validité de la prétention d'un tel événement reviendrait à admettre l'une de ces tentatives de forcer l'éternel à-venir du Royaume, tentatives que Rosenzweig critique dans l'introduction du troisième livre de *L'Étoile de la Rédemption*.

Conclusion

Pour conclure ce premier moment, il convient de souligner avec quelle souplesse Rosenzweig noue la thèse de l'extrahistoricité juive avec une analyse minutieuse d'un événement historique singulier. Loin de plaquer cette thèse au mépris de la complexité de l'événement, il va éprouver les contours de cette dernière, en suivant patiemment les fils emmêlés par l'interprétation libérale canonique de l'événement, restituant minutieusement le contexte philosophique et théologique qui en constitue à ses yeux le soubassement réel. Mais cette analyse révèle également à quel point la position de la question elle-même est solidaire d'un riche tissu théologique et philosophique. Il nous semble alors que si la thèse de l'extrahistoricité du peuple juif n'en est pas pour autant moins fortement affirmée, elle gagne en nuance et en précision si on la

---

18. H. Ehrenberg, *Disputation. Drei Bücher zum deutschen Idealismus*, Munich, Drei Masken Verlag, 1923-1925. vol. 1, p. 146.
19. Kant, *Conflit des Facultés*, II, § 5, *op. cit.*
20. *Étoile*, p. 229.

resitue dans un concept d'histoire radicalement chrétien, qui est bien loin de constituer l'espace véritable d'un partage. Si l'événement historique ne peut être compris de manière univoque comme une matrice de communauté élargie, il n'interdit pas pour autant la possibilité d'un contact et d'un échange. Ce dernier va alors devoir être pensé à partir d'un élément qui reste un peu mystérieux : cette bien curieuse efficace du Reste juif dans l'histoire chrétienne. Sans être une causalité historique au sens classique du terme, ce motif opère néanmoins selon le modèle d'une conversion qui ne serait assimilation ni dans un sens ni dans l'autre, mais vivification.

II – «Germanité et judéité»:
la Première Guerre mondiale et le «problème juif»

«*Je n'ai donc pas vécu la guerre...*»

La signification du second événement dont nous aimerions traiter, la première guerre mondiale, est plus problématique chez Rosenzweig. Avant de pouvoir poser la question du lien philosophique qui se noue chez lui, autour de la Première Guerre mondiale, entre les concepts d'événement historique et de communauté, il faut relever une contradiction dans la manière dont Rosenzweig se rapporte à cet événement historique. On ne saurait en effet nier son importance existentielle dans la gestation de *L'étoile de la Rédemption* – composé presque intégralement durant la période où Rosenzweig était au front – pas plus d'ailleurs qu'on ne peut nier l'ombre portée de la guerre *dans L'étoile* elle-même[21]. À lire la correspondance de Rosenzweig pendant cette même période, on ne peut pourtant qu'être frappé par l'ambiguïté de son attitude face à la guerre : tout en étant extrêmement attentif aux événements et aux évolutions qui la scandent, Rosenzweig affirme son détachement par rapport à cet événement en lui-même, dès lors qu'il s'agirait d'y voir une rupture ou un tournant. Voici ce qu'il en écrit très tôt (octobre 1916) dans une lettre à R. Ehrenberg : « pour moi, la guerre ne signifie nullement une coupure [...]. Je n'ai donc pas vécu la guerre, j'ignore tout d'elle (...); je n'attends ni ne désire rien d'elle[22]. » On trouve une formulation plus nette encore dans une lettre d'octobre

---

21. Pour deux approches légèrement divergentes de cet impact: *CfR*, p. 38-48 et M. Crépon et M. De Launay, « Rosenzweig et le tournant de la guerre », in *Confluences. Politique, histoire, judaïsme*, Paris, Vrin, 2003, p. 7-17.
22. F. Rosenzweig, *Gesammelte Schriften* (désormais *GS*), vol. I, 2 : *Briefe und Tagebücher*, 1900-1918, La Haye, Martinus Nijhoff, 1979, p. 242.

1917, où Rosenzweig affirme son incapacité « à reconnaître encore aujourd'hui la guerre elle-même comme quelque chose *dans* ma vie [*nicht als etwas* in *meinem Leben*]» et désigne alors cet événement « seulement comme un vide [*nur als eine Lücke*][23]».

Une constante semble néanmoins se dégager des multiples contextes dans lesquels Rosenzweig s'explique sur sa relation à la Grande guerre : une défiance, sinon une opposition systématique, aux discours et aux interprétations tout faits – idéologiques ou philosophiques – de cet événement[24]. Quoi qu'il en soit en effet de la manière dont il s'en est trouvé affecté, Rosenzweig bataille inlassablement contre un discours de guerre ambiant aux provenances multiples – et parfois inattendues –, visant à conférer au conflit mondial une signification historico-philosophique : celle d'un moment tout à fait particulier sur le plan de la philosophie de l'histoire. Il est ainsi tout particulièrement critique envers l'idée que la première guerre mondiale, comme événement historico-philosophique, pourrait constituer une solution au « problème juif », c'est-à-dire au problème posé par l'exception juive[25], sous la forme de la résorption de ces derniers au sein d'une communauté plus haute.

Kriegsliteratur : propagande et philosophie de l'histoire

Rosenzweig prend alors pour adversaire un discours dont l'origine – propagande ou philosophie – est difficilement assignable, mais dont on trouve en tout cas des traces remarquablement homogènes durant la première guerre mondiale. Ce discours fait de la première guerre mondiale le moment catastrophique où doit se révéler ou se fonder la communauté entre le judaïsme allemand et la nation allemande en guerre, mais aussi – du même coup – entre le judaïsme tout court et le principe spirituel allemand entendu comme principe d'humanité et de civilisa-

---

23. GS I, 1, p. 468.
24. C'est un point sur lequel s'accordent, malgré leurs appréciations différentes de l'impact de la Première Guerre mondiale, M. Crépon et M. De Launay d'une part (« c'est moins avec la guerre elle-même que l'auteur de *L'Étoile de la Rédemption* entend marquer ses distances […] qu'avec le discours idéologique qui l'accompagne », « Rosenzweig et le tournant de la guerre », p. 8), M. Bienenstock d'autre part (cf. son commentaire de la lettre du 5 octobre 1917, *CfR*, p. 39-40 ou son commentaire du récit fait par Rosenzweig de ses entrevues d'après-guerre avec Friedrich Meinecke, *ibid.*, p. 43-45).
25. L'expression est de Meinecke, et elle est rapportée par Rosenzweig dans sa lettre à Margrit Rosenstock-Huessy du 6 mai 1919 : « *mich hätte schon seit Jahren, schon vor dem Krieg, das jüdische Problem gepackt, und dem müsste ich nun leben* » (*Die « Gritli »-Briefe. Briefe an Margrit Rosenstock-Huessy*, I. Rühle et R. Mayer (éds.), Tübingen, Bilam Verlag, 2002, p. 319).

tion et devenu de ce fait le porteur d'un sens de communauté plus haut.

La signification d'un tel discours en temps de guerre est triple. Sa vocation relève d'abord de la politique intérieure puisqu'il est censé favoriser la mobilisation nationale en soudant au principe et au destin national une communauté dont l'État allemand a pu – fort injustement et non sans un antisémitisme étatisé – suspecter la fidélité[26]. Elle relève ensuite d'un impératif de propagande mondial en appelant les juifs du reste du monde à se reconnaître *en tant que juifs* dans le principe spirituel allemand. L'articulation entre ces deux dimensions se fait enfin par l'intermédiaire d'une perspective historico-philosophique implicite selon laquelle la victoire allemande est inévitable puisqu'elle ne sera rien d'autre que le triomphe de l'humanité universelle sur les particularités, l'occasion d'un élargissement du principe communautaire allemand *en tant que principe universel* à l'échelle du reste de l'humanité. Cet élargissement va s'effectuer *dans* et *par* la guerre : l'événement historique est alors à la fois le signe et la première étape d'un processus d'universalisation nécessaire.

Le rapprochement du « principe juif » et du « principe allemand » constitue alors un simple moment de cette universalisation. Un tel discours va donc rencontrer le « problème juif » d'une manière un peu différente des révolutionnaires français : il va en effet avoir à démontrer non seulement la compatibilité des juifs avec la cause allemande, mais aussi la possibilité de les y dissoudre. L'enjeu est alors de montrer l'importance de la communauté juive et du monothéisme juif dans la *constitution* de l'esprit allemand et, par conséquent, sa solidarité *active* avec ce dont l'Allemagne semble alors le nom : une humanité à défendre, une promesse d'universalité prochaine.

Judéité et Germanité : du peuple élu à la communauté idéale de l'humanité

Ce discours, avec toutes ses ambiguïtés, on en retrouve les échos dans le texte de H. Cohen intitulé « Germanité et Judéité[27] », texte auquel Rosenzweig a réservé – non sans méchanceté – le qualificatif de *«Professo-*

---

26. C'est ce que révèle en tout cas la *Judenstatistik* publiée par le Reichstag en 1916 et qui visait, sur la base de chiffres assurément biaisés et sans doute falsifiés, à critiquer l'engagement des juifs allemands dans l'effort de guerre allemand. Cf. M. B. De Launay, « Professorenkriegsliteratur », *Revue de métaphysique et de morale*, 2001/3, n° 31, p. 365-382, en particulier p. 367-368.

27. H. Cohen, *«Deutschtum und Judentum »* (désormais *DJ*), in *Werke*, vol. 16, Olms, 1997, pp 465-560, traduction française de M. B. De Launay, *Pardès*, 1987, n°5, p. 7.

renkriegsliteratur[28]». D'un côté Cohen y justifie la légitimité intellectuelle et culturelle d'une victoire allemande *par les armes,* et invoque à ce titre la nécessité d'une « piété » de la part des juifs envers l'esprit du peuple allemand[29], c'est-à-dire envers l'Allemagne comme nation belligérante ; de l'autre, il affirme que « les guerres d'anéantissement profanent l'humanité[30]» et défend alors que la guerre ne devrait être menée qu'à condition d'avoir « pour horizon la paix au sein de l'humanité intérieure[31]».

Cette difficulté ne peut être levée qu'à condition de trouver les moyens de justifier l'universalité intrinsèque de la germanité – selon une compréhension de l'universalité capable au premier chef de rendre compte de l'exception juive. Cela ne va évidemment pas sans difficulté, puisque Cohen – très sensible à l'antisémitisme virulent de ces temps de guerre[32] – va devoir malgré cela construire un *concept idéal* de l'État et du peuple allemand qui légitimerait l'engagement juif international à ses côtés.

L'approche cohénienne de la communauté judéo-germanique n'aura donc pas pour fondement le nationalisme allemand comme tel, mais « l'obligation réciproque [*gegenseitige Verpflichtung*][33]» entre l'Idée incarnée par le peuple et l'État allemand, la « germanité », et la communauté juive. Cette obligation se décline selon deux versants, dont l'histoire a sans doute montré qu'ils n'étaient ni vraiment réciproques, ni même au fond sur le même plan. Contre tout assimilationisme, Cohen souligne le rôle *actif* joué par le judaïsme dans la constitution de l'esprit allemand, légitimant par là l'intégration des juifs, au sens où ils auraient participés activement à la construction du caractère idéal et universel du peuple et de l'État allemand[34]. En ce sens et du fait de cet apport, le peuple alle-

28. Dans l'introduction qu'il écrit en 1924 aux *Jüdische Schriften* de Cohen, Berlin, 1924, p. LVIII. Rappelons l'ambiguïté du terme même, que l'on peut entendre soit au sens de « littérature écrite en temps de guerre par des professeurs » ou, plus méchamment, au sens de « littérature de guerre entre professeurs ».

29. « Je crois [...] que le juif de France, d'Angleterre et de Russie est tenu par des devoirs de piété envers l'Allemagne ; car elle est *la mère patrie de son âme,* si par ailleurs sa religion est son âme », *DJ*, p. 524.

30. *DJ*, p. 524.

31. *Ibid.*, p. 524.

32. On peut rappeler à ce propos la « Postface critique en guise de préface » que Cohen ajoute lors de la seconde édition de *DJ* et qui fait état des nombreuses manifestations d'antisémitisme – de la part de l'État (*Judenstatistik*) ou des intellectuels allemands – qui se sont déchaînées en Allemagne depuis la première parution de ce texte en 1915.

33. « Dans les faits, le fait d'entrer et de s'intégrer [*die Aufnahme*] à un nouvel État fonde pour les deux parties une obligation *réciproque* », *DJ*, p. 527.

34. Cohen multiplie les exemples dont le moins fascinant n'est pas l'influence du judaïsme – par l'intermédiaire des *Psaumes* – sur la pensée de Luther. Cf. *DJ*, §13, p. 483-486.

mand serait bien leur obligé. D'un autre côté, l'histoire allemande, notamment la Réforme et l'Idéalisme allemand, est ce qui a permis au judaïsme de rayonner et d'en arriver à son point d'aboutissement culturel et intellectuel et, en ce sens, il serait alors l'obligé de la germanité.

Cette justification de la mobilisation du judaïsme au nom de son *apport* à la germanité a bien sûr de multiples dimensions. Nous ne retiendrons ici que l'une d'entre elles, celle qui veut que le judaïsme ait justement apporté au peuple allemand – sous la forme de son concept de « peuple élu » – ce concept idéal de peuple universel, central pour l'*Aufklärung* et devenu soudain très pratique pour légitimer la nécessité d'une victoire de l'esprit allemand. On retrouve cette ligne d'analyse chez Cohen sous une forme développée dans son ouvrage posthume *La religion de la raison tirée des sources du judaïsme*[35] mais elle est centrale dans toute sa philosophie de la religion depuis 1912. La communauté juive serait d'après Cohen à comprendre, du fait de son commandement d'amour universel du prochain, comme communauté fondée sur l'universalisme éthique, capable – anticipant et préparant sur ce point l'éthique kantienne « allemande » – de formuler des commandements éthiques universels, adressés à l'homme en tant que tel, et non au citoyen d'un État particulier. Cette idée trouve son complément dans une argumentation qui interprète du même coup l'unicité du peuple juif, sa singularité absolue, comme signe de sa vocation universelle. L'exception juive ne serait pas alors à comprendre *négativement*, comme singularité d'un peuple parmi les autres ou comme clôture sur soi d'une communauté à l'intérieur d'une communauté plus vaste, mais bien *positivement*, comme transfiguration de la notion de peuple à partir de son modèle idéal, celui d'une communauté *destinée* à l'universalité. L'idée que la première guerre mondiale est le moment historique où le peuple juif doit manifester sa solidarité active avec la communauté nationale allemande a donc des racines dans l'idée que le peuple juif incarne un *autre* concept de peuple : il ne saurait se comprendre dans son opposition frontalière, et donc dialectique, avec d'autres peuples, mais comme l'instrument permettant de dépasser la lutte entre les nations et de réaliser la réconciliation de ces dernières au sein d'une humanité *une ;* il sera le vecteur de la réalisation de « l'idée messianique du prophétisme israélite[36] ».

« Contacts vivants »

Deux spécificités de cette doctrine sont à souligner, sur lesquelles va s'exercer la critique de Rosenzweig. La première est qu'elle voit dans

---

35. H. Cohen, *La Religion de la raison tirée des sources du judaïsme,* trad. de M. B. de Launay et A. Lagny, Paris, Puf, 1994.

36. *DJ,* p. 544.

l'événement historique l'occasion historique de préserver, mais surtout de *hâter* l'avènement d'une communauté universelle : entrer en scène dans la lutte des nations serait devenu, ici et maintenant, le bon moment pour réaliser de force une telle communauté. Rosenzweig pourra alors critiquer cette position en faisant de Cohen l'un de ces tyrans du Royaume contre lesquels sera écrite l'introduction de la troisième partie de *L'étoile de la rédemption*[37]. Mais c'est la seconde spécificité qui est ici la plus décisive : cette doctrine de la vocation universelle du judaïsme qui a structuré l'esprit allemand réside en effet l'idée que la tension – au sein du peuple juif puis au sein du peuple allemand – entre son existence et l'idéal dont il est porteur est génératrice d'une historicité, seule apte à résoudre cette tension. Le concept de peuple universel que le judaïsme aurait ainsi apporté à l'Allemagne et au nom duquel cette dernière pourrait légitimer la nécessité de sa victoire mondiale est donc celui de la résolution *dans et par l'histoire* de la tension entre singularité de l'existence et universalité de l'idéal dont il est porteur. Rosenzweig se prononce très fermement, dès son article « Théologie athée », contre une telle interprétation de la singularité du peuple juif et contre cette figure à la fois historique et idéale qu'il est censé incarner. Le cœur de son argumentation est qu'une telle interprétation de la notion de peuple élu, bien loin d'être un apport du judaïsme à l'esprit allemand comme le voudrait Cohen, s'inspire en fait, après un passage par l'idéalisme allemand, d'un mouvement théologique chrétien, les «*Leben-Jesu Theologien*[38]», qui avaient pour but de revivifier la foi à partir d'une interprétation de Jésus comme idéal de l'humanité, comme « concept kantien d'homme idéal[39]». Si une telle réinterprétation du concept de peuple permet de justifier l'affinité entre judéité et germanité, c'est bien qu'elle constitue le fruit d'une histoire d'influences mutuelles, de *contacts vivants* entre théologie chrétienne et théologie juive, mais pas dans le sens auquel pensait Cohen : « la pensée juive a toujours été en contact vivant avec la science chrétienne ; tantôt elle était celle qui influence […], tantôt c'est elle qui est influencée[40]». En l'occurrence, c'est elle qui est ici influencée.

Un tel concept de peuple universel est en effet le fruit d'une reconstruction au sein du judaïsme d'un mouvement d'origine chrétienne, reconstruction dans laquelle Rosenzweig distingue trois étapes :

37. *Étoile*, p. 371-415/[295-330].
38. Par ce vocable de « théologies de la vie de Jésus », Rosenzweig désigne toute une tradition théologique de l'*Aufklärung* qui vise à retrouver sous la gangue théologique la personnalité vivante d'un Jésus maître de sagesse, modèle historique de l'humanité et non plus incarnation du divin.
39. « Théologie athée », trad. J.-L. Schlegel reprise in *Confluence. Politique, histoire, judaïsme*, op. cit., p. 148.
40. *Ibid.*, p. 146.

1. Des « affadissements de même nature que ceux qui avaient été entrepris dans la philosophie allemande classique sur la figure du Christ[41] » ont été infligés à la notion de peuple élu. Cette dernière notion joue aux yeux de Rosenzweig le rôle *d'analogon* dans le judaïsme de la figure du Christ dans la théologie chrétienne. Ces deux figures ont en effet un point commun, celui d'incarner « la dure marque du divin *réellement entré dans l'histoire et distinct de toute autre réalité* [42] » qu'une certaine théologie, d'abord chrétienne, puis juive, va chercher à « esquiver [43] ». L'affadissement de la figure de Jésus se répercute donc dans le judaïsme sous la forme d'un affadissement de la figure du peuple élu.

Ces affadissements se heurtent néanmoins à un obstacle majeur qui marque le commencement juif du motif théologique chrétien sus-mentionné : la « volatilisation théologique » de la notion de peuple élu. On ne voit pas en effet comment le peuple juif, et lui seul, pourrait être le porteur d'une telle Idée d'humanité, à moins de concevoir cette destination de manière accidentelle, sans lien avec son existence singulière.

2. C'est alors la notion de peuple telle qu'elle est travaillée par l'idéalisme allemand chrétien et sa philosophie de l'histoire qui va offrir une issue pour cette contradiction. L'idéalisme allemand, sous les figures de Fichte et Hegel, s'est en effet efforcé « d'unir le peuple et l'humanité seulement de telle sorte que le peuple ait à produire hors de son sein les idées sans lesquelles l'humanité "disparaîtrait" [44] », c'est-à-dire à les produire *dans l'histoire*.

3. Pour parvenir à penser cette notion de l'apport historique d'un peuple à l'humanité non plus, à la manière hégélienne, c'est-à-dire au prix de la naissance puis de la mort *des* peuple*s* – figures successives et successivement partielles d'une même humanité – mais bien en lien avec la seule existence du peuple élu, il faut alors élaborer une naturalisation de cette vocation sous la figure du « caractère national ». Il devient dès lors compréhensible de concevoir « les choses de telle sorte qu'au contact de l'essence [de ce peuple] le monde trouvera sa guérison[45] ».

Cette ultime étape ne permet donc plus de considérer légitimement la notion de peuple élu que Cohen prétend tirer des « sources du judaïsme » comme un apport spécifique et authentique de ce dernier au christianisme ou à la germanité ; un tel concept apparaît bien plutôt comme doublement marqué du sceau de la théologie chrétienne.

À partir de là, Rosenzweig peut s'attaquer en effet à la conceptuali-

---

41. *Ibid.*, p. 147.
42. *Ibid.*, p. 147.
43. *Ibid.*, p. 147.
44. *Ibid.*, p. 148.
45. *Ibid.*, p. 149.

sation du peuple juif que proposait Cohen. Là où ce dernier le définissait, *en tant que peuple élu*, à partir de la tension entre sa singularité réelle et son universalité idéale – tension censée sécréter d'elle-même sa propre historicité –, Rosenzweig réinscrit les éléments de cette définition dans leur *genèse* historique, qui rend manifeste l'influence de motifs théologiques chrétiens. En rappelant l'origine de la dimension d'historicité prétendûment intrinsèque au peuple élu, Rosenzweig peut alors l'écarter pour rétablir le véritable sens de la tension interne à la communauté juive : elle n'est pas historicité mais « polarité [*Polarität*]⁴⁶ », tension irréductible, qui ne correspond pas plus au schéma cohéno-kantien de l'idéal régulateur qu'à celui de la contradiction hégélienne. On ne peut en tirer aucune histoire interne, ni sous la forme d'une réalisation progressive de l'idéal dont l'événement marquerait le moment décisif, ni sous la forme d'une sursomption.

En récusant la possibilité de faire de l'universalisation exigée par le destin de l'esprit allemand une propriété structurelle du peuple élu, Rosenzweig déconnecte le ressort fondamental de l'argumentation de Cohen : la notion de peuple élu ne peut servir à justifier aucune communauté à venir dont la première guerre mondiale serait la réalisation ou la réactivation.

Conclusion

Par cette lecture minutieuse d'une tentative visant à donner à un événement – la première guerre mondiale – une signification historico-philosophique – l'élargissement des communautés à l'échelle des communautés – Rosenzweig dévoile l'écheveau des attendus et des présupposés théologiques et philosophiques sur lequel repose une telle interprétation. Autre occasion de mesurer la complexité de sa thèse de l'extrahistoricité du peuple juif. Encore une fois, celle-ci est bien loin de constituer le présupposé de l'analyse : la séparation à laquelle conclut Rosenzweig se fait plutôt sur la base d'une disqualification des termes mêmes de la question, solidaires d'un massif conceptuel dont il faut bien admettre qu'il est bien plutôt théologique qu'historique ou politique et qu'il est presque de part en part une réécriture chrétienne – et même doublement chrétienne – de la notion de peuple élu. De ce fait, l'exception juive – le « problème juif » pour reprendre les termes

---

46. « La polarité [...] désigne la tension entre l'élection qui caractérise le peuple élu et ce peuple lui-même », tension qui va « jusqu'à l'incommensurable d'une tension métaphysique » ; et « c'est seulement de cette scission suprême que le sens éternel de l'existence de notre peuple peut émerger », « Théologie athée », p. 151.

adressés à Rosenzweig par Meinecke – dessinée par l'extrahistoricité ne saurait apparaître comme problématique que sur le fond d'un tel massif, qu'elle nous invite à interroger.

Ne pas « esquiver la dure marque du divin », tel semble le précepte inlassablement répété par l'existence extrahistorique de la communauté juive, telle semble constituer la pointe de son contact vivant, mais non pas pourtant historique, avec le christianisme. Ce précepte a pour corrélat la critique impitoyable de toute conception de l'événement qui prétendrait mettre en scène ce contact dans le *medium* d'une histoire commune.

*

Au moment de conclure ce travail, il nous semble désormais possible de revenir sur l'accusation implicite que contenait, nous avons pu le constater tout au long de ce travail, notre question initiale elle-même. Envisager la thèse rosenzweigienne de l'extrahistoricité de la communauté juive comme le *refus* d'une communauté élargie, la comprendre donc comme une thèse communautariste, c'est négliger l'importance décisive des attendus de la question elle-même. Reconstituer ces attendus, revenir sur la construction des liens entre l'histoire et son *telos* d'une humanité universelle nous a permis de constater que les soubassements de l'idéal cosmopolitique relevaient bien aux yeux de Rosenzweig d'une histoire du christianisme – qui se faisait alors passer, conformément à sa vocation, pour le pur et simple cours du monde.

Le concept d'événement historique qui sous-tendait l'histoire prétendument neutre au sein de laquelle cette extrahistoricité faisait scandale se trouve de ce fait à la fois privé de toute pertinence et pourtant dans le même temps, il se voit, croyons-nous, rendu à une autre forme de densité. Il est privé de toute pertinence car Rosenzweig montre avec beaucoup de finesse la succession de décisions conceptuelles, de médiations et de transferts au moyens desquels l'élargissement ou la fusion des communautés sont censés être garantis par l'événement. En ce qu'elle prétend offrir une telle garantie, la notion d'événement historique révèle son double non-être. Non-être par rapport à « l'événement advenu » de la Révélation tout d'abord, puisque toute tentative de penser un événement historique de sorte qu'il offre une telle garantie conduit nécessairement à émousser la pointe du « divin *réellement entré dans l'histoire*», à l'atténuer au profit d'une construction sécularisée de l'événement. Non-être par rapport à l'événement à venir de la Rédemption ensuite, puisque toute tentative de penser un tel concept d'événement historique conduit à confisquer pour soi la force messianique de la Rédemption, à prétendre hâter la venue du Royaume. Dans l'entre-deux de ces deux concepts d'événement – événement advenu et événement messianique,

Révélation et Rédemption – le concept d'événement historique semble donc doublement intenable, et avec lui son coûteux appareillage épistémologique et son exigence cosmopolitique. Mais si l'on peut souligner le soin avec lequel Rosenzweig maintient vivante, c'est-à-dire transcendante, l'imminence du Royaume et de la Rédemption, tout comme le soin avec lequel il maintient vivant, c'est-à-dire transcendant *et pourtant historique*, l'événement de la Révélation, il nous semble que ce n'est pas là son dernier mot. Certes aucun messie, aucun événement, aucune détermination anthropologique ne peut faire sienne la puissance de l'événement dans sa pureté, ne peut la posséder dans le temps. Ce qui frappe alors, c'est que tout en appliquant cette critique aussi bien à ceux qui annoncent la bonne nouvelle historico-philosophique qu'au concept d'événement historique lui-même, Rosenzweig s'arrête néanmoins sur le bord de la pure et simple volatilisation de ce dernier : de la distance infinie entre événement historique et « événement advenu » de la Révélation d'une part, véritable attente de la Rédemption d'autre part, Rosenzweig ne conclut pas à la nullité du premier. Dans la violence qui est faite au Royaume, il semble qu'il sache entendre une autre pulsation, celle d'une inversion qui se joue au moment où le thème de la communauté élargie semble devoir triompher et qui retourne cette possibilité en possibilité d'un contact vivant, contact qui représente en fin de compte une possibilité diamétralement opposé à l'élargissement. Dans l'Emancipation des Juifs au cours de la Révolution française résonne la possibilité inverse d'une conversion du païen dans le chrétien ; dans le fracas du combat fratricide de l'Europe, on peut encore entendre – une fois parvenu à défaire les illusions entretenues par l'appareillage de propagande historico-philosophique – la pulsation commune qui continue de rassembler christianisme et judaïsme malgré les chimères théologiques de la philosophie de l'histoire. Ce faisant, Rosenzweig rend à l'événement historique, par-delà sa puissance identifiante qui est inséparable de l'utopie d'une communauté élargie à l'échelle de l'humanité, sa véritable dimension d'imminence et ouvre, sans doute, bien loin de tout élargissement, la possibilité d'une autre forme de contact.

Cette autre forme de contact ne relève alors assurément plus de la temporalité historique entendue comme sécularisation du christianisme, mais elle n'est pas pour autant de l'ordre de l'éternité. Peut-être faut-il chercher ailleurs la possibilité de cette temporalité commune : « Le faux messie est aussi ancien que l'espoir du véritable messie. Il constitue la forme mouvante de cet espoir qui demeure[47]. »

---

47. «*Der falsche Messias ist so alt wie die Hoffnung des echten. Er ist die wechselnde Form dieser bleibenden Hoffnung*», GS IV, 1, p. 203.

La grammaire des lois*

Robert Gibbs

Les lois ne nous disent pas ce qu'il faut faire. Une opinion populaire veut qu'une loi me commande de faire quelque chose (ou plus probablement de *ne pas* le faire) – mais cela reviendrait à faire de la loi un commandement. La méfiance – voire l'hostilité – populaire envers les lois veut aussi que les commandements soient violents, coercitifs. La loi me force à faire des choses que je ne veux pas faire, et en tant que telle elle me juge et me contraint : *Du sollst nicht* – *You shall not* – *Tu ne [feras] point*...

Rosenzweig fut un interprète subtil de la grammaire des énoncés et sut magistralement restaurer aux commandements des possibilités nouvelles. Dans certains de ses textes les plus célèbres, il montra que les commandements de Dieu adviennent dans l'amour et commandent l'amour en retour. De tels commandements ne sont pas aisés, mais révèlent tout à la fois celui qui commande et celui qui reçoit le commandement, générant par là des relations et de nouvelles capacités d'action. Et surtout, par un amour tout à la fois intensif et exclusif, le commandement singularise chacune des deux parties comme étant unique. À la source des commandements il y a de l'amour, pas une violation. Et lorsque Rosenzweig tourna son attention vers les lois, il remarqua que les lois n'étaient pas écrites sur le mode impératif propre aux commandements, mais plutôt dans l'optique du futur. Cependant, Rosenzweig soutint que notre tâche était de faire en sorte que les lois générales devinssent des commandements. Ce faisant, il ne combattit que l'une des deux présomptions communément répandues : celle selon laquelle les commandements sont violents. Il n'étudia pas complètement de quelle façon les lois ne nous disent pas quoi faire.

La tâche qui nous incombe dans cet article est de coordonner deux modes de normativité, à savoir l'impératif du commandement avec la généralité de la loi. C'est l'interprétation que Rosenzweig donna des commandements et lois bibliques qui gouvernera le présent travail,

* *Traduction Anne Chalard-Fillaudeau.*

mais l'enjeu sera pour nous d'examiner comment la possibilité même d'une dimension générale et future peut être un trait positif de la loi, qui ne nécessite pas de devenir commandement pour contribuer à la rédemption. Comme tel, cet article repose donc sur Rosenzweig, mais opère aussi une renégociation de sa vision des lois bibliques tout en se risquant à une contestation radicale de nombreuses idées actuelles sur la normativité de la loi et, de fait, sur l'éthique.

Mon observation de base est simple : les lois ne sont pas écrites à l'impératif. La structure de base des normes n'est pas de me commander, mais d'articuler, à l'indicatif, une obligation. Comment les lois obligent-elles si elles ne commandent pas ? Quel est le mode des lois, au sens grammatical du terme de « mode » ? La philosophie peut elle aussi interroger les lois – le mode de la philosophie est-il dès lors interrogatif ? Si la tâche d'interprétation de Rosenzweig ici assumée dans cet article consistera à serrer de près le sujet de ses commentaires (les commandements et lois), il n'est pas inapproprié de garder à l'esprit qu'il y va aussi de notre « mode » d'interprétation en tant que philosophes. Mais revenons-en aux lois et commandements.

Et posons la question d'une meilleure façon : pourquoi les lois ne sont-elles pas des impératifs ?

Les lois n'ont pas l'air de commandements. À ce que nous appelons lois il semble manquer une invocation explicite ; plus spécifiquement, il leur manque d'ordinaire le mot *tu*. Souvent, il leur manque le *je*, ou même le *moi* ou le *nous*. En effet, elles sont le plus souvent à la troisième personne et ne renvoient ni au législateur ni au juge ni au criminel, si ce n'est sous une description spécifique. Elles ne s'adressent pas directement à un/des individu(s). Les lois sont formulées dans des termes généraux et sont souvent d'ordre stipulatif (« L'homicide coupable est un meurtre dans l'un ou l'autre des cas suivants : a) la personne qui cause la mort d'un être humain : (i) ou bien a l'intention de causer sa mort, (ii) ou bien a l'intention de lui causer des lésions corporelles qu'elle sait être de nature à causer sa mort, et qu'il lui est indifférent que la mort s'ensuive ou non ») ; elles énoncent souvent une conséquence : « Quiconque commet un meurtre au premier degré ou un meurtre au deuxième degré est coupable d'un acte criminel et doit être condamné à l'emprisonnement à perpétuité ». Elles ont, de façon choquante, occulté les indices proprement dits qui me lieraient à une autre personne devant le législateur. Le contraste avec les formes impératives ne saurait être plus évident : car, comme Rosenzweig et Levinas nous l'enseignent, l'impératif singularise son destinataire. Toi seul es tenu par le commandement. En fait, celui qui commande apparaît également sous l'espèce d'une unicité parallèle. Mais dans la plupart des lois, voit-on apparaître le législateur, ne serait-ce qu'à la troisième personne ? Comment peut-il exister quelque rapport entre toutes ces grammaires fort différentes ?

Je souhaite désaxer l'explication familière du commandement chez Rosenzweig en me penchant sur son explication un peu moins familière de la loi et comparer cette dernière à la complexité des textes légaux dans la Torah. En la matière, si l'irruption du *tu* dans les tournures légales de la casuistique est caractéristique d'un large pan de la législation biblique, elle est insolite par rapport aux codes plus tardifs, et même par rapport à la Mishnah et au Talmud. Déterminer si Rosenzweig pensait surtout au Deutéronome, mais aussi à des textes présents ici et là dans la Torah, n'est pas la tâche que je me donne ici, ma réflexion porte plutôt sur la grammaire qui engage le *tu* dans ces textes légaux originels de la société juive. En cela, elle constitue un essai sur un sujet d'un grand intérêt pour Rosenzweig, mais elle n'est pas au premier chef une enquête académique sur la manière dont Rosenzweig formulait ces travaux. Au risque de passer soit pour un historien soit pour un grammairien, je souhaite étudier les différentes formes textuelles et les interroger au prisme des textes de Rosenzweig et, ce faisant, apprendre quelque chose sur la manière dont les lois et les commandements fonctionnent en tant qu'actes discursifs.

1. Le commandement en tant que loi conjuguée au présent

> Le commandement est donc un pur présent. Mais alors que tout autre commandement, du moins quand on le considère de l'extérieur et dans une certaine mesure après coup, pourrait être tout aussi bien loi, le commandement de l'amour seul est absolument incapable d'être loi ; il ne peut être que commandement. Tous les autres commandements peuvent couler leur contenu dans la forme de la loi, celui-là seul se refuse à être ainsi transvasé, son contenu ne supporte que la forme du commandement, de l'immédiate actualité et unité où sont rassemblées la conscience, l'expression et l'attente d'accomplissement.
>
> Aussi, comme unique commandement pur, il est le plus grand de tous les commandements, et là où il est ainsi mis en tête, tout ce qui par ailleurs et vu de l'extérieur pourrait également être loi devient de même commandement. Le premier mot de Dieu à l'âme qui s'unit à lui est : « aime-moi » ; aussi, tout ce qu'il pourrait encore lui révéler de surcroît sous forme de loi, tout cela se transforme sans autre forme de procès en mots qu'il lui commande « aujourd'hui[1] ».

Rosenzweig nous enseigne une façon de voir les commandements

---

1. *Der Stern der Erlösung*, p. 197-198 : trad. fr., p. 211. Toutes les citations de Rosenzweig sont extraites des œuvres complètes : Franz Rosenzweig : *Der Mensch und sein Werk : Gesammelte Schriften*, La Haye, Martinus Nijhoff, 1976 *sqq*. Le volume II comprend la quatrième édition de *L'Étoile de la Rédemption*.

comme révélant l'Amour – par opposition avec notre présomption familière qui veut que les commandements soient coercitifs, violents et représentent une domination qui réprime ou même détruit celui qui reçoit le commandement. Les commandements prennent au contraire leur origine dans l'Amour et le commencement de la normativité représente une ouverture à l'autre. Si nous tentons à présent de passer de la réhabilitation du commandement à la question de la loi, nous commencerons peut-être à apercevoir que la loi, elle aussi, admet une interprétation plus positive. Pour Rosenzweig, le commandement lui-même rachète la loi, en la dégageant du formel pour la faire pénétrer dans l'intimité de la relation entre le Je et le Tu. Nous allons constater, un peu plus loin, la chose suivante : de même que Rosenzweig a conclu que le Tu du commandement était transformé par les commandements, de même le destinataire de la loi évolue-t-il et devient-il à même de suivre des normes du fait même qu'il reçoit des lois – mais cela n'advient pas uniquement lorsque les lois se muent en commandements.

Le premier texte biblique devrait donc représenter cet unique commandement d'aimer. Voici la traduction de Buber/Rosenzweig en allemand, qui devrait nous permettre de saisir l'interprétation de Rosenzweig dans l'atelier des traducteurs.

> Höre Jissrael :
> ER unser Gott, ER Einer !
> Liebe denn
> IHN deinen Gott
> mit all deinem Herzen, mit all deiner Seele, mit all deiner Macht.[2]
> (Deutéronome 6 :4-5)

Il n'est guère nécessaire d'étudier longuement l'interprétation donnée de ce texte par Rosenzweig : il occupe la place centrale dans le livre central de *L'Étoile de la Rédemption*, et ce que Rosenzweig affirme à son sujet est à la base de toute compréhension de sa pensée : que c'est là le commandement qui ne peut pas devenir loi ; qu'il rend présent et ne se soucie pas du passé ou du futur ; qu'il est le langage de l'amour, le seul vrai langage de l'amour ; qu'il rend présent celui qui aime, dans l'aujourd'hui du commandement. Et il est intéressant de noter que dans le texte biblique on trouve de nombreuses marques de possession (le suffixe *ton*). Mais en hébreu le terme traduit à l'impératif, וְאָהַבְתָּ *veahavta*,

---

2. *Die Fünf Bücher der Weisung*, traduit en allemand par Martin Buber en collaboration avec Franz Rosenzweig, Berlin : Verlag Lambert Schneider, 1950 [Ière éd. 1926-27]. Traduction française, par A.F. : « Ecoute Israël : IL est notre Dieu, IL est l'Unique !/ Alors aime /LUI, ton Dieu/ de tout ton cœur, de toute ton âme et de toute ta force. »

n'est pas un vrai impératif. Les formes impératives de ce verbe sont en petit nombre dans la Bible : Osée 3.1, Proverbes 4:6, et au pluriel dans les Psaumes 31.24, Zacharie 8.19, Amos 5.15 ; et la grammaire de ce commandement se trouve en tension tout à la fois avec la traduction et avec l'interprétation de Rosenzweig, que Dieu commande : « Aime-moi ! » Rosenzweig lui-même importe le *moi*, car l'hébreu présente une inflexion sur le *tu* à travers une forme d'imparfait à la deuxième personne.

Mais Rosenzweig et Buber le rendent sous une forme impérative : « Liebe denn », *alors aime*, et ne retiennent pas l'option de souligner le mode comme Luther l'avait fait (*Und du sollst den HERRN, deinen Gott, liebhaben...*) ou de le souligner sous la forme adoptée par la *Jewish Publication Society* dans sa nouvelle traduction en anglais (*You shall love*)[3]. Le *vav* (« Und » – et) est rendu par un « denn » (« alors »), mais dans cette traduction ce qui était en hébreu à l'imparfait (אָהַבְתָּ *ahavta*) ne requiert plus le futur, comme dans la traduction française (et d'ailleurs aussi anglaise) du verset : « Tu aimeras l'Eternel ton Dieu de tout ton cœur, de toute ton âme et de toutes tes forces. » (*Étoile*, p. 210). Le *tu* du suffixe pronominal ne peut être omis dans l'imparfait hébreu, mais il est redondant dans l'impératif allemand (ainsi que dans l'impératif anglais et français, tout comme il le serait dans l'impératif hébreu).

Si j'accorde tant d'importance à la traduction (et la grammaire) de ce commandement, c'est parce que je souhaite démontrer la chose suivante : l'intérêt de Rosenzweig pour le commandement (par opposition à la loi) porte sur la manière dont ce commandement relie un *Je* à un *Tu*, à savoir à un *tu* spécifique. Ce dont l'impératif est capable, c'est précisément de pouvoir en appeler à un *tu* spécifique, et ce commandement particulier (« Liebe denn » [« alors aime »]) est l'archétype du commandement. Tous les autres commandements participent de cette logique : ils te commandent, mais laissent le *tu* tantôt non marqué, tantôt marqué. «... Tout ce qu'il pourrait encore lui révéler de surcroît sous forme de loi, tout cela se transforme sans autre forme de procès en mots qu'il lui commande 'aujourd'hui'. » (*Stern*, p. 198) Toutes les lois peuvent devenir des commandements, précisément en reconnaissant leurs *tu*. Il est dès lors éminemment intéressant de constater que, dans leur traduction, la manière directe dont ils s'adressent à un destinataire, qui est celle de la conversation, permette au commandement lui-même d'élider les options familières qui consistent à ajouter un mode grammatical, le futur, ou même à marquer le destinataire. Si maintenant notre lecture passe de

---

[3]. Le futur simple, « tu aimeras », dans la traduction du Rabbinat français sous la direction du Grand Rabbin Zadoc Kahn (« Tu aimeras l'Eternel, ton Dieu, de tout ton cœur, de toute ton âme et de tout ton pouvoir ! », *La Bible*, Tel Aviv, Sinaï, 1994) a un sens différent du mode anglais : « you shall ».

l'hébreu aux traductions, nous pouvons dire que le *sollst* n'est pas élidé : il n'était pas requis. Un commandement a déjà son destinataire en lui-même, et il a la modalité du *soll*, d'un futur qui marque l'obligation. Il en va de même pour le *tu*. Rendre la modalité explicite, c'est compenser ou peut-être souligner l'effet et la manière de s'adresser propres à la forme impérative elle-même. Et peut-être que, de la même façon que le *sollst* et le *tu* (*du*) sont redondants, le « aime » pourrait bien l'être aussi, c'est-à-dire que le commandement d'*écouter*, le «*Shema* » («Ecoute»), pourrait aussi impliquer l'amour. En effet, le *Ecoute* (*Shema*) lui-même n'est-il pas tout le commandement d'aimer ? (dans ce cas-ci, l'hébreu a bel et bien un véritable impératif). Le reste pourrait être principalement interprété comme étant une explication, ou comme un désemballage du premier moment du commandement, qui m'appelle à prêter attention, à m'ouvrir. Car un commandement sollicite une obéissance urgente et immédiate. Le commandement lui-même, en tant qu'il est distinct de la loi, « ne peut imaginer que l'immédiateté de l'obéissance », écrit Rosenzweig (*er kann sich nur die Sofortigkeit des Gehorchens vorstellen*: *Stern*, p. 197 ; *Étoile*, p. 210). Si donc nous voulons défendre du mieux qui soit cette interprétation quelque peu insolite du texte hébreu par Rosenzweig, il va peut-être nous falloir envisager le commandement d'aimer lui-même comme une version du commandement d'écouter. Auquel cas l'injonction d'assister la personne aimée est l'essence qui ne peut devenir loi, qui ne peut devenir impersonnelle et future. La loi pense en fonction d'un futur ou d'un toujours ; l'amour ne concerne que le maintenant. Pour Rosenzweig, le commandement d'aimer est pur commandement et ne peut devenir autre, ne peut devenir loi.

2 : LE COMMANDEMENT EN RELATION AVEC UN TIERS

Rosenzweig affirma que seul celui qui aime, l'amant, peut commander l'amour et que l'amour que l'on proclame est pour la personne à laquelle il s'adresse. Avant d'imaginer une loi qui lierait son destinataire à tous les autres, peut-être faut-il d'abord en envisager une qui lie celui qui la reçoit à une tierce personne, au-delà de la dyade du Je et Tu, du commandement d'aimer autrui.

> Heimzahle nicht und grolle nicht den Söhnen deines Volkes.
> Halte lieb deinen Genossen,
> dir gleich.
> ICH bins.
> (Lévitique 19:18 [4])

4. Traduction française (A.F.): « Ne te venge pas et ne garde pas rancune aux fils de ton peuple./Aime ton prochain/comme toi./ JE suis. »

Telle est la traduction par Buber/Rosenzweig du commandement d'aimer son prochain. Pour Rosenzweig, ce Commandement dépend de la conscience qu'on a de ce que l'amour de Dieu vient non seulement jusqu'à moi, mais s'étend à l'autre personne, le prochain ou le compagnon (prochain). Rosenzweig suit la lecture de Hermann Cohen, selon laquelle le commandement veut dire que *lui* est *comme toi*, aimé de Dieu [5]. C'est là mettre en exergue l'idée suivante : ce qui fait qu'un commandement est un commandement et pas seulement une loi, c'est la liberté qui vient de l'Amour.

> Indem die Liebe zum Menschen von Gott geboten wird, wird sie, weil Liebe nicht geboten werden kann außer von dem Liebenden selber, unmittelbar auf die Liebe zu Gott zurückgeführt. Die Liebe zu Gott soll sich äußern in der Liebe zum Nächsten. Deshalb kann die Nächstenliebe geboten werden und muss geboten werden. Nur durch die Form des Gebots wird hinter ihrem Ursprung, den sie im Geheimnis des gerichteten Willens nahm, die Voraussetzung des Gottgeliebtseins sichtbar (*Stern*, p. 239)

> Du fait que l'amour envers l'homme est commandé par Dieu, il est immédiatement ramené à l'amour envers Dieu, car l'amour ne peut être commandé sinon par l'amant lui-même. L'amour envers Dieu doit s'extérioriser dans l'amour pour le prochain. Aussi l'amour du prochain peut-il être commandé et doit-il être commandé. Cet amour tirait son origine du mystère de la volonté orientée : seule la forme du commandement rend visible derrière cette origine le présupposé de l'amour reçu de Dieu... (*Étoile*, p. 253).

Être aimé permet à celui qui reçoit le commandement d'aimer en retour et, selon Rosenzweig, cela crée un hiatus entre l'éthique de l'autonomie et l'amour du prochain. Il m'a fallu l'amour prodigué par Dieu pour être capable d'en aimer un autre, mon prochain (dont je vois à présent que Dieu l'aime aussi individuellement). Et de fait, il apparaît clairement que, selon Rosenzweig, un impératif catégorique ne peut exister en tant que commandement : s'il était catégorique, alors il n'aurait pas la structure impérative de l'amour, celle qui singularise tout à la fois celui qui commande et celui qui reçoit le commandement. Et si c'était une norme catégorique, alors il ne pourrait pas se retrouver dans l'impératif en tant que commandement, mais seulement en tant que loi formulée à la troisième personne. L'impératif catégorique correspond bien à une loi plutôt qu'à un commandement. Si le commandement me singularise pour ne me faire aimer qu'une personne, une loi, par contraste, possède deux modes d'universalité. Premièrement, elle est universelle par son extension : traite tout le monde

---

5. Cf. *Stern* p. 267, et aussi *Sprachdenken* (IV.2, p. 140).

..., et non pas seulement un prochain spécifique. En second lieu, elle est universelle par son intension (qu'adviendrait-il si tout le monde le faisait ?) et de ce fait ne m'oblige pas en tant que sujet spécial ou unique. De plus, les lois ne disent pas, souvent, à quoi se réfère celui qui me commande. En effet, il manque à un impératif catégorique l'indexicalité et la spécificité de celui qui commande et de celui qui reçoit le commandement, ainsi que l'extension de l'obligation ; ce n'est nullement un commandement. L'impératif d'aimer, par contraste, singularise le destinataire (intensivement) et singularise aussi celui auquel s'adresse le commandement, parce que seule une personne aimée peut commander l'amour. C'est de l'exclusivité même de l'amour qu'il s'agit lorsqu'on interprète le commandement d'aimer. Je n'aime que toi et demande que tu n'aimes que moi.

Mais si nous ouvrons à présent l'extension, si bien que quelle que soit la personne rencontrée, *ton prochain*, ce sera l'objet de ton amour, cela ne nous donne toujours pas un impératif catégorique, parce que l'impératif t'oblige comme *tu*, c'est-à-dire comme ce *toi* qui es singularisé. Et de fait, Rosenzweig argumente en faveur de l'usage du quantificateur « quiconque » (*any*) plutôt que du « tout le monde » (*every*), lorsqu'il s'agit de désigner celui qu'il me faut aimer. Ce « quiconque » est une concession faite à la réalité empirique. On ne te commande pas d'aimer tout le monde, la logique inhérente à l'impératif d'aimer le prochain signifie bien plutôt que tu aimeras la personne quelle qu'elle soit (*quiconque*) que tu rencontreras, car elle est, comme toi, aimée de Dieu. Ainsi Dieu t'intime de faire cas d'une autre personne chérie. Dès lors qu'il est aimé de Dieu, l'autre est aussi un *tu*, et donc *quiconque* (*anyone*) devient *quelqu'un*, un autre spécifique, un *tu* pour Dieu. Le problème, c'est qu'être aimé représente une singularisation du tu et donc que le jugement universel (Dieu est « tout-amour » : *Allliebe*) renvoie, pour Rosenzweig, à un malentendu (*Stern*, p. 183 ; *Étoile*, p. 196). Le tu qui est chéri, toutefois, est chéri en recevant le commandement d'aimer. Il s'ensuit que l'impératif d'aimer doit revêtir la forme simple, sous-entendue : pas de *tu*, pas de *futur*. Notre problématique intéresse alors le statut d'un commandement qui est plus général et qui ne résiste pas à l'intensité et à l'extension des jugements généraux (sinon universels). Nous essayons présentement de découvrir à quel moment le commandement devient loi : à quel moment le *tu* n'est pas élidé parce qu'il est constitué de manière performative, mais élidé parce que pour commencer le commandement ne singularise plus son destinataire.

3 : Le commandement de ne pas commettre de meurtre

Mais prenons du recul par rapport aux deux commandements absolus d'aimer et revenons vers le commandement universel le plus élémentaire :

Morde nicht.
(Exode 20 : 13[6])

C'est un extrait des Dix Commandements. Nous ne sommes pas surpris de lire que Luther préfère *Du sollst nicht tödten*. Ici encore, on constate que la forme impérative est sur-explicitée dans les versions anglaise et allemande (mais pas dans la Septante ni dans la Vulgate, par parenthèse). Mais revenons à l'hébreu un instant : cette série d'interdictions est considérée comme une forme d'impératif, construit à l'aide de la négation לֹא (*lo*). En tant que tel, l'impératif comporte en lui le préfixe pronominal indiquant qu'il est à la deuxième personne. L'hébreu n'utilise pas le pronom de façon isolée, mais plutôt comme une partie du verbe.

Que se passe-t-il dans cet impératif ? Est-une loi, au sens de Rosenzweig, ou est-ce encore un commandement ? Ou est-ce une loi qui peut devenir un commandement ? Peut-on dire, sur le mode lévinassien, que tout moment d'échange, de rencontre face à face recèle en lui ce commandement – et en tant que tel me singularise comme le destinataire, comme un *tu*, ou comme Levinas dirait : comme un *moi* ? On ne peut guère trouver d'interdiction plus élémentaire, plus universelle et mieux connue, quand bien même elle n'est pas universelle dans son étendue car nous permettons bel et bien que des personnes soient tuées. Commettre un meurtre n'est pas tuer, mais il arrive que ce que nous prenons pour le fait de tuer soit un meurtre. C'est le type de commandement dont on présume qu'il ne devrait être nécessaire à personne. Mais une fois rendu explicite, on se demande naturellement comment il devient loi ?

Mais avant de me tourner vers des formes plus légales de ce commandement, je vais m'arrêter sur la grammaire de ce commandement. Il s'agit d'un *ne* [*fais*] *point*, non d'un *fais*. Y a-t-il une différence dans la relation à celui qui écoute entre ne fais point et fais ? Quelle est la différence entre obéir à une prescription (*Aime*) et obéir à une interdiction (*Ne commets pas de meurtre*) ? Le commandement de ne pas commettre de meurtre, et particulièrement avec cette forme de verbe à l'imparfait, n'est-il pas quelque chose qui peut être entièrement présent, mais doit

---

6. « Ne commets point d'homicide » : Tr. fr. Zadoc Kahn, *op. cit.*

s'étendre dans le temps ? Est-il assimilable à *Ne me tue pas !* ou ne dit-il pas *Ne commets de meurtre à aucun moment !?* Les grammairiens affirment bel et bien que la forme avec לא (*lo*), par opposition à celle avec אל (*al*), se déploie de cette façon indéfinie, qu'elle est déjà en voie de devenir une loi. Au cœur de ce commandement se trouve la question de savoir s'il arrête la main du destinataire, en tant qu'il interdit toute violence à l'égard du locuteur (et s'apparente ainsi au revers du commandement d'aimer), ou s'il est une interdiction générale. Si la forme du commandement permet à ce commandement de singulariser le destinataire (*moi ?*), elle peut très bien, dans le même temps, ne pas singulariser la personne sur laquelle elle porte. Rosenzweig allégua que seule la personne aimée peut commander l'amour et que l'amour est voué à la personne sur laquelle il porte.

> Die Gebote Gottes, soweit sie zur "zweiten Tafel" gehören, welche die Liebe des Nächsten spezifiziert, stehen durchweg in der Form des "Du sollst nicht". Nur als Verbote, nur in der Absteckung von Grenzen dessen, was keinesfalls mit der Liebe zum Nächsten vereinbar ist, können sie Gesetzeskleid anziehen (*Stern*, p. 241)
> Les commandements de Dieu, du moins ceux de la « deuxième Table » qui spécifient l'amour du prochain, ont sans exception la forme « Tu ne dois pas ». Ils sont susceptibles de revêtir l'habit de la loi uniquement sous forme d'interdits, uniquement comme jalons délimitant ce qui est absolument contradictoire avec l'amour du prochain (*Étoile*, p. 255).

Ainsi le *Ne commets pas de meurtre* s'apparente-t-il à une loi. Il en a l'extension infinie (ne commets le meurtre de *personne/quiconque*) et l'intension universelle (*tout le monde* doit s'y tenir). Et pourtant, l'interdiction est en réalité imparfaite. Levinas s'intéressait à la manière dont elle faisait sens sur-le-champ (ou même avant qu'elle ne se produisît) dans le visage de l'autre[7], mais la forme sur les Tables semble plus expansive. C'est que, dans le visage d'autrui, je reçois d'emblée le commandement de ne pas tuer cet autre-là. En tant que commandement, ne comporte-t-il pas une obligation d'un ordre plus général ? Néanmoins, Rosenzweig veut saisir comment il demeure un commandement – et ainsi il a recours à l'amour de Dieu : ne tue pas ton prochain parce

---

7. Voir E. Levinas « Éthique et Esprit », in *Difficile Liberté* [1963], Paris, Le Livre de Poche, 1984, p. 21 *sqq.* : « Voir un visage, c'est déjà entendre : 'Tu ne tueras point.' Et entendre : 'Tu ne tueras point', c'est entendre 'Justice sociale.' (...) 'Tu ne tueras point' n'est donc pas une simple règle de conduite. Elle apparaît comme le principe du discours lui-même et de la vie spirituelle. » (Nd.t. – Les traductions françaises classiques de la Bible n'utilisent pas non plus l'auxiliaire du futur, le *shall* anglais.)

qu'il est aimé, chéri de Dieu. Tu ne peux aimer ce sur quoi tu commets un meurtre (même si le meurtre est le plus souvent perpétré sur un membre de la famille, sur quelqu'un que le meurtrier aime). Il s'agit alors d'un commandement qui exprime négativement les conditions inhérentes au commandement d'aimer. Mais il s'apparente également à une loi, ou presque.

Encore une fois, dans ces trois commandements, nous n'avons pas constaté que Rosenzweig et Buber reprenaient le *Du sollst* allemand, ou le tu, qui apparaissent tous deux dans la plupart des traductions en langues modernes. Ces commandements comportent, chacun, des marques d'impératif tant au niveau de l'autorité qui commande qu'au niveau du destinataire (que j'appelle l'intension), tout comme ils disposent d'un registre d'objets directs (extension). Ils sont tous des impératifs dans la traduction Buber/Rosenzweig. Ainsi l'une des questions clé qui demeure est-elle de savoir si tout impératif concourt, d'une manière ou d'une autre, à structurer ces commandements – de savoir si la grammaire de l'impératif m'oblige soit à aimer en retour, soit à aimer mon compagnon, soit au moins à ne pas tuer le locuteur ou d'autres personnes. Le commandement d'écouter semble ici intimement associé aux deux autres commandements, celui d'aimer et celui de ne pas commettre de meurtre. Tout impératif a-t-il toujours la force de me singulariser comme étant le destinataire ? L'impératif est-il un vocatif ?

4 : L'IMPÉRATIF ÉCRIT

Or nous rencontrons un problème supplémentaire : le commandement de ne pas commettre de meurtre est, avant toute chose, inscrit dans la pierre. Mais qu'arrive-t-il à un impératif inscrit de cette manière ? L'œuvre de Derrida nous a fait pénétrer trop avant dans cette problématique pour que nous puissions revenir à l'affirmation que l'inscription est, d'une certaine manière, une « citation » ou une répétition vide du commandement audible. L'interaction entre l'écrit et l'oral est si compliquée dans la Torah que nous pourrions changer de thème abordé et ne plus nous interroger que sur cette relation. Aussi je vais me restreindre à noter que, dans l'Exode, les tables sont gravées deux fois (24.12/ 31.18/ 32.15-6 et 34.1-29 tandis que les commandements proférés ne sont annoncés qu'une fois (20.2-14). Je vais encore signaler que, dans le Deutéronome, les dix paroles sont re-citées (avec des altérations) (5.6-18), et ensuite gravées à nouveau deux fois (9.9-11, 10.1-5). Et quel que fût ce qui a été dit ou, dans une moindre mesure, entendu, notre témoignage dépend d'un texte écrit qui comprend deux versions sensiblement différentes dans lesquelles on rapporte à quatre reprises que les paroles ont été gravées. Peut-on dire que le commandement audible est à la source ? Ou ne faut-il pas observer, d'entrée, que l'écrit n'était pas seulement le télos de la version audible, mais peut-être son origine proprement dite ?

Nous poserons donc la question suivante : le commandement écrit agit-il, en réalité, au présent ? Dans quel présent : celui du moment de l'inscription ou celui du moment de la lecture ? Et si un commandement singularise le *tu* qui reçoit le commandement et le *je* qui commande, comment cela peut-il fonctionner à l'écrit ? Pourquoi écrire les commandements, à moins qu'ils ne puissent, sous la forme écrite, permettre à tout *tu* de recevoir en lui-même le commandement ? On pourrait objecter que le fait de tomber sous le coup du commandement nécessite que j'apprenne à lire, que je puisse suivre les règles générales en matière d'alphabet. Or, si nous admettons que l'inscription corrode une part de l'immédiateté et de l'évidence de l'impératif, ce phénomène est-il absolument distinct de la compréhension du langage parlé ? Le *Aime moi* dit-il ce qu'il est tenu de dire, invoque-t-il l'obéissance et peut-il l'exiger si je ne comprends pas ce que les mots signifient ?

Peut-être l'impératif ne vise-t-il à l'obéissance qu'à travers une certaine sorte de réception, un certain assortiment de pratiques de pensée. L'urgence de l'amour, ou de ne pas commettre de meurtre, est tout sauf de la précipitation parce que, pour obéir, une personne a toujours et encore besoin de temps pour lire et interpréter. Le commandement écrit prend une certaine distance par rapport à l'urgence, mais surtout veille à maintenir l'écart séparant celui qui commande de celui qui reçoit le commandement, alors même qu'il emprunte ou réitère (ou génère) le déictique *tu*, l'urgence du commandement, le moment présent de l'amour.

Or de même que le *Ne commets pas de meurtre* est écrit dans la pierre et sur le parchemin, et dans les livres, et sur mon écran au moment où je rédige cette phrase, de même le commandement d'aimer est-il écrit. En effet, ce premier commandement d'aimer continue ainsi :

> Höre Jissrael :
> ER unser Gott, ER Einer !
> Liebe denn
> IHN deinen Gott
> mit all deinem Herzen, mit all deiner Seele, mit all deiner Macht.
> Es seien diese Reden, die ich heuttags dir gebiete, auf deinem
> Herzen,
> einschärfe sie deinen Söhnen,
> rede davon,

wann du sitzest in deinem Haus und wann du gehst auf den
Weg,
wann du dich legst und wann du dich erhebst,
knote sie zu einem Zeichen an deine Hand,
sie seien zu Gebind zwischen deinen Augen,
schreibe sie an die Pfosten deines Hauses und in deine Tore !
(Deutéronome 6 : 4-9) [8]

Ainsi, la tradition juive comprend le commandement d'aimer comme un commandement d'écrire : d'écrire quoi, au juste ? Le commandement d'aimer et le commandement d'écrire. Dans la mezouzah et les téfilines, les paroles qui sont écrites sont ces mêmes commandements d'aimer et d'écrire le commandement d'aimer. Quel est le statut de ces commandements écrits ? Le commandement d'aimer est-il incomplet sans ce commandement d'écrire ? Si ce suprême commandement d'aimer peut, que dis-je, *devra* être écrit, avons-nous alors détourné la prémisse selon laquelle les commandements audibles singularisent, tandis que ceux écrits ne le font que dans une certaine mesure ?

5 : LA LOI APODICTIQUE

En avançant plus avant dans ces matériaux que Rosenzweig qualifierait de lois, nous constatons rapidement que la pureté de l'impératif se complique encore davantage : il se pourrait bien qu'il ne soit pas si facile de singulariser le *tu*. Bien souvent, la loi biblique n'est pas écrite à l'impératif, mais sous la forme simple du futur.

Wer jemanden schlägt, dass er stirbt
Sterben muss er, sterben
(Exode 21 :12) [9]

J'aimerais commencer par la loi sur la mort. Le meurtrier doit mourir. Vous remarquerez que nous avons affaire, en l'occurrence, à la des-

---

8. *Die Fünf Bücher der Weisung* [1926-27], traduit en allemand par Martin Buber en collaboration avec Franz Rosenzweig, Berlin, Verlag Lambert Schneider, 1950 . Trad. fr. (A.F.): « Ecoute Israël : IL est notre Dieu, IL est l'Unique ! / Alors aime /LUI, ton Dieu/ de tout ton cœur, de toute ton âme et de toute ta force./ Que ces paroles que je te donne aujourd'hui pour commandements habitent ton cœur, / inculque-les à tes fils, /parles-en, /quand tu es à la maison et quand tu es en chemin, /quand tu te couches et quand tu te lèves, /attache-les à ta main comme un signe,/ Qu'elles soient un bandeau entre tes yeux, /Ecris-les sur les montants de ta maison et sur tes portes ! »
9. Trad. A.F.: « Celui qui frappe un homme et le fait mourir » – Traduction Zadoc Kahn : «... sera puni de mort. »

cription d'un événement ainsi qu'à une action prescrite. Il est difficile de passer à côté de la notion clé, qui est ici que la mort a été entraînée et que la mort doit être infligée. Ou, plutôt, qu'une personne meurt et qu'une autre personne doit également mourir. Dans ce texte, au début, il n'y a pas de qualification, mais on observera avec plus d'intérêt encore qu'il n'y a pas d'impératif. La réaction est saisie dans la modalité du *doit*, mais en hébreu il n'existe pas de terme équivalent, on trouve juste le verbe redoublé מות יומת (*mot yumat*) de l'emphatique infinitif absolu. Il est au passé, mais présente un caractère emphatique, il possède donc une forte signification : il doit mourir, ou même doit être tué. Nous rencontrons là un changement radical dans la façon de raisonner, à savoir une description à la troisième personne, une punition au passif. Où le destinataire se trouve-t-il lui-même ? Il n'est pas dit, par exemple, que *si tu commets un meurtre, tu seras tué*. Il n'est pas davantage dit : *Ne commets pas de meurtre de crainte que tu ne sois tué*. En lieu et place, nous avons une loi, que nous pouvons qualifier de loi apodictique, parce qu'il n'y a ni argumentaire ni complexité[10]. Cinq mots en hébreu, dont trois sont le mot mort. Mais il n'y a aucun marqueur d'index, ni non plus de syntaxe qui marque l'index comme elle le faisait dans les commandements. L'on est loin du commandement.

Je vais compléter, à titre indicatif, par le Code Criminel Canadien en matière de meurtre :

MEURTRE
229. L'homicide coupable est un meurtre dans l'un ou l'autre des cas suivants :
a) la personne qui cause la mort d'un être humain :
(i) ou bien a l'intention de causer sa mort,
(ii) ou bien a l'intention de lui causer des lésions corporelles qu'elle sait être de nature à causer sa mort, et qu'il lui est indifférent que la mort s'ensuive ou non ;
b) une personne, ayant l'intention de causer la mort d'un être humain ou ayant l'intention de lui causer des lésions corporelles qu'elle sait de nature à causer sa mort, et ne se souciant pas que la mort en résulte ou non, par accident ou erreur cause la mort d'un autre être humain, même si elle n'a pas l'intention de causer la mort ou des lésions corporelles à cet être humain ;
235. (1) Quiconque commet un meurtre au premier degré ou un meurtre au deuxième degré est coupable d'un acte criminel et doit être condamné à l'emprisonnement à perpétuité.

Ce que nous remarquons immédiatement, c'est que le Code Canadien définit le meurtre en un paragraphe, puis annonce la punition (l'emprisonnement à perpétuité) dans le second. Il est également

---

10. Pour un examen des différents types de lois bibliques, voir A. Alt, *Essays on Old Testament History and Religion*, Garden City, NY, Doubleday, 1968.

dénué de tout impératif ou commandement explicite. Il n'a rien de l'exhortation propre à Exode 20. Mais considérons un instant l'écart dans la Bible entre le *Ne commets pas de meurtre* et le *Qui frappe quelqu'un mortellement doit connaître la mort, mourir*. Nous avons là une description et une exigence de punition. L'autorité est complètement absente (cela ne semble pas dépendre d'une relation unissant celui qui frappe et celui qui est frappé. La loi est universelle sur les deux plans de l'intension et de l'extension, c'est-à-dire qu'elle s'applique quelle que soit la personne qui frappe et quelle que soit la personne frappée. La mort exige la mort. Or comment cette loi peut-elle devenir commandement, comme l'exige Rosenzweig ?

S'il s'agit pour nous de voir dans cette loi à la troisième personne un commandement, et de fait un impératif adressé à *tu* ou, plutôt, adressé par un *tu* à *moi*, nous sommes dès lors au cœur de la distance prise par la loi vis-à-vis du commandement. En tant que telle, une loi s'adresse à celui qui écoute (ou lit) dans le cas général. Il se peut que chaque énoncé comporte une invocation, un appel à écouter, mais en masquant cette «vocation» dans le discours à la troisième personne de la règle générale, la loi n'est en mesure de me singulariser que si j'use de mon jugement pour me situer moi-même comme le récepteur du commandement dans la loi. Il semble que le hiatus entre le commandement écrit et la loi catégorique à la troisième personne se cristallise dans le fait de prendre encore plus de distance. Il nous faut comprendre les paroles (ou apprendre à lire), mais dans le premier cas, une fois que l'impératif est compris, on est voué à obéir. Dans le second cas, une fois que la loi est comprise, on doit encore juger. Cet acte est-il un meurtre ? Et même, ceci s'adresse-t-il à moi directement ?

Je vais à présent compliquer la chose, comme le fait le texte biblique lui-même en ajoutant une notion que nous qualifierions d'homicide. Il s'avère ainsi que n'est pas meurtrier toute personne qui frappe et tue. Si cette personne fait un guet-apens, alors c'est un meurtrier. Mais il y a une exception lorsque la mort n'est pas préméditée, dès lors que la remarque préliminaire est formulée comme suit :

> Wer jemanden schlägt, dass er stirbt,
> sterben muss er, sterben.
> Hat er ihm aber nicht nachgestellt, sondern Gott hats seiner
> Hand widerfahren lassen,
> Will ich dir einen Ort festsetzen, wohin er fliehen soll.
> (Exode 21:13)[11]

11. Traduction Zadoc Kahn : « Celui qui frappe un homme et le fait mourir sera puni de mort. S'il n'y a pas eu guet-apens et que Dieu seul ait conduit sa main, il se réfugiera dans un des endroits que je te désignerai. »

Le texte invoque la tolérance de Dieu. Buber/Rosenzweig optent pour l'expression d'un laisser-faire, mais ce que nous avons là est un défaut d'intention et de projection, en opposition spécifique avec le projet et l'anticipation. Le meurtre au premier degré requiert une préméditation, comme le souligne la loi dans l'Exode ; il est intéressant de voir que la grammaire présente de grandes similitudes. Jusqu'à ce que nous parvenions à la seconde partie, car on assiste alors à l'irruption de pronoms personnels. *Je te désignerai* : Qui désigne ? Et à qui ? L'auteur de l'homicide est celui qui a besoin d'un lieu où s'enfuir, or il est à présent de nouveau désigné à la troisième personne. Le *te* semble être la communauté à laquelle on s'adresse au singulier, mais, pour qu'elle représente un tel destinataire, il faut qu'elle ait besoin de tels lieux de refuge. Mais le *je* ? C'est Moïse ou Dieu, ou le législateur : quelqu'un qui détient l'autorité et peut désigner de tels lieux. Ce cas de l'homicide involontaire ne requiert pas seulement une règle différente, mais aussi la génération d'une nouvelle institution et procédure : un lieu de refuge afin que l'inexorable mort hantant le meurtrier ne vienne à triompher. Mais plus que tout, ce cas interrompt le discours à la troisième personne et, faute de revenir à l'impératif, désigne du moins clairement les actions à mener et la nouvelle institution, restreignant par là sa propre extension et intension.

Le *je* et le *tu* sont ici très loin du *je* qui commande l'amour. Même le datif *te* (dans « je te désignerai ») est ici bien loin du datif *tu* de *ton compagnon*, qui est aimé comme toi. C'est là un *tu* qui exige un don, une action faite pour lui et pas simplement envers lui. Ici, le *tu* est le bénéficiaire d'une ville où se réfugier, la ville d'une communauté dont la perpétuation dépend de sa capacité à distinguer l'homicide par la loi. Cette loi est ponctuée par une mise en relation de l'autorité et de la communauté sur le mode de la relation entre *je* et *tu*, mais pas au sens que confère l'amour à cette relation. Si le commandement de ne pas commettre de meurtre peut se défaire de destinataires clairement indiqués, les villes de refuge, elles, les remettent en place.

La question se pose, en outre, de savoir si je vous ai fourvoyés en me concentrant sur la première ligne comme si elle était indépendante de la présentation des villes de refuge – comme s'il y avait un commandement apodictique, et ensuite quelque chose qui s'apparenterait à des réflexions après coup sur des villes de refuge et sur la relation à un tu. Et si le *je* et *tu* qui indexe la loi n'était pas une relation secondaire, mais plutôt le contexte de la loi générale ? J'expliciterai de telles préoccupations lorsque j'examinerai plus loin un texte du Deutéronome.

6. La loi de la casuistique

Mais une nouvelle étape dans l'étude de la grammaire de la loi se fait jour lorsqu'on prend la mesure du défi représenté par la distinction entre le meurtre et l'homicide. Il existe plusieurs textes qui interprètent cette même clause, reprise ici : *Mais s'il n'a pas fait de guet-apens et que Dieu seul ait conduit sa main ;* et nous voyons là émerger un autre type de forme légale, que nous pourrions tout à fait qualifier de casuistique. Elle fait état d'un éventail de cas.

Hat er ihn aber mit einem eisernen Gerät erschlagen, dass er starb,
ein Mörder ist er : sterben muss, sterben der Mörder ;
hat mit einem handgerechten Stein, wodurch einen sterben kann, er ihn geschlagen, dass er starb,
ein Mörder ist er : sterben muss, sterben der Mörder ;
oder hat mit einem handgerechten Holzgerät, wodurch einer sterben kann, er ihn geschlagen, dass er starb,
ein Mörder ist er : sterben muss, sterben der Mörder ;
der Bluteinlöser, er lasse den Mörder sterben,
wo er auf ihn trifft, darf er ihn sterben lassen.
Und hat im Hass ihn hingestürzt oder in Nachstellung etwas auf ihn geworfen, dass er starb,
sterben muss, sterben der Schläger : ein Mörder ist er,
der Bluteinlöser lasse den Mörder sterben, wo er auf ihn trifft.
Hat er aber von ungefähr, ohne Feindschaft, ihn hingestürzt,
oder auf ihn irgendein Gerät ohne Nachstellung geworfen
oder mit irgendeinem Stein, wodurch einer sterben kann, unversehens :
etwas, er liess ihn auf ihn fallen, dass er starb,
und war ihm nicht Feind, nicht ein ihm zum Über Trachtender,
richte die Gemeinschaft zwischen dem Schläger und dem Bluteinlöser nach diesen
Rechtsgeheissen,
die Gemeinschaft rette den Mörder aus der Hand des Bluteinlösers,
die Gemeinschaft lasse ihn zurückkehren in die Stadt seines Unterschlupfs,
wohin er floh,
darin sei er ansässig, bis der Grosspriester starb, den man mit dem Öl der Heiligung salbte.
(Nombres 35 : 16-26[12])

12. Trad. A.F.: « Mais s'il l'a frappé avec un instrument de fer et que la mort en soit la suite, c'est est un meurtrier : le meurtrier doit connaître la mort, mourir ;/ s'il l'a frappé en tenant à la main une pierre qui puisse causer la mort et que la mort en soit la suite, c'est un meurtrier : le meurtrier doit connaître la mort, mourir ; s'il l'a frappé en tenant à la main un instrument de bois qui puisse causer la mort et que la mort en soit la suite, c'est un meurtrier : le meurtrier doit connaître la mort, mourir ; / que le vengeur du sang fasse mou-

On pourrait certainement en dire long sur le contenu de ce texte. Il n'y a pas d'échappatoire, pas de sanctuaire pour le véritable meurtrier, mais une procédure est mise en place pour protéger l'auteur d'un homicide. Des distinctions sont faites au sujet de l'intention de celui qui tue, ainsi qu'au sujet des circonstances de l'acte. Et, plus que tout, le *tu* du passage dans l'Exode est à présent *la communauté*, qui fait retour à la troisième personne. Et de fait, ce texte est dénué de toute référence à un *je* qui commande, légifère, ou même choisit les villes de refuge. Il est dénué de tous les marqueurs qui pourraient indiquer que l'on s'adresse directement à une/des personnes(s). Son destinataire apprend à distinguer entre les cas tout en étant appelé à *juger* et à *sauver*. Nous voyons maintenant se dégager un rôle nouveau, qui va au-delà de l'exigence d'une ville de refuge : nous avons là une procédure légale avec des cas légaux, et sa tâche consiste à sauver les auteurs d'homicide. C'est bien différent, vous le noterez, de *Ne commet pas de meurtre!* et, plus encore, de *Aime ton compagnon comme toi*.

Considérons cet autre extrait du Code Canadien :

> 232. (1) Un homicide coupable qui autrement serait un meurtre peut être réduit à un homicide involontaire coupable si la personne qui l'a commis a ainsi agi dans un accès de colère causé par une provocation soudaine.
> (2) Une action injuste ou une insulte de telle nature qu'elle suffise à priver une personne ordinaire du pouvoir de se maîtriser, est une provocation pour l'application du présent article, si l'accusé a agi sous l'impulsion du moment et avant d'avoir eu le temps de reprendre son sang-froid.

Nous observons ici un recoupement dans les termes définissant les différents niveaux de pénalité et mesurons le défi que représente la délimitation des intentions de celui qui tue. L'intérêt que je porte au Code Canadien est plus ou moins le même que précédemment : pas d'impératifs. On ne trouve en effet nulle invocation à un lecteur ou à

> rir le meurtrier où il le rencontre, il lui appartient de le faire mourir./ Et s'il l'a poussé par haine ou jeté quelque chose sur lui en le poursuivant et que la mort en soit la suite, ou s'il l'a frappé de sa main par inimitié et que la mort en soit la suite, celui qui frappe doit connaître la mort, mourir : c'est un meurtrier, que le vengeur du sang fasse mourir le meurtrier où il le rencontre./ Mais s'il l'a poussé par inadvertance, sans inimitié, ou jeté quelque instrument sur lui en dehors de toute poursuite, ou jeté par mégarde une pierre qui puisse causer la mort : c'est-à-dire l'ai fait tomber sur lui et que la mort en soit la suite, sans qu'il ait été son ennemi ou lui ait cherché du mal, que la communauté juge entre celui qui frappe et le vengeur du sang d'après cette procédure :/ que la communauté sauve le meurtrier de la main du vengeur du sang,/ que la communauté le fasse retourner dans la ville de refuge où il a fui, / qu'il y réside jusqu'à ce que meure le Grand Prêtre qu'on a oint de l'huile sainte. »

un destinataire. Mais le passage des Nombres est-il très différent? Ne décrit-il pas lui aussi des actions à la troisième personne pour faire état d'un éventail de cas (en admettant bien sûr que le niveau de généralité n'est pas le même)?

En effet, la jurisprudence ici exposée relève d'une forme légale classique. On peut la trouver dans la plupart des codes juridiques. Si nous revenons à l'idée de Rosenzweig selon laquelle toute loi peut prendre vie au présent sous la forme du commandement d'aimer, comment serait-ce le cas ici? On trouve la trace d'un *nous*, dans le terme *la communauté*, mais le texte semble résolument descriptif et rend puissamment compte du besoin de venger l'acte du meurtrier par la mort du meurtrier. Et nous rencontrons tout du long une diversité de cas: une série de meurtres, suivie d'une série d'homicides. Si je suis le destinataire de ce texte, alors il est clair que mon activité principale va être de classer et de comparer les cas. Je ne suis pas, au premier chef, adjuré de fuir ou de racheter. Je n'essaie même pas de déterminer en quoi *je* relève de ces différents cas. Il semble bien plutôt que le destinataire soit appelé à discerner, à apprendre à distinguer les deux sortes de crimes. À une distance quasi maximale du commandement *Ne commets pas de meurtre*, nous avons à présent un raisonnement légal qui est courant pour une jurisprudence de ce type, et il se trouve au beau milieu de la présentation de la loi. Les spécialistes ont observé que la Torah représente une combinaison de divers types de lois, et ce passage demande certainement qu'on lise (et obéisse) selon une pratique différente de celle requise pour le texte de l'Exode relatif à celui qui frappe, ou de celle requise pour le commandement de ne pas commettre de meurtre. Je n'essaie pas là de résoudre la question de savoir comment ces lois s'imbriquent, et encore moins de savoir comment elles en sont venues à s'imbriquer; je me penche, à la place, sur ce que cela signifie d'entendre cette loi et de lui obéir. Cette étude circonspecte de cas hypothétiques est-elle en tension avec le présent urgent du commandement d'aimer? Est-ce qu'elle ne fait que maintenir une distance ou, au contraire, ce texte de jurisprudence ne manifeste-t-il pas un certain respect pour le destinataire ainsi qu'une injonction à raisonner, à juger et, partant, à agir sur la base d'un plus grand savoir?

Ce qui présente un défi, et c'est également un défi à Levinas aussi bien qu'à Derrida, c'est d'essayer de saisir comment, quel que soit le besoin d'appréhender cette loi comme un commandement, je peux me considérer comme singularisé par elle et comme tenu d'obéir; puis il y a aussi ce que le désintéressement même et le raisonnement légal de ce texte font advenir. Ce texte invoque un esprit rationnel et indépendant, une personne qui peut développer une réflexion solide sur les différents cas, afin de comprendre ce que requiert l'interdiction du meurtre, et dès lors agir sur la base de ce savoir et aller jusqu'à se joindre à d'autres pour protéger l'auteur de l'homicide. Ici se cache un *nous* qui n'est pas celui que Rosenzweig préfère, celui qui se révèle à l'office dans le chant avec les autres. C'est plutôt celui qui juge, qui pense et qui agit ensuite sur cette base. Une communauté se forme ici, à travers la manière dont la loi elle-même s'adresse à ses destinataires : une communauté conviée à raisonner, à juger et à agir. Ici le destinataire n'est pas contraint, il est censé réfléchir. C'est là le raisonnement qui fonde toute normativité.

Mais si j'ai dessiné une sorte d'échelle, en allant des deux commandements d'amour jusqu'à cette loi de la casuistique, c'était pour suivre une démarche heuristique me permettant de répondre à la problématique de cet article. Il y a deux questions clé à examiner : 1) la relation entre les formes de commandement au vocatif et ces formes de raisonnement à la troisième personne, et 2) l'originalité de la loi biblique, qui consiste dans le fait que les formes sont plus mêlées et résistent à l'échelle même que j'ai échafaudée. Nous allons commencer par la seconde question pour, *in fine*, tracer une courbe et revenir au problème théorique clé.

7 : Des grammaires hybrides

La plupart des documents légaux dans la Torah ne relèvent pas strictement de la casuistique ni ne sont de pures formes apodictiques. Au contraire, la Torah crée souvent des formes hybrides, mêlant des manières de s'adresser directement au destinataire, des impératifs et des déclarations légales à la troisième personne. Cela n'est nulle part plus évident que dans le Deutéronome : il contient une série de discours que Moïse prononce à l'attention du peuple et comprend un grand nombre de documents légaux. On aperçoit sans mal que la conception littéraire du Deutéronome sous-tend le besoin de s'adresser plus directement, d'invoquer davantage et d'employer davantage d'impératifs que les matières légales ne le toléreraient normalement. Mais pourquoi ? Bien sûr, il existe diverses hypothèses historiques sur la date de création du texte, sur sa date d'édition, sa date de canonisation, et sur la manière dont il remplissait des fonctions sociales spécifiques propres à cette époque. Mais la raison pour laquelle il pouvait remplir ces fonctions ressortit à la forme littéraire inhabituelle qu'il forgea. Nous trouvons là une manière de s'adresser véritablement indexée, non pas une loi rendue anonyme, mais une loi personnalisée, dans le but de fournir un index putatif à la loi. Moïse parle aux Israélites avant qu'ils n'entrent dans le pays. En tant que texte écrit, en outre, il se présente d'une certaine façon à ses lecteurs comme si eux-mêmes étaient là ce jour-là. La manière dont la loi (la Torah de Moïse) indexe et personnalise tient à la structure même des impératifs sous-tendant le commandement, ceux avec lesquels nous avons commencé. L'un d'entre eux était issu du Deutéronome.

Considérons encore cet autre texte sur l'auteur d'un homicide :
Dies aber ist die Sache des Mörders, der dorthin fliehen darf, der leben bleibt ;
Wer seinen Genossen erschlägt ohne Wissen – er war ihm nicht Hasser von vortags und ehgestern –
Wer etwa mit seinem Genossen in den Wald kommt, Holz zu fällen,
seine Hand zückt die Axt, das Holz zu roden,
das Eisen streift ab vom SDtielholz,
es trifft seinen Genossen, dass er stirbt,
der soll in eine dieser Städte fliehen und dort leben bleiben ;
sonst würde der Bluteinlöser dem Mörder nachjagen, dieweil sein Herz erhitzt ist,
ihn erreichen, weil des Wegs viel wäre, ihn am Leben schlagen,
und ist doch kein Rechtspruch auf Tod gegen ihn, weil er nicht von vortags und ehgestern ihm Hasser war.
Darum gebiete ich dir, sprechend : Drei Städte sollst Du dir ausscheiden.
(Deutéronome 19 : 4-7[13])

Ce texte fournit aussi une jurisprudence tout en exigeant un raisonnement et une action en parallèle du texte précédent. Je n'insisterai pas sur les détails et relations historiques entre les deux textes. Les cas exposés sont quelque peu différents, et l'on ne trouve quasi aucune référence à une communauté jugeant ou sauvant. La discussion se déroule uniquement à la troisième personne et ne comporte nul commandement à l'attention du meurtrier / de l'auteur d'homicide. Mais ce que je souhaite mettre en exergue, c'est bien entendu la dernière ligne : *C'est pourquoi je te commande ceci : il faut que tu te réserves trois villes.*

13. Trad. A.F.: « Mais c'est l'affaire du meurtrier qui peut y fuir [dans la ville de refuge] et y rester vivre :/ qui frappe son compagnon sans le faire sciemment — il ne lui vouait pas de haine, ni hier ni avant-hier — / qui, par exemple, va dans la forêt avec son compagnon pour couper du bois, / sa main sort la hache pour éclaircir le bois, / le fer échappe du manche, / atteint son compagnon et la mort en est la suite,/ il doit fuir dans une de ces villes et rester vivre là-bas : sinon le vengeur du sang poursuivrait le meurtrier, puisque son cœur est en flammes, / l'atteindrait, parce que le chemin est long, et le frapperait mortellement, / sans qu'il y ait pourtant de condamnation à mort à son encontre parce qu'il ne lui vouait pas de haine, ni hier ni avant-hier. / C'est pourquoi je te commande ceci : il faut que tu te réserves trois villes. »

Ce qui était dit de façon compacte dans le texte de l'Exode se trouve désormais expliqué clairement. On a là tout à la fois une loi relevant de la casuistique ET l'impératif. En effet, cette ligne est entièrement marquée au coin de l'impératif, *je*, *commande*, et *te*. Comment celui qui lit ou qui écoute répond-il ? Dans un tel texte, on appréhende ce qui fonde l'interprétation de Rosenzweig selon laquelle une loi devient commandement – parce que cela advient exactement ici ! Mais comment recevons-nous ce texte ? Nous faut-il penser et juger et traiter les choses, pour ensuite réaliser que le tout se ramène à un impératif nous requérant d'obéir ? Ou le raisonnement qui se déploie dans la loi de la casuistique est-il la justification ultime du commandement d'établir des villes de refuge ? Mais alors pourquoi ajouter la dernière ligne ? Pourquoi marquer la loi au coin de l'impératif explicite et de ses indices ? Ce qui est commandé, ce n'est pas d'utiliser des villes de refuge, mais bien de les établir. Le glissement, de *je t'assignerai un lieu* (Exode) à la référence à ces villes au moyen de la troisième personne (Nombres), puis au *il faut que tu te réserves* (Deutéronome) n'est-il pas une réinterprétation de la loi *en tant que* commandement, un commandement qui requiert maintenant une réponse par égard pour la communauté et pour les auteurs d'homicide qu'elle comprend en son sein ? Le commandement fonde les lois et la procédure légale. Or, tandis que le texte des Nombres était porté à traiter les lois comme des lois générales et non marquées, ce texte s'adresse à une communauté et lui commande directement d'instituer la procédure du jugement légal et de la rédemption. Un texte est-il une loi lorsqu'il commande ? Est-ce le but des autres lois de générer ce type de commandement, ou la relation s'opère-t-elle dans la direction opposée ?

8 : Une conclusion en forme d'interrogation

Si le but de la philosophie n'est pas de dissiper les oppositions et différences les plus profondes, alors elle atteint son but lorsqu'une question est posée d'une manière plus claire et plus stimulante. Je réfuterais l'affirmation selon laquelle les commandements à l'impératif et les lois sous la forme qu'elles revêtent dans la casuistique sont identiques. Il n'est pas clair que les uns et les autres relèvent simplement de la même échelle de normativité. En outre, les lois bibliques forment un système complexe dont l'explication dépasse clairement mon propos dans cet article. Je souhaite plutôt réfléchir, avec la philosophie de Rosenzweig, sur les impératifs et les pronoms personnels, et aussi à la manière dont un destinataire répond au message normatif qu'on lui adresse. Le commandement d'aimer n'est pas assimilable à une loi exposant des cas, dès lors que cette loi institue des procédures et requiert un jugement. Dans les lois bibliques évoquées ci-dessus, on trouve une complexité qui fait habituellement défaut à d'autres corpus légaux.

Nous avions pris comme point de départ l'affirmation que l'on trouve dans l'œuvre de Rosenzweig, qui veut que les lois deviennent des commandements, et que seul le commandement d'aimer ne peut pas devenir une loi. Nous pouvons écarter certaines façons de comprendre la relation entre les lois et les commandements. L'impératif et la casuistique ne sont pas deux modes d'expression d'une même chose qui seraient tout bonnement intervertis ou auraient changé de voie, comme si à 16h je verrais la loi comme une loi, à 16h05 elle deviendrait un commandement et à 16h15 elle redeviendrait une loi. Une seconde option est de même inadéquate, à savoir l'affirmation qu'à la base les deux modes seraient identiques, parce qu'il n'y aurait pas d'impératif sans forme légale et parce que la forme légale elle-même se nourrirait du commandement auquel elle emprunterait. Alors que la réalité est peut-être que les deux ne sont jamais complètement indépendants, ne pas maintenir leurs différences et même la tension qui caractérise leur relation, c'est perdre de vue ce qui importe le plus ici.

J'aimerais esquisser ici l'idée que la normativité n'a pas simplement à voir avec le fait d'exiger l'obéissance ou avec l'intériorisation de la coercition, de la violence ou de toute autre forme de domination. Dans le sillage de Nietzsche et de ceux qui l'ont suivi (Freud et son école, Foucault et ses disciples), il nous est difficile ne serait-ce que d'imaginer que les normes pourraient ne pas être simplement des formes de pouvoir, un pouvoir exercé sur nos propres désirs et sur les autres. C'est justement dans la manière dont une norme s'adresse à la personne qu'elle oblige que nous croyons pouvoir percevoir une invocation spécifique, un éventail spécifique de relations au commandement ou à l'impératif. Les normes légales mettent l'accent sur la place des règles générales dans leur relation avec des cas spécifiques. Le commandement, et surtout le commandement d'aimer, est jaloux et, partant, acharné dans son désir de spécificité, d'unicité qui distingue à la fois celui qui commande et celui qui reçoit le commandement. Mais la loi dépend du raisonnement et du jugement de celui qui lit ou écoute : c'est à lui de spécifier et, partant, de déterminer la règle pour le cas envisagé. Une grande part de la normativité semble relever d'une forme d'instruction qui enseigne à rendre de tels jugements, des jugements qui ne deviennent pratiques que dans un second temps, même si le but est d'apprendre à juger. Mais, à la différence des jugements théoriques, ces jugements pratiques trouvent leur but ultime dans l'action, non pas dans la simple action de rendre des jugements, mais dans celle de former une communauté, de protéger l'auteur d'un homicide, d'aimer son prochain, etc. Cela nous amène à poser la question suivante : comment des impératifs animent-ils ce raisonnement ? Quelle force impérative subsiste-t-il dans une invocation à d'abord traiter les cas donnés ?

Pourtant, si nous pouvons prendre un certain plaisir à scruter la relation aporétique du commandement écrit au commandement oral, nous courons aussi le risque de commencer à perdre le sens des priorités entre les commandements et les lois, entre cette singularisation par l'impératif et le défi qui consiste à spécifier le général pour déterminer quel cas correspond à telle ou telle situation. Ce qui commence à apparaître dans le Deutéronome, c'est un souci quant à la double nécessité de justifier les normes *et* de réinscrire l'impératif. Le raisonnement légal n'est pas suffisant, dans la mesure où le commandement d'aimer, soit le commandement du tu envers le je, crée plus que de l'autorité : il motive, ou encore il ancre. Il semble être aussi bien l'origine que le télos. Telle est justement la question sur laquelle je souhaite finir : le commandement est-il là pour la loi, ou la loi est-elle là pour le commandement ? Si nous prêtons attention au titre de *L'Étoile*, nous voyons qu'il dirige notre regard vers la Rédemption, non pas vers la Révélation. La Révélation se produit dans la grammaire du commandement. Mais la Rédemption est promise au futur, qui est également le temps des lois.

Je pourrais également traduire ceci par la question de savoir si l'éthique est le mieux comprise lorsqu'on la présente comme la priorité de l'impératif ? Lorsque nous considérons la grammaire des lois, ne voyons-nous pas que l'éthique doit inclure cette tension entre les impératifs et les indicatifs de la casuistique ? En d'autres termes, la tâche consistant à spécifier la responsabilité que je porte envers les autres pourrait ne pas être seulement accomplie au travers de l'impératif qu'autrui m'adresse pour me retenir, mais aussi à travers l'effort commun visant à juger le cas spécifique. Dans les deux cas, nous avons dépassé la présomption qui veut que les lois et commandements fassent violence à leur destinataire. Inspirés par l'amour infusant le commandement, nous avons désormais trouvé la raison et la dignité du destinataire de la loi : une façon de s'adresser qui ne se règle pas simplement sur un *tu*, mais qui ne gouverne pas non plus par le biais d'une distanciation à la troisième personne. Écrites et ordonnées, les lois engagent un raisonnement corrélé au jugement du cas, à l'unicité d'autrui telle que démontrée par le raisonnement lui-même.

Dans cette enquête, nous avons non seulement été guidés par

Rosenzweig, nous avons aussi tiré profit de l'examen de ses traductions et de l'étude d'une tension centrale dans sa propre pensée. Mais nous avons également aperçu un *nous*, qu'il n'a pas étudié. Car la communauté qui juge et raisonne, celle qui sauve la vie de l'auteur d'un homicide, ne se forme pas dans le fait de chanter en communauté, mais dans la jurisprudence. Un tel *nous* dépend, non moins que le *nous* chantant sur lequel Rosenzweig s'est penché dans toute la troisième partie de *L'Étoile*, des relations unissant le *je* et le *tu*. Et c'est ainsi que nous pouvons renouer avec l'interaction du commandement et de la loi telle qu'exposée par Rosenzweig. Nous rejoignons son questionnement du fait que la loi exige de nous, non pas simple obéissance, mais un raisonnement rigoureux.

Les conceptions politiques de Rosenzweig*

Michael Zank

Je commence par deux propositions.
Première proposition : « L'État est, semble-t-il, obligé de pécher » (*Der Staat muss, so scheint es, sündigen*).
Seconde proposition : « L'État doit (*soll*) devenir moral, et aspirer à l'harmonie avec la loi morale universelle. »
Les deux phrases ne sont pas de Hermann Cohen, comme on pourrait peut-être le croire, mais de Friedrich Meinecke. Elles se trouvent citées dans l'introduction, composée pour l'édition des Œuvres, à *L'Idée de raison d'État*[1], ouvrage dans lequel Meinecke prit congé d'une histoire des idées régie par la philosophie de l'identité, et entreprit de raconter encore une fois l'histoire de l'idée moderne d'État, mais cette fois comme histoire de problèmes.

Dans *L'Idée de raison d'État*, celui qui avait été l'élève de Droysen, de von Sybel et de Treitschke et qui a alors soixante-quatre ans, ne se contente pas de prendre en compte l'impression laissée par la guerre et l'effondrement de l'Allemagne, il s'engage aussi[2] dans une analyse critique de la démarche, encore très influencée par Hegel, Ranke et Treitschke, qu'il avait lui-même utilisée auparavant, et qui avait gouverné la rédaction de son célèbre *Cosmopolitisme et État national* : démarche qui, même dans les années vingt, continuait à donner le ton dans l'historiographie allemande. Si son *Cosmopolitisme et État national* s'arcboutait encore sur l'idée que la puissance et le droit ne faisaient qu'un dans l'État, que donc le monde moral se réalisait dans l'agir de l'État, et ce même lorsque celui-ci n'avait pas d'autre souci que sa conservation, désormais c'était la « nature démonique » de la raison d'État, dont on ne pouvait plus disconvenir, qui accédait au premier plan. Pour Meinecke, la raison d'État n'était plus simplement une part de cette force

---
* *Traduction Anne Chalard-Fillaudeau.*

1. Cf. Friedrich Meinecke, *Die Idee der Staatsräson in der neueren Geschichte*, éd. et introduit par Walter Hofer, 4ᵉ éd., München, Wien, R. Oldenbourg, 1976, p. XIV-XXVIII.

2. Comme le souligne Walter Hofer, l'éditeur de cette publication.

qui ne cesse de vouloir le mal et pourtant fait le bien. Au contraire, l'historien problématisant la « raison d'État » mettait en avant le point de vue dont la teneur était qu'on ne pouvait, comme Treitschke, identifier à une « autorité » (*Gewalt*) la « puissance » (*Macht*) sur laquelle venait reposer l'État – Myriam Bienenstock devait, dès 1983, l'établir une bonne fois pour toutes[3]. Le caractère tragique de l'histoire allemande moderne – c'est Hofer qui le souligne[4] – consiste en cela que la bifurcation sur les traces de Meinecke ne s'est, en la matière, opérée que très tardivement, seulement à la suite d'une période d'identification extrêmement poussée de la « puissance » (*Macht*) et de l' « autorité » (*Gewalt*). *L'Idée de raison d'État* de Meinecke, qui fut publiée pour la première fois en 1924 et ne connut ensuite que de rares éditions, n'obtint qu'un succès médiocre. L'ouvrage n'en arguait pas moins, à l'encontre du consensus prévalant à l'époque, qu'il fallait avant toutes choses renoncer au *Sonderweg* allemand, cette théorie de l'État qui reposait davantage sur le romantisme que sur la philosophie politique de l'*Aufklärung* et que Treitschke notamment avait développée, et qu'il fallait chercher, en dépit de toute l'horreur que pouvait inspirer le « Diktat de Versailles », à s'intégrer à l'Ouest, ce faisant, à se réconcilier avant toutes choses avec la France.

Mais où en était à l'époque l'ancien élève de Meinecke, Franz Rosenzweig ? Je souhaiterais, dans les développements qui vont suivre, creuser un peu plus avant cette question. Mon propos porte donc sur la pensée politique de Rosenzweig, et ce non seulement au sens d'une étude historique et philologique, mais aussi eu égard à notre présent.

Il y eut ici ou là divers collègues qui s'exprimèrent sur cette question de la pensée politique de Rosenzweig, parmi eux Stéphane Mosès lui-même, dont nous honorons tous la mémoire, qui évoqua la question lors du premier congrès international consacré à Rosenzweig en 1986, à Kassel. Mais de tels propos n'étaient jamais qu'en marge, ils portèrent surtout sur la figure du « sur-monde » éternel (*Überwelt*), c'est-à-dire sur la représentation métahistorique du christianisme et du judaïsme dans la troisième partie de *L'Étoile de la Rédemption*. Il semble ainsi que Rosenzweig, dans *L'Étoile*, aurait simplement voulu justifier sa démission personnelle de l'histoire, ou en d'autres termes sa décision de ne plus participer aux destinées du monde politique, en en faisant un geste généralement juif. Ainsi, pour reprendre l'analyse de lecteurs de *L'Étoile* qui ne sont pas peu nombreux, un Rosenzweig marqué de façon décisive par l'expérience de la guerre se serait-il complètement

---

3. Cf. Myriam Bienenstock, « Macht and Geist in Hegel's Jena Writings », *Hegel-Studien*, 18, 1983, p. 139 à 172.
4. Friedrich Meinecke, *Die Idee der Staatsräson, op. cit.*, p. XX.

détourné de l'actualité de son temps, pour se tourner vers un existentialisme à soubassement religieux qui – à partir d'une optique en tout cas authentiquement juive – se serait réclamé d'une certaine intemporalité, c'est-à-dire d'une posture d'essence extra-historique.

Dans un essai portant sur Rosenzweig et la politique qui est, à mon avis, fort pénétrant et dans l'ensemble convaincant, le jeune chercheur américain spécialiste de Rosenzweig, Benjamin Pollock, a récemment mis en question ce consensus encore très marqué par le retour de la néo-orthodoxie barthienne et rosenzweigienne[5]. À l'inverse du récit enté sur l'expérience de la guerre et le renoncement à la politique, Pollock y souligne l'existence d'une certaine continuité dans les vues politiques de Rosenzweig que l'on peut, à partir de *L'Étoile*, faire remonter au moins jusqu'à ces textes politiques de l'année 1917 qui avaient été écrits sous un pseudonyme et, pour certains, n'avaient pas été publiés d'emblée, mais aussi pour partie à des textes situés plus en amont encore. Sans entrer ici dans les détails de l'argumentation, c'est déjà définir la question des vues politiques de Rosenzweig comme une chose qui exige d'être problématisée à nouveaux frais et, partant, comme une tâche que la recherche sur Rosenzweig se doit de repenser en interrogeant, pour cela, la question de la continuité et de la différence entre le Rosenzweig de *L'Étoile* et le Rosenzweig du temps de la guerre, celui des lettres et discussions entre amis sur la politique et l'histoire contemporaine, tout comme celui des écrits publiés sous un pseudonyme, parmi lesquels Pollock distingue l'étude en deux parties de l'année 1917 intitulée «*Globus*», dont il souligne le caractère instructif.

De là, on en vient directement à une lacune attenante de la recherche, soit la question du rapport entre *Hegel et l'État* et *L'Étoile de la Rédemption*. Rosenzweig fait le badin et raconte un jour, dans une lettre à Siegfried Kähler, l'anecdote que voici : ayant succombé à un accès de vanité d'auteur et tenté une fois de trouver son propre nom dans le catalogue de la bibliothèque d'État de Berlin, il avait constaté avec amusement que les écrits jusqu'ici parus sous son nom – l'on était en 1919 et l'on n'avait jusqu'ici répertorié que *Das älteste Systemprogramm des deutschen Idealismus* et l'écrit *Zeit ist's* – avaient été distribués en deux rubriques «Franz Rosenzweig» différentes[6].

---

5. Voir Benjamin Pollock, «From Nation to State to Empire : Franz Rosenzweig's Redemptive Imperialism» in *JSQ* 11, 4 (2004) : 332-53.

6. Je souhaite mentionner ici Wolfgang Herzfeld et les recherches qu'il mit à ma disposition sous forme manuscrite : je leur dois cette observation ainsi que d'autres considérations ici développées. Cf. aujourd'hui, dans le *Rosenzweig-Jahrbuch* n° 3 (2008), W.D. Herzfeld, «Franz Rosenzweig und Siegfried Kaehler :

C'est ainsi, dirons-nous en caricaturant un tant soit peu la chose, qu'une partie non négligeable de l'histoire de la réception de Rosenzweig s'est déroulée. Les Juifs et les Chrétiens qui s'intéressent à Rosenzweig lisent *L'Étoile* ou *Das neue Denken*, et les philosophes lisent le *Systemprogramm* ou le livre sur Hegel (les exceptions ne font ici que confirmer la règle !). Point n'est besoin ici de le souligner à nouveau ; et il est aussi certainement aberrant que l'histoire de la réception se soit ainsi déroulée selon des circuits séparés et, partant, de façon franchement partiale et non historique, parce que Rosenzweig, en raison de divers propos tenus dans ses lettres et de certaines autres dispositions, est lui-même partiellement responsable de la séparation. Il a lui-même, et non sans une certaine préméditation, lancé le mythe de la différence entre les « Franz Rosenzweig », ce qui ne signifie pas pour autant que ce mythe soit complètement faux ou absurde. De même que Rosenzweig souligne face à Kaehler que l'histoire, à la différence de la nature, se présente toujours sur un mode double, c'est-à-dire comme ensemble d'événements et comme mémoire de ces événements, et que de ce fait elle existe déjà sous la forme de la tradition avant de faire l'objet d'une reconstruction artificielle par les historiens, ainsi le geste d'auteur de Rosenzweig participe-t-il immanquablement de cette volonté de donner corps à ce qui s'est déjà exprimé dans ses œuvres, de toute façon. Le *Hegel* et *L'Étoile* paraissent de façon rapprochée en 1920 et 1921, mais si l'on suit les remarques de Rosenzweig ils ne sont pas de la même époque, ni dans le contenu ni chronologiquement. Le manuscrit de l'ouvrage sur Hegel était déjà largement achevé en 1914, ne vinrent s'y greffer après la guerre que quelques ajouts distinctement signalés, telle la préface dans laquelle Rosenzweig se distancie déjà de l'ouvrage, qui parut pour la première fois avec du retard et qui, déjà à l'époque où il parut, ne lui semblait plus être actuel, ce qui contribua certainement à l'insuccès de l'ouvrage. Pour *L'Étoile*, cela se passa différemment : ce n'est qu'en 1918 qu'elle lui vint vraiment à l'esprit, et comme auteur de ce livre il se considérait certainement comme très en avance sur son époque. Cet ouvrage, qui fut écrit plus pour la postérité que pour des contemporains, s'abstenait de la tentative de commenter *immédiatement* les faits de l'époque, ce qui n'exclut pas forcément qu'il n'ait commenté médiatement ce temps présent, et ce par la voie détournée du système philosophique. Dans quelque sens qu'il faille prendre la prétention de *L'Étoile* à délivrer une philosophie, elle n'était

Stationen einer deutsch-jüdischen Beziehung ; Briefe », ediert von W.D. Herzfeld, et « Die Leitsätze des Baden-Badener Kreises und das Referat von Franz Rosenzweig auf der Tagung vom 9. Januar 1910 mit dem Titel „Das 18. Jahrhundert in seinem Verhältnis zum 19ten und zum 20ten"», p. 167-254.

plus en cela fille de la chouette de Minerve. Mais là encore, la chose n'est pas si simple qu'on pourrait le penser. On ne fait, au contraire, que souligner combien il serait nécessaire d'avoir à notre disposition une étude établissant un rapport précis entre le livre sur Hegel et *L'Étoile*.

La question qui se pose, et qui doit se poser, tant à partir de l'œuvre de Meinecke que des œuvres de Rosenzweig, est celle de savoir quel sens cela a encore aujourd'hui de scruter les idées politiques de Rosenzweig. Abstraction faite des désidératas scientifiques qui nous intéressent évidemment toujours, nous autres scientifiques, et continueront de permettre à de nouvelles générations de chercheurs de se démarquer, ce qui a été écrit et pensé il y a près d'un siècle doit quand même, encore aujourd'hui, nous toucher d'une manière ou d'une autre. La question de l'actualité n'est pas une question absurde, comme le prouve le fait qu'aussi bien Meinecke que Rosenzweig avec son cercle, qui comprenait bien d'autres figures gravitant dans la sphère académique de l'Allemagne du Sud-ouest, se livrèrent non seulement, selon leur démarche respective, à l'histoire des idées politiques, mais tinrent des propos tout à fait exprès et délibérés pour exhorter l'historiographie à s'engager dans les questions philosophiques et politiques du moment.

Ainsi Friedrich Meinecke écrit-il dans la Préface à la deuxième édition de *Cosmopolitisme et État national* de 1911 :

> Mon ouvrage repose sur l'idée que la recherche historique allemande devrait, sans renoncer à la transmission des méthodes propres à son activité, qui ont beaucoup de valeur, à nouveau prétendre à la liberté d'évoluer aux côtés des grandes puissances de la vie culturelle et nationale, afin que sans préjudicier à son essence et sa finalité la plus intime elle puisse s'immerger avec plus de courage encore en philosophie comme en politique, puisque c'est seulement ainsi qu'elle pourra développer ce qui lui est le plus propre, à savoir d'être en même temps universelle, et nationale. (*Werke V*, 1-2)

À l'instar de Meinecke, il s'agissait pour Rosenzweig – il le disait déjà dans l'allocution qu'il prononça à l'occasion de la fondation du Cercle de Baden-Baden (1910) – d'élaborer une méthode en science de l'esprit qui convienne à l'objet de l'histoire. Dans la conscience que l'on avait de la crise affectant les sciences de l'esprit, il y avait aussi l'idée selon laquelle, pour rendre compte de la différence d'objet entre « culture » et « nature » il faut aussi user d'une méthode différente. Ce problème de méthode dans les sciences de l'esprit n'est pas résolu, aujourd'hui encore. Il nous importe donc, ne serait-ce que pour cette raison, de définir plus exactement la voie empruntée par Rosenzweig en matière de méthode. Ce n'est qu'en procédant de la sorte que nous pourrons déclarer avec assurance qu'il y a encore quelque chose à apprendre de ses résultats, et aussi déterminer de quelle façon il nous faut, le cas échéant, le critiquer.

Mais la question de la méthode n'est qu'un des aspects. L'autre aspect concerne l'objet lui-même, c'est-à-dire les idées politiques proprement dites, les représentations et les projets d'avenir que Rosenzweig déduisit de sa vision de l'histoire. En quoi consistent ces idées et projets, quel fut le contenu des vues politiques de Rosenzweig et que pouvons-nous encore en retirer aujourd'hui ? Voilà qui entraîne, d'entrée, une série de questions : Où en sommes-nous aujourd'hui, pour ce qui concerne l'histoire des idées et ses méthodes ? Quel rôle le passage de Rosenzweig d'une conception esthétisante de l'histoire des idées à une conception positive et fidéiste peut-il encore jouer, et est-ce justement une telle conception qui aurait un sens pour nous ? Que faisons-nous des idées de Rosenzweig avant la guerre et pendant la guerre, et de l'écho qu'elles trouvèrent dans *L'Étoile de la Rédemption* ? Pour dire les choses de façon plus précise : l'idée que nous nous faisons du sens et de la valeur de la mondialisation peut-elle correspondre au concept politico-théologique du monde que se faisait Rosenzweig. Ou encore : pouvons-nous, stimulés en cela par Rosenzweig (comme celui-ci par Hegel), trouver un sens œcuménique et politique au processus dorénavant imparable d'interconnexion économique à l'échelle mondiale et à la constatation dorénavant irréfutable de l'unité écologique ? La portée de ces questions est vaste et l'on ne pourra leur apporter ici, à supposer qu'on y parvienne, autre chose que des réponses tout à fait provisoires, et encore ces réponses ne sauraient-elles recouvrir qu'un petit nombre d'allusions.

Lorsque nous observons les passages, mutations et nouveaux départs dans l'œuvre de Rosenzweig, la question se pose à nous de savoir d'où résulta pour Rosenzweig la nécessité de réviser ses partis-pris. Est-ce que ce furent d'éventuelles lacunes dans son approche, ou un mélange de circonstances liées à l'histoire contemporaine et d'expériences personnelles qui amenèrent Rosenzweig à prôner une « nouvelle pensée » ? Ce qui rend cette question instructive, c'est peut-être aussi le fait qu'elle se prête à une comparaison avec la révision par Meinecke de ses partis-pris – Meinecke, avec lequel Rosenzweig correspondait encore, même après la guerre. Une telle comparaison devrait permettre, d'une part, de préciser les contours, et plus exactement : de déterminer les continuités et discontinuités dans la pensée politique de Rosenzweig et, d'autre part, de clarifier les raisons de la révision opérée par Rosenzweig.

Voici ce qui s'applique à Meinecke. Dans l'essai déjà mentionné sur « La puissance et l'esprit », Myriam Bienenstock a rappelé que, si les travaux de Meinecke avaient joué un grand rôle dans l'identification de la philosophie politique de Hegel à la glorification d'un État de puissance proto-bismarckien, ce fut précisément Rosenzweig qui de l'avis de nombreux chercheurs contribua à la critique de cette identification[7]. Chez Benjamin Pollock aussi, on retrouve la mise en évidence de l'opposition Meinecke/Rosenzweig précisément pour ce qui concerne la question de l'État national. Mais, à l'encontre de cette interprétation, Myriam Bienenstock souligne dès 1983, dans le même texte, que Rosenzweig, en dépit de tout ce qu'il pouvait critiquer chez Meinecke, était néanmoins resté fidèle à son concept de l'État, et ce dans ces passages où, à la différence de la recherche hégélienne moderne, il applique à Hegel les catégories de Meinecke. Textuellement : « Il lit dans la notion de *Macht* de Hegel la compréhension même du terme de Meinecke. En fait, il identifie *Macht* et *Gewalt*, 'puissance' et 'autorité', ou 'violence'. Telle est la raison pour laquelle, dans *Hegel et l'État*, Rosenzweig attribue à Hegel une confusion, que Hegel n'aurait pas su résoudre, entre des idées relevant de l'État de puissance (*machtstaatliche Gedanken*) et des idées libertaires (*freiheitliche Gedanken*). »

Si nous laissons de côté la question de la relation à Hegel, que Myriam Bienenstock traite de façon détaillée dans son nouveau livre, il résulte de ces deux courtes observations deux implications significatives pour notre sujet. Meinecke est resté fidèle à sa vision de Hegel comme l'auteur de l'idée allemande moderne de l'État de puissance. Ce qui évolua chez Meinecke au cours de la Première Guerre mondiale, ce fut sa position au sujet de cette idée de l'État de puissance. Dans le passage de *Cosmopolitisme et État national* à *L'Idée de raison d'État*, Meinecke se meut exactement sur la ligne, indiquée par Myriam Bienenstock, d'une interprétation réductionniste de Hegel, qui procédait peut-être de l'influence de son professeur Heinrich von Treitschke, en direction d'une conception de la relation puissance / autorité au sein de l'État qui était sans doute plus congruente à la pensée d'un Hegel que n'aurait pas tant déformé la documentation ; or il procède de la sorte sans pour autant réviser sa vision de la doctrine hégélienne. Ce qui change, c'est à vrai dire le principe méthodique lui-même. Si Meinecke, suivant la supposée conception hégélienne de la rationalité du réel dans l'État de puissance bismarckien, avait jusqu'à présent discerné une réalisation grossière de la synthèse entre l'esprit humaniste et la pragmatique autorité publique, la Guerre mondiale fait voler en éclat sa propension naïve à identifier non seulement cet État, mais

---

7. *Hegel-Studien* Bd 18, 1983, p. 142, note 9.

quelque État que ce soit à une rationalité se manifestant dans le réel. Le plus important ici n'est pas le fait qu'il ait tranché en faveur d'une conception de l'État sous la République de Weimar qui était libérale et frappée au coin occidental, ce qui n'était sans doute pas la pire des choses qui soit. Le plus important, c'est plutôt la critique de fond et de grande ampleur qu'il formula à l'encontre de la prémisse dérivée de la philosophie de l'identité sur laquelle reposait l'histoire des idées, telle qu'elle était encore largement pratiquée à cette époque. Le clivage entre l'autorité étatique et la valeur morale, et donc entre la nature et l'esprit, constitue le point de départ d'une nouvelle façon de concevoir la politique qui s'impose à Meinecke et que Hofer qualifie de tragique [8]. Ce qui nous apparaissait au départ comme un écho du néo-kantianisme de Marbourg représente toutefois chez Meinecke, à supposer que Hofer ait raison, plutôt le signe de ce que celui-ci, nonobstant tout l'engagement politique qui pouvait être sien au niveau théorique, ne dépassa jamais complètement une forme esthétisante d'historiographie.

Chez Rosenzweig aussi, l'on observe une évolution en profondeur, qui toutefois suivit son propre trajet sans que toutes les étapes – comme malheureusement il nous faut le dire – n'aient été exhaustivement parcourues.

Au point de départ de cette évolution, il y a peut-être la réaction de refus essuyée par l'allocution inaugurale du 9 janvier 1910 à Baden-Baden. Rosenzweig, qui était encore totalement subjugué par l'esthétique de Wölfflin, soumit alors à un parterre de camarades de classe, pour la première fois, une ébauche très ample de ce qui aurait dû servir de soubassement à un cercle de discussion intellectuel.[9] Il serait intéressant qu'on fasse un jour ne serait-ce qu'une comparaison entre les différents programmes éducatifs proposés par Rosenzweig. Quoi qu'il en soit de cette comparaison qui n'a pas encore été faite, non seulement il n'advint rien du premier programme, mais le Cercle, alors fondé, en vint à se dissoudre immédiatement.

L'allocution de Baden-Baden avait pour sujet : « Le XVIIIe siècle dans sa relation aux XIXe et XXe siècles. » Au sujet de la politique, qui ne représente ici qu'un domaine culturel parmi d'autres, Rosenzweig expose la chose suivante :

> Il semble qu'à l'encontre de l'État se multiplient aujourd'hui les voix de ceux qui lui dénient sa capacité, toute pantélique[10] et propre au XIXe

8. Cf. ci-dessus, *op. cit.*, p. x.
9. Ma présentation se calque ici sur les travaux de Wolfgang Herzfeld, *loc. cit.*
10. Néologisme formé à partir de *pan-telos*.

siècle, à être le réceptacle de toute individualité, et qui dénient à l'individu, et même à l'individu dans un groupe, un droit absolu par rapport à l'État – être apolitique passe aujourd'hui très souvent pour à peine plus que de l'ignominie ; que l'État ait besoin de ses spécialistes devient un truisme, et le briscard de la politique – qui satisfaisait à la nécessité, au XIXe siècle, de caricaturer le citoyen idéal – semble en voie d'extinction dans la satire contemporaine. Les penchants absolutistes de Wilhelm II ne seraient pas aussi significatifs qu'ils le sont s'ils n'étaient pas au goût du jour, si ce n'était pas un homme comme Naumann, qui n'est politique qu'à demi-coeur, qui pût représenter aujourd'hui le prophète politique pour tant de personnes à l'heure actuelle – le prophète *politique*, j'y insiste [11].

La phrase qui m'importe est la suivante : «être apolitique passe aujourd'hui très souvent pour à peine plus que de l'ignominie.» Une telle vision esthétisante de la politique comme quelque chose qui n'aurait pas la dignité d'une vision du monde consciente de l'importance de la culture, ne pouvait, parmi les étudiants de Meinecke, essuyer autre chose que leur refus. Que Rosenzweig se soit leurré, que par sa propre faute il se soit aliéné la considération de ses camarades, il l'avouera plus tard dans une lettre à Siegfried Kähler. Jetant un regard rétrospectif sur « cette époque à laquelle nous nous sommes ménagé tant de souffrances», Rosenzweig écrit en 1923 :

> Et là, un jour que j'essayais de leur décrire la félicité qui m'emplissait à dévorer la matière historique, ils me demandèrent, à moi, l'esthète que j'étais à l'époque : « Et qu'est-ce qui se passe alors ? ». « Oh, la matière n'en finit pas», répondis-je. Ce qui se peignit alors sur leur visage m'occupa l'esprit durant de longues années, jusqu'à ce que cela eût fait son effet[12].

Le travail qu'il consacra à *Hegel et l'État*, dont les fragments les plus anciens remontent déjà, selon ses propres dires, à l'année 1909, constitue ensuite le premier pas sérieux de sur son chemin, dans sa formation culturelle. À partir du chapitre sur Hegel dans *Cosmopolitisme et État national* de Meinecke et pour les quelques années qui suivent, Rosenzweig se plonge, d'une part, dans le problème de la philosophie politique de Hegel, et d'autre part, encore une fois, plus profondément, dans le problème de l'histoire de l'État moderne allemand, prise comme histoire des idées à la Meinecke. Lorsque l'ouvrage parut ensuite, en 1920, il renfermait des traces de propos et d'instants que l'on ne saisit que si l'on est familier de la biographie de l'auteur, ainsi que des jugements qui confirment ce qu'il assure au sujet du projet

---

11. Cf. le *Rosenzweig-Jahrbuch* n° 3, p. 251.
12. Source : Herzfeld, in *Rosenzweig-Jahrbuch* n° 3, p. 230.

dans son ensemble, à savoir le fait qu'il n'aurait plus été possible de l'écrire après 1919 sous la forme qui était sienne dès 1914 au commencement de la guerre.

Dans l'ouvrage lui-même, Rosenzweig avait non seulement tenté de retracer le chemin postulé par Meinecke, qui allait de la conception hégélienne de l'État à l'État bismarckien, un chemin qu'on ne pouvait directement dériver de Hegel, mais qui serait plutôt imputable à des héritiers indirects de Hegel qui avaient eu beau jeu de s'adosser à Hegel, mais dont les conceptions ne se trouvaient pas sous cette forme chez Hegel ; mais il avait aussi tenté d'attribuer l'émergence de factions national-conservatrices et social-démocrates à des questions d'interprétation de Hegel. Il manifestait en l'espèce une sympathie particulière pour Marx et sa vision, divergente de Hegel, selon laquelle ce n'étaient pas l'État et l'individu, mais les groupes sociaux qui devaient être les vecteurs du progrès social, celui en lequel doit se réaliser la moralité qui chez Hegel se manifeste seulement dans l'État. Dans cet ordre d'idées, et donc vers la fin du deuxième tome, on voit même apparaître l'objet du « débat nocturne » de Leipzig qui est à l'origine, comme on le sait, du cheminement de Rosenzweig vers les fonts baptismaux.

Que veut dire Rosenzweig lorsqu'il déclare qu'il n'aurait plus été possible d'écrire *Hegel et l'État* de la même façon en 1919 ? Cela tient-il à son passage à l'état de Juif agissant comme personne privée, qui ne participe plus que contraint et forcé à la vie des nations, pour reprendre la substance de ce qu'il dit une fois ? Et donc à une modification fondamentale de l'approche historique ou philosophique ? Ou cela ne tient-il pas plutôt, comme Benjamin Pollock le souligne, également au fait que les conditions politiques nécessaires à cette interprétation de Hegel qui se voulait normative, c'est-à-dire ardemment soucieuse de l'Allemagne du futur, et que l'ouvrage mettait en avant, eh bien ces conditions-là n'existaient plus ? Il n'est que d'écouter Rosenzweig lui-même :

À l'époque où le livre commença de voir le jour, l'on avait l'espoir que la suffocante étroitesse intérieure comme extérieure de l'État bismarckien se dilaterait en un empire qui respirerait l'air libre du monde. Ce livre devait, autant que peut le faire un livre, apporter sa petite contribution à la préparation de cet état de fait. L'idée hégélienne de l'État, cette idée raide et restreinte qui en était progressivement venue à dominer le siècle écoulé et dont jaillit le 18 janvier 71, « comme l'éclair déchirant la nuée », cet acte qui devait avoir une portée immense pour l'histoire du monde, cette idée devait ici, en plein cours de réalisation à travers la vie de l'homme qui la méditait, se déliter d'elle-même, presque sous les yeux du lecteur, pour ouvrir ce faisant la perspective d'un avenir allemand plus spacieux à l'intérieur comme à l'extérieur. Cela ne s'est pas passé ainsi. Un champ de ruines indique l'endroit où se dressait autrefois l'Empire.

Nous avons donc affaire ici à un ouvrage de guerre, ou, pour employer des termes plus justes, à un ouvrage écrit avant la guerre qui appelait de ses vœux quelque chose que la guerre était censée réaliser (sur ce point, il y avait du vrai dans les propos de Rosenzweig lorsqu'il disait de la guerre qu'elle ne lui était pas apparue comme un «événement»). En lieu et place de cela, les prémisses du grand projet qui voyait l'extension de l'entité formée par l'État aux dimensions d'un empire mondial en Europe centrale se trouvaient réduites à l'état de ruines. Le ressentiment de Rosenzweig ne tient pas du simple esprit de revanche sur Versailles. Il avait bien plutôt enté les espoirs qu'il concevait pour la chose allemande sur une conduite de la guerre qui fût raisonnable et civile et présentât des buts de guerre justes et sensés. Avec le départ de Bethmann-Hollweg du gouvernement, l'Allemagne dégénéra en un simple État de puissance ou, comme il convient de le dire *a posteriori*, en une dictature militaire. De ce fait, il n'était plus possible que se réalisât, même en cas de victoire militaire, le grand Empire annoncé par Rosenzweig et qui devait s'étendre d'Anvers à Bagdad. C'est ce qui explique la déception de Rosenzweig. L'élargissement de l'Allemagne en une Europe du Milieu post-nationale, que Friedrich Naumann avait éloquemment décrit, et l'instauration plus modeste d'un équilibre des forces maritimes, que même des personnes comme Meinecke continuaient de solliciter – tous buts de guerre qu'il fallait d'une façon ou d'une autre justifier –, tout cela avait échoué, et ce pour des raisons dont l'État allemand lui-même était cause. De même que ; pour Meinecke, l'optimisme communiqué à l'histoire des idées par la philosophie de l'identité avait échoué, de même, pour Rosenzweig, le rêve de la «puissance accouchant l'histoire» avait-il en l'espèce avorté. Il s'était dissipé dans «l'écume des vagues qui inondent toute vie». Comme cette autre formulation à la fin de *Hegel et l'État* l'énonce : «Quand s'écroule l'édifice d'un monde, les pensées, qui l'imaginèrent, les rêves, qui le tissèrent, elles et eux-aussi se trouvent ensevelis sous l'effondrement.» (GS, Bd. II p. 246)

Rosenzweig ne voyait nulle vie dans «l'esprit de 1919». C'est «sans enthousiasme» qu'il prit part aux élections à l'assemblée constituante de Weimar. Il n'est ensuite plus question de quelque engagement politique. Avec la vitalité qui lui est propre, Rosenzweig se plonge bien plutôt dans l'éducation adulte juive et dans d'autres aspects de la vie juive à laquelle il se dévoue désormais.

Mais quelle sorte de rêve était-ce donc qui avait ainsi tourné court ? Était-ce celui que Fritz Fischer avait appelé la «prise de pouvoir sur le monde » ou celui que l'Empereur Guillaume II avait appelé la « place au soleil » ?

Le concept au regard duquel Rosenzweig, dont la disposition était encore optimiste au début de l'année 1917, étire l'« Europe du Milieu », dont Naumann n'avait présenté qu'une projection, c'est celui de « globe », d'œcuménisme, de monde ou bien de planète, comme Rosenstock nommera ceci par la suite dans l'expression de « service rendu à la planète ». Même en 1917, la forme politique de la polis embrassant le monde est déjà celle de l'empire ou Royaume[13], soit la même chose exactement que le Royaume de Dieu, que vient caractériser la forme de la « Rédemption » dans la troisième partie de *L'Étoile*, c'est donc la réalisation globale de l'Idée et, par là, du Royaume de Dieu. Cet empire ne sera pas d'essence socialiste (comment il sera, c'est une chose qu'on ne peut savoir à l'avance), mais l'on aura là malgré tout, selon toute probabilité, un état qui ressemblera à s'y méprendre au socialisme, c'est-à-dire un ordre mondial donnant pareillement satisfaction à tous les groupes sociaux sans pour autant niveler leurs différences, soit une société mondiale pluraliste.

Ce qui change pour Rosenzweig avec l'effondrement de 1918, ce n'est pas le *but*, mais la confiance de celui qui pensait être réellement en mesure de discerner le *chemin*. De même qu'après l'expérience de 1910 Rosenzweig se retire à l'écart de ses camarades chrétiens et, gêné, les évite durant tout un semestre, de même le judaïsme, que *L'Étoile* présente sur un mode idéalisant, se retire-t-il de l'histoire, et de même Franz Rosenzweig se dérobe-t-il à la possibilité de renouer avec sa carrière d'avant-guerre. Le cheminement vers le but, vers le Royaume de Dieu, se trouve introduit dans *L'Étoile* sous la notion de « tentation ». Cela revient peut-être à évoquer quelque chose de similaire à ce que Meinecke tente de saisir, en 1924, dans la notion de nature démonique de la raison d'État. « L'État est obligé, semble-t-il, de pécher. » Dans *L'Étoile de la Rédemption*, c'est l'impossibilité absolue de reconnaître Dieu, qui fait que non seulement l'homme répond à la tentation, mais se trouve placé dans cet état qui conditionne la possibilité même de l'agir politique, à savoir l'état de liberté. La liberté et l'impossibilité de reconnaître Dieu sont liées par des rapports de corrélation.

Rosenzweig, qui s'est, chose étrange, à nouveau rapproché du maître, finit néanmoins par se consacrer à un phénomène qui n'entre pas

---

13. [N.d.t. – Le terme allemand « Reich » recouvre deux significations différentes en français : « empire » en matière politique et « Royaume » en matière religieuse. Il nous faut donc signaler les deux termes pour conserver l'acception politique d'empire sans pour autant parler maladroitement d'« empire divin ».]

dans le champ considéré par Meinecke. Comme Paul Mendes-Flohr l'a noté[14], Rosenzweig parvient à une détermination de l'homme, tel qu'il se présente au monde, au détour d'un point de référence extra-historique qui est la transcendance de Dieu. C'est elle qui permet l'accès de l'homme à une position de transcendance par rapport au monde. Bien qu'ils soient liés, Dieu, le monde et l'homme demeurent séparés. C'est là éviter la réduction marxiste du progrès historique à une immanence panthéiste qu'il faut par avance évaluer. L'homme naturel ou païen, qui veut se réaliser lui-même, le héros, dont il est également question dans *Hegel et l'État*, se détache de la mutité idéalisante de son concept pour s'avancer dans une temporalité concrète à travers l'appel qu'il reçoit de la Révélation ; c'est seulement à travers le langage de la liturgie propre aux fêtes et aux saisons que sa vie personnelle acquiert une cohérence et une orientation.

Le rapport entre cette figure, à laquelle *L'Étoile* donne corps, et l'élargissement, suivi tout au long de la vie de Hegel et espéré de la guerre, de la vie historique à l'idée d'une société globale, mériterait de plus amples recherches. Le fait même que figure, au début du livre sur Hegel et au début de la troisième partie de *L'Étoile*, cette même devise : «*in tyrannos!*», est déjà remarquable Ce dont il s'agissait en l'an « 1800 », c'était du postulat de la liberté, et c'est de liberté qu'il s'agit également dans *L'Étoile*. Ce que Rosenzweig accomplit ici me semble être la tentative de penser non plus seulement pour une Allemagne dont l'idée doit s'élargir aux dimensions de l'Europe centrale si elle veut pouvoir chanter dans le concert des peuples, nations et empires, mais de penser pour une Europe qui a mis au monde l'idée d'un monde politique global, une idée, qui doit affronter le péril et le défi si elle veut rendre ce « service à la planète » dont elle est la dépositaire. C'est la raison pour laquelle Rosenzweig est peut-être encore en mesure de rendre un service important à cette question de la mondialisation.

---

14. Paul Mendes-Flohr, « Franz Rosenzweig and the Crisis of Historicism » in *The Philosophy of Franz Rosenzweig*, University Press of New England, 1988, p. 155-161.

Troisième partie : La parole de l'amour

L'échec du dialogue ?
Figures de l'altérité dans les lettres de Franz Rosenzweig à Margrit et Eugen Rosenstock

Sonia Goldblum

Dans la lettre du 13 février 1921 à Margrit Rosenstock, Rosenzweig emploie cette formulation : « Ce qui nous sépare, ce ne sont pas le judaïsme et le christianisme, mais la mort [1]. » Cette expression a pour effet de faire sortir la question de la séparation de la contingence des relations interpersonnelles pour la placer dans le champ d'une nécessité métaphysique. Par ailleurs, elle constitue un écho désespéré à l'expression tirée du Cantique des Cantiques qui ouvre la partie centrale de *L'Étoile de la Rédemption* : « l'amour est fort comme la mort [2]. »

Les « *Gritli* »-*Briefe* publiées en 2002 par Inken Rühle et Reinhold Mayer rassemblent des lettres de Franz Rosenzweig à Margrit et à Eugen Rosenstock. Elles rendent compte de l'histoire d'amour de Rosenzweig avec Gritli, mais constituent aussi une continuation de la Correspondance de 1916 avec Eugen Rosenstock, à laquelle Rosenzweig doit l'importance qu'on lui donne dans le domaine du dialogue judéo-chrétien [3]. Ces lettres écrites entre 1917 et 1929 présentent donc une forme de dialogue à trois, dont on n'entend jamais qu'une voix, celle de Franz, puisque les réponses ont été détruites par sa veuve après son décès [4]. Mais Rosenzweig, que ce soit dans le dialogue avec l'un ou

---

1. Franz Rosenzweig, *Die « Gritli »-Briefe* [désormais GB], Briefe an Margrit Rosenstock-Huessy, sous la dir. de Inken Rühle et Reinhold Mayer, Tübingen, Bilam-Verlag, 2002, p. 733 : « Uns trennt nicht Juden – und Christentum, sondern der Tod ». Sauf indication contraire, toutes les traductions sont de l'auteur.
2. Franz Rosenzweig, *L'Étoile de la Rédemption* [désormais *Étoile*], traduit de l'allemand par Alexandre Derczanski et Jean-Louis Schlegel, Paris, Seuil, 1982, p. 224 ; Franz Rosenzweig, *Der Stern der Erlösung* [désormais *Stern*], Frankfurt / Main, Suhrkamp, 1988, p. 174 : « Stark wie der Tod ist Liebe. »
3. Ces textes ont d'ores et déjà fait l'objet d'analyses importantes. On citera à titre d'exemple le premier chapitre de *L'Ange de l'histoire* de Stéphane Mosès intitulé « la dissimilation ». Cf. Stéphane Mosès, *L'Ange de l'histoire*, [1992], IIe éd. Paris, Gallimard, 2006, p. 55-82.
4. GB, p. I : « Die Briefe von Margrit Rosenstock an Franz Rosenzweig sind von dessen Frau Edith nach seinem Tod verbrannt worden. »

avec l'autre, n'a de cesse d'explorer les conditions de possibilité et les difficultés auxquelles se trouve confronté le dialogue épistolaire. C'est dans ce cadre que s'inscrivent les interrogations que nous présentons ici concernant ce qui met en danger le dialogue épistolaire tel qu'il est mené dans les « *Gritli* »-*Briefe*. Il est en outre nécessaire de faire le lien entre cette question et les deux expériences fondamentales de l'altérité dont Rosenzweig rend compte dans ses lettres [5]. On peut les définir sommairement de la manière suivante : Rosenzweig fait avec Gritli l'expérience de l'altérité amoureuse et avec Eugen celle de l'altérité religieuse, mais il faut garder à l'esprit que bien qu'il s'agisse d'expériences distinctes, elles sont dans l'esprit de Rosenzweig inséparables l'une de l'autre.

Il s'agira donc de repartir très brièvement de la manière dont Rosenzweig, dans *L'Étoile de la Rédemption*, décrit la constitution de l'altérité dans le dialogue et l'accomplissement du commandement d'amour dans l'amour du prochain pour ensuite développer les deux formes de l'altérité précédemment nommées et le type de défi auquel elles soumettent le regard philosophique que Rosenzweig porte sur le statut de l'autre.

I Dialogue et altérité dans L'Étoile de la Rédemption : bref rappel

Ici un rappel de quelques points de ce que Rosenzweig écrit dans *L'Étoile* concernant le dialogue et l'amour du prochain est nécessaire. Le deuxième chapitre de la deuxième partie de *L'Étoile*, est, c'est maintenant bien connu dédié à Gritli, non pas écrit pour elle, mais à elle adressé. Comme Rosenzweig le lui écrit dans une lettre : « Je suis maintenant parvenu à une partie de *L'Étoile* où tout ce que j'y écris s'adresse à toi ; tu regardes en permanence par-dessus mon épaule[6]. » Ceci place le texte, dans une troublante proximité avec la correspondance, dont il

---

5. On entend ici par altérité les modalités de la rencontre avec des individus, envisagés comme autres. Pour une présentation générale du concept d'altérité et de ses implications, on renverra à Wolfgang Eßbach (sous la dir. de), *Wir – ihr – sie. Identität und Alterität in Theorie und Methode*, Würzburg, Ergon-Verlag, 2000. Pour ce qui est de la conception spécifiquement rosezweigienne de l'altérité, on renverra à l'article de Francesca Albertini, « Die Dialektik Eros / Thanatos als phänomenologische Aufgeschlossenheit zum Anderen in Franz Rosenzweigs *Der Stern der Erlösung* », Basel, *Judaica*, 2002/ 58 (1), p. 44–51.

6. Franz Rosenzweig, GB, p. 178*sqq* : « Der *Stern* ist freilich jetzt in einem Teil wo alles Schreiben Schreiben an dich ist ; du siehst mir immerfort über die Schulter. » Cf. aussi la lettre du 2 novembre 1918, p. 177. Rosenzweig a par ailleurs passé tout le mois de décembre 1918 chez les parents de Gritli à Säckingen, où il a travaillé à la troisième partie de *L'Étoile*, cf. GB, p. 203.

semble soudain être la poursuite par d'autres moyens. Dans cette partie, qui constitue le cœur de *L'Étoile*, Rosenzweig décrit de la manière suivante la naissance du Je et du Tu, sachant que la première personne renvoie à Dieu, la deuxième à l'homme : « Le Je proprement dit [...] ne peut devenir pour la première fois sonore qu'avec la découverte du Tu [7]. » Et la découverte du Tu est explicitée de la façon suivante : « Le Je se découvre à l'instant où il affirme l'existence du Tu, à travers la question sur le 'Où ?' du Tu. » Le Tu quant à lui se découvre aimé et pêcheur et se doit de répondre au commandement d'amour, qui est selon Rosenzweig sa manière de répondre à l'amour dont il est l'objet. S'il est dit « Tu aimeras l'Éternel ton Dieu de tout ton cœur, de toute ton âme et de toutes tes forces [8]», il n'est pas question de s'enfermer dans ce duo, car, comme l'écrit Rosenzweig : « L'amour pour Dieu doit s'extérioriser dans l'amour pour le prochain [9]. » La réciprocité de l'amour s'exprime donc sur le mode de la transitivité. Le commandement d'amour est l'injonction d'aimer le prochain, ce que Rosenzweig explicite de la façon suivante : « Tu restes Toi et tu le resteras. Mais il ne doit pas rester un Il pour toi et donc pour ton Toi uniquement un Ce ; non, il est comme toi, comme ton Toi, un Toi comme toi, un Je ... il est âme [10]. » Tels sont les éléments qui vont nous aider à décrire les expériences dont les *« Gritli »-Briefe* rendent compte. Il importe de souligner comme le faisait remarquer très justement Sophie Nordmann dans sa conférence du 19 mai 2009 portant sur « Hermann Cohen, Franz Rosenzweig : communauté et altérité » que Rosenzweig ne décrit pas dans *L'Étoile* l'expérience de l'intersubjectivité humaine, mais d'une part l'amour de Dieu pour l'homme et d'autre part celui de l'homme pour le monde. L'étude de sa correspondance permet donc de donner une idée très concrète de la manière dont Rosenzweig envisage l'altérité humaine dont il fait l'expérience avec le couple Rosenstock.

---

7. Franz Rosenzweig, *Étoile*, p. 249 ; *Stern*, p. 195 : « Das Ich entdeckt sich in dem Augenblick, wo es das Dasein des Du durch die Frage nach dem Wo des Du behauptet. »
8. Franz Rosenzweig, *Étoile*, p. 250 ; *Stern*, p. 196 : « Du sollst lieben den Ewigen, deinen Gott, von ganzem Herzen und von ganzer Seele und aus allem Vermögen. » Cf. Deutéronome 6 :4-9.
9. Franz Rosenzweig, *Étoile*, p. 258 ; *Stern*, p. 239 : « Die Liebe zu Gott soll sich äußern in der Liebe zum Nächsten. »
10. Franz Rosenzweig *Étoile*, p. 337 ; *Stern*, p. 267 : « Du bleibst Du und sollst es bleiben. Aber es soll dir nicht ein Er bleiben und also für dein Du bloß ein Es, sondern er ist wie Du, wie dein Du, ein Du wie Du, ein Ich, – Seele. »

II. Altérité séparée : Rosenzweig et Margrit Rosenstock

La première caractéristique que Rosenzweig donne de sa relation avec Margrit Rosenstock est celle de la séparation. Il insiste à plusieurs reprises sur le fait que lui et Margrit sont et doivent restés séparés. Cette question joue sur un double registre : d'une part celui de du caractère extraconjugal et non officiel de la relation, qui n'est pas scellée par un mariage impossible parce que Margrit est déjà mariée, mais aussi du fait de la différence religieuse ; d'autre part le registre de la contrainte épistolaire qui renvoie à l'éloignement géographique. Rosenzweig se réapproprie ces deux contraintes, en en donnant une réinterprétation positive.

L'impossibilité d'une union est constamment interprétée par Rosenzweig comme une caractéristique bienfaisante de la relation. Il nomme la séparation de la façon suivante : « Tu me parles justement de la cathédrale et de moi et toi, qui peuvent toujours seulement – être je et tu, et pas un nous [11]. » Il fait ici allusion à l'entrée de la cathédrale de Fribourg dont le portail est flanqué de deux statues qui représentent l'Église en gloire et la Synagogue, les yeux bandés et le sceptre brisé [12]. La différence religieuse évoquée ici est un des ressorts de la séparation, elle n'en est pas le seul, même si elle est importante puisqu'elle place la rencontre entre les amants du côté du miracle, comme l'écrit Rosenzweig à la fin de la même lettre (10 février 1919) :

> Vois, que nous ne puissions pas former un « nous », ce n'est pas un secret, c'est tellement évident que tout le monde pourrait le voir ; mais que nous formions un Je et un Tu, un Tu et un Je, que nous pussions le devenir que nous en eussions la possibilité et – ô toi, aimée – que nous le restions, toi à moi, Tu et Je à toi moi – c'est un secret qui pourrait m'occuper tant que je vivrai, si je ne préférais pas abandonner cette occupation pour prendre le secret pour ce qu'il est : pour un miracle dont je ne peux être que reconnaissant [13].

11. F. Rosenzweig, GB, p 235 : « Und dann schreibst du grade vom Münster und mir und dir, die immer nur – ich und du sein können, und keine wir. »
12. On trouvera une analyse de la manière dont Rosenzweig reprend à son compte ces deux figures dans l'ouvrage suivant : Inken Rühle, *Gott spricht die Sprache des Menschen : Franz Rosenzweig als jüdischer Theologe – eine Einführung*, Tübingen, Bilam, 2004, p. 379.
13. GB, p. 235 : « Sieh, dass wir nicht ‹wir› sein dürfen, das ist kein Geheimnis, es ist so offenbar, dass es jeder sehen könnte ; aber dass wir Ich und Du, Du und Ich sind, dass wir es werden konnten, werden durften und – o du Geliebte – bleiben werden, Du mir Du und Ich dir Ich – das ist ein Geheimnis, an dem ich raten würde, solange ich lebe, wenn ich nicht lieber das Raten aufgäbe und das Geheimnis nähme als das was es ist : als ein Wunder für das ich nur danken kann. »

En utilisant un vocabulaire qui est familier au lecteur de *L'Étoile de la Rédemption*, tant par l'emploi des pronoms personnels que par l'utilisation du concept de miracle, il place sa relation avec Margrit Rosenstock du côté de la Révélation, du côté de la rencontre amoureuse éternellement renouvelée du Je et du Tu et non pas du côté du Nous, qui renvoie dans *L'Étoile* à la « communauté de sang créée », au mariage et à la rédemption [14]. Mais il va plus loin, en plaçant le désir fusionnel des amants sous le signe de la mort (1er juillet 1919) :

> Quand un Je et un Tu se font *un*, que le Je ne reste pas Je et que le Tu ne reste pas Tu, quand le petit mot Et est nié – c'est Tristan et Isolde, et c'est ainsi que nous mourûmes alors, éternellement un, sans fin etc. donc pas de l'amour. L'amour reconnaît la séparation des lieux et la suppose ou peut-être même que c'est lui qui la pose. [...] L'amour ne dit pas Je suis Toi, *mais* – et maintenant tu dois me comprendre tout à fait et me donner raison – : Je suis à Toi [15].

Ici, Rosenzweig dit très clairement la méfiance qu'il éprouve à l'égard de la fusion amoureuse, symbolisée selon lui par l'opéra de Richard Wagner, *Tristan et Isolde*, ce n'est plus de l'amour, mais une forme d'éternité néfaste que Rosenzweig, par le choix de son exemple, renvoie à la mort. Le « Je suis Toi » que Rosenzweig évoque peut être compris comme une forme de forçage qui désirerait une union sans Rédemption. La fusion, c'est l'alternative mortifère, puisque non rédimée, du Nous. Il serait à ce sujet intéressant d'interroger l'étrange parenté que Rosenzweig voit entre le mariage (symbole du Nous) et la mort [16]. Mais il ajoute à cela une idée pour le moins inhabituelle quand il dit, néanmoins avec une certaine prudence, que c'est peut-être même l'amour qui pose la séparation des lieux. Ce qu'il entend par là, c'est que le fait d'entrer en relation suppose la non-identité des personnes et qu'en entrant en relation cette séparation constitutive devient nécessaire et donc consciente. L'amour ne crée donc pas la séparation qui lui préexiste, mais elle la pose au sens où elle l'ex-

---

14. Franz Rosenzweig, *Étoile*, p 339 ; *Stern*, p. 269 : « Deswegen war es, dass die Seele auf dem Gipfel der Liebe nach der geschaffnen Blutgemeinschaft sich hinübersehnte ; erst in der schicksalhaften, nein gottgegebenen Vereinigung jener und dieser, in der Ehe, findet sie ihre Erlösung. »
15. Franz Rosenzweig, GB, p. 358 : « Wenn ein Ich und ein Du eins werden, nicht das Ich Ich bleibt und das Du Du, wenn das Wörtlein Und geleugnet wird – das ist Tristan und Isolde 'so stürben wir nun ungetrennt, ewig einig ohne Ende u.s.w.' also nicht Liebe. Die Liebe erkennt die Getrenntheit der Orte an und setzt sie sogar voraus oder vielleicht gar setzt sie sie überhaupt erst fest [...] Die Liebe sagt nicht Ich bin Du, sondern – und nun musst du mich doch ganz verstehn und mir recht geben : Ich bin Dein. »
16. Cf. Franz Rosenzweig, *Étoile*, p. 455 ; *Stern*, p. 362 ; Voir également à ce sujet, Franz Rosenzweig, GB, p. 605-606.

pose et lui donne une signification. Comme l'écrit Ephraim Meir : « La relation et la séparation vont de pair [17]. » Rosenzweig clôt son propos en réaffirmant la nécessité de la séparation pour créer une relation d'appartenance. Et cette appartenance se matérialise dans le corps même de chacune des lettres, qui se terminent toutes par le possessif *Dein*. D'une certaine manière, toutes les lettres à Gritli réaffirment donc dans la signature de Rosenzweig la source commune de la séparation et de l'appartenance. Dans *L'Étoile de la Rédemption*, c'est le texte du Cantique des Cantiques qui est le chiffre d'une conception de l'altérité qui évite la fusion ou l'union et joue sur le rapprochement et la séparation, puisque les amants en constant dialogue se cherchent, se perdent et se retrouvent, ce qui fait de chaque prise de parole un appel où le Je et le Tu prennent chacun conscience d'eux-mêmes dans l'interrogation sur le « où » de l'autre [18]. La manière dont Rosenzweig traite de la tentation de la fusion rappelle ce qu'il écrit de « l'homme enfermé », du mystique qui reste au seuil de la Révélation, parce qu'il refuse de répondre au commandement d'amour que lui intime l'amour de Dieu : « il ne veut être absolument rien d'autre que le bien-aimé de Dieu [19]. » En cela il rappelle les amoureux de la « première élégie » de Rainer Maria Rilke : « Est-elle [la nuit] à ceux qui s'aiment plus facile ?/ Ceux-là ne font hélas que se cacher à l'un l'autre leur sort [20]. » Il s'agit d'une des figures de la circularité dangereuse chez Rilke, l'image est très parlante, puisque c'est l'autre dans les bras duquel je me trouve qui me cache mon destin. Rosenzweig avait conscience de ce risque inhérent à l'amour, c'est sans doute pour cela qu'il préfère la transitivité à la réciprocité. Rilke passe une autre étape en évoquant la possibilité d'un amour intransitif, un amour qui oublie sa cible, mais cette conception est tout à fait étrangère à celle de Rosenzweig.

17. Ephraim Meir, *Letters of love : Franz Rosenzweig's Spiritual Biography and Œuvre in Light of the Gritli Letters*, New York, Peter Lang, 2006, p. 16 : « Relationship and separateness go together. »
18. « Le chant des chants n'est-il pas [mon, ton] chant ? » On remarquera ici que [mon, ton], évite l'emploi du nous. Franz Rosenzweig, GB, p. 576 : « Ist nicht das Lied der Lieder unser [dein, mein] Lied. » Ephraim Meir, dans son ouvrage précédemment cité fait très justement remarquer que chaque lettre reprend et répète la question inaugurale du dialogue « où es-tu ? » Cf. Ephraim Meir, *Letters of Love, op. cit.*, p. 14.
19. Franz Rosenzweig, *Étoile*, p. 293 ; *Stern*, p. 231 : « [...] er [will] ganz und gar nichts weiter sein als Gottes Liebling. »
20. Rainer Maria Rilke, « La première élégie », in : *Élégies de Duino. Sonnets à Orphée*, présentation de Gérald Stieg, traductions de Jean-Pierre Lefebvre et Maurice Regnaut. Édition bilingue, Paris, *Poésie*/Gallimard, 1994, p. 31, p. 30 : « Ist sie [die Nacht] den Liebenden leichter ? Ach sie verdecken sich nur miteinander ihr Los. »

La séparation géographique est pour sa part envisagée par Rosenzweig comme l'occasion de récréer un espace et un temps épistolaire commun, qui n'appartiennent qu'aux deux amants, comme dans la lettre du 26 août 1920 :

> Une parole a besoin d'être une réponse pour pouvoir être une parole. Sans le sentiment qu'au même moment que moi, tu es assise et tu m'écris, sans ce sentiment, ce ne sont pas les paroles justes et proches que l'on trouve. [...] La maisonnette des lettres est petite, mais c'est un véritable chez-soi, elle a besoin d'être dépoussiérée chaque jour. Le grand ménage peut être fait moins souvent, mais le dépoussiérage quotidien contribue à la rendre agréable [21].

Ce passage est particulièrement significatif, parce que Rosenzweig part ici de l'idée que c'est dans la réponse que se loge l'essence de la lettre pour expliquer que la cohérence spatio-temporelle est au fondement du dialogue épistolaire. Cette cohérence se fonde sur une illusion de co-temporalité : je t'écris parce que je pars du principe qu'au même moment tu m'écris. Cette illusion en fonde une autre puisqu'elle permet d'imaginer un continuum spatial, où la lettre se fait maison commune. Mais cette illusion n'est pas acquise une fois pour toute, elle a besoin que la correspondance la construise sans cesse pour pouvoir perdurer, c'est l'horizon ou l'objectif de l'écriture épistolaire, qui se doit de désirer et de créer de la co-temporalité. Il faut pouvoir s'imaginer que l'autre écrit quand on écrit, et c'est pour cela que l'écriture doit être une activité quotidienne. C'est ce qui produit la sensation d'immédiateté et le sentiment de proximité, de dépassement de la distance, toutes choses qui constituent la raison d'être de la correspondance. Tant et si bien que cette proximité créée sur la base de la séparation en vient à se substituer à la proximité réelle, qui n'est plus vraiment souhaitable. Telle est l'expérience dont rend compte Rosenzweig quand il écrit :

> [...] je ne peux pas vivre dans la même ville que toi. Un jour, peut-être, cela changera. Aujourd'hui pas encore. Aussi près que possible. Mais pas si près que ce ne soit plus un voyage [22].

Ce qui est frappant dans le lien qui unit Franz Rosenzweig à Margrit

---

21. Franz Rosenzweig, GB, p. 648 : « Wort muss Antwort sein, um Wort sein zu können. Ohne das Gefühl, dass du im gleichen Augenblick auch sitzest und mir schreibst, ohne dies Gefühl sind es nicht die rechten nahen Worte, die man findet. [...] Das Briefhäuschen ist klein, aber es ist eine richtige Wohnung, es will täglich abgestaubt werden ; Grossreinmachen kann dann seltener sein, aber das tägliche Abstauben gehört zur Wohnlichkeit. »
22. Franz Rosenzweig, GB, 26.7.1920, p. 633 : « Ich kann nicht in derselben Stadt wie du wohnen. Vielleicht wird das mal anders. Heute noch nicht. So nah wie es ginge. Aber nicht so nah, dass es keine Reise mehr wäre. »

Rosenstock, c'est que la séparation est vécue comme le défi auquel la relation est confrontée et qui lui est consubstantiel, elle est son chiffre. À telle enseigne que la proximité géographique ou physique qui tendrait à faire oublier aux amants l'impossibilité de l'union semble par conséquent presque néfaste.

D'un autre côté, Rosenzweig paraît par instant succomber à la tentation d'une fusion, mais sur un tout autre registre. Il s'agit d'une forme d'union qui semble à première vue menacer le dialogue, puisqu'il s'agit du désir de communier dans le silence avec l'aimée. Ce désir est comme l'horizon utopique du dialogue épistolaire, et il trouve son expression dans la volonté proférée de réduire la lettre à son essence minimale, à savoir l'adresse et à la signature :

> Nous avons le même jour écrit notre nostalgie avec les mêmes mots. Très aimée, il est maintenant de nouveau agréable d'écrire des lettres, quand cela ne dépend plus d'un mot, parce que chacun connaît le mot de l'autre et que l'adresse et la signature en disent plus long que tout ce qu'elles encadrent...[23].

Il s'agit d'un motif du discours amoureux rosenzweigien qui revient régulièrement et qui peut du moins partiellement être ramené à un idéal d'amour qui se passerait de la parole. Ici il est explicitement lié à la co-temporalité que Rosenzweig réclame pour la lettre. Le propre de la tentation du silence telle qu'elle apparaît chez Rosenzweig, est qu'elle se fonde toujours sur une expérience heureuse et réussie du dialogue. Elle constitue donc un effet d'après coup. Elle prend parfois la forme du désir d'un langage corporel et érotique qui remplacerait la parole, comme dans la lettre du 3 août 1919 :

> Oui, toi, je te regarde, aucun espace ne nous sépare, tu es assise ici, tout près, devant moi et je te regarde dans les yeux et je prends les mots de tes lèvres, les quelques mots qui peut-être sont encore nécessaires – non ils ne sont plus nécessaires, je te ferme la bouche [24].

Rosenzweig exprime même une fois ce désir sous la forme d'un aveu d'adhésion au silence : « Que sont les mots – il faut que je t'écrive

---

23. Franz Rosenzweig, GB, lettre du 7.11.1919, p. 470 : « Wir haben uns am gleichen Tag wohl unsre Sehnsucht mit den gleichen Worten geschrieben. Liebste, nun ist Briefschreiben wieder schön, wenns auf kein Wort mehr ankommt weil jeder das Wort des andern weiss und Überschrift und Unterschrift mehr sagen als alles was dazwischen steht...»

24. Franz Rosenzweig, GB, p. 374 : « Ja du, ich sehe dich an, es ist kein Raum zwischen uns, du sitzest hier ganz dicht vor mir und ich kucke dir ins Auge und nehme dir die Worte von den Lippen, die paar Worte, die vielleicht noch nötig sind – nein sie sind nicht mehr nötig, ich schliesse dir den Mund. »

une vrai lettre informative ; le verbe n'est bon qu'à donner des informations, pour le reste, il n'y a que le silence[25]. » Ces expressions ont beau ressortir d'une forme de rhétorique amoureuse courante et constituer un *topos*, il n'en reste pas moins qu'on est en droit de s'étonner de les trouver sous la plume d'un auteur qui a une telle foi dans les vertus du dialogue. Ce désir utopique d'une compréhension infra-langagière se retrouve dans d'autres correspondances amoureuses de la même époque, par exemple dans cette lettre de Martin Heidegger à Hannah Arendt :

> Et quand tu m'as incité à m'éloigner de toi, c'est à ce moment là seulement que tu m'as été proche, là la révélation de ton essence m'a parlé – Tu t'es en cet instant – adressée à moi en toute liberté [26].

Dans ce passage, la proximité avec certaines expressions de Rosenzweig précédemment citées est évidente, à cela près cependant que « la révélation de l'essence », pour reprendre l'expression de Heidegger, se fait chez Rosenzweig par le dialogue et non dans la parole silencieuse. Pour mieux comprendre la conception de Rosenzweig, il importe d'ajouter un élément qu'il livre dans une autre lettre : « […] l'expérience que chacun fait dans la vie : d'abord on ne parvient pas à parler avec quelqu'un, après on y parvient, et enfin on n'en a plus besoin[27]. » Le fait que l'on n'ait plus besoin de la parole ne veut pas nécessairement dire que l'on n'en fasse plus usage, et c'est vraisemblablement une des clefs de cette conception. Le silence n'est désirable pour Rosenzweig qu'à partir du moment où il constitue une étape nouvelle du dialogue, une de ses possibilités et non pas son interruption. Pour décrire cela l'allemand a un verbe sur le modèle de *sich ansprechen* (s'adresser à quelqu'un): *sich anschweigen*. Il ne désigne pas simplement

25. Franz Rosenzweig, GB, lettre du 28.10.1918, p. 172. « Was sind Worte – ich muss dir einen rechten Nachrichtenbrief schreiben ; nur zur Nachricht taugt das Wort, und sonst nur das Schweigen. »
26. Hannah Arendt–Martin Heidegger, *Lettres et autres documents 1925 – 1975*, trad. de l'allemand par Pascal David, Paris, Gallimard, 2001, p. 16 ; *Briefe 1925 bis 1975 und andere Zeugnisse*. Hrsg. von Ursula Ludz. Francfort/Main, Suhrkamp, 1998, lettre du 24.4.1925, p. 26. « Und als Du mich in die Ferne von Dir zwangest, da wurdest Du mir erst nahe, und da wurde mir die Offenbarung Deines Wesens – Du hast in diesem Augenblick – wortlos – ganz frei zu mir gesprochen. »
27. Franz Rosenzweig, GB, lettre du 4.09.1918, p. 144. « […] was jeder doch im Leben erfährt : erst kann er nicht mit jemandem sprechen nachher kann ers und zuletzt hat ers nicht mehr nötig. » Cette citation renvoie aux trois principaux moments que Rosenzweig distingue dans *L'Étoile de la Rédemption*, la Création monologique, la Révélation dialogique et la Rédemption qui unit les hommes dans le chant.

un silence à deux, mais un silence dirigé, qui s'adresse à l'autre et donc qui ne peut être atteint qu'à deux, dans la parole mutuelle. Chez Rosenzweig il est toujours question de cette forme de silence comme d'une forme d'apothéose qui implique la relation asymptotique que l'on entretient avec lui. Cette position ce trouverait confirmée par le propos qu'Otto Lorenz élabore dans un ouvrage consacré au silence dans la poésie :

> La condition *première* consiste à l'évidence dans le fait que le silence ne fait jamais signe par lui-même, mais toujours par le truchement de son contexte langagier. Le silence doit être signifié – par des moyens verbaux pour qu'on puisse même le remarquer [28].

Le silence fait donc partie des choses qui doivent être dites. De ce fait même, il a donc sa place au sein du dialogue. Si l'on accepte de le regarder sans soupçonner là une incohérence de la part de Rosenzweig, ce désir de compréhension infra-langagière semble être comme une forme non mortifère de la fusion, parce qu'il s'agit là non pas d'une fusion réelle, mais d'une forme parfaite de lien épistolaire que l'on peut tenter d'approcher, mais qu'il est impossible d'atteindre.

III Eugen Rosenstock et l'altérité radicale

La relation amicale qui lie Rosenzweig et Rosenstock et dont témoigne l'ensemble de leur correspondance est à la fois très passionnelle et très conflictuelle, et ce conflit est principalement lié à la question de la différence religieuse. En première analyse, ce dernier présente deux aspects centraux et fondamentalement liés : D'une part, Rosenstock tend à réduire Rosenzweig à sa judéité, à le considérer comme « son juif [29] », d'autre part, il n'accepte pas le fait que Rosenzweig ait renoncé à la conversion au christianisme à laquelle il semblait s'être résolu à l'issu de la nuit de juillet 1913 à Leipzig où sa rencontre avec la foi

---

28. Otto Lorenz, *Schweigen in der Dichtung: Hölderlin – Rilke – Celan. Studien zur Poetik denk-elliptischer Schreibweisen*. Göttingen, Vandenhoeck & Ruprecht, 1989, p. 10. Die *erste* Voraussetzung besteht ganz offensichtlich darin, dass Schweigen nie durch sich selber Zeichencharakter hat, sondern immer nur durch ein sprachliches Umfeld. Schweigen muss – mit verbalen Mitteln – angezeigt werden, um überhaupt bemerkbar zu sein.
29. GB, p 502, en français dans le texte. Ce passage se rapporte à Eduard Strauss, un des enseignants de la maison d'étude juive de Francfort. Rosenzweig exprime dans cette lettre le soulagement que lui procure le fait qu'Eugen Rosenstock ait, pour ainsi dire, trouvé un autre juif, qui soit pour lui représentatif.

chrétienne d'Eugen Rosenstock lui avait violemment donné conscience de sa propre vacuité [30].

Voici en quels termes Rosenzweig se plaint à Margrit Rosenstock de la réduction identitaire dont il se sent l'objet de la part de son ami le 19 août 1919 :

> J'ai justement toujours aimé Eugen même à l'époque où je ne signifiais pour lui qu'un placard rempli d'opinions. Je l'ai toujours cherché *lui*. C'est pourquoi il m'a fallu *le* croire dans sa foi. Et de ce fait il a pu me parler plus librement que je ne le pouvais.Aussi librement que je peux te parler. Justement parce que tu *me* vois également et toujours seulement *moi*. Tu vois *ma* judéité, mais je ne suis pas pour toi « le » Juif. Eugen n'en est-il pas aussi capable [31] ?

Ce passage souligne un déséquilibre dans la relation, qui tient au fait que Rosenzweig est prêt à prendre Rosenstock pour ce qu'il est dans son entièreté et que Rosenstock réduit et fige Rosenzweig dans une identité juive qu'il refuse de voir comme une détermination de l'individu parmi d'autres, même si elle est capitale, mais ne voit plus que cela. Si cela dérange tant Rosenzweig, c'est semble-t-il également parce que cette réduction a des conséquences sur la manière dont lui-même se perçoit, comme il l'écrit à Rosenstock dans la correspondance

30. Plusieurs textes rendent compte de cette expérience capitale dans la vie de Rosenzweig. On citera entre autres, la lettre qu'il écrit à Rudolf Ehrenberg le 31 octobre 1913. Cf. Franz Rosenzweig, *Briefe und Tagebücher*, Vol. I, sous la dir. de Rachel Rosenzweig, in : *Der Mensch und sein Werk*, Vol. I,1 : 1900–1918, La Haye, Martinus Nijhoff, 1979. La lettre à Eugen Rosenstock du 1er septembre 1919 qui revient sur cette nuit montre que cette expérience est restée vivante pendant de nombreuses années. On renverra également aux analyses de cette question livrées par Inken Rühle. Cf. Inken Rühle, *Gott spricht die Sprache des Menschen, op. cit.*, p. 12-22.

31. Franz Rosenzweig, GB, p. 390 : « Ich habe eben Eugen immer geliebt, auch zu der Zeit wo ich ihm noch nichts andres bedeutete als ein Schrank voller Ansichten. Ich habe immer <u>ihn</u> selbst gesucht. Deshalb habe ich seinen Glauben <u>ihm</u> glauben müssen. Und daher hat er zu mir freier sprechen dürfen als ich zu ihm. So frei wie ich zu dir sprechen darf. Eben weil auch du <u>mich</u> ansiehst und immer wieder <u>mich</u>. Du siehst <u>mein</u> Judentum, aber ich bin dir nicht ‚der' Jude. Kann Eugen das nicht auch ? » Cette idée est déjà présente dans la correspondance de 1916, où Rosenzweig reproche à Rosenstock de mettre « le Juif entre guillemets » et de le tenir « à l'écart comme une marotte personnelle », Cf. Franz Rosenzweig, « Correspondance (1916) », in : *Foi et savoir. Autour de « L'Étoile de la Rédemption »*, introduit, traduit et annoté par Gérard Bensussan, Marc Crépon et Marc de Launay, Paris, Vrin, 2001, p. 47-128, ici p. 65 ; Franz Rosenzweig, *Briefe und Tagebücher, op. cit.*, p. 231 : «[...] indem sie einfach den Juden in Anführungsstriche setzten und ihn so als persönliche Marotte als persönliche Marotte [...] beiseite legten [...]».

de 1916 : « [...] vous m'empêchez directement de traiter mon judaïsme à la première personne [...] » [32]. » Le corrélat de cette déformation est le désir que Rosenstock exprime semble-t-il régulièrement de convertir son ami, comme Rosenzweig s'en plaint dans la lettre du 3 août 1919, qui est destinée à Gritli, mais où il est clair que c'est au couple Rosenstock qu'il s'adresse :

> Mais le Juif, en clair : moi, ce Juif *unique*, que vous *aimez*, vous n'avez pas le droit, alors que vous l'avez reçu de Dieu en cadeau avec sa judéité et que vous avez appris à l'aimer en tant que Juif, de vouloir le « convertir », vous devez lui souhaiter de tout cœur qu'il reste juif et qu'il soit de plus en plus juif et vous devez même comprendre que ce que vous espérez pour *les* Juifs dépend de ce que votre prochain, qui est juif, et votre Juif le plus proche reste inconvertible [33].

Derrière le reproche qui est ici formulé, se joue la conception rosenzweigienne de l'amour du prochain et son corrélat, le danger qu'il y a à tenter de hâter la Rédemption en oubliant le prochain pour regarder au-delà de lui. Eugen est à ce titre « un tyran du royaume des cieux », à savoir quelqu'un qui tente de faire advenir le Royaume par la violence et qui, de ce fait, est condamné à l'échec, car selon Rosenzweig, ce faisant, il ne fait que retarder ce qu'il souhaitait accélérer [34]. Comme le signale à juste titre Reinhold Mayer dans un article portant sur la question du judaïsme et du christianisme chez Rosenzweig, cette volonté est caractérisée par la confusion qu'opère Rosenstock entre l'individu et l'institution[35]. L'Église en tant que communauté est en

32. Franz Rosenzweig *Correspondance (1916), op. cit.*, p. 66 ; *Briefe und Tagebücher, op. cit.*, p. 231 : « [...] zweitens [...] verhindern Sie mich direkt, mein Judentum in der ersten Person zu behandeln ».
33. Franz Rosenzweig, GB, p. 372 : « Aber der Jud<u>e</u>, zu deutsch : ich, dieser <u>einzelne</u> Jude, den ihr <u>liebt</u>, ~~dem~~ den dürft ihr, wenn es euch nun einmal geschehen ist, dass ihr ihn in seiner Jüdischkeit von Gott geschenkt bekommen habt und als Juden lieb-gewonnen, nicht bekehren wollen, dem müsst ihr von Herzen wünschen, dass er Jude bleibt und immer jüdischer wird, und müsst sogar verstehen, dass eure Hoffnung für die Jud<u>en</u> davon abhängig ist, dass dieser euer jüdischer Nächster und nächster Jude unbekehrbar bleibt. » Cf. Aussi la lettre du 29 août 1919, p. 411. Et celle du 3.8.1919, p. 374 : « Das ‹Persönliche›, zu Deutsch die Liebe, muss doch vorbehaltlos und rückhaltlos sein ; wie könnte ich zugeben, dass du (oder irgend ein ‹Du›) für mich über meinen Kopf weg und also hinter meinem Rücken eine Hoffnung anheftetest, die nur ‹ihr› für ‹uns›, (aber nimmermehr ‹du› für mich) haben dürft. »
34. Cf. Franz Rosenzweig, *Étoile*, p. 379-380 ; *Stern*, p. 302.
35. Cf. Reinhold Mayer, « Christentum und Judentum bei Franz Rosenzweig », in : Wolfdietrich Schmied-Kowarzik (éd.), *Franz Rosenzweigs « neues Denken »*, vol. 2 : *Erfahrene Offenbarung – in theologos*, internationaler Kongress Kassel, Fribourg en Brisgau, Karl Alber, 2004, p. 677-688, ici p. 685.

droit de souhaiter la conversion des juifs au pluriel, mais le chrétien ne peut pas en tant qu'individu souhaiter la conversion de son ami, qui est juif. Comme Rosenzweig l'écrit :

> [...] Je ne peux pas traduire l'espoir et la conviction selon laquelle la chrétienté va un jour se convertir en un espoir pour l'individu qu'il [Eugen] est aujourd'hui ; car je sais qu'*aujourd'hui*, le Chrétien qui renie le Christ ne trouve pas Dieu en faisant cela, mais le perd définitivement [...] [36].

La faute que commet Rosenstock à l'égard de Rosenzweig est donc de deux ordres, qui se laissent malgré tout ramener à un oubli du Tu. La réduction identitaire renvoie au fait de faire du Tu un Il, d'oublier le partenaire du dialogue pour ne plus voir en lui que le représentant de sa communauté. La volonté de hâter la venue du Royaume revient à confondre la relation entre Je et Tu, qui caractérise la relation intersubjective, et la relation entre Nous et Vous, qui caractérise celle qu'entretiennent les communautés.

Rosenzweig est amené, du fait du caractère conflictuel de sa relation avec Eugen Rosenstock à employer certaines stratégies pour ne pas rompre le contact. Dans les situations de tension, Margrit Rosenstock joue donc un rôle d'intermédiaire entre les deux hommes qui a marqué de son empreinte la forme même de cette correspondance. En effet, bien des lettres écrites à Gritli sont en réalité destinées à Eugen. Une part des discussions ou des disputes de Rosenzweig et de Rosenstock peut donc se dérouler par l'entremise de Gritli. C'est ce qu'exprime Rosenzweig quand il écrit : « Non Gritli, il faut que je commence ma réponse à Eugen en m'adressant à toi, peut-être cela me permettra-t-il une entrée en matière [37]. » Ce mode de communication a pour effet que Rosenzweig oublie parfois qu'il peut ou qu'il doit s'adresser directement à Eugen. À ce sujet, dans la lettre du 26 juin 1918, il écrit :

> [...] *je* m'étais tellement habitué au fait de te parler à travers Gritli que j'en ai oublié la simple réalité de la séparation physique et ne ressentais presque plus le besoin de t'écrire sans intermédiaire [38].

---

36. Franz Rosenzweig, GB, p. 400 : « [...] ich kann nicht meine Hoffnung und Überzeugung, dass die Christenheit einst sich bekehren wird, in eine Hoffnung für heute und für ihn den Einzelnen umsetzen ; denn ich weiss, dass heute der Christ der Christus absagt, dadurch nicht Gott findet, sondern Gott überhaupt verliert. »
37. Franz Rosenzweig, GB, p. 506 : « Nein, Gritli ich muss auch die Antwort an Eugen an dich anfangen, vielleicht komme ich dann in die an ihn hinein. »
38. Franz Rosenzweig, GB, p. 113 : « [...] ich hatte mich so sehr gewöhnt, durch Gritli hindurch zu dir zu sprechen, dass ich die simple Wirklichkeit des Ausser-einander im Raume vergass und kaum mehr daran verlangte, dir selber unmittelbar zu schreiben. »

C'est sans doute là, la faute que Rosenzweig commet à l'égard de Rosenstock, qui en passant n'est pas si éloignée dans sa nature de celle que Rosenstock commet à l'égard de Rosenzweig. Il le traite comme un Il, comme quelque chose dont on peut parler sans avoir besoin de s'adresser à lui. Là encore, c'est l'oubli de la deuxième personne qui est en cause, et ceci sans doute au motif que Rosenzweig ne sépare pas, ce que je viens de faire pour les besoins de l'exposé sa relation avec Gritli et sa relation avec Eugen. C'est ce qu'il exprime dans a lettre du 4 juin 1918 : « Eugen doit savoir qu'il est le maître de notre amour, que ce dernier sombre dans l'abîme s'il se détourne[39]. » Il est aussi important de noter que quand la relation entre Franz et Gritli se rompt en 1925 et 1926 [40], la relation avec Eugen perdure [41].

Conclusion

Dans les formes de l'altérité que Rosenzweig invente avec ses amis, on observe le souci constant de préserver le dialogue de deux risques opposés, celui de la fusion et celui de la rupture ou de l'annulation d'un des deux partenaires. L'articulation entre ces deux plans se joue sur la conception rosenzweigienne de l'amour. Même s'il n'est jamais question d'un amour charnel avec Rosenstock, il y est bien question d'une forme d'amour qui elle aussi tient du miracle et dépasse les différences religieuses. Il joue sur un usage polysémique du terme d'amour, qui repose pour partie sur la confusion entre *eros* et *agapè* pour tenir ensemble son amour pour Eugen et pour Gritli Rosenstock.

En un certain sens, Rosenzweig fait avec Eugen une expérience de l'altérité plus forte et plus radicale qu'avec Gritli. Si avec Gritli, c'est la question de la fusion qui se pose, Eugen pose en permanence à Franz la question de la rupture du lien et donc de son caractère vital. En remettant systématiquement à l'ordre du jour la question de la conversion, il oblige également Franz à faire l'expérience de l'incessant renouvellement de sa position, le « je demeure juif » de la lettre du 31 octobre 1913 à Rudolf Ehrenberg [42], par lequel Rosenzweig annonce à

---

39. Franz Rosenzweig, GB, p. 106 : « Eugen muss wissen, dass er Herr unsrer Liebe ist, dass sie ins Bodenlose fällt, wenn er sich abwendet. »

40. Sur les raisons qui ont amené la rupture du contact, voir Michael Zank, « The Rosenzweig-Rosenstock Triangle, or What Can We Learn from Letters to Gritli ? A Review Essay », in : *Modern Judaism*, Volume 23, Number 1, February 2003, p. 74-98.

41. La lettre qui clôt l'échange entre Franz Rosenzweig et Margrit Rosenstock date du 5 mars 1926.

42. Franz Rosenzweig, *Briefe und Tagebücher, op. cit.*, p. 132 : « Ich bleibe also Jude. »

son cousin qu'il renonce à se convertir et que Danièle Cohen-Levinas a commenté dans sa conférence du 18 mai 2009 portant sur « Le tout et le reste : figures de l'inactuel chez Rosenzweig et Levinas [43] ». Ce « demeurer » n'est pas posé une fois pour toutes, il est sans cesse à répéter comme l'acte qui instaure la différence des lieux et par là-même le dialogue interreligieux.

43. Danielle Cohen-Levinas commente également de manière fort éclairante ce passage dans l'article intitulé « Politique du reste chez Franz Rosenzweig. Ouïr l'histoire autrement », in : *Les Études philosophiques* 2009/2, n°89, p. 219-227.

«*Ein schrecklich unverständliches Dreieck.*»
Franz Rosenzweig, Margrit Huessy, Eugen Rosenstock et la genèse de *L'Étoile de la Rédemption*

Jean Greisch

«Nous et les autres», «les autres et nous autres» : le titre et l'argument général de notre Congrès nous invitent à méditer, à la lumière de «l'étoile de la Rédemption», les multiples manières dont le «Je» apprend à dire «Tu» au «Il». Personne ne niera qu'à une époque aussi fortement marquée par la tentation du repli identitaire que la nôtre, et où le «Nous autres» tient souvent lieu d'une ipséité introuvable, cette question soit d'une extrême actualité.

Les innombrables lettres que Rosenzweig a envoyées pendant la Grande Guerre depuis le front de Macédoine attestent à quel point il avait conscience de faire partie d'une génération perdue, à laquelle la guerre avait volé ses meilleures années. Dans une lettre envoyée le 18 août 1918 à Margrit Rosenstock, deux jours avant la lettre décisive où la figure géométrique de l'étoile à six branches et le syntagme : «étoile de la Rédemption» surgissent pour la première fois sous sa plume, il prédit l'avènement d'une nouvelle génération, qui parlera déjà une langue nouvelle, avant même que lui-même n'ait eu la chance de faire entendre la sienne : «Les nouveaux parlent déjà une langue nouvelle, et même s'ils comprennent encore ce que nous disons, ils ne comprennent plus ce qui parle en nous, et ce que nous avons *entendu* – autrement dit, ils ne nous comprennent plus, *nous*[1].»

On pourrait évidemment craindre que cette prédiction ne s'applique *a fortiori* à la génération actuelle des lecteurs de Rosenzweig. Si, presque cent ans après la parution de *L'Étoile de la Rédemption*, sa pensée continue à nous interpeller, ce n'est pas tant parce qu'il aurait jeté les bases d'une philosophie dialogique, mais parce qu'il nous adresse, dans toute sa véhémence, la question de savoir ce que nous voulons dire au juste, quand nous disons : « nous. » Ce pronom de la première personne du pluriel

---

1. Franz Rosenzweig, *Die ' Gritli'-Briefe. Briefe an Margrit Rosenstock-Hussey*. Mit einem Vorwort von Rafael Rosenzweig, édité par Inken Rühle et Reinhold Mayer, Tübingen, Bilam, 2002, p. 122. (désormais : GB).

franchit d'autant plus facilement nos lèvres qu'il occulte les pensées, voire les arrière-pensées qui le sous-tendent. Ce sont les évidences trompeuses qui enveloppent certains emplois du « nous » que Rosenzweig met en question quand il avoue que *« quand quelqu'un dit "nous", je* ne sais pas, même quand je le vois, qui est visé : est-ce lui et moi, lui et moi et quelques autres, lui et d'autres mais sans moi, et enfin, lesquels, parmi les autres [2] ? »

Prononcé hâtivement ou à la légère, le « Nous » risque fort de n'être que le substitut, au plan de la rencontre interpersonnelle, d'une totalité qui nie le fait de la séparation originelle, séparation qui nous oblige à distinguer trois substances originaires irréductibles : Dieu, l'homme, le monde. De même que la reconnaissance de cette séparation originelle n'est que le premier stade d'un travail de compréhension qui les met en relation grâce au « miracle », philosophique aussi bien que théologique, du langage, le problème n'est pas de se débarrasser d'un « Nous » trop englobant, qui est au fond le Nous de personne, au profit des « nous » plus circonscrits des communautés d'appartenance, où il n'y a guère de place pour la singularité du moi et du toi. Il s'agit plutôt de donner une nouvelle expression au « Nous tous » (*Wir alle*), de « l'ancienne communauté messianique de l'humanité [3] ».

I. Rosenzweig, l'éternel «revenant»

Il y a évidemment bien des manières d'aborder cette problématique. L'approche que j'emprunterai ici pourrait ressembler à un chemin de traverse, voire à l'école buissonnière. Elle consistera à prêter attention à l'usage très remarquable que Rosenzweig fait du « Nous » dans les 800 pages de la correspondance échangée avec Eugen Rosenstock-Huessy et Margarete Rosenstock-Huessy entre 1917 et 1922, publiée en 2002 sous le titre *Die « Gritli »-Briefe*. Pour l'exprimer en un langage métaphorique : je suivrai un « parcours de la reconnaissance » balisé par deux roses et une marguerite, et par les nombreuses petites étoiles à six branches qui marquent autant de points de suspension d'un trialogue ininterrompu.

La composition florale de ces trois noms peut paraître de peu de poids face à l'impressionnant massif de *L'Étoile de la Rédemption*, massif formé de trois sommets distincts, au pied desquels se situe le sanatorium du *Livret de l'entendement sain et malsain*, qui est un peu le *Zauberberg* de Rosenzweig. Ce massif n'a été gravi qu'une seule fois, par voie d'escalade [4], par l'auteur de *L'Étoile* lui-même. Les patients du sanato-

---

2. *L'Étoile de la Rédemption*, Paris, Seuil, IIe éd. 2003, p. 279.
3. *Der Stern der Erlösung*, GS II, p. 281 ; *L'Étoile de la Rédemption*, p. 298.
4. *Livret* 60 (47).

rium qui souffrent du mal du siècle qu'est la « philosophie du comme si », dont certaines formes de pensée post-moderne ne sont peut-être que de nouveaux avatars, sont bien trop affaiblis pour se risquer à cette aventure.

La méthode thérapeutique que préconise le directeur du sanatorium consiste à faire patiemment le tour du massif entier, en empruntant une route panoramique qui nous fera découvrir progressivement chacun de ses trois sommets dominants : le Monde, l'Homme, Dieu. La guérison se produira quand les malades seront devenus capables d'embrasser d'un seul regard les trois sommets et les platitudes de leur vie ordinaire, autrement dit, quand ils auront retrouvé ce sens de l'orientation qui est aussi le maître mot de *L'Étoile*.

C'est la capacité « d'embrasser d'un seul regard l'habituel-ordinaire et précisément les sommets ultimes les plus élevés [5] » de la pensée qui est le meilleur indice de la réussite d'une cure, scandée par le ternaire thérapeutique de la « certitude du monde », du « courage de vivre sa vie » et de la « confiance en Dieu [6] ».

Dans sa réalité concrète, le monde est toujours le « monde des hommes » et le « monde de Dieu » : « Le monde en soi n'existe pas. Parler du monde, cela veut dire : parler du monde qui est le nôtre et parler du monde de Dieu [7]. » Le courage de vivre a sa source dans la découverte que l'homme « n'est enfant de l'homme que s'il ne refuse pas d'être enfant du monde et de Dieu [8] ». Quant à la confiance en Dieu, elle dépend entièrement du fait que Dieu a un nom qui permet à l'homme de l'invoquer et du fait que sa parole consacre le monde en lui et pour lui [9].

« Certitude du monde », « courage de vivre », « confiance en Dieu », sont également les maîtres mots de la correspondance de Rosenzweig, qui n'avait pas besoin de séjourner dans un sanatorium, pour se guérir du mal du siècle. Son « sanatorium » à lui, ce furent les tranchées des Balkans. Comme l'atteste le trialogue épistolaire avec Rosenstock et son épouse, cette certitude, ce courage et cette confiance n'allaient nullement de soi. Elles durent être conquises de haute lutte, dans un combat auquel les proches de Rosenzweig étaient intimement liés. On peut en tirer une consigne herméneutique pour la lecture des « Gritli »-Briefe :

---

5. *Livret* 62-63 (48). trad. mod. La traduction française omet l'expression la plus décisive : « les sommets ultimes les plus élevés », sans laquelle la phrase perd tout son sens.
6. *Livret* 104 (82).
7. *Livret* 78 (62) (trad. mod.)
8. *Livret* 90 (71) (trad. mod.)
9. *Livret* 102 (81)

ici aussi, l'interprète doit se montrer capable d'embrasser d'un seul regard l'habituel-ordinaire de la vie la plus concrète des correspondants et les sommets ultimes les plus élevés de la pensée.

C'est ce va-et-vient incessant qui me semble également constituer l'intérêt de cette correspondance pour un phénoménologue qui se préoccupe de ce que Heidegger appelait, précisément à l'époque où paraissait *L'Étoile* de Rosenzweig, « la vie facticielle ». Sans doute, pour les phénoménologues formés à l'école de Husserl, Rosenzweig est un « revenant », en tous les sens du mot, d'une « phénoménologie » plus ancienne, celle de Hegel, laquelle, comme on le sait, se déploie intégralement sous le signe de la « loi de la triplicité ». Mais tout comme Heidegger, Rosenzweig est un ancien étudiant de l'université de Fribourg-en-Brisgau, où il soutenait en été 1912 son doctorat en philosophie sous la direction de l'historien Friedrich Meinecke sur le thème : « Hegel et l'État ».

Dans une lettre écrite le 19 octobre 1917 du front des Balkans, à Margrit Hüssy, l'épouse de son ami et ancien mentor intellectuel Eugen Rosenstock, Rosenzweig évoque le *Münsterplatz* de Freiburg, en écrivant : « C'est comme si je devais hanter cette place comme un fantôme, à tel point je m'y sentais chez moi [10]. » Ce sentiment fut aussi un pressentiment, car, revenu de la grande guerre, Rosenzweig hantera en effet, à partir de la fin du mois d'octobre 1918, les cafés du *Münsterplatz*, dont beaucoup portent l'emblème des brasseurs de bière : l'étoile à six branches. C'est là qu'il mit la dernière main à l'œuvre de sa vie : *L'Étoile de la Rédemption*. Drapé dans son vieux manteau de soldat, faute d'avoir pu se procurer des vêtements civils, il écrit une lettre du café « Geist » sur le *Münsterplatz*, dans laquelle il s'étonne d'avoir survécu à la guerre : « Tout ce temps-ci, j'avais l'impression que je n'étais pas du tout à Freiburg, mais que, comme les années passées, je ne faisais que hanter la ville, semblable à un fantôme[11]. »

Ce sentiment d'étrangeté intérieure – « Voici que je vis à nouveau réellement à Freiburg et, peu à peu, je recherche mes anciens lieux et chemins ; partout, je me rencontre moi-même, mais, à vrai dire, comme un étranger[12] » – caractérise également ses rencontres avec les professeurs de philosophie de cette université, en premier chef Jonas Cohn (1869-1947), dont il suit le séminaire sur la logique et la théorie de la connaissance, non par intérêt intellectuel, mais pour vérifier, en ces

---

10. « Es ist mir, als ob ich dort spuken müsste, so sehr war ich da zuhause. » (GB, p. 40).

11. « mir war die ganze Zeit gewesen, als ob ich gar nicht in Freiburg wäre sondern, immer noch wie die vergangenen Jahre bloss da spukte. » (GB p. 179).

12. GB, p. 192.

semaines où le *Privatdozent* Heidegger dispense son célèbre *Kriegsnotsemester*, l'impression qu'un tel séminaire pouvait faire sur des étudiants revenus du front[13].

La curiosité pousse également Rosenzweig à assister à un cours de Husserl. Le portrait qu'il en trace dans sa lettre du 7 février 1919 est saisissant de justesse : « Un *Mensch*, en tout cas. Probablement un mauvais philosophe dans ses livres, précisément parce que, quand il parle, il est un bon philosophe. D'une grande humilité, à laquelle il faut croire, parce qu'elle s'allie à un orgueil non moins grand. Une tête floue de juif, tourné vers l'intérieur ; son ton, surtout quand il se fait ironique, est celui du chantonnement de "l'étude". S'intéresse aux gens, puis retombe dans l'enseignement. Certainement très attrayant pour des jeunes gens ; j'aurais sûrement suivi ses cours, s'il avait été là où j'étais à l'époque. Il a une mentalité catastrophiste, s'attendant au chaos et *souhaitant* son arrivée, afin de revenir à l'originel (cela tient à sa "phénoménologie" qui veut, elle aussi, être la rupture avec la pensée abstraite, s'épuisant en formules, et le retour aux "phénomènes" simples et immédiats) et il attend un avenir venant de Russie[14]. »

L'admiration qui s'exprime dans ces lignes n'empêche pas Rosenzweig de s'avouer qu'il n'est pas un philosophe de métier au sens de Cohn ou de Husserl : « N'est-il pas comique que non seulement je n'aie pas de métier, mais que je ne puisse même pas indiquer ma discipline ? C'est ce que je compris de nouveau très clairement hier soir. Un "philosophe", je ne le suis à vrai dire pas non plus ; c'est ce que je constate à chaque fois que je me retrouve avec des professionnels de la philosophie[15]. »

II. Triangulations

D'entrée de jeu, nous voyons ici se dessiner un partage original du « Nous » et les « autres » que sont les philosophes universitaires. Encore convient-il d'examiner de plus près la composition triadique de ce « Nous », telle qu'elle se dessine dans les *Gritli-Briefe*. En me restreignant à cette correspondance qui accompagne comme en sourdine, à la manière d'une basse continue, toutes les phases de l'élaboration de *L'Étoile*, jusqu'à la difficulté de trouver un éditeur, j'ai retenu plusieurs perspectives qui constituent autant de « triangulations » qui donnent tout son relief à la figure de l'étoile de la Rédemption.

13. GB, p. 175.
14. GB. p. 231.
15. GB. 231.

1. « *Sterndeuterei* » : *l'étoile comme schème fondamental d'une pensée*

Une première signification, qui n'est pas nécessairement la plus fondamentale, encore que ce soit celle à laquelle on pense d'abord, se rapporte à la construction architectonique très originale de l'œuvre principale de Rosenzweig. À partir du 22 août 1918 jusqu'au 16 février 1919, sa correspondance est parsemée d'étoiles à six branches, désignant l'œuvre de sa vie : *L'Étoile de la Rédemption*. L'intuition centrale de cette œuvre s'imposa à lui en octobre 1917, comme l'atteste une lettre à Rudolf Ehrenberg, écrite le 18 novembre 1917. Elle contient ce que les spécialistes de la pensée de Rosenzweig appellent « la cellule originelle » (*Urzelle*) de *L'Étoile*. Son ami Eugen Rosenstock n'y vit d'abord qu'un « triangle affreusement incompréhensible[16] ». Rosenzweig excuse cette réaction, en disant que son ami a déjà construit sa maison spirituelle et intellectuelle, tandis que lui-même doit encore se contenter d'inspecter le chantier de son œuvre future.

Il suffit de feuilleter les trois livres de *L'Étoile*, pour y retrouver, jusque dans la typographie, une suite de triangles qui finissent par composer la figure de l'étoile. En un autre sens que l'*Éthique* de Spinoza, *L'Étoile* de Rosenzweig est « *more geometrico demonstrata* », ou plutôt « *more geometrico constructa* ». Dans une lettre du 22 août 1918, adressée à Margrit Huessy, la première où l'on rencontre le graphisme de l'étoile, il précise le sens qu'il donne à la figure fondamentale du triangle à trois pointes et trois côtés qui finit par se dévoiler comme l'étoile de la rédemption à six rayons. « L'étoile », écrit Rosenzweig, « n'est rien d'autre que la combinaison de deux triangles, qui refusent de se laisser superposer et qui doivent donc dessiner un contraste étoilé[17] ».

Quand cette figure géométrique, qu'il ne faut pas identifier trop vite avec l'étoile de David, s'impose à lui, manifestement en réaction au *Kreuz der Wirklichkeit* de Rosenstock, Rosenzweig écrit que c'est d'abord un « simple expédient permettant de reconnaître des rapports qui ont une réelle validité[18] ». Lui-même semble d'ailleurs avoir été le premier surpris par le fait que, nonobstant sa « constante et complaisante méfiance envers toute pensée qui se sert de figures géométriques », le triangle soit devenu sa « méthode propre », lui révélant « les lois qui permettent d'organiser les choses de manière à composer "l'étoile" ». « Jamais », avouera-

---

16. Lettre du 13 janvier 1918 (GB, p. 48).
17. « denn der Stern ist weiter nichts als die Kombination zweier Dreiecke, die sich nicht aufeinanderlegen lassen wollen und also sternförmig zueinander stehen müssen. » (GB, p. 124).
18. « dass die Figur nur eine blosse Hülfe ist, um Verhältnisse zu erkennen, die wirklich gelten » (GB, p. 127).

t-il dans une autre lettre, « je ne m'étais imaginé que je m'occuperais un jour sérieusement de cette figure qui me fut à vrai dire plutôt antipathique à cause de l'usage qu'on en fait dans la synagogue[19] ».

Pour fondamentale qu'elle soit, cette construction triangulaire est moins géométrique qu'il n'y paraît de prime abord, du moins si l'on tient compte du fait que chaque côté du triangle isocèle désigne un rapport spécifique : rapport d'implication entre Dieu et le monde au plan de la Création, rapport de séparation entre Dieu et l'homme au plan de la Révélation, rapport de lutte entre l'homme et le monde au plan de la Rédemption. Non moins distinctes sont les opérations qui permettent d'accéder à chacun de ces plans : l'explication pour le premier, le miracle pour le second, le résultat (*Ergebnis*) pour le troisième.

Le premier triangle qui repose sur sa base, désigne les trois réalités élémentaires qui sous-tendent l'expérience : le Monde et son sens (« Méta-logique »), l'homme comme habitant de ce monde, affirmant son soi irréductible à toute réalité mondaine et qui le sépare même du monde divin (« Méta-éthique »), Dieu qui transcende aussi bien le monde que l'homme en vertu de son autosuffisance absolue (« Métaphysique »). « Ces trois méta-sciences », estime Rosenzweig, « circonscrivent toute la sphère de la *Création*, celle du Dieu libre du devenir (aphysique), du monde inconcevable (alogique) et de l'homme sans morale (a-éthique)[20] ».

Contrairement à ce que les philosophes ont fait de « Ionie à Iéna », de Parménide à Fichte et Hegel, Rosenzweig renonce à la prétention de développer un discours englobant sur ces trois réalités fondamentales : Dieu, le Monde, l'Homme ne font pas « un », mais « trois ». L'onto-théo-logie qui, d'après Heidegger, définit la constitution fondamentale de la métaphysique, se présente chez Rosenzweig sous les espèces d'une « anthropo-théo-logie ». Le seul « langage » susceptible de traduire l'intelligibilité que recèle ce triangle est le symbolisme logico-mathématique, un langage dans lequel on peut dire, sauf s'adresser à quelqu'un et lui parler.

C'est en retournant ce triangle, pour l'ancrer dans la réalité originelle de la Révélation que Rosenzweig s'arrache à la fascination de la pensée de la totalité, fondant ainsi une nouvelle compréhension de la réalité, où Dieu, l'homme et le monde, pensés d'abord en régime radical de sépara-

---

19. « Ich hätte nie gedacht, dass ich mich mit dieser Figur einmal ernsthaft befassen würde ; sie war mir in ihrer synagogalen Verwendung eigentlich immer unsympathisch. » (GB, p. 129).

20. « Diese Meta-Wissenschaften schreiten den ganzen Kreis der *Schöpfung* aus, den werdefreien (aphysischen) Gott, die begriffsfreie (alogische) Welt, den sittefreien (a-ethischen) Menschen. » (GB, p. 125).

tion, entrent en relation. Ils le font grâce aux catégories de la Création, de la Révélation et de la Rédemption. Chacune d'entre elles exige un langage (ce que Rosenzweig appelle une « grammaire ») propre : une « grammaire du logos » qui nous permet de parler du monde et de l'homme en tant que créatures de Dieu, une « grammaire de l'éros », pour parler de l'amour de Dieu qui transforme le soi humain en «âme»; une « grammaire du pathos », pour parler du monde qui, tant qu'il n'est pas encore devenu Royaume, souffre les douleurs de l'enfantement. C'est au niveau de cette troisième « grammaire » que le « Nous », tel que le comprend Rosenzweig, peut se déployer pleinement.

Il reste à accomplir un ultime geste, celui du rapprochement de ces deux triangles, qui aboutit à la construction du schème de l'étoile à six branches. Cette « sextuple intersection des deux triangles qui, à leur tour, peuvent être résumés comme une nouvelle étoile[21] » trouve son expression théorique dans le troisième livre de *L'Étoile*, où Rosenzweig dégage les présupposés de l'eschatologie judéo-chrétienne, en la distinguant radicalement de la pseudo-éternité à laquelle aspire l'État totalitaire.

Ainsi se présente, ramenée à l'essentiel, ce que Rosenzweig, dans une lettre particulièrement émouvante à Margrit Rosenstock, écrite le 19 octobre 1918, appelle la genèse de son « étoile dansante », étoile que, dans ces semaines de la débâcle allemande, il déclare « porter quotidiennement à travers la mer de la misère allemande en la tenant assez haut pour qu'elle ne soit pas mouillée ». Il le fait, ajoute-t-il, « comme dans un état d'enchantement et dans le sentiment de l'effrayant qui est en train de se produire et pourtant, en dépassant ce sentiment. J'écris en vue des prochains millénaires, tout en courbant mon échine sous les coups de fouet de notre siècle[22] ».

2. *Erkennen, Erleben, Erbeten : trois conversions intellectuelles et spirituelles*

À de multiples reprises, Rosenzweig invite ses correspondants à méditer attentivement les introductions des trois livres de *L'Étoile* qui sont autant de seuils qu'on ne franchit qu'au terme d'une transformation radicale. À chaque fois, il faut consentir à une conversion intellectuelle et spirituelle, dont chacune a une physionomie particulière qu'exprime la séquence des verbes : *Erkennen, Erleben, Erbeten*. À chaque fois, le passage exigé concerne un auditoire déterminé, qu'explicite le « in » adversatif placé en exergue : *In philosophos, In theologos, In politicos*.

21. GB, p. 124.
22. « Alles tue ich dabei in einem wie verzauberten Zustand, in genauem Gefühl von dem Furchtbaren was geschieht und doch über dies Gefühl weg. Ich schreibe in die Jahrtausende hinein und krümme mich dabei unter den Geisselhieben des Jahrhunderts. » (GB, p. 171).

a) La première formule vise la prétention des philosophes, « de Ionie à Iéna », de pouvoir connaître le Tout, ce qui leur permet de faire l'économie de l'expérience de la séparation. Dieu, l'Homme, le Monde ne feront jamais « un », mais toujours trois, comme nous le découvrons concrètement et viscéralement dans l'angoisse de la mort qui, plus que la simple peur de mourir, est une angoisse de la séparation. Avant de pouvoir envisager la possibilité d'un entre-deux de Dieu, de l'homme et du monde, il faut avoir éprouvé, dans toute sa force, la réalité de leur séparation.

b) La seconde formule vise la théologie libérale qui se montre de plus en plus incapable de « croire au miracle », ou, plus précisément, de faire encore l'expérience vive (*erleben*) du miracle. Il ne s'agit évidemment pas de faire l'apologie d'un miraculisme plus ou moins superstitieux, mais d'accepter ce que Rosenzweig tient pour le miracle par excellence, philosophique aussi bien que théologique : la possibilité même de la Révélation, c'est-à-dire d'une parole libre que Dieu adresse à l'âme humaine. Cette parole n'a qu'un seul et unique contenu, qu'exprime l'injonction : « Toi, aime moi ! »

Ce « miracle des miracles » qu'on pourrait qualifier, dans un langage qui n'est pas celui de Rosenzweig, de « miracle transcendantal », dans la mesure où il définit la condition de possibilité de tout « miracle », a aussi une signification philosophique : le concept même de Parole de Dieu n'a de sens que si la parole humaine est « révélante » en son essence même. En ce sens, la seconde transition, qui vise les théologiens, prolonge le «*In philosophos*» du premier seuil sur lequel s'ouvre *L'Étoile*. Les philosophes, tout comme les théologiens, sont sommés d'avouer s'ils font réellement confiance au langage, ou s'ils préfèrent le « réformer » d'après des critères de rigueur et de précision empruntés à la logique et aux mathématiques.

c) Le verbe *Erkennen*, qui est le mot de passe du premier livre, et le verbe *Erleben* qui forme le centre de gravité du deuxième livre, se prolongent, dans l'introduction du troisième livre, par le verbe *Erbeten* qui exige une nouvelle conversion. La correspondance de Rosenzweig montre qu'il a hésité longtemps sur l'exergue de la troisième transition qui concerne la possibilité de prier pour la venue du Royaume. Fallait-il associer philosophes et théologiens, en écrivant : «*In philosophos, in theologos* », ou viser les « docteurs » («*In doctores*»), ou les croyants qui se trompent sur la nature de leur foi («*In fideles*») [23]? Après avoir envisagé la formule : «*In clericos*[24]», Rosenzweig optera finalement pour la formule : *In politicos*. Elle atteste que l'idée qu'on se fait du Royaume à venir n'est pas seule-

---

23. GB, p. 196.
24. GB, p. 200.

ment un objet de controverse interreligieuse, mais concerne également la sphère politique, et les utopies millénaristes qu'Ernst Bloch célèbre dans son *Geist der Utopie* paru en 1918. En découvrant l'existence de cet ouvrage grâce à une recension de Margarete Sussmann, au moment même où il rédige la conclusion de son ouvrage, Rosenzweig y décèle une sorte de caricature de l'étoile de la Rédemption[25]. En ce sens, on peut dire que le *In politicos* vise également une certaine philosophie politique d'inspiration marxiste, celle de Bloch et de Lukács en particulier.

Ici, c'est l'acte de prier, et l'adversatif : « In politicos » qui trace une ligne de partage tranchée entre deux conceptions différentes du « Nous ».

3. Entre Athènes, Jérusalem et Rome

En mettant la dernière main à son livre, et en dictant la version définitive à son secrétaire « Herr Mündel » dans le café « Geist », Rosenzweig a constamment devant les yeux les sculptures de l'Eglise et de la Synagogue qui ornent le portail du Münster de Freiburg, comme celui de la cathédrale de Strasbourg. Elles désignent deux des grandes puissances spirituelles qui déterminent le profil de l'Occident, auxquelles il faut ajouter, en écho à une formule de Lévinas, « l'hypocrisie » constitutive d'une culture qui est aussi débitrice de la philosophie grecque. « Athènes, Jérusalem, Rome » : cette triangulation ne marque pas seulement des lieux géographiques, mais elle dessine une topographie intellectuelle et spirituelle.

La correspondance nous montre à quel point Rosenzweig ne cesse de se mesurer à trois grandes puissances historiques et spirituelles, les seules capables de fonder une véritable vision du monde : le paganisme, le christianisme et le judaïsme. L'idée qu'il se fait du paganisme est complexe et varie selon les contextes. Tantôt il s'agit du « monde perdu » de la mythologie grecque, qui ne survit plus que dans l'art, tantôt il s'agit de l'islam, dans lequel Rosenzweig voit une version monothéiste du paganisme, tantôt il s'agit des pensées de l'Extrême Orient. C'est ainsi qu'il prévient Rosenstock dans une de ses lettres que « le grand combat qui attend encore la Croix est celui avec le paganisme authentique et vivant de l'Extrême Orient[26] ».

L'importance qu'il attache à cette triangulation s'explique évidemment par son évolution religieuse personnelle, qui l'avait ramené d'un agnosticisme philosophique au christianisme et, de celui-ci, à la foi juive de ses ancêtres. « Le chrétien vit à Patmos, le païen joue à Olym-

---

25. GB, p. 220.
26. GB, p. 130.

pie, le juif repose en Sion²⁷ » : même si Rosenzweig a conscience du caractère un peu trop abrupt de la formule, elle résume un aspect essentiel de « l'entre-trois » qu'il explore dans son *Étoile*. Son sens aigu de l'incommensurabilité des demeures spirituelles ne l'empêche pas de reconnaître que « nous autres êtres de chair et de sang » (*Wir Fleisch – und Blutmenschen* ²⁸), qui ne sommes pas de simples « figures sonores²⁹ » et qui devons « traverser toute l'épaisseur de l'humain³⁰ », avons besoin de ce qui nous est le plus étranger pour comprendre ce qui nous est le plus propre. Son expérience intime est là pour l'attester : « Moi aussi, j'ai d'abord compris le judaïsme en m'intéressant au christianisme ; en effet, ce qui va de soi (*das Selbstverständliche*) cesse d'aller "de soi" face à l'autre et c'est ainsi qu'il devient compréhensible. Mais – cela aussi je le sais de par mon expérience la plus propre –, ce faisant on court le risque de projeter inconsciemment ce qui pour nous va de soi dans l'étranger³¹. »

À bien entendre cette thèse, on y découvre les implications herméneutiques du « Nous et les autres », à savoir l'oscillation incessante d'évidences, d'incompréhensions et de malentendus qui accompagne tout authentique travail de compréhension de soi-même et d'autrui : « Nous devons nous donner l'un à l'autre tels que nous sommes, sinon nous ne nous donnons pas nous-mêmes³². »

III. LA «TIERCE EXISTENTIELLE »: FRANZ, EUGEN, GRITLI

Telle que nous la lisons aujourd'hui, *L'Étoile* de Rosenzweig apparaît comme l'ultime écho de l'idée de la philosophie héritée des grands idéalistes allemands : la philosophie sera systématique, ou elle ne sera pas ! Mais inscrire Rosenzweig dans cette lignée n'est au mieux qu'une demi-vérité. L'autre moitié de la vérité est existentielle et biographique, mais pas seulement, comme le montre avec éclat la correspondance de Rosenzweig avec Rosenstock et sa femme. C'est en lisant cette corres-

27. GB, p. 404.
28. GB, p. 13.
29. GB, p. 50.
30. « Wir müssen durch alles hindurch, was menschlich ist » (GB, p. 404).
31. « Am Fremden das Eigene erfahren, das geht ja immer so ... Ich habe ja auch ursprünglich am Christentum das Judentum begriffen ; das Selbstverständliche hört eben durch das Andre auf, "selbst"-verständlich zu sein und wird so verständlich. Aber aber – ich weiss von mir selbst her, wie man dabei doch in Gefahr ist, das was einem selbstverständlich ist, unwillkürlich auch in das Fremde hineinzusehn. » (GB, p. 61).
32. GB, p. 64.

pondance, en particulier les *Gritli-Briefe*, qu'on prend toute la mesure des enjeux existentiels de la formule : « Nous trois ».

1. Les « alibis » et « l'ibi »

C'est en 1910, lors d'un congrès d'historiens à Baden-Baden, que Franz Rosenzweig fait la rencontre d'Eugen Rosenstock, juif converti au christianisme. L'année 1913, où Rosenzweig étudie à Leipzig et suit un cours de droit de Rosenstock, marque un premier point culminant de leur amitié. Lors d'une conversation nocturne, la nuit du 7 au 8 juillet de la même année, Rosenstock met à mal toutes les convictions de son ami et le persuade de demander le baptême.

Dans sa lettre du 13 août 1917, Rosenzweig évoque cet entretien, en décrivant Rosenstock dans le rôle du Grand Inquisiteur qui, au terme d'un interrogatoire implacable, démolit tous ses alibis. Mais, même si Rosenzweig confesse la tentation de suicide qu'il avait éprouvée au petit matin, il découvre rétrospectivement, son propre « ibi » – son *Da* dirait Heidegger – sous-jacent à tous ses « alibis » intellectuels : au mois de septembre, il décide de rester fidèle à la foi de ses ancêtres et de mener une vie conforme à la foi juive [33]. Sans vouloir faire un mauvais jeu de mots, on pourrait dire qu'à partir de là, « Rosenzweig » (« branche de rosier »), devient « Rosenstock » (« rosier grimpant »), et « Rosenstock » devient « Rosenzweig », c'est-à-dire une simple branche chrétienne du rosier juif [34].

À la fin de la même lettre, Rosenzweig déclare avoir renoncé à restituer par écrit « le spectre » de son « grand alibi des années avant 1913 », et la manière dont Rosenstock s'y est pris pour le mettre en pièces. Se servant d'une métaphore astrale récurrente dans la correspondance, il récuse la tentation autobiographique, en soulignant : « Nous nous sommes rencontrés dans l'éther cosmique, avec nos astres, et non comme les humains tels que nous évoluons ici-bas[35]. » Quelques mois plus tard,

---

33. « also du sagtest dein Geheimnis, warfst mich eben dadurch sofort von meinem angemassten Richterstuhl herunter, stiegst selbst hinauf und verhörtest mich in Grund und Boden, zerrissest mein künstlich vor mir selbst gesponnenes Alibi, bis ich mir selbst mein Geständnis ablegte und das alibi auf das ibi zu übernehmen mich gezwungen sah. » (GB, p. 21)

34. Pour osée qu'elle soit, cette interprétation peut s'appuyer sur la lettre émouvante que Rosenzweig écrit le 5 avril 1918 à Gritli, peu après la mort de son père et de celle de Hermann Cohen : « j'étais par terre, tel un rameau arraché ; jamais, je n'avais réalisé à quel point je n'avais été qu'une simple rameau. Mais voilà que, subitement, je sentais que moi-même j'étais maintenant enfoncé dans la terre, j'avais pris racine et j'étais devenu lignage. » (GB, p. 67)

35. « wir sind uns im Weltäther begegnet, mit unsern Gestirnen, nicht als die

l'astre propre de Rosenzweig commence à prendre forme : ce sera « l'étoile de la rédemption ».

Au printemps 1917, il avait proposé à Rosenstock de se tutoyer. Cette nouvelle proximité ne l'empêche pas d'affirmer avec force la singularité du lieu où il se tient. Il exprime sa différence en citant la célèbre déclaration de Luther, devant la Diète de Worms : « Ici je me tiens ! Je ne peux pas faire autrement. Que Dieu me vienne en aide ! Amen », en soulignant qu'on peut certes discuter à longueur de lettres du « Ici je me tiens », mais que le « Je ne peux pas faire autrement » ne peut s'exprimer que dans un chant [36] – le chant des psaumes, sans aucun doute.

L'expérience du militarisme sans âme, qui lui fait craindre l'avènement d'un monde collectiviste, devenu une « Hindenburg » vide de tout être humain et un « Ludendorf » dominé par une organisation bureaucratique, l'incite à proposer sa contre-utopie : « les hommes aimeront le Toi comme ils aimeront la vie, car ils auront goûté le "lui" et la mort [37] ».

Un nouveau facteur biographique viendra perturber la constellation sidérale d'une des grandes amitiés du siècle. Dans sa lettre du 2 septembre 1917, où il est une fois encore question du *Münsterplatz* à Freiburg, « cette Rome de l'Allemagne du sud-ouest », Rosenzweig décrit sur un ton ironique l'idée que les philosophes se font habituellement de la philosophie : une tortue qui porte sur ses épaules la terre entière. Mais, ajoute-t-il, le fait que la philosophie soit persuadée que cette image exprime son originalité la plus profonde, révèle également son caractère borné. Une telle philosophie occulte sa propre facticité, au risque, comme le dit Shakespeare, de se « pendre elle-même », parce qu'elle est incapable de fabriquer « une seule Juliet ».

« *Hang up philosophia, can she make Juliet ?* » : le fait que Rosenzweig cite ce passage de *Romeo and Juliet*, n'est pas un hasard. Juliet existe bel et bien et Rosenzweig la connaît bien : c'est Margrit Hüssy, la femme de son meilleur ami. C'est en 1914 que Rosenstock avait fait la connaissance de la suissesse Margrit Hüssy, qui étudiait l'histoire de l'art à Florence. Il l'épouse à la veille de la première guerre mondiale, en associant son nom de jeune fille au sien. À partir de 1916, débute une correspondance intense entre les deux amis qui combattent respectivement sur les fronts Est et Ouest. À partir de juin 1917, cette correspondance inclura également, et de plus en plus fortement, Margrit Rosenstock. La correspondance change radicalement de ton à partir de février 1918, quand

Menschen als die wir da unten herum laufen. » (GB, p. 22). Ailleurs, Rosenzweig parle de « collision de planètes » (p. 39) ou du « caractère planétaire des rapports interhumains » (GB, p. 42), pour décrire la dialectique de rapprochement et d'éloignement qui caractérise sa relation avec ses amis les plus proches.

Rosenzweig, qui avait rencontré Margrit Rosenstock dans la maison de ses parents à Kassel, tombe follement amoureux d'elle. Celle qu'il appellera bientôt familièrement « ma chère Gritli », deviendra le témoin privilégié de la genèse progressive de L'*Étoile* comme l'attestent les plus de mille lettres qu'ils échangèrent dans les années 1917 à 1922.

Les constellations triangulaires, surtout quand l'amour s'en mêle, sont, la plupart du temps, des thèmes pour comédies de boulevard. Telle n'était nullement l'idée que ces trois êtres d'exception se faisaient de leur relation, que Rosenstock qualifiera ultérieurement de « trinité vécue et incarnée ».

Dans une de ses lettres, Rosenzweig définit son attitude fondamentale par son désir d'accepter la réalité tout entière, telle qu'elle se présente à lui, avec tous les risques que cela implique [38]. Sa première lettre à Margrit Rosenstock, datée du 29 juillet 1917, qu'il salue au début comme « cher être singulier » et à la fin comme « cher être nouveau », évoque un entretien nocturne à trois, au cours duquel Rosenzweig s'était servi de mots (par exemple le mot « chemin ») en quelque sorte directement traduits de l'hébreu, ce qui n'empêchait pas son ami de les entendre comme s'il citait le Nouveau Testament.

Le pluriel des êtres singuliers ne peut être enjambé que sur l'étroite passerelle des mots. Mais, précise Rosenzweig, « les singuliers, le moi et le toi, construisent leurs propres passerelles, sur lesquelles ils se rencontrent réellement, dans toute la force de leur présence [39] ». L'image prend toute sa force quand on prend au sérieux la remarque suivante de Rosenzweig : « Mais ces passerelles sont dépourvues de rambardes, et l'on peut se faire très mal en tombant [40]. » Le thème « Nous et les autres » perdrait toute son intensité dramatique si on l'amputait du caractère périlleux de toute rencontre interpersonnelle, voire charnelle. C'est en marchant sur l'étroite passerelle de sa relation avec Eugen Rosenstock et « Gritli » que Rosenzweig progresse, pas à pas, dans la rédaction de son *Étoile de la Rédemption*.

« Chère Gritli », écrit-il dans une lettre du 18 mars 1918, « les humains parlent toujours sur un ton intelligent et détaché, comme s'ils pouvaient se *voir* l'un l'autre. Puis, toujours à nouveau, ils font l'expé-

---

36. GB, p. 6.
37. GB, p. 44.
38. « ich nehme die Wirklichkeit gefährlicher, sie muss ganz heran und so "wie sie geritten und gefahren kommt" » (GB, p. 4).
39. « Dagegen die Singulare, das Ich und das Du, schlagen sich ihre eigenen Stege, und darauf kommen sie wirklich, in aller Gegenwärtigkeit zusammen. » (GB, p. 17).
40. « Freilich ohne Geländer sind diese Stege und man kann bös herunterfallen. »

rience qu'il n'y a pas ce "se voir l'un l'autre", mais toujours et aussitôt un *se-sentir*-l'un-l'autre. Nous vivons bien plus étroitement les uns en union avec les autres que nous ne voulons bien l'admettre. Chaque corde vibre de ses propres vibrations, mais dans l'air, toutes les cordes se sont transformées en une unique vibration. Aucune ne demeure pour soi. Celui qui croit avoir acheté un billet pour une place dans le parterre de la salle de spectacle, au beau milieu du jeu, l'ouvreur vient le voir en priant Monsieur de bien vouloir se rendre sur scène pour participer au jeu. »

Ce que Kant, dans un de ses cours d'anthropologie, appelait le « grand jeu de la vie », auquel personne d'entre nous ne saurait se soustraire, Rosenzweig, Rosenstock et « Gritli » l'ont vécu « à trois », chacun à sa manière et à ses risques et périls. « Vois-tu », écrit Rosenzweig à sa « chère Gritli », le 10 février 1919, quelques jours avant l'achèvement de *L'Étoile*, « le fait que nous ne puissions pas être "nous", n'est pas un mystère, cela est tellement manifeste que n'importe qui pourrait le voir ; mais le fait que nous sommes Moi et Toi, Toi et Moi, que nous pûmes le devenir, que nous avons été autorisés à le devenir et – ô ma bien-aimée – que nous le resterons, Toi mon Toi et Moi ton Moi – voilà un mystère que je ne cesserais de vouloir élucider, si je ne préférais pas renoncer aux devinettes, en prenant le mystère pour ce qu'il est : un miracle pour lequel je ne puis que rendre grâces[41]. »

2. Wort, Antwort, Widerwort : le « Nous » épistolaire

Dans les analyses et réflexions qui précèdent, j'ai simplement voulu étayer une hypothèse herméneutique : pas plus que les « Objections et réponses » ne sont séparables du texte des *Méditations métaphysiques* de Descartes, la correspondance entre Eugen, Franz et Gritli n'est séparable du texte de *L'Étoile*. Rosenzweig s'empresse d'envoyer la toute première version de son livre à Hans Ehrenberg et à Margrit Hüssy, de même qu'il a hâte de pouvoir lire de vive voix la version finale de chaque livre de *L'Étoile* aussitôt qu'elle est dactylographiée et il guette impatiemment leurs réactions.

La mère de Rosenzweig n'avait pas tort d'accuser son fils, avec lequel elle entretenait une relation tumultueuse, scandée par de périodiques chantages au suicide, d'être un « épistolier professionnel[42] ». Si la correspondance nous permet de retracer presque au jour le jour la genèse effective de *L'Étoile*, de ce que Schleiermacher aurait appelé le *Keimentschluss*, la « décision germinale » de 1917, jusqu'à sa version définitive, elle

41. GB, p. 235.
42. GB, p. 472.

nous apporte plus que cela : la possibilité, trop rare pour ne pas devoir être saluée, d'être témoins de l'acte de penser *in actu exercito*, comme auraient dit les médiévaux. Quand Rosenzweig écrit : « Je sens presque physiquement comment les pensées croissent et se ramifient en moi et je m'aperçois toujours à nouveau comment les mêmes racines font monter la sève dans les nouvelles branches. Rien que d'éprouver cela vaut la peine de vivre [43] », il ne nous livre pas seulement quelques états d'âme fugaces. Il nous fait entrevoir, avec les yeux de Gritli et d'Eugen, comment « Franz » est devenu « Rosenzweig », l'auteur de *L'Étoile de la Rédemption*.

Comme toute comparaison, celle de *L'Étoile* avec les *Méditations métaphysiques* est partiellement fallacieuse, pour autant que les échanges de lettres entre Descartes et ses correspondants sont tout, sauf des lettres d'amour. Dans une de ses premières lettres à Gritli, datée du 6 août 1917, Rosenzweig lui-même nous fournit une sorte de clé de lecture herméneutique, empruntée au roman *Wilhelm Meisters Wanderjahre* de Goethe. Elle est tirée du onzième chapitre du second livre, intitulé : « Betrachtungen im Sinne der Wanderer » : « La littérature est le fragment des fragments ; la plus infime partie de ce qui est arrivé et fut dit, a été mise par écrit, et la plus infime partie de l'écrit a été préservée[44]. »

Écrivant du front de Macédoine, Rosenzweig cite le texte de mémoire, en l'attribuant à Johann Peter Eckermann, l'auteur des *Entretiens avec Goethe*. Sa citation comporte deux erreurs révélatrices : d'une part, Rosenzweig remplace le « ce qui est arrivé » par « ce qui fut pensé » et le « a été préservé » par : « nous est parvenu [45] ». La première transformation montre le prix que Rosenzweig attache au travail de pensée qui, s'il est accompli à la première personne, devient un véritable événement. La seconde nous invite à réfléchir à l'acte de transmettre qui, loin de se réduire à la conservation d'un dépôt fixé une fois pour toutes, passe par la parole vive du témoin. C'est ce que confirme la glose que Rosenzweig ajoute à sa citation : « Et, de façon générale, la parole n'est pas là pour être "conservée", mais pour qu'*on lui réponde* et s'il n'y avait pas d'écriture du tout, l'humanité devrait aussi trouver, et elle trouverait son chemin, dans la parole, la réponse et la contre-parole = la parole et

---

43. "Ich spüre fast körperlich die Gedanken in mir wachsen und sich verzweigen, und spüre wie immer wieder aus den gleichen Wurzeln die Säfte in die neuen Zweige steigen. Das ist ein Gefühl, um das es sich allein schon lohnte zu leben." (GB, p.144).

44. « Literatur ist das Fragment der Fragmente ; das wenigste dessen, was geschah und gesprochen worden, ward geschrieben, vom Geschriebenen ist das wenigste übriggeblieben. »

45. « das wenigste von dem, was gedacht, ist aufgezeichnet (worden), das wenigste von dem, was niedergeschrieben wurde, ist bis auf uns gekommen. » (GB, p. 18).

sa parole en retour, jusqu'à ce que retentisse l'ultime parole du dernier Jour [46]. »

Écrites avant même que la « cellule originelle » de *L'Étoile de la Rédemption* n'ait germé dans l'esprit de Rosenzweig, ces lignes initient le chassé-croisé d'un échange de paroles, de réponses (qui sont aussi des ripostes, des répliques, voire des mises en demeure impitoyables) et de contre-paroles de trois êtres singuliers dont les vies et les destins se sont inséparablement entrelacés sous le signe de l'étoile dont les rayons peuvent encore éclairer nos propres chemins de pensée et de vie.

Leur qualité littéraire et philosophique tient aussi à la conscience aigue qu'avait Rosenzweig des forces et des faiblesses de l'écriture épistolaire. Le fait que toutes ces lettres soient des écrits de circonstance, relevant de ce que les critiques littéraires de langue germanique appellent *Kleinliteratur*, n'est pas seulement une faiblesse ; elle devient une force si nous acceptons l'idée que s'en faisait Rosenzweig : « Certes, les lettres ne sont pas ce qui importe, pas plus que les paroles. Mais ici aussi, comme en bien d'autres choses, il y a un "Et pourtant" : précisément parce qu'elles sont "imparfaites", contingentes et fragmentaires et que ce qu'on porte de l'autre dans son cœur est complet, c'est précisément pour cela que nous en avons besoin. Ce que nous portons en nous l'un de l'autre de complet et de parfait, ni la mort ni aucune autre puissance ne nous le ravira. Mais il lui manque la douceur de la vie, fruit de l'imparfait seul, du quotidien trop quotidien, de l'événementiel et du hasard. S'il n'y avait pas tout cela, nous nous transformerions en statues et arborerions des auréoles[47]. »

Ecrire une lettre, attendre la réponse et avoir à y répondre, est une expérience qui, lue avec les yeux de l'auteur de *L'Étoile* et de ses destinataires, nous rappelle à ce que Paul Celan, l'auteur du poème intitulé *Selbdritt* dans la *Niemandsrose*, appellera dans son discours *Le Méridien* « l'angle d'inclinaison de la créaturalité ». C'est le même sens de la créaturalité qui incitait Rosenzweig à écrire que « les auréoles nous poussent très facilement » – je serais tenté d'ajouter : surtout si l'on se prend pour un « auteur », « un écrivain », un « penseur » ou un « intellectuel » –, de sorte qu'on doit « les raser chaque jour[48] », ce qu'on fait en écrivant et en recevant des lettres qui mettent du temps pour arriver

---

46. « Und überhaupt ist das Wort nicht dazu da, "aufbewahrt" zu werden, sondern beantwortet, und wenn es gar keine Schrift gäbe, so müsste und würde die Menschheit auch in Wort und Widerwort = Wiederwort ihren Weg bis zum letzten Wort des jüngsten Tags finden. » (GB, p. 18).

47. GB, p. 142.

48. « Die Heiligenscheine wachsen sehr leicht ; man muss sie sich täglich rasieren – weiter nichts sind Briefe. » (GB, p. 142).

à destination, c'est-à-dire pour l'atteindre en son être le plus propre, le plus vivant et le plus vulnérable.

3. Le Je inconvertible et la possibilité d'un « Nous » eschatologique

Le 1er juillet 1919, Rosenzweig réagit avec véhémence à la proposition d'Eugen Rosenstock et de Hans Ehrenberg de publier L'*Étoile* dans une maison d'édition chrétienne, sous prétexte qu'il s'agirait d'un livre « chrétien » écrit par un juif. Pour expliquer son refus, il écrit à Margrit Rosenstock : « Il n'y a de "rapprochement" que quand ne se produit aucune *fusion*. Quand un moi et un toi deviennent un, quand le moi ne reste pas moi et le toi ne reste pas toi, et quand on nie le petit mot "et" – c'est Tristan et Isolde, "ainsi nous allions mourir sans être séparés, unis éternellement et sans fin, etc. [49]", mais ce n'est pas de l'amour. L'amour reconnaît la séparation des lieux et il les présuppose même, peut-être même est-ce lui seulement qui établit (car qu'est-ce qui empêcherait que, dans le monde des choses sans amour, l'un prenne la place de l'autre !). L'amour ne dit pas : Je suis toi, mais – et en ce point tu dois me comprendre totalement et me donner raison – : Je suis[50]. »

Un mois plus tard, dans une lettre particulièrement émouvante, datée du 3 août 1919, il s'explique sur la relation que lui, le juif incorrigible et « inconvertible », entend établir avec ses amis chrétiens, autrement dit, sur le « nous » très particulier qui les unit. Ce « nous » ne pourra exister que si ses amis renoncent à vouloir le convertir et acceptent de l'aimer en raison même de sa judéité : « Mais le Juif – en allemand : moi, ce *juif singulier* que vous aimez, à partir du moment où il vous est arrivé que Dieu vous en a fait cadeau dans sa judéité même et que vous avez appris à l'aimer en tant que juif, vous ne devez pas vouloir le "convertir", vous devez au contraire lui souhaiter de tout votre cœur de rester juif et de devenir de plus en plus juif. Bien plus, vous devez même comprendre que votre espérance pour les Juifs dépend du fait que lui, votre prochain juif, et votre juif le plus prochain reste impossible à convertir [51]. »

Mais ce n'est pas tout, comme le montre la suite de la lettre : « "Vous" – j'écris toujours "Vous" alors qu'il s'agit de toi !, de toi !! Et toi, assurément, tu ne veux pas me "convertir". Certes, dans l'espérance, nous nous figeons mutuellement comme les "…ismes", "nous" et

---

49. Richard Wagner, *Tristan und Isolde*, II, 2 : « So stürben wir, um ungetrennt, ewig einig, ohne End', ohn' Erwachen, ohn' Erbangen, namenlos in Lieb' umfangen, ganz uns selbst gegeben, der Liebe nur zu leben ! ».
50. GB, p. 358.
51. GB, p. 372.

"vous". Mais entre nous tous, êtres singuliers, s'est produit un miracle qui nous relie par-delà la communauté révélée de l'espérance, et qui nous relie non pas par le lien de l'espérance, mais par celui de l'amour. Et si vous vouliez me convertir, par le fait même, votre amour m'abandonnerait... Ainsi notre lien était-il tissé doublement, de l'espérance commune qui nous fut transmise et de l'événement de l'amour qui nous est advenu[52]. »

La situation se complique encore si l'on ajoute, comme le souhaite Hans Ehrenberg, le câble de la foi dogmatique et ecclésiale à l'épaisseur de ce Nous. Précisément à ce niveau, la séparation, c'est-à-dire l'impossibilité de la prière commune, doit avoir le dernier mot. Mais à une restriction près, qui nous ramène à notre point de départ : la possibilité d'un « nous » eschatologique, qui ne se révèle qu'à la lumière de l'Étoile de la Rédemption : « Mais le fait que nous ne puissions pas nous réunir sous un seul toit *pour* nous mettre à genoux, est-il une raison suffisante pour éviter de nous rencontrer et de nous dire ce que nous avons sur le cœur dans l'événement même de cette rencontre ? Faudrait-il que la communauté de foi qui nous est refusée, nous fasse, à la manière des enfants qui boudent, renier la communauté d'amour qui nous est donnée ? Et si jamais nous étions incroyants au point de douter si la communauté d'amour nous fut réellement donnée par Dieu, ne nous est-elle pas garantie pour toute éternité, par-delà les têtes de chaque individu, par la communauté bien fondée de l'espérance[53] ? »

---

52. GB, p. 372.
53. GB, p. 373.

Le « Gritlianum » de Franz Rosenzweig

présentation par Jean Greisch

C'est le 22 août 1918, dans une lettre envoyée à Margrit Rosenstock-Hüssy, l'épouse de son ami Eugen Rosenstock, que Franz Rosenzweig se sert pour la première fois de la représentation graphique de deux triangles superposés qui composent la figure de l'étoile de David, et qu'il utilise également pour la première fois le syntagme « *Stern der Erlösung* » (« étoile de la Rédemption ») qui sera le titre de l'ouvrage de sa vie qui paraîtra trois ans plus tard. Cette lettre fait directement écho à la célèbre lettre du 18 novembre 1917 envoyée à Rudolf Ehrenberg, désignée ultérieurement comme « cellule germinale » (« Urzelle ») de *L'Étoile*.

De cette « cellule germinale », il fut aussi abondamment question lors de la rencontre entre Rosenzweig et Rosenstock en janvier 1918 à Montmédy, en France, où Rosenzweig avait été envoyé pour y suivre une formation à la batterie anti-aérienne. Leur rencontre soigneusement préparée, pour laquelle Rosenzweig avait envoyé deux de ses articles à son ami [1], eut lieu à l'infirmerie de l'armée allemande. Ce fut, comme Rosenzweig le précise dans une lettre à Rosenstock, une « rencontre triangulaire [2] », puisque y participait également un jeune médecin militaire qui semble avoir laissé une très forte impression sur Rosenzweig – et vice-versa : Viktor von Weizsäcker, le futur auteur du *Gestaltkreis*, ouvrage qui contient l'esquisse d'une anthropologie médicale qui, jusqu'à aujourd'hui, demeure un chef d'œuvre indépassable.

La réaction de Rosenstock à la lecture de la « cellule germinale » semble avoir été plus que réservée : il allait même jusqu'à parler d'un « triangle atrocement incompréhensible [3] » (p. 48). Ce jugement peinait d'autant plus fortement Rosenzweig qu'à la différence de son ami, dont l'œuvre avait déjà commencé à prendre forme, il savait que sa lettre à Rudolf Ehrenberg n'était au mieux que le parvis d'un vaste chantier, sans qu'il sache encore quelle construction pourrait s'y élever. Sept mois plus tard, le chantier avait considérablement avancé, comme l'attestent les lettres cruciales envoyées dans la dernière semaine du mois d'août.

1. « *Vox Dei* ? Die Gewissensfrage der Demokratie » in : *Zweistromland*, p. 267-282 ; « Thalatta » in : *Zweistromland*, p. 313-368.
2. « Ev. fahren wir Sonntag Mittag nach Montmédy und sind dreieckig mit Weizsäcker zusammen. » (Franz Rosenzweig, *Die «Gritli»-Briefe. Briefe an Margrit Rosenstock-Hussey*. Mit einem Vorwort von Rafael Rosenzweig, édité par Inken Rühle et Reinhold Mayer, Tübingen, Bilam, 2002, p. 48).
3. *Die «Gritli»-Briefe*, p. 122.

Dans une lettre envoyée, elle aussi, le 22 août 1918 à Rosenstock, Rosenzweig fait état d'un bref texte, traitant du rapport entre l'âme et le corps qu'il avait rédigé fébrilement, peu après son séjour à Montmédy, dans la maison de ses parents à Kassel. C'est là qu'il rencontra pour la deuxième fois Margrit Rosenstock, dont il tomba éperdument amoureux. En hommage à celle-ci, il désigne ce texte, rédigé fin février, sous le nom de code de « Gritlianum [4] ».

Ce fut, écrit-il, « une expérience d'écriture », destinée à vérifier s'il pouvait homologuer le concept de nature défendu par Rosenstock et Weizsäcker. Les grandes lignes de ce « simple aperçu » (en français dans le texte), s'étaient imposées à lui au petit matin, alors qu'il était encore couché dans son lit, ce qui explique sans doute pourquoi la distinction entre le jour et la nuit, la veille et le sommeil y joue un rôle aussi important.

Même si Rosenzweig a conscience que ce petit « épos » n'est pas encore un « opus », et qu'il ne sait pas encore précisément quelle allure aura son *opus* à venir [5], son auto-interprétation ultérieure en fera un jalon essentiel de la genèse de son « opus magnum » : *L'Étoile de la Rédemption*. Dans sa lettre du 21 juin 1919 à Rosenstock, il rappelle qu'ils étaient tous les deux convaincus qu'il s'agissait de « l'embryon (*Vorfrucht*) de *L'Étoile* », ce que confirme le fait que Rosenstock lui intima aussitôt l'ordre de mettre par écrit ses idées relatives à la Rédemption (p. 339).

Du propre aveu de Rosenzweig, le titre : « De l'unité et de l'éternité » est assez flou (*arg verblasen*), tout comme peut le paraître le contenu, annoncé dans l'exergue qui renferme le dessein de cette méditation sur la dualité vécue et éprouvée comme séparation de l'âme et du corps. Un titre encore plus approprié serait : « Le cri », qui est en effet la véritable pointe du texte.

De toutes ses forces, Rosenzweig résiste à la suggestion de compléter son essai sur les relations conflictuelles entre l'âme et le corps par un schème triadique qui accouplerait le corps et l'esprit pour l'opposer à l'âme. C'est délibérément qu'il a exclu l'esprit, à la faveur d'une thèse qu'il revendique comme une « véritable petite découverte », faite sans doute lors de ses entretiens avec von Weizsäcker et Rosenstock : « La nature c'est le corps mort, et l'esprit est l'âme morte. » Il a conscience du prix qu'il faut payer pour rompre, sur ce point décisif, avec l'hégélianisme et ses différentes variantes : l'usage personnel qu'il fait de la notion d'âme apporte à celle-ci un supplément de spiritualité et de conscience.

À l'arrière-plan, on devine l'opposition entre une pensée de la réconciliation qui « sursume » les contraires, et une pensée dialogique en quête d'une union eschatologique : « En effet, l'âme incarnée (*die*

---

[4]. Reproduit en annexe à *Die «Gritli»-Briefe*, p. 826-831.
[5]. « Wie mein opus einmal aussehen wird, weiss ich nicht im geringsten. » (*Die «Gritli»-Briefe*, p. 126).

leibhaftige Seele) et le corps animé (*der seelenhafte Leib*) seront un jour uns, nonobstant les mots antithétiques. Mais le mot dans lequel les deux séparés s'uniront, n'est pas une entité qui les surplombe, mais une parole qu'ils profèrent eux-mêmes : la parole de l'amour. »

À la fin de la lettre, le même rejet d'une réconciliation spéculative et conceptuelle est appliqué à la dualité de l'homme et du monde qui, elle aussi, n'admet pas d'autre réconciliation que celle qu'opère l'amour du Père. Il est probable que cette évocation de la figure du Père fasse, elle aussi, écho aux entretiens de Montmédy, comme semblent le suggérer les contributions ultérieures de von Weizsäcker à l'éphémère et magnifique périodique : *Die Kreatur*.

Que le « Gritlianum » constitue bel et bien un jalon littéraire capital dans la genèse de *L'Étoile* est confirmé par la lettre que Rosenzweig envoie le jour suivant à Margrit Rosenstock. « Chère Gritli, voilà déjà le troisième jour que je cours après *L'Étoile* et je découvre toujours encore des choses nouvelles. Je crois que je vais, malgré tout, me mettre à écrire. Ce qui me rend réticent, c'est maintenant déjà moins l'allure figurative du premier Aperçu, – car à chaque pas je découvre de mieux en mieux que la figure est un simple auxiliaire, permettant de reconnaître des rapports qui ont une validité réelle – ce qui m'angoisse plus, c'est l'envergure que devra nécessairement prendre la chose, une fois que je l'aurai commencée pour de bon. Ce ne sera pas un «*-anum* » jeté par écrit en huit jours, mais un livre qui aura au minimum besoin de semaines, même si je m'en tiens d'abord simplement à la matière déjà exposée dans ma lettre à Rudi. Car ce que j'y avais simplement désigné en termes généraux : "c'est ici le lieu de la théosophie schellingienne", etc., tout cela, il me faut maintenant le mettre en œuvre moi-même, en suivant "ma propre" méthode. En effet, si cela vaut quelque chose, c'est ma propre méthode et il y a des lois très précises d'après lesquelles les choses s'ordonnent pour composer "l'étoile". Autrement dit : les différentes "*méta...*" exigent que je consacre un chapitre à chacune d'entre elles ; les idées relatives au Je-Tu et au Lui-elle-cela contenues dans la lettre à Rudi, s'amplifient jusqu'à former une théorie complète du langage, etc. » (p. 127).

BIBLIOGRAPHIE :
Francesco Paolo Ciglia, « Una lettura del *Gritlianum* di Franz Rosenzweig », in *Archivio di Filosofia*, n° 1-3/1999, p. 705-723.
Bernhard Casper, « Von Einheit und Ewigkeit. Ein Gespräch zwischen Leib und Seele. Ein unveröffentlichter Text Franz Rosenzweigs » in : *Bulletin des Leo Baeck Instituts*, Jüdischer Verlag, 74/1986, p. 65-78.

Le « Gritlianum »
Un dialogue entre le corps et l'âme

Franz Rosenzweig

> « Vois, tous tes enfants qui s'y connaissent depuis toujours, ils se lamentent sur le nombre Deux. »

[826] LE CORPS : À chaque fois que je m'éveille au matin, je me sens comme si j'étais séparé de toi. J'étais uni à toi pendant que je dormais, – où te retires-tu, quand je suis éveillé ?

L'ÂME : Et moi, à chaque fois que je glisse dans le sommeil, c'est comme si je me séparais de toi. Unie à toi dans les œuvres éveillées du jour – et, à présent, en proie aux torpeurs de la nuit, vers où nous échappons-nous l'un à l'autre ?

LE CORPS : Qui es-tu, oiseau volage qui s'élance à neuf chaque matin, quittant la chaleur douillette de mon nid ? Vers où t'emporte ton jour ? Où séjournes-tu, avant de revenir à mes ténèbres ?

L'ÂME : Et toi, demeure bien façonnée que je porte avec moi, toi la main qui accomplit ma volonté, toi, le pied qui marche sur mes chemins, toi, l'œil qui éclaire mon monde – qui êtes-vous pour que vous puissiez vous soustraire dans l'abîme de la nuit et que, malgré tout, chaque matin, vous me soyez à nouveau disponible comme l'armure du guerrier, attendant qu'il s'en revête. Qui es-tu, ô corps ?

LE CORPS : Ô âme, je l'ignore. Ta parole sonne *autrement* que la mienne et pourtant, tu parles du même. L'être-deux et l'être-un s'organisent différemment pour toi, ils le font *autrement* et pourtant nous sommes engagés sur le *même sentier du temps*.

L'ÂME : En effet, nous le sommes – et c'est ensemble que nous charrie le fleuve impétueux des heures. Ensemble – et pourtant, nous ne nageons pas de la même brasse dans ce fleuve, car tu es séparé de moi, même quand je te sais auprès de moi, et tu m'as délaissée, même quand, dans tes rêves, tu m'es uni.

---

* Traduit de l'allemand par Jean Greisch et Françoise Todorovitch.

Le corps : Au-dessus de nous s'étend l'unique et infrangible voûte céleste du temps. Il faudrait qu'elle se déchire[6], pour que, toi et moi, nous puissions nous retrouver, cependant –

L'âme : Et pourtant – combien de fois ai-je crié vers Celui qui est au-dessus des cieux, qu'il veuille bien déchirer les cieux et descendre vers nous. Mais aucune fracture ne déchirait la voûte du temps, aucune ondée d'éternité ne nous inondait.

Le corps : Non guérie et inguérissable reste la déchirure pour toute éternité. Éternellement, nous nous étreignons, et éternellement nous nous relâchons ; nuit et jour, jour et nuit, rêve et action, œuvre et épuisement : éternellement uns, et éternellement deux.

[827]

L'âme : Pas éternellement. Sans doute, aucune ondée d'éternité ne ruisselle vers nous en bas, pour se fondre dans la sombre fontaine du temps, mais cette fontaine elle-même ne coule pas éternellement ; son jet a jailli un jour, et il se tarira un jour. Mais l'éternité ne se mélange pas au temps vivant ; ses eaux se referment sur le temps non encore né, et sur celui qui est déjà mort.

Le corps : Ainsi, il semblerait que nous ayons jadis frémi à l'unisson et que nous le ferons de nouveau un jour. – Ne serait-ce donc que l'alternance du jour et de la nuit qui nous sépare ?

L'âme : Elle seule, et rien d'autre : la véhémence de la volonté qui œuvre dans la clarté du jour, la sérénité de l'être qui s'accroît la nuit. Dans son propre royaume, chacun est un et tout : moi, en œuvrant pendant le jour, j'ai pouvoir sur le monde qui se plie à ma volonté ; toi, tu es relié au soi qui rêve dans la croissance de la nuit. Chacun donc pour soi, se maintenant dans ce qui lui est propre. Mais puisque le pouls changeant du temps nous projette par-dessus les limites du propre, notre force s'éteint et chacun s'angoisse en silence, séparé qu'il est de l'autre qui habite un autre royaume, qui est pourtant le propre de cet autre.

Le corps : Disgrâce de mon matin, disgrâce de ton soir ! Moi qui suis incapable de me lever par ma propre force, toi qui es incapable de te coucher par ta propre force ! Qui unira le croître et l'œuvrer, le vouloir et le désir ? Pourtant, le pendule de la vie ne cesse d'osciller, et tous deux nous sommes sempiternellement désunis dans le tout – ô, vie, ô unique –

L'âme : Disgrâce de notre division, qui fait que nous ne sommes toujours qu'une partie, ah, blessure à jamais inguérissable de la vie. –

---

6. Allusion au verset d'Isaïe 63, 19 (et 64, 1), dont on trouve plusieurs échos au fil du texte : « Ah ! si tu déchirais les cieux et descendais… pour faire connaître ton Nom à tes adversaires ». Voir aussi : *Stern der Erlösung*, p. 205 *sq*.

Le corps : Sera-t-elle guérie par la mort ? Son bras puissant m'arrache-t-il aux plis et aux gouffres du temps, prépare-t-elle un lit pour moi dans la mer de l'éternité ?

L'âme : Hélas, même la mort ne rompt pas les chaînes du temps. Mille morts sous le ciel n'ouvrent pas une déchirure mortelle dans le ciel du temps. Certes, la mort rend éternel ce qui est mort, mais cette éternisation elle-même obéit à la loi du temps vivant. Entre toi et moi, perdure la séparation. La mort éternise mon haleine vivante pour en faire l'esprit vivifiant, le souffle de ma bouche devient parole, le battement de mon cœur devient but. Esprit, parole, but – parle-toi aussi, corps, pour dire si ta mort t'en rapproche.

Le corps : Jamais : la mort m'éternise en dissolvant mon édifice articulé et limité dans l'équilibre sans forme et fluctuant de la nature illimitée. À nouveau bée le gouffre. Le tourbillon de l'être tournoie sans rien sentir, et l'appel du devoir se perd, sans trouver d'écho.

L'âme : En effet – et l'altitude glaciale de l'esprit surplombe les vallées recouvertes de forêts. Sans doute l'altitude s'élève-t-elle depuis les basses plaines de la nature, mais seuls quelques conifères rabougris grimpent jusqu'aux parages des glaces éternelles, et en bordure de la neige, les ultimes traces de vie engendrée s'épuisent sur la dernière pierre couverte de mousse.

Le corps : C'est donc que notre propre mort nous procure une éternité immense, sans jamais nous unir. Malheur à ce qui est propre à chacun ! Intérieurement scindé par la double alternance du temps – et quand la mort abolit les frontières de l'intériorité, c'est notre propre mort. Puis se dresse à nouveau, par-delà les frontières abolies, le mur qui sépare ce qui n'a plus de frontières, tout comme elle le faisait auparavant pour ce qui vivait à l'intérieur de ses propres frontières.

[828]

L'âme : Ce n'est pas notre propre mort qui met fin à la domination du temps. Jamais nous ne nous retrouvons, toi et moi, à moins que le temps lui-même en vienne à mourir. Parle donc, toi, le corps, qui es plus ancien en jours, et plus profondément enraciné au sein de l'être : quelle lueur découvres-tu au fond de ta mémoire, qu'est-ce que tu sais de ce jour où le jet du temps jaillissait pour la première fois de la fontaine du commencement ?

Le corps : Au commencement [7] – lorsque surgirent l'être et le temps, sans encore se distinguer, il n'y eut encore ni afflux ni reflux, mais le grand bassin de l'être était rempli à ras bord de rien que d'être et de pure présence. Alors, mon édifice, brillant et lisse, gracile, bien façonné et tout joyeux d'être, surgissait des flots et, penché sur le bord

---

7. Genèse 1, 1.

du bassin, il se miroitait, chose parmi les choses, au milieu des choses du monde. Et il lança un regard fraternel aux dures montagnes – de même que vous portez la terre, je suis porté par la dure roche de mes os -, un regard fraternel aux fleuves – de même que vous traversez les ravins de la terre, pour rejoindre la mer, aspirés en haut vers le ciel et à nouveau attirés en bas, à l'intérieur de moi circule le fleuve du sang, mû alternativement par la poussée et l'attraction -, un regard fraternel aux vents – tout comme vous entourez la terre de votre souffle, nourrissant tout ce qui est vivant, me traverse le souffle vivifiant de l'air, dilatant et contractant ma poitrine dans l'incessant double bonheur de la respiration. Et les sens ouvrirent fraternellement leurs portes à l'univers, pour faire entrer le monde, l'apparenté rejoignant l'apparenté, lumière, son et parfum, la beauté corporelle et tout ce qui était nourricier. Ainsi mon image originelle se contemplait-elle dans le monde, créature parmi les créatures, être au milieu de l'être. Et tout ce qu'elle savait, c'était qu'elle était une chose parmi les choses, se miroitant en rêve, la même dans un même monde fraternel. Mais alors que je me tenais là, rêvant et ne me doutant absolument pas que cette rêverie et cette façon d'être-là ne dussent pas se poursuivre indéfiniment, un son se fit entendre en mon rêve, nullement semblable aux autres sons qu'accueillait mon ouïe. Dépassant la capacité d'entendre de mon ouïe, le son s'amplifiait, il devint un mot qui mit fin à mon rêve et redressa le corps penché, m'appelant « Toi ». Et ce mot me remplit, moi l'éveillé, le redressé, en sorte qu'une réponse pleine de défi, éveillée et redressée, prit forme en moi : dressé et éveillé, surgissait un mot qui donnait la réplique au premier mot : un Moi répondant au Toi.

Malheur à moi, qui dus m'éveiller ainsi ! Car c'est alors que s'éveilla en moi l'autre, un deuxième, étranger, ligoté à moi, tout en me ligotant à mon tour, la dure contrainte d'être soi-même, de se tenir debout et de veiller, dominant mes membres tout disposés au repos et au rêve, me séparant du monde fraternel, et m'exilant dans une solitude obtuse, moi, l'adonné, tout rempli de son corps. Malheur à moi, car le corps devint un soi-même, et la chose un moi. Désormais ne me sont permis que des rêves nocturnes, et ce n'est qu'entre le soir qui tombe et le cri du coq que je retrouve cette bienheureuse simplicité de l'instant originel. Car en moi est née cette chose étrangère et effrayante, qui, chaque matin, me fait violence, en me différenciant intérieurement de moi-même et me différenciant d'avec mon origine – c'est toi, ô âme, qui es née en moi.

[829]

L'ÂME : Tu te lamentes, ô corps et tu m'accuses. Écoute donc ma propre lamentation en retour. Ce que tu sais toi, moi je ne le sais pas.

J'ai un autre savoir de mon déclin, et c'est un autre jour qui a éclairé ma création. Peut-être suis-je né là où tu le racontes et ce sr sur quoi tu te lamentes -, mais je n'en sais rien. Le jour est pour moi semblable à la nuit. Ce dont j'ai le savoir, c'est du jour où je contemplai pour la première fois le fleuve du temps, ainsi que moi-même. Écoute le commencement de mon déclin, de même que moi j'ai écouté le commencement de ton commencement, et écoute ma lamentation, comme moi, j'ai écouté la tienne. Au fond de ma mémoire luit un temps, alors même qu'il n'y eut pas de temps, une configuration intérieure, crépusculaire, et pourtant précise. Je me vois blottie contre la poitrine de Dieu, mon cœur et le sien mus par le même pouls, et le mien filialement ouvert à son mystère le plus intime. Je me promenai silencieusement en son Jardin, et je sentis, mais sans aucun sentiment de ce qui m'est propre, et je voulus, mais sans aucun vouloir propre, et je sus, mais sans aucunement être le détenteur de ce savoir, car en tout cela j'étais simplement son écho silencieux, et ma pauvreté bienheureuse se repaissait de sa grande richesse. Ce bonheur perdurait pendant des temps innombrables, et il ne sut rien du jour, du crépuscule et de la nuit, car tout ne fut qu'un matin silencieux, d'une fraîcheur joyeuse. Mais un jour – un jour comme il n'y en eut encore jamais – le monde se tint en attente et semblait prêt, lui, le monde depuis longtemps déjà créé, c'est aujourd'hui seulement qu'il semblait prêt à accueillir la Création et la parole miraculeuse du Commencement. Mais moi, je n'en sus rien, et, dans le jardin de mon Père, je me désaltérais de mon matin éternel. C'est alors qu'un son jamais encore entendu fit irruption dans mon silence et, débordant l'enceinte de mon âme bienheureuse, seulement habituée à entrer silencieusement en résonance avec l'écho ténu, le son se fit mot et il m'interpella, et il appela un moi. Et ce moi fut à ce point l'enceinte d'un soi sacré, qu'il réduisit à néant tout miroitement bienheureux, de sorte que, dans mon silence, surgissait le premier son et que, pleinement conscient, il sautait par-dessus la nouvelle frontière, pour retomber au beau milieu du saut : mon premier toi. Et lorsque mon toi me revint, épuisé par le saut, aveuglé par la face du moi sacré, c'est alors que je sus qu'à présent allait commencer mon jour, jour rempli de sons, de mots et d'actions. Et j'emportai mon faible toi et je descendis. Et je voulus lui enseigner à s'approcher de toute chose, pour éveiller partout le moi et le soi, pour risquer à nouveau ce saut initial, renforcé par un agir infini, et devenu familier du cercle illimité, afin d'entrer, sans être aveuglé, dans le rayon du moi sacré. Malheur à moi, je surestimais mes forces. Une fois qu'il s'était détaché de moi, mon toi se confondait avec les choses, y élisant sa demeure et il devint une chose, chose parmi les choses, participant à leur danse vertigineuse, et il ne me revint que rarement et rempli de tristesse. Ainsi sortit de moi un deuxième, étranger à moi et pourtant ligoté à moi, tout en le ligotant moi-même, la dure contraire de devenir chose, rêve et vertige, surplombant ma vie claire et joyeusement consciente, me séparant pour toujours du séjour silencieux et filial dans le Jardin de mon Père, m'entraînant, moi, la pure, la silencieuse, au-dehors, dans la dispersion, le vertige et le crépuscule. Malheur à moi, car l'âme devint monde, et le moi devint chose. À présent ne me sont plus accordées que quelques heures de courtes journées, afin que, au milieu des agissements laborieux, je m'illusionne moi-même dans la dure étoffe du temps, modelant le futur avec le passé, et tuant ainsi le présent silencieux, m'efforçant d'imiter cette bienheureuse simplicité de l'Autrefois, quand [830] la pensée s'élançait sans résistance vers la chose, la volonté vers le but, le sentiment vers l'aimé – cet Autrefois, qui existait avant que je ne descende vers toi, toi qui m'es toujours étranger, qui m'assombris tous les soirs, me divisant d'avec moi-même et mon Origine : avant que je ne descende vers toi, corps.

Le corps : Ô lamentation et lamentation en retour – c'est donc ainsi que tout a commencé, dans les ténèbres du prémonde, double dès l'origine du temps. Malheur à nous, qui sommes liés l'un à l'autre ! Ce qui fut double dès l'origine peut-il avoir une fin simple ?

L'âme : En nous s'unit la double source du temps, en notre détresse commune, mais toujours séparée ; c'est simplement qu'il doit déboucher dans la mer éternelle.

Le corps : Déjà s'étend au-dessus de notre double détresse le ciel commun du temps, déjà –

L'âme : Ah, puisses-tu déchirer le ciel –

Le corps : Et puisses-tu descendre ! – Ô âme, quand donc cela adviendra-t-il ?

L'âme : Quand le temps débordera la margelle du bassin du monde ; quand le bassin sera entièrement rempli d'âme, d'acte et de moi ; quand tout recoin du monde resplendira de la couleur de la foi qui se souvient et du feu de l'espérance qui attend ; quand le sommeil aura dissous les choses, quand tout ce qui est muet se mettra à parler, et tout ce qui est sourd à entendre ; quand l'inimitié des séparés se fondra dans le bonheur de l'être-ensemble ; quand l'espace répudiera les interstices et qu'il reniera la raide tension des lieux à jamais étrangers les uns aux autres ; quand le temps ne dira plus "trop tard" ou "pas encore"; quand tout "en même temps" sera un être-ensemble ; et que moi – moi je serai chez moi dans le monde, dans l'ici et le là-bas, dans le plus tôt et le plus tard ; et que le monde sera chez lui auprès de moi, moi qui n'aurai plus le jour pour conserver l'image qui s'efface la nuit

– l'image qui n'est rien qu'image – de mon pouvoir sur elle et quand le monde n'écrasera plus mon jour sous le pesant vertige de la nuit : mais que je m'élèverai avec lui, qui m'est apparenté et qui m'aime, le serrant dans mes bras, vers Celui que j'avais perdu autrefois, le Père.

LE CORPS : Hélas, ton espérance même ne concorde pas avec la mienne, toi, ô âme qui me demeures à jamais étrangère. La fin est proche, quand le temps désapprend à jeter un regard possessif sur le hier et le demain et qu'il retourne dans la pure plénitude du présent, quand il retourne dans le bassin de l'espace, d'où il avait débordé, docile à l'orgueil du moi ; quand le moi respecte le sommeil sacré des choses et qu'il n'ose plus perturber leur extériorité silencieuse et pacifique, pour leur imposer l'insistant appel à s'unir, venant du toi ; quand le monde sera rempli de figures charnelles et que le soi lui-même aura pénétré le monde, devenant chair formée, une chose dans le cortège des choses, quand rien d'étranger ne m'assaillira plus dans ma poitrine et qu'aucun soi ne dominera plus silencieusement son moi ; quand le jour me sera devenu familier comme l'est à présent la nuit, sans exigence impérieuse, sans contrainte violente, quand agir sera devenu semblable à croître : c'est alors que je serai à nouveau un frère, apaisé auprès du cœur du monde, créature unie aux créatures.

L'ÂME : Notre être-deux serait-il donc inconciliable, même à la fin de cette scission de la nuit et du jour ? Non et non ! Et ne trouverions-nous jamais la [831] même parole, la parole qui nous unit, et l'ultime souhait et l'ultime espoir devenus parole seraient-ils introuvables ? Certes non ! Une fois déjà, nous avions crié le même cri vers le ciel non-déchiré et impassible. Ce qui nous *unit*, c'est ce cri, même si la parole nous sépare. Le cri qui aspire à l'éternité et à l'unité et qui veut que le ciel se déchire. Et même si ce que nous espérons nous semble être deux choses différentes, n'est-ce pas une seule chose : mon action irrésistible et ta croissance inconsciente ? L'un n'accueille-t-il pas l'autre au sein de sa propre image de l'espérance ? La beauté silencieuse de ta danse des choses ne crée-t-elle pas pour moi l'image en creux du Jardin divin de ma nostalgie du passé ? Et mon royaume d'un moi et d'un toi remplissant et animant tout, ne fonde-t-elle pas une nouvelle image de l'ample monde créé du Commencement ? Assurément, nos chemins s'opposent. Chaque pas fait sur l'un risque d'effacer le tracé de l'autre. Et pourtant, par-delà tous les actes, toutes les paroles et pensées, ce que nous avons en commun, c'est le cri. L'acte, la parole et la pensée cherchent mutuellement à s'annuler, comme le choc des mêmes forces. Mais avec le cri se produit le miracle qui fait que les forces antagonistes s'unissent pour former le même chemin. Pour l'heure, le ciel ne s'est pas encore déchiré, et le temps continue à pulser. C'est pourquoi notre espoir lui-même ne trouve pas encore la parole commune et reste soumis à la loi qui le nie. Le cri seul dépasse la loi et traverse le ciel qui nous fixe, sans se déchirer, et sa violence oblige l'accomplissement à descendre vers nous – est-ce aujourd'hui ou dans un futur indéterminé ? Peu importe ! Nous avons acquis la certitude qu'une oreille a entendu le cri. Nous nous trouvions séparés dans tous les temps, nous nous trouvions unis dans le cri. La certitude d'un miracle à venir se trouve confirmée par le miracle présent, qui nous reliait, toi et moi, qui sommes les plus séparés. Le mot qui frappe de mensonge tous les autres mots, le mot dans lequel l'éternité avale le fleuve du temps, le mot né du cri et qui survole les cieux, écoute-le, ô Père, et toi aussi, écoute-le : mon frère, le corps !

    Le corps : Ma sœur, l'âme —

NOTES SUR LES AUTEURS

MYRIAM BIENENSTOCK, Professeure à l'Université François Rabelais de Tours, a aussi enseigné à l'Université hébraïque de Jérusalem (1977-1986) ainsi qu'en Allemagne, comme Professeure invitée (Chaire Martin Buber à Francfort, DFG-Mercator à Münster) et en Suisse (Chaire Sigi-Feigel à Zürich). Présidente de la Société Rosenzweig Internationale, elle est l'organisatrice avec Marc Crépon du Congrès Rosenzweig de Paris en 2009. Parmi ses publications récentes : *Cohen face à Rosenzweig. Débat sur la pensée allemande* (Paris, Vrin, 2009), ou encore « Hermann Cohen. L'idéalisme critique aux prises avec le matérialisme » (*Revue de métaphysique et de morale*, 2011, n° 1). Spécialiste de philosophie allemande, elle a aussi dirigé le volume G.W.F.Hegel, *La Philosophie de l'histoire* (Paris, LdP, 2009).

BERNHARD CASPER, Professeur émérite de philosophie de la religion à la Faculté de théologie de l'Université de Fribourg-en-Brisgau, est coéditeur des *Œuvres complètes* de Franz Rosenzweig (Kluwer-Nijhoff). Parmi ses travaux majeurs, on citera *Das dialogische Denken. Eine Untersuchung der religionsphilosophischen Bedeutung Franz Rosenzweigs, Ferdinand Ebners und Martin Bubers* (Freiburg, Herder, 1967, 2ᵉ éd. 2002); *Das Ereignis des Betens. Grundlinien einer Hermeneutik des religiösen Geschehens* (Freiburg, Alber 1998); *Religion der Erfahrung. Einführungen in das Denken Franz Rosenzweigs. Studien zu Judentum und Christentum*, éd. par Josef Wohlmuth (Paderborn, Schöningh, 2004); *Angesichts des Anderen. Emmanuel Levinas- Elemente seines Denkens* (Paderborn, Schöningh, 2009).

EMILIA D'ANTUONO est Professeure de Philosophie morale à l'Université Federico II de Naples, où elle dirige le Séminaire permanent d'Ethique, Bioéthique et Citoyenneté de la Faculté de Sociologie, et Membre de la Commission Scientifique du Centre Interuniversitaire de Recherche Bioethique (CIRB). Parmi ses principaux ouvrages : *Franz Rosenzweig e Friedrich Meinecke*, trad. italienne des Lettres de F. Rosenzweig à F. Meinecke (1991); *Ebraismo e Filosofia. Saggio su Franz Rosenzweig* (Napoli 1999); *Bioetica* (Napoli 2008).

DONATELLA DI CESARE, Professeure de philosophie à l'Université « La Sapienza » de Rome, enseigne aussi la philosophie juive au Collegio Rabbinico italiano de Rome. Professeure invitée dans différentes universités (Cologne, Fribourg en Brisgau, Penn State aux Etats-Unis), elle a récemment publié : *Grammaire des temps messianiques* (Paris, Hermann, 2011); *Gadamer – Ein philosophisches Porträt* (Tübingen, Mohr Siebeck, 2009) ; *Ermeneutica della finitezza* (Milan, Guerini, 2004 ; *Utopia del comprendere* (Gênes, Il nuovo Melangolo, 2003).

ROBERT GIBBS, l'un des vice-présidents de la Société Rosenzweig Internationale, est Directeur de l'Institut Jackman pour les Humanités à l'Université de Toronto. Professeur de philosophie dans cette Université, il est l'auteur de très nombreuses publications en philosophie juive contemporaine. On citera en particulier deux ouvrages : *Correlations in Rosenzweig and Levinas* (Princeton,

U.P., 1992), et *Why Ethics ? Signs of Responsibilities* (Princeton, U.P., 2000). Sa recherche est aujourd'hui centrée sur la relation entre l'éthique et les lois.

SONIA GOLDBLUM, ancienne élève de l'ENS de Lyon, agrégée d'allemand, achève à l'Université de Strasbourg une thèse de doctorat en Etudes germaniques sur la pensée du dialogue dans la correspondance de Franz Rosenzweig. Son article « Die ‹Gritli›-Briefe : Forschungs- und Editionsperspektiven » fut publié dans le *Rosenzweig-Jahrbuch* n° 4 (2009), p. 179–189.

JEAN GREISCH, Professeur émérite de la Faculté de Philosophie de l'Institut Catholique de Paris, est, depuis octobre 2009, titulaire de la Chaire Romano Guardini à la Faculté de théologie de l'Université Humboldt à Berlin. Parmi ses publications : *Herméneutique et Grammatologie* (1977); *L'Âge herméneutique de la Raison* (1985); *La Parole Heureuse. Martin Heidegger entre les choses et les mots* (1987); *Hermeneutik und Metaphysik* (1993); *Ontologie et Temporalité. Esquisse d'une interprétation intégrale de Sein und Zeit* (Paris, PUF, 1994); *L'arbre de vie et l'arbre du savoir* (Paris, Cerf, 2000); *Le Cogito herméneutique* (Paris, Vrin, 2000); *Le Buisson ardent et les Lumières de la Raison. L'invention de la philosophie de la religion* (3. vol., Paris, Cerf, 2002-2004); *Entendre d'une autre oreille. Les enjeux philosophiques de l'herméneutique biblique* (Paris, Bayard, 2006); *Qui sommes-nous ? Chemins phénoménologiques vers l'homme* (Louvain, Peeters, 2009).

HEINZ-JÜRGEN GÖRTZ est Professeur de théologie systématique à l'Université Leibniz de Hannover. Parmi ses nombreuses publications, on mentionnera *Tod und Erfahrung. Rosenzweigs «erfahrende Philosophie» und Hegels «Wissenschaft der Erfahrung des Bewusstseins»* (Düsseldorf 1984); *Franz Rosenzweigs neues Denken. Eine Einführung aus der Perspektive christlicher Theologie* (Würzburg 1992); *In der Spur des „neuen Denkens". Theologie und Philosophie bei Franz Rosenzweig* (Freiburg 2008).

IRENE KAJON est professeur de Philosophie Morale à l'Université de Rome « La Sapienza ». Elle a enseigné la philosophie politique à l'« Universidad Nacional de Mexico » (Mexico, D.F.) et la philosophie juive à l'Université d'Aix-en-Provence. Parmi ses publications : *Ebraismo e sistema di filosofia in Hermann Cohen* (Padova, Cedam, 1989); *Ateismo e fede ebraica dopo Auschwitz* (Perugia, Benucci, 1993); *Contemporary Jewish Philosophy. An Introduction* (London, Routledge, 2010).

STEVEN KATZ est Directeur du Centre Elie Wiesel pour les Etudes juives à l'Université de Boston, et Alvin J. and Shirley Slater Professor in Jewish and Holocaust Studies dans cette Université. Il est l'éditeur de la revue *Modern Judaism* et a publié de nombreux essais et ouvrages, parmi lesquels on signalera tout particulièrement les *Post-Holocaust Dialogues*, lauréat du *National Jewish Book Award* en 1984.

JEAN-FRANÇOIS MARQUET, ancien élève de l'École normale supérieure de Saint-Cloud, est professeur émérite à l'Université Paris IV-Sorbonne et lauréat du Grand Prix de Philosophie de l'Académie française. Auteur de nombreux ouvrages et essais en philosophie de la religion et philosophie allemande, tout particulièrement sur Schelling, il s'est aussi spécialement intéressé à Rosenzweig : on lira avec profit « Unité et totalité chez F. Rosenzweig. Etude sur l'architecture de *L'Etoile de la Rédemption*», in *Restitutions. Etudes d'histoire de la philosophie allemande* (Paris, Vrin, 2001, p. 249-268); *Liberté et existence. Etude sur la formation de la philosophie de Schelling* (rééd. Paris, Cerf, 2006); ainsi que ses *Philosophies du secret. Etudes sur la gnose et la mystique chrétiennes (XVIe-XIXe s.)* (Paris, Cerf, 2007).

FLORIAN NICODÈME, ancien élève de l'Ecole normale supérieure et agrégé de philosophie, prépare une thèse sur le concept d'événement dans la pensée allemande, en particulier chez Hegel, Droysen, Rosenzweig ainsi que dans la première génération de l'École de Francfort. Il est l'auteur de plusieurs articles sur ces questions ainsi que de plusieurs traductions de l'allemand – en particulier les *Ecrits sociologiques* d'Adorno. Il enseigne actuellement au département de philosophie de l'ENS (Ulm).

IRENE ABIGAIL PICCININI a étudié la philosophie et la pensée juive aux universités de Turin, Heidelberg et Jérusalem, et a passé son doctorat à l'université de Rome « Tor Vergata ». Elle est membre et Secrétaire de la Société Hermann Cohen. Elle a enseigné comme chercheur associé à l'université du Missouri/St. Louis, et est actuellement attachée de recherche en philosophie morale à l'université de Turin. Parmi ses publications : *Una guida fedele. L'influenza di Hermann Cohen sul pensiero di Leo Strauss* (Torino, Trauben, 2007).

WOLFDIETRICH SCHMIED-KOWARZIK, Professeur émérite de l'Université de Kassel où il a enseigné de 1971 à 2007, est le fondateur de la Société Rosenzweig Internationale. Parmi ses très nombreuses publications, on notera *Franz Rosenzweig. Existentielles Denken und gelebte Bewährung* (1991); *„Von der wirklichen, von der seyenden Natur". Schellings Ringen um eine Naturphilosophie* (1996); *Denken aus geschichtlicher Verantwortung* (1999); *Rosenzweig im Gespräch mit Ehrenberg, Cohen und Buber* (2006) et ses éditions très réussies des Actes des Congrès Rosenzweig : *Der Philosoph Franz Rosenzweig (1886-1929)*, 2 vol., 1988 ; *Franz Rosenzweigs „neues Denken"*, 2 vol. (Freiburg, Alber, 2006).

MICHAEL ZANK est Professeur en Etudes religieuses à l'Université de Boston. Ses publications portent sur Hermann Cohen, Franz Rosenzweig, Martin Buber et le jeune Leo Strauss, dont il a introduit et édité les premiers écrits en anglais (SUNY Press, 2002). Voir aussi *The Idea of Atonement in the Philosophy of Hermann Cohen* (Providence/R.I, Brown Judaic Studies, 2000). Un volume d'essais sur la dimension apologétique de la philosophie juive moderne est en préparation.

Table

OUVERTURES

Myriam Bienenstock: *Sartre, ou Rosenzweig?*
À propos de la réception de Franz Rosenzweig en France 5
Steven T. Katz: *Quelques réflexions sur Rosenzweig* 13

PREMIÈRE PARTIE: NOUS ET LES AUTRES

Irene Kajon: *Societas in exteriore homine*
Le problème de la construction du « Nous » chez Rosenzweig 37
Wolfdietrich Schmied-Kowarzik: *Différenciations du « Nous »*
chez Rosenzweig 55
Bernhard Casper: *La temporalisation « des Nous »* 68
Heinz-Jürgen Görtz: *Nous et les Autres dans la conception*
philosophico-théologique de Rosenzweig. Les « Jours [du monde] du Seigneur » .. 80
Jean-François Marquet: *L'articulation des personnes*
dans la pensée de Franz Rosenzweig 106
Donatella Di Cesare: *L'expression du duel dans la Rédemption.*
À propos de la généalogie du « Nous » chez Rosenzweig 114
Emilia D'Antuono:
Généalogie de l'intersubjectivité dans L'Étoile de la Rédemption 124
Myriam Bienenstock: *Assimilation – dissimilation.*
Rosenzweig sur l'école 140

DEUXIÈME PARTIE: POLITIQUES DE L'HISTOIRE

Irene Abigail Piccinini: *Hermann Cohen et Franz Rosenzweig*
deux modèles d'identité juive dans la pensée de Leo Strauss 151
Florian Nicodème: *L'événement historique:*
une matrice de communauté élargie? 165
Robert Gibbs: *La grammaire des lois* 183
Michael Zank: *Les conceptions politiques de Rosenzweig* 208

TROISIÈME PARTIE: LA PAROLE DE L'AMOUR

Sonia Goldblum: *L'échec du dialogue*
Figures de l'altérité dans les lettres de Rosenzweig à M.et E. Rosenstock 223
Jean Greisch: *« Ein schrecklich unverständliches Dreieck »*
Franz Rosenzweig, Margrit Huessy, Eugen Rosenstock
et la genèse de L'Étoile de la Rédemption 238
Jean Greisch: *Le* Gritlianum *de Franz Rosenzweig* 257
Franz Rosenzweig: *Le* Gritlianum. *Un dialogue entre le corps et l'âme* 260

Notes sur les auteurs 268

ACHEVÉ D'IMPRIMER SUR LES PRESSES DE L'IMPRIMERIE GRAPHO 12
Z.A. DE GAILLAGUES, BP 265 FAROU
12200 – VILLEFRANCHE-DE-ROUERGUE
DÉPÔT LÉGAL : AVRIL 2011

IMPRIMÉ EN FRANCE